U0124431

心理學研究：
方法與設計

鄭　　　　默　譯
鄭　　日　　昌

五南圖書出版公司 印行

Research in Psychology
Methods and Design

C. James Goodwin

前　言

　　多年來，教授心理學方法課經常會讓我想起狄更斯《雙城記》中的開場白。在「最好的時候」，它是一種令人興奮不已的體驗。每一位教師都記得這樣的時刻，一名學生為一項研究提出創造性的想法，這個想法為課堂上討論的實驗建造了完美的下一步。聽到一個學生和同伴在走廊裡爭辯，並且說道「好，讓我們來看一些數據」，這樣的時刻真令人欣慰；當然偶爾也會有學生在實驗後詢問實驗心理學的研究生計畫（並且他們的第一個問題不是「我能不能憑它找到工作」），這樣的時刻多麼令人珍視。另一方面，在「最壞的時候」，這門課教起來令人非常沮喪。一個學期接著一個學期，總是有學生把這門課看成枯燥、愚蠢、多餘（「我要作諮商師」），並且似乎是專門為破壞他們的生活而設計的。

　　對於興趣盎然、精力充沛、富於創造的學生來說，一本劣質的教科書會打消他們的熱情；而對於興味索然從一開始就覺得反感的學生來說，這樣一本書更會證實他們的恐懼。因此在實驗心理學中，一本教科書的重要性不僅在於引導學生，還要吸引學生。我寫這本書的目的就是要鞏固那些感興趣學生的信念，並說服那些不感興趣的學生，實驗心理學是饒有趣味、關係緊密、容易理解甚至好玩的。

　　為了達到這一目的，我嘗試著對心理學研究能夠產生的喜悅提出一些富於洞察力的見解，並力求在閱讀課文之外為學生們安排其他一些內容。例如，為了促進對某些具體方法的理解，我試著融入大量「個案研究」——真實研究的詳細介紹。大部分是最新的，也有一些是經典研究。我還蒐集了幾份第一手的研究報告，著重突顯心理學研究者對工作的熱情。此外，為了使學生們積極地參與，並幫助他們養成和體會心理學的科學思考，我在每一章的結尾處加入了很多「應用練習」。

本書由十二章課文和三篇附錄組成，第一章透過全面解釋思考的科學方式，為後面的所有章節奠定基礎；最後一章回到主題並作結語。第二章專談研究倫理，涉及美國心理學會的倫理準則，如何應用在人和動物受試者的研究中，同時對科學欺騙也作了討論。第三章探討研究構想是如何產生的問題，並解釋了理論與研究之間不斷演變著的關係。與行為測量和統計分析有關的問題是第四章的重點。接下去的三章探索了研究方法學的主體——實驗法，其中有實驗法的基本介紹（第五章），實驗研究中控制問題的討論（第六章），以及大量的實驗設計處理（第七章）。隨後幾章講述的是心理學研究的另一些傳統，包括相關研究（第八章），應用研究（第九章），使用「小樣本」設計的研究（第十章），以及各種描述性研究（第十一章）。附錄中根據最新的《出版手冊》(Publication Manual, 1994)介紹了如何用著（惡）名的 APA 格式準備研究報告，以及實驗心理學家怎樣將統計分析用於決策目的。

　　書中隨處用一些專欄區強調了三類特色問題。「起源」一欄提供了實驗心理學歷史根源的一些有趣訊息，並說明了不同的研究概念及方法，諸如迷津學習，如何隨著時間而逐漸發展。「經典研究」欄列舉一些著名的實驗，譬如「波波娃」研究，說明了某個特別的研究設計和方法學問題。最後，「倫理」專欄針對的是研究者所關心的某些有爭議的問題，譬如某個心理學研究是否侵犯了個人隱私。

　　對於學生，本書設計的幾個特色可以促進他們的學習。第一，內置的學習指導：每一章課文都用一篇「學生複習」來作結束，其中包括填空題和多重選擇題。這些測驗題不僅僅是定義性的，它們同時要求學生應用該章中學到的概念。「學生複習」還包括前面提到的「應用練習」。第二，綜述通常應在章節之前閱讀，所以我把它們放在每一章的開頭，並稱之為「本章概要」。概要的閱讀和學習使學生對下面發生的事情有一個思路，並為這一章提供一個基本輪廓。第三，雖然單有一個「詞彙表」收錄了課文中所有以粗體字出現的術語。但「名詞索引」的製作可使讀者輕鬆地找到某個概念的關鍵描述。

對於教師，我希望本書能使你們艱辛的工作變得輕鬆。對於學生，我希望這本教材能增進你們做心理學研究的喜悅，或至少使你們能夠理解並且欣賞它。而對於所有的教師和學生們，我希望這本書能使研究方法課程成為你生命中最快樂的部分。

■ 忱 謝 |

　　沒有許多人的鼓勵和支持，這本書的寫作是不可能啓動乃至完成。幾年來修過這門研究方法課的數百名學生是我靈感的主要源泉——他們中的很多人讓我停止對教材的抱怨，而開始撰寫我自己的教材。我特別要感謝三位學生。科洛夫(Michelle Koloff)和阿姆斯特朗(Nan Armstrong)作為我的「室內」審稿員辛勤工作，儘管他們似乎從紅筆的揮舞中得到了對學生來說不應有的更多快樂。法索(Aimee Faso)領導了一組對認知地圖感興趣的學生，是附錄 A 中關於該問題的範例研究的高級作者。

　　我非常感激布魯斯(Darryl Bruce)，我的論文導師。他第一次向我展現了心理學研究可以是多麼快樂。透過（有時候）一年一度的三小時APA早餐，他仍舊是我的良師益友(我們之間最近的通訊使我清醒地認識到，在本書完成後我應該回去工作)。我也要向「APA第二分會」的兩位同事，維特恩(Wayne Weiten)和戴維斯(Steve Davis)表達謝意，他們倆人都讓我堅定了我能夠寫一部教材的信念，並且在整個過程中為我提供了莫大的支持與鼓勵。

　　也向以下這些意志堅定的審稿人致謝：

　　　　Clark Burnham University of Texas – Austin

　　　　Joel Freund University of Arkansas

　　　　Thomas Critchfield Auburn University

　　　　Donald Jenson University of Nebraska

　　　　Wayne Donaldson University of New Brunswick

　　　　Dennis Keefe California State Universiy – Fullerton

　　　　Michael Firment Kennesaw State College

　　　　John Lyons Northwestern University

Ken McGraw University of Mississippi

Elaine Scorpio Rhode Island College

Arthur Markman Columbia University

Ellen Susman Metropolitan State College

Michael Perone West Virginia University

Ron Taylor University of Kentucky

Michael Reich University of Wisconsin River Falls

Paul Wellman Texas A & M University

最後，我要說約翰·維利(John Wiley)出版公司的編輯和員工們是出版界最好的；他們將整個發行過程化爲易事（或至少遠沒有我預想的那些繁文縟節）。特別要感謝的是編輯杜布諾(Karen Dubno)，他在有充分的證據證明這個計畫可行之前就已經信心十足了。

                                                        忱謝！

目　錄

1

心理學中的科學思考

本章概要

❖ **爲什麼要學習這門課程？**

研究方法課是心理學課程的最核心，所有心理學專業的人士均應修習，因爲它提供了一切心理學研究的基礎；並成爲其他心理學內容課程的起點；它使一個人對訊息的處理更加一絲不苟；它是研究所入學考試中不可或缺的一環；它教會了我們科學的思考。

❖ **心理學中科學思考的特性**

心理學的研究者們假定，人類行爲是有規律的、可以預測的，而行爲的規律性可以透過科學方法的運用來發現。他們對行爲進行客觀性測量，要求對行爲起因所下之結論建立在數據的基礎上。他們提出經驗性的問題，並嘗試對這些問題作出科學的回答。作學問的科學方法可與其他求知途徑（諸如依賴權威）形成對比。

❖ **科學中的創造性思考**

具有創造性的科學家們將正常的科學思考與常人所不具備的發現事物間聯繫的能力結合起來。廣博的知識是科學創造的基礎，但這種知識也會限制科學家的視野而阻礙創造的過程。

❖ **心理學可以是一門科學嗎？**

常常有人認爲心理學不可能成爲一門科學，因爲(a)它不具備一門「純」科學像化學那樣的精確性，(b)與其他科學不同，心理學中觀察者與被觀察者之間沒有明確地分離，(c)每個人的獨特性排除了建立行

爲普遍法則的可能性。但是要說明的是，精確性是一個程度上的問題；當行爲是基本的觀察事實時，分離其實是存在的；而人的獨特性並不排除系統研究一種現象的可能性。

❖ 心理學研究的目標

心理學研究力求描述行爲現象，能夠以某種或然率預測行爲，並爲行爲提供充份的解釋。心理學研究的結果還可以應用於直接改變行爲，這就是它的第四個目標——對行爲加以控制。

❖ 心理學研究的快感（第 1 部分）

作爲一門相對年輕的學科，心理學有更多的問題，而不是現成的答案，所以做心理學研究可以獲得極大的收益。我們從著名心理學家諸如吉布森(Eleanor Gibson)和史基納(B. F. Skinner)的研究生涯中便能夠發現作研究的喜悅。

德國心理學家馮特(Wilhelm Wundt)在他的兩卷巨著《生理心理學原理》（Principles of Physiological Psychology, 1874 年首次發行）的前言中大膽而明確地宣布，他的書代表著「劃分出一個新的科學領域的嘗試」(Wundt, 1874/1904，斜體是後加的)。此書出版後不久，馮特即在德國萊比錫建立了他那所現在聞名於世的實驗室，吸引了來自全歐各地和美國的學生。美國各所大學很快建立了自己的實驗室，到 1892 年時已達到約二十所(Sokal, 1992)。同年美國心理學會(American Psychological Assoication; APA)建立，不久通過一項章程闡明它的目的是「推動心理學作爲一門科學的發展，有資格成爲會員的人都要從事這項工作」(Cattell, 1895, p. 150)。因此對德國和美國的心理學先驅們來說，「新心理學」是與科學等同的。漸漸的，它從生理學和哲學中分離出來，成爲今天的獨立學科。

對於早期心理學家們來說，新心理學要成爲一門心理生活的科學，其目標是能精確理解心理的結構以及它怎樣運作。但是，爲了科學地研究心理，一定要發展和教導能夠普遍接受的方法。因此，新心理學的學生們發現自己要在實驗室中學習心理研究的基本程序。所以，儘管多年來方法有所變化，可是今天的心理學系仍然持續一個久遠的傳統，那就是把行業工

具(the tools of the trade)教給主修心理學的學生。從心理學歷史的發軔之初，教授研究方法就是心理學課程的心臟和靈魂。當然，如果說應該學習實驗心理學課是因為「我們一直是那樣做的」，那麼今天的學生會懷疑這種理由。學習這門課程還有其他幾點原因。

為什麼要學習這門課程？

修研究方法課最明顯的理由是開始學習如何做心理學研究。我理想中的劇情發展是：你會被研究所吸引，決定做一些事情，從大學開始便受到研究的滋潤（例如，與教授合作一些研究課題，可能在某種大學生的研究會議上宣讀論文），然後進入研究所，完成心理學博士學位，開始一個多產研究員的職業生涯，並最終成為美國心理學會（APA）年度「傑出科學貢獻獎」的獲獎者！當然，我也是一個現實主義者，知道大多數心理學專業的人士除研究外還有其他的興趣，大多數人不會去讀博士，而大部分獲得博士學位的人也不會成為多產的研究員，並且只有為數極少的多產學者能獲得 APA 的科學貢獻獎。如果你將來不能成為一位著名的心理學家，那麼還有學習這門課程的理由嗎？當然。

另一個理由是，研究方法課程為更專門課題領域（社會、認知、發展等）的心理學課程提供了一個紮實的基礎。方法課與這些課程的區別本質上是方法(process)與內容(content)的區別。方法課教的是獲得知識的方法，然後這些方法被應用在其他心理學課程所代表的具體內容上。社會心理學的從眾實驗與認知心理學的短期記憶研究可能在研究的問題上有天壤之別，但它們共同的聯繫是方法——關於這些現象的知識被獲得的途徑。如果你懂一些方法，那麼就更容易理解課本中對研究的論述。

為了說明這一點，讓我們抽一點時間來看看其他心理學教科書。很有可能的是，這些書中幾乎每一段文字都作出一些有關行為的論斷，或者是對某個研究的具體描述，或者至少是引用某研究。譬如，在我的書架上有一本由梅耶斯(Myers, 1990)著的社會心理學教科書，其中引述了一個關

於暴力色情作品影響男性攻擊行為的研究(Donnerstein, 1980)。梅耶斯寫道，實驗者「先給 120 名男性放映一段中性、色情或者暴力色情（強姦）的影片，然後表面上讓這些受試者參加另一個實驗，『教』一位男性或女性（其實是實驗者同謀）一些無意義音節，並對錯誤的回答選擇施以不同強度的電擊。看過強姦影片的男性，實施了明顯強烈的電擊——但僅僅是對女性受害者」(Myers, 1990, p. 393)。在讀到這段敘述時，對實驗設計不熟悉的人可能只得到一個大概的意思，但一名研究者還會記錄下：這個研究至少是 2 × 3 受試者間的因子設計，結果出現了通常使主效應變得無關緊要的一種交互作用；兩個獨變項中，只有一個是操弄變項，從而影響了結果的因果解釋；「受害者」並沒有真的受到電擊，而是為了研究的目的假裝這樣做的（即他們是實驗者同謀）[1]。另外，「如果將觀看影片和學習音節之間的間隔時間加長，不知道會怎樣」，或者「如果用女性作為受試者重複這個研究，不知道她們會怎樣反應？」這樣一些伴隨著方法學而產生的「如果……怎麼樣」的問題也會浮上心頭。

學習實驗心理學的第三個理由是，即使你在課程結束後從未蒐集過一份資料，研究方法的知識還是會令你成為一個精明的和具有批判眼光的訊息利用者。我們不斷地從各種來源接觸到關於人類行為的說法，從我們身邊的業餘心理學家（每一個人），到媒體報導，包括各種嚴肅的（在某家著名雜誌上發表的關於看電視與暴力之間關係的報導）和無聊的（在買雜貨排隊付款時讀的那種標題報導）內容。雖然對後者（大部分）可以不屑一顧，但電視和暴力的研究可能是由某位不清楚實驗研究與相關研究之間重要區別的專業作家執筆。結果，這篇文章可能用因果的語言描述了一則相關研究，在學完第八章後你就不難了解這樣的錯誤。再舉一個例子，有一種說法認為，在催眠情況下，人可以被帶回到自己出生的那刻，從而深刻洞察一些自己的問題的原因。在第三章中學到關於「節約(parsim o-

---

1 在完成方法課的學習後，這個句子中的所有術語都會成為你日常詞彙的一部分。

nious)」的解釋原則會令你懷疑這樣一種說法，並思考其他可能的原因來解釋病人報告的出生體驗。

第四，參加方法課程的學習有一個非常實用的理由。即使你不渴望成為研究心理學家，但有一天你可能想成為心理學從業者。如同研究人員一樣，從業者也必須獲得高等學歷，最好是博士學位。甚至對將來的臨床心理學家、諮商師和學校心理學家，在研究所學習幾乎一定要做一些研究，所以方法課顯然是學習所需技能的第一步。再者，如果(a)你在大學時的研究方法課和統計課成績很好，並且(b)曾參加了某些研究，那麼你進入*任何*大學生計畫的機會就會大增。

一旦成為專業心理學家，你的研究技能將非常珍貴。即使你本人不是一名活躍的研究者，你也需要跟上最新的研究，需要能批判性地閱覽研究。而且，如果你為某類社會服務機構工作，就會發現自己要與董事會或資金提供者打交道，他們想知道你的心理學服務是否卓有成效。在第九章將學到，評估計畫有效性的研究與絕大多數專業心理學家有關。

最後，研究方法課程帶給你一種特別的思考方式。正如前面提到的，其他心理學課程面對的是具體的內容領域，並集中於某個課題 X 上，但研究方法課更多地是致力於有關 X 的知識怎樣被獲得的方法。這一方法正是科學思考的中心，並深植於所有研究心理學家心中。對這一思想我們需要展開論述。

心理學中科學思考的特性

我們以多種方式獲得關於人類行為的知識，本章的這一部分內容主要集中在通向這些知識的科學途徑。首先，我們藉由最早由美國哲學家皮爾斯(Charles S. Peirce)在 1877 年總結的一個架構，看看人們認識並相信事物的其他方式。在一篇題為〈信念的固著〉(The Fixation of Belief)（1957年由 Tomas 編輯再版）的文章中，皮爾斯介紹了四種確定信念的方式——固執、權威、先驗法、科學。皮爾斯相信前三種方法普遍存在但是含有缺

陷，科學才是獲得真正知識的最佳途徑。

知悉的非科學途徑

皮爾斯的第一個方法，**固執**(tenacity)，像是出於對不確定的恐懼而對固守之信條的盲目堅信。固執於維護一種信念的人對否定性的證據充耳不聞，而只注意那些支持性的訊息。皮爾斯沒有說明這些信念最初是怎樣形成的，只是說它們通常過於簡單化，並且緣於「對心理不確定狀態本能地厭惡」(Tomas, 1957, p. 15)，但一旦形成它們就會被頑固地堅持。這些信念對信念持有者是極大的安慰，但它們也因個人的偏見而帶有嚴重的缺陷。對當代的社會心理學家來說，固執聽起來非常像「信念維護」現象(blief perseverance)，即狹隘地不願意考慮任何與所持信念相反之證據(Anderson, Lepper, & Ross, 1980)。這種現象促成了偏見中強烈的情感因素，使懷有深刻偏見的人固執地維護自己的信念而難被說服。有些人堅信所有享受福利制度的人都在惡意欺騙，對持此信條的人來說，不管長期以來社會科學家們作出怎樣的研究駁斥這種看法都令他們無動於衷。

皮爾斯提出的固著信念的第二個方法是追隨**權威**(authority)。他這裡主要指的是政府權威，指其試圖「樹立正確的教條引起人們的注意，並反覆不斷地強調，然後敎給年輕人」(Tomas, 1957, p. 16)。但更普遍地說，權威的影響是以多種方式被覺察的。作為孩子，我們受到父母的影響，並（至少在一段時間內）相信父母告訴我們的事情；作為學生，我們通常接受教科書和老師的權威；作為病人，我們要按照處方服藥處並相信它們會產生有益的效果等等。當然，依賴他人作為權威固著信念時忽略的一個事實就是，權威可能根本就是錯的。父母常常把他們的偏見傳遞給子女，教科書和老師有時會出現錯誤或者他們的知識有失偏頗，醫生可能診斷有誤或開錯藥方，而政府權威常常舉措失當的事實幾乎不需要再作說明。

另一方面，我們確實從某些權威人物那裡學到了重要的東西。尤其在專業領域聽取專家的意見通常是一個好主意。而且，文學和藝術大師們作

爲權威人士教給我們很多對人類行爲的洞見，這並非言過其實。誰能說沒有從莎士比亞、狄更斯或奧斯汀的書中獲得對人性的寶貴認識呢？

　　皮爾斯認爲，固執和權威作爲知悉的方式具有嚴重的缺陷。它們能給人寬慰，時而還能提供一些眞知灼見，但是很容易導致錯誤。第三種「固著信念」的方法較固執和權威進步，但自身亦存在問題，皮爾斯描述它是不同見解的人經過合理討論「逐漸形成與自然法則相和諧的信念」(Tomas, 1957, p. 20)。這種信念來自於所謂的「與理性相契合」的過程(Tomas, 1957, p. 20)。因而，這個第三種途徑倚賴於推理和就一種信念是否優於另一種信念進行辯論的人們達成共識。皮爾斯稱之爲**先驗法**(a priori method)，因爲它主要是基於辯論和邏輯推導，而非直接經驗，信念是由前面的假設推理而來（"a priori"，譯自拉丁語，意指「來自先前的」）。皮爾斯略帶著一絲譏諷地指出，先驗法爲形而上學的哲學家所偏愛，他們口若懸河地推導出一些眞理，卻受到另一些同樣雄辯地提出對立眞理的哲學家們的反駁（譬如在身心一元還是二元的問題上）。結果，這些信念一會兒流行，一會兒不流行；以形而上學爲例，皮爾斯注意到「從古至今，鐘擺就在物質和精神哲學的兩極之間動搖」(Tomas, 1957, p. 24)。

　　根據皮爾斯的觀點，形成一種信念最可靠的方法是**科學法**(method of science)。科學法的過程使我們能夠認識「眞理，它的特徵就是完全獨立於我們對它的看法」(Tomas, 1957, p. 25)。換言之，它的主要優勢就在於它的客觀性。不過，在討論科學的思考方法以及在你產生科學家總能避免其他方法之問題而「超出」他人這樣的印象之前，我要明確地告訴你，科學家也無法免受固執和權威的侵襲，先驗法的邏輯原則同樣爲科學家所運用。

　　關於固執，科學家們常常持守某個自己寵愛但已被他人摒棄已久的理論，有時他們好像不願意考慮新的思想。事實上，達爾文(Charles Darwin)曾經寫道「所有的科學家在六十歲時死去」是一個好主意，「因爲在那之後他肯定會反對一切新的學說」（引自Schultz & Schultz, 1992, p. 20）。再者，科學家容易受到權威的影響。「權威」通常是另一些科學

家，專家比非專家更可能是可靠的知識來源，但研究者不應該僅僅因爲某位著名科學家說某件事是對的就不加思考地信以爲眞。最後，先驗法在科學界普遍存在，以至科學家們在某些問題上互相爭辯以求達到一種合理的共識（例如，是否能用電腦來模擬人腦）。在第三章中將發現，他們也使用邏輯原則和歸納／演繹推理來形成研究思想並評估研究成果。但是，科學思考作爲一種最高境界有很多獨特的品性，現在就讓我們來看一看。

知悉的科學途徑

一般科學家特別是研究心理學家的思維中包括一些交互關聯著的假設和特徵。首先，研究者假定，這個世界（包括人類行爲世界）上的一切事件都遵循著某些法則，因而是有秩序、可以預測的。換句話說，他們作出了**決定論**(determinism)和**發現論**(discoverability)的假設，即事件的發生是有原因的，而這些原因可以藉由科學的方法來發現。但是，這並非意味著事件可以被 100% 正確地預測，它只是說明了心理現象是有規律性的而非隨機發生的，並且這些規律能夠成功地探明。讓我們更詳細地研討關於決定論的假設。

□決定論

在讀到心理學家認爲人類行爲是被「決定」的時候，學生們常常感到困惑，他們常認爲「決定」的意思就是「命中注定」或「先天注定」。事實並非如此，一個先天決定論的信徒相信凡事都已經在事先被決定──或許是上帝，從而發展出一種宿命論的信念，認爲個人除了接受自己目前的生活外，幾乎無能爲力。但是，決定論的傳統概念是認爲，一切都事出有因。有些哲學家堅持強硬的決定論，即認爲經由天地萬物的因果結構我們對所有事件都可以作 100% 肯定的預測，至少在理論上是如此。而另一些人則受到二十世紀物理學發展的影響，採取了一個更爲溫和、可以稱之爲機率或**統計決定論**(statistical determinism)的觀點，認爲事物確實能被預測，但僅是以一種大於偶然性的或然率作出預測。大多數心理學家都持這

一立場。

然而決定論的概念即使只有「小於100%」的變異性還是令人不安，因爲它似乎要求我們放棄對自由意志的信念。所導致的爭論就是，如果每一事件都有原因，那麼人們如何能夠自由地選擇一種行爲而不選擇另一種？心理學家會簡單地回答說，如果決定論至少在某種程度上不正確，那麼我們如何能了解人類的行爲？想像一下，如果人類行爲完全不可預測會是什麼樣子，你如何決定是和艾德還是和泰德結婚？你如何決定是否該選瓊斯教授的課？

當然，影響人類行爲的因素有許多種，而且很難確切地掌握在某一個時刻某人會做什麼。儘管如此，人類行爲仍是遵循著某些模式進行，並且顯然是可以預測的。例如，我們知道兒童常常做出一些能爲自己帶來預期效果的行爲，因此我們不難預測在一家排滿玩具的商店裡，孩子會哭叫喊鬧，如果這樣的行爲在過去同樣的場合下能讓他得到玩具的話。

關於自由選擇的問題，至少有一位科學哲學家論證說，如果決定論不正確，那麼自由選擇就是一個毫無意義的概念，因爲選擇應該立基於某個合理的基礎上。除非這個世界存有某種程度的秩序，否則這些選擇的基礎就不存在。卡納普(Rudolph Carnap)的觀點，「沒有因果規律，……就根本不可能作出自由選擇。一個選擇之中包含著對一個行動優於另一行動的有意偏好。如果另一行動的後果不堪預測，我們怎麼可能會選擇它呢？」(1966, p. 220)。簡而言之，卡納普認爲，自由選擇的想法才有意義！除非決定論是對的！因此選擇艾德還是泰德作婚姻伴侶，只有在你了解他們身上一些可以預測的事情後，才是合乎情理的（譬如艾德更可靠）。決定是否選瓊斯教授的課，可能取決於她公正對待學生的風評。

大多數研究心理學家相信，自由意志的存在與否不能被科學用一種或另一種方式來回答，它是一種信念，問題在於你相信它，或不相信它。但是，爲了使「選擇」對人類有意義，世界上的事必須是某種程度上可以預測的。因此，當心理學家研究人類行爲並發現其規律時，它並不排除甚或限制人類的自由。事實上，如果卡納普是對的，這樣的研究實際上會因爲

增加對選擇的認識，而提高我們選擇的能力。

□客觀性

科學思考的第二個特徵，此乃皮爾斯認爲科學最迷人之處，是它的相對**客觀性**(objectivity)。但是，客觀性並不表示沒有人爲偏差和先入之見。相反地，一個客觀性的觀察僅僅是在一定精確程度上，被一個以上的觀察者所證實。在科學上它經常採取的形式，是對專門用語和研究程序作精確定義，以使任何其他人能夠重複這一研究，得到同樣的觀察結果。

重複一個研究以確定它的結果是否可靠的過程稱爲「驗證」(replication)（見第 3 章）；當結果得到驗證時，我們對心理現象的眞實性的信心就會增加。另一方面，當結果不能被驗證時問題就產生了，總是得不到驗證的結果，最終會被擯棄，從而使科學成爲一個自我校正的學科。你在下一章會看到，不能驗證結果有時也可以揭穿科學上的騙局。

當然，爲了重複一項研究，我們必須準確地知道原始研究中做了些什麼，爲此必須藉由一套指定的規範來描述研究計畫。這些規範在《美國心理學會出版手冊》(Publication Manual of the American Psychological Association, APA, 1994)中作了詳盡的說明，該書對任何報告研究結果和書寫心理學論文的人來說都是一份寶貴的資源。附錄 A 即以此一手冊爲依據，介紹了如何以 APA 格式書寫研究報告。

□數據驅策

心理學中科學思考的第三個特徵是研究者受**數據驅策**(data driven)。這就是說，他們希望關於人類行爲的結論，能被經由合理程序蒐集到的客觀性數據所證實。而且，研究者會想辦法判斷用來支持一種說法的數據是否足夠充份。例如，如果某人宣稱，過度看電視會減低兒童的創造性，科學家們就會立即開始思忖數據的類型和數量（創造性是怎樣被測量的？數據集有多大？），蒐集數據的程序，以及統計分析的類型。

這種態度很容易在研究心理學家當中發現，甚至對日常生活中遇到的

問題，他們也會思考數據是怎樣呈現的。甚至鄰居一個隨意的發現，說今年番茄的收成好過往年，也會在研究者心裡迸發出一大堆問題來檢驗這個說法（你在過去兩年怎樣數番茄的？你用的是每天摘下的番茄數目，還是每天成熟的番茄數目？你怎麼確定「熟」了？）當然，這種思考的後果是有一定危險的，包括失去鄰里的友誼。有時候數據驅策這個概念中驅策的意思（如果強詞奪理的話）似乎也要有個操作性的定義。

將這種數據驅策態度發揮到極致的典型人物是高爾頓爵士(F. Galton)，他是英國十九世紀的一位「萬事通」，興趣涵括了地理學、氣象學和心理學等領域。高爾頓極其執著於蒐集數據的想法，譬如，他曾經在劇院演出時觀察人們打呵欠的次數，來測量人們對不同節目的興趣！他對於幾乎能想像到的任何問題都要蒐集數據，想要更詳細地了解他的這一嗜好可以閱讀專欄 1.1，在其中介紹了他對所能接觸的最多量的英國人進行心理能力數據蒐集的嘗試。

專欄 **1.1**

起源——數據迷：高爾頓爵士

高爾頓爵士(Sir Francis Galton, 1822–1911)是一位很執著於「數據驅策」思想的人，他是達爾文(Charles Darwin)的表弟，因以下事跡而享有盛名：提出智力是遺傳的而非習得的，發展出計算變項相關的想法，說服倫敦警察廳(Scotland Yard)將指紋當成辨識人的一種有用工具，發展出一系列測驗來測量基本的心理能力(Fancher, 1990)。透過這些測驗的使用，他希望蒐集盡可能多的人類能力數據。1884 年，他在倫敦建立了一個「人類學測量實驗室」，每個英國人花上三個便士，就可以參加高爾頓的測驗，包括反應時、顏色視覺、聽力測驗、身高、體重和「呼吸力」。在六

年的時間裡，高爾頓蒐集了九千多人的數據(Schultz & Schultz, 1992)！儘管他選擇測驗的「心理」能力在今天看來可能很奇怪，但他相信簡單的感覺能力和智力之間存在關聯——如果我們對世界的認識最初來自於我們的感覺，那麼具有敏銳頭腦的人勢必具有敏銳的感覺。

高爾頓對數據的著迷有一點極端，但與今天一位普通的研究心理學家所持的態度並無顯著差別。史基納對研究過程的觀察也許是對這一態度最好的總結：「當你碰到一個有趣的問題時，丟掉所有其他的事情，鑽研它。」(Skinner, 1956, p. 223)

□實徵性問題

實徵主義(empiricism)是指透過直接觀察或經驗來學習的方法。**實徵性問題**(empirical questions)可以透過科學方法論所特有的系統觀察和經驗得到解答，它們精確到足以使我們作出確切的預測。我們在第三章將看到，提問是任何研究計畫的第一步，怎樣發展一個好的實徵性問題是該章的主題之一。

不過，在開始思考實徵性的問題如何構成之前，我們先與無法透過經驗回答的問題作一對比。譬如，回想一下皮爾斯在說明先驗法時舉的心身問題的例子，多少年來哲學家們對問題的兩面爭論不休（他們還在繼續爭論！），雙方的共識歷經數次改變，而皮爾斯對問題的解決並不樂觀。心身一元還是二元根本就不是一個實徵性問題，但我們可以提出一些與該問題有關的實徵性問題。譬如，透過研究心理壓力對免疫系統產生的後果來檢驗心理活動（心）對身體健康（身）的影響，這是可能的。另外，透過研究身體疲勞如何影響某些問題解決的能力來觀察身體對心理狀態的影響，也是可能的。

儘管心理學家們傾向於相信科學的方法是回答問題的理想方式，但要指出的是，在我們生活中有很多問題是科學不能適當解答的。這些問題包

括諸如神的存在、人性本善本惡的問題。它們無疑是重要的問題，但它們不可能得到合乎科學的解答。當然，實徵性地研究一些問題，諸如導致人們信神或導致人們從善從惡的因素是可能的。

　　總之，我要稱研究心理學家爲「懷疑的樂觀主義者」，他們樂於接受新的思想，並使用實徵性的方法來檢驗這些想法，但同時他們又是鐵石心腸的──他們不會接受沒有數據的說法。並且，研究者不斷設法去科學地檢驗思想，他們基本上相信，透過提出實徵性的問題並回答實徵性的問題，事實就會呈現。此外，那些特別擅長科學的人會在自己懷疑的樂觀主義和正常的邏輯思維中加入一些創造性，這就把我們帶到了科學中的創造性問題上。

科學中的創造性思考

　　德國心理學家艾賓浩斯(Hermann Ebbinghaus)因其對記憶和遺忘的開拓性研究而聲望卓著(Ebbinghaus, 1885／1913)。由於他想知道觀念間全新的心理聯想如何形成及保留，因而需要某種能夠用來構成無意義序列的刺激。他的解決辦法是發明了一種稱爲「無意義音節(nonsense syllables)」的子音–母音–子音的三字母組合（因此這種組合又叫作CVC），譬如 QOM。艾賓浩斯數年來堅持不懈，幾乎完全脫離了社會生活，潛心學習和回憶這些刺激表列。歷史學家認爲無意義音節的發明是一個眞實的創造性舉動，但對他這一設想的由來存在著種種推測。根據一份記載顯示(Shakow, 1930)，艾賓浩斯有一次訪問英格蘭，當時卡羅爾(Lewis Carroll)用無意義詞（諸如，" Twas brillig, and the slithy toves did gyre and gimble in the wabe "）寫成的一首英語諷刺詩 " Jabberwocky " 正在流行，而從無意義詞到 CVCs 只是一步之遙。

　　如果艾賓浩斯的傳聞是眞實的，那麼這就是科學創造性的一個最佳範例，也正是帕斯特(Louis Pasteur)說「機遇只偏愛有準備的心靈」（引自Myers, 1992, p. 335）這句話時的涵義。科學中的**創造性思考**(creative thinking)包含著這樣一個過程：在顯然無關聯的觀念中發現有意義的關聯。這樣的思考並非發生在眞空之中，而是有其問題解決背景的。所以，在面臨著怎樣設計無意義學習材料這樣一個問題時，艾賓浩斯可能剛好讀到“Jabberwocky”，發現它與自己眼下的困境有關，從而創造出無意義音節。但是，請仔細注意，艾賓浩斯對於帕斯特所描述的「有準備的心靈」，就是說他對於手頭上的問題——聯想(association)——已有充份的認識，並且正在積極尋找一種途徑去研究聯想的形成。他將一個顯然無關的(「機遇」)事件——一首詩——運用到他面臨的問題，這種開放的態度，使得這段插曲成爲創造性思考的一個極好說明。我們遵循著這一模式，便可以發現無數其他的例子，包括第一個動物迷津學習研究的創造（見專欄 1.2 的故事）。一位科學家在某一領域具有相當豐富的知識，他正在處理一個棘手的、似乎難以駕馭的問題，並且遇上了一件乍看之下與該問題毫無關係的事件。但是，這位具創造性的科學家將隨機事件與所面臨的問題建立了聯繫，問題便迎刃而解。

專欄 *1.2*

經典研究——創造第一個迷津學習實驗

如果讓心理學家列出幾件著名的研究設備，那麼迷津可能會在榜首或接近榜首的位置。儘管迷津最爲普及的時期是在 1920－1940 年，但它現在仍被用來作爲研究諸如學習和空間行爲的一個重要工具。

多年來數百個迷津研究已經被完成，有人可能會問它是怎麼開始的。有些時候，人們將之歸功於魯巴克爵士(Sir John Lubbuck)——一位十九世紀的達爾文主義者——他在 1870 年代用一個粗糙的 Y 型迷津研究螞蟻的行爲。後來到了 1890 年代，美國心理學家桑代克(E. L. Thorndike)用書隔斷通路製成簡單迷津，觀察小雞怎樣逃出。但是，第一個用老鼠作的迷津學習實驗要歸功於克拉克大學的斯茂(Willard Small)。

斯茂是怎麼產生把老鼠放進迷津的想法呢？他和自己實驗室的同事克萊恩(Linus Kline)一道，平時就對老鼠的行為感興趣，特別是老鼠的「找家(home-finding)」傾向。在一次與克拉克實驗室主任桑福德(Edmund Sanford)的討論中，克萊恩談起他觀察到「在一間舊的小木屋門廊下面有一些大野鼠挖的通向鼠窩」的地道，「這些通道在地表下3到6英寸深，當完全挖掘開後，真可稱得上是一個迷津」(Miles, 1930, p. 331)。桑福德建議克萊恩自己建一個迷津，特別是他提出使用一個像漢普頓王宮迷津（Hampton Court Maze，英國最受歡迎的人迷津）那樣的模型。在他們會談的那段期間，桑福德剛剛從英格蘭回來，他可能到過漢普頓王宮。

由於還有其他計畫正在進行，克萊恩把他的想法告訴了斯茂。斯茂使用金屬網圍成了一個6×8英寸的迷津，將漢普頓王宮原來的不規則形狀改為長方形，但設計保持不變（見圖1.1）。這個故事是又一個科學創造性的典範，顯然無關的事件（克萊恩對門廊下老鼠地道的回憶）與廣博的知識（桑福德對漢普頓王宮的熟悉）結合後，解決了一個面臨的問題（如何研究老鼠的找家傾向）。斯茂在本世紀初時發表了他的研究成果(Small, 1900)，開始了一個沿續到今天的「老鼠~迷津(rats-in-mazes)」的傳統。

順便要說的是，當批評家們指責迷津是心理學實驗室研究「人為性」的一個例證時，有一點值得指出，斯茂使用迷津的本意，並不是要製造一個封閉的真空環境，而是製造一個接近老鼠生活的真實世界，或者如斯茂自己所說他是要，製造一個「盡可能縮小存在於實驗室條件與日常經驗之間的差距」的環境(Small, 1900, p. 209)。

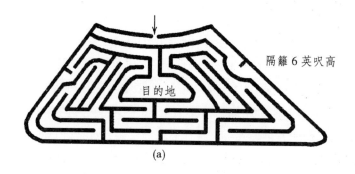

隔籬 6 英呎高

目的地

(a)

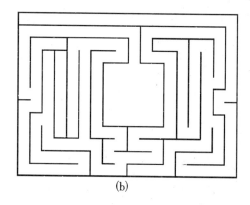

(b)

圖 1.1　(a)漢普頓王宮迷津的設計

　　　　(b)斯茂最早做老鼠迷津學習研究時，對漢普頓迷津設計的改進

　　此外，值得注意的是，儘管一個人對自己所處領域有一個透徹的知識，是科學中創造性思考的前提，但事物要從兩方面來看；知識有時會使思考模式僵化而抑制創造性。科學家們常常會太習慣於某一種特定的方法，或安逸於某種特定的理論，以至於他們不能再作其他選擇（這是否讓你想起了皮爾斯的「固執」？）讓我們再來看看艾賓浩斯。

　　艾賓浩斯的研究開始了記憶研究的傳統，此一傳統一直持續到一百年後的今天。它是一種實驗室法，包括呈現給受試者一列列刺激（譬如，一些 CVC），然後測量訊息的記憶情況。但是近年來，某些心理學家開始主張，記憶研究者們如此沉緬於艾賓浩斯的傳統，導致他們無法認清記憶如

何在實驗室外運作。日常生活中的記憶情形，通常不包括詞彙表或無意義音節的學習，例如，內塞爾(Ulric Neisser, 1978)就提倡一種新的、現在被稱為「生態」(ecological)方法的策略，強調要在自然環境下，而非實驗室中研究記憶問題，要研究一個人對過去真實事件的記憶，而非隨意定的詞表。

讓我們用內塞爾對前白宮首席律師迪恩（John Dean，他揭發尼克森的祕密違法活動）的記憶分析為例，來說明這一策略。迪恩的行動加速了1970年代早期「水門事件」醜聞的揭露，並導致尼克森(Richard Nixon)總統的辭職。他在參議院的一個委員會前作證，宣讀一份長達245頁的報告，包括許多次總統辦公室(Oval Office)會議的內容，這份報告詳盡得讓一些記者稱迪恩是人類的錄音機(Neisser, 1981)。當然，後來發現，這些會議實際上已經被白宮當局做了錄音，才使內塞爾能對迪恩那被認為是照相機般的記憶進行評估。迪恩的記憶畢竟不是那麼完美無缺，他大致準確地記住了會議的要點，但對某些細節諸如某件事發生的時間總是出現錯誤。這裡的問題是，遵循艾賓浩斯傳統的記憶研究者們，當他們的思考侷限在經過考驗的、純的實驗室程序中時，可能從來不會想到研究迪恩的記憶。有時候傳統會限制人們的視點。

科學創造性受到抑制的其他例子可以從那些已經有「標準」程序和設備的研究領域發現，譬如迷津，迷津對於我們理解學習有很大的幫助，而且正如你在閱讀專欄 1.2 時所看到的那樣，它的發明是科學創造性的典範。但是，這套設備已經將某些研究帶入死胡同。著名的行為主義者托爾曼(E. C. Tolman)在 1937 年他就任「美國心理學會」主席的結束致詞時，也許僅僅是半認真地作了這樣一個聲明，「心理學中所有重要的事情……在本質上都可以透過……在一個多路迷津中對決定老鼠行為的因素進行分析……得到研究」（引自 Hilgard, 1978, p. 364）。不過，他的聲明，顯示出儀器如何使科學的思考定型。像迷津這樣的科學設備在發軔之初可能充份表現了創造性思考（譬如，桑福德使用漢普頓迷津模型的想法），然而一旦一種設備被定型，革新的熱情就會消退。

心理學可以是一門科學嗎？

　　一直讀到這裡，實驗心理學的科學地位好像已不存在任何疑問，但你可能覺得奇怪，因為你聽過其他人提出關於心理學是不是一門科學的疑問（也許你的室友就是一位主修物理學的學生），或者你自發地產生了一些懷疑。當然，研究心理學家完全承認心理學是一門科學的地位，並且對他們來說這一點毋庸置疑，但是多年以來這個問題一直有爭議，所以我們有必要看一看爭論中的論據。

　　心理學不可能成為科學的觀點大致分為三類。第一，有種說法認為心理學充其量不過是一門軟科學(soft science)，它缺乏像物理學或化學那樣一門硬科學(hard science)的精確性和高度的可預測性。一個球滾下斜坡的運動幾乎是可以完美地得到預測，但是，一個人是否從山坡上滾下來，可不是輕易就知道的。這種觀點最容易反駁，如果「科學」的定義是一套公認的方法——建立事件間合理及可預測關係的嘗試，並且作為理論和系統性實徵觀察之間的一種相互關係——那麼心理學和物理學就僅僅是在程度上的差別，而無本質上的不同。至於他們如何去發現真理，研究心理學家和物理學家們基本上是做著同樣的事情，軟硬之間並無太大的差別。

　　第二，有人說心理學不可能是科學，因為它沒有將觀察者與被觀察者分離開來，因而在本質上就是主觀的。再次用物理學來做比較。物理學家作為一名觀察者，與從山坡上滾下的球是分離的，所以做出的觀測可以被觀察同一個球的另一位物理學家證實。但在心理學中套用這種說法，研究人心理的觀察者與被觀察對象是不可分的，觀察者與被觀察對象存在於同一個人中。從一個斜坡上滾下來的心理學家可以提供自我觀察體驗——用諸如頭暈及一系列知覺事件作描述，但是觀察此人的第二位心理學家卻不能證實滾落下來的心理學家的自我觀察。

　　實驗心理學家對此有兩點回應。第一，第二位心理學家也可以從山坡上滾下來，看看這一體驗是否與第一位心理學家的體驗一致。儘管在某些

方面有侷限，體驗的文字報告還是像數據一樣可以接受。第二，也是更重要的一點，就是從歷史來看，自我觀察的問題是為什麼心理學的定義最終從直接意識體驗的科學變為行為科學的原因。

在十九世紀末和二十世紀初的時候，心理學家們對研究意識體驗的內容和功能，以及一種被稱為**內省**(introspection)的通用技術感興趣。從一個實驗室到另一個實驗室的程序大相逕庭，但基本上是剛才談到的那種自我報告。實驗的參與者接受一些作業，然後對這些作業作出意識體驗的描述。為了解內省究竟是什麼，請在往下學習之前先閱讀專欄 1.3，它例舉了一個注意實驗中的逐字內省敍述，並說明本世紀早期的科學思考是如何將內省分析納入其中的。

內省的問題是，儘管內省者接受了嚴格的訓練，以消除自我觀察中的偏差，但其方法基本上是主觀的（我不能證實你的內省，你也不能證實我的內省）。這個問題激起了像華生(John B. Watson)這樣的心理學家們的反論，他們認為如果心理學要成為真正科學，就需要測量一些能夠直接觀察到，並且被客觀證實的東西。行為合乎這個要求，而華生也因其強有力的論辯（心理學的基本事實應該是能被觀察的行為）通常被認為是行為主義的奠基人。

將行為作為基本觀察事實後，當兩個心理學家從山坡上滾下來，第三個心理學家就能夠 (a)記錄每個人完成滾落行為用了多久的時間；(b)測量頭暈，讓心理學家們在山腳下迅速站起，然後準確地走一條直線。簡而言之，研究可觀察的行為滿足了客觀性的科學標準。

專欄 *1.3*
_____

起源——內省的滋味

以下的內省文字來自於 1913 年達倫巴赫(Karl Dallenbach)對注意現象的一個研究。內省者接受指示，注意聽兩個設定在不同速度上的節拍器，

並數出節拍相合的次數（就是說，兩個節拍器同時敲響）。在數的時候，還要求他們做一些其他的作業，譬如連續做加法。不用說，這些作業測量了注意力的極限，在完成一段實驗後，一個內省者報告：

> 節拍器的聲音是一連串的滴答聲，實驗過程中只有四、五次被清醒地意識到，並且在開始的時候聲音特別令人厭煩，隨之而來的是緊張的感覺和不快。實驗其他的部分中我專注於做加法，這一過程由數字的聽覺意象和視覺意象組成，有時候這些數字會出現在一個深灰色、直接立在我面前大約三英呎高的刻度尺上……。當這些過程清楚地出現在意識中時，節拍器的聲音就變得非常模糊不清(Dallenbach, 1913, p. 567)。

在討論研究者用數據來作科學思考的傾向時，我用經驗性的說法舉出一個關於鄰居家番茄的例子，說明科學家離開實驗室時，科學思考並不因而消失。同樣地，內省主義者也不會擺脫他們在實驗室中的思考方式。例如，在互相來往的信件中，他們經常用內省的語言表達自己近來的一些體驗。在致康乃爾大學鐵欽納的一封信中，克拉克大學的桑福德用內省的風格描述了他對狂風雷雨的體驗，這些體驗包括「帶有不愉快色彩的機體和其他感覺，在認知局面上說，是與恐懼本能行動及本能思考後果有關的一小串念頭的知覺痙攣」(Sanford, 1910)。

　　否定心理學科學地位的第三個理由來自於這樣一種觀察：每個人都是一完全獨特的個體。所有的電子或許基本上相似，所以在物理學定律中不難發現，但如果每個人與其他人都迥然各異，如何能得行為的基本法則？康乃爾大學的內省主義者鐵欽納(E. B. Titchener)在他 1909 年的《心理學教科書》(Text－Book of Psychology)中漂亮地回答了這個問題。著名的美國哲學家／心理學家詹姆斯(William James)將知覺意識與河流作類比，以作為對鐵欽納嘗試將意識分析成基本元素的批評。按照詹姆斯的說法，意識中沒有兩個事件是完全相似的，就像一條河裡流動的水在任何兩個時

刻都不會相同，因為水不斷地在流動。鐵欽納同意相同的意識事件絕不會完全重複，但他接著說：

> 我們可以觀察某一種意識，想觀察多久就觀察多久，因為生命體只要放置在同一種環境下，心理過程就會以同一方式組織自己，並顯示出同樣的排列模式。*昨天的高潮絕不會再現，昨天的意識也絕不會再現；但是我們有一門心理科學，正如我們有一門海洋科學一樣* (Titchener, 1909, 引自 Schultz & Schultz, 1992, p. 130，斜體是後加的)。

對鐵欽納而言，心理學是意識的科學，但他的比喻同樣可以應用在作為行為科學的心理學上。即使沒有兩個行為完全一樣，行為模式還是能被實驗心理學家研究，就像獨特的海浪模式可以被海洋學家研究一樣。

最終，你必須決定，在關於心理學的科學本質上，你是否同意心理學研究者的觀點，並且在完成這門課程時你應該能夠得出這一結論。如果你自認在此點上還存有少許的疑問，並且在作出結論前想看到進一步的證據（也許是一些數據），那最好，這說明你已經開始科學性思考了！

心理學研究的目標

心理學研究有四個相互關聯的目標。研究者希望完成行為的描述，能夠對將來的行為作出預測，並且能夠提供行為的合理解釋。此外，他們設想從研究中得到的知識將被付諸應用，能立刻或最終有利於人類。

描述行為

在心理學中完成一個好的**描述**（description），就是要認識規律發生的事件序列，這些事件既包括刺激或環境事件，也包括反應或行為事件。例如，對某一靈長類物種攻擊性行為的描述可能包括：列出打鬥最可能發生

的情境（譬如爭食），在實際打鬥之前一些前兆威脅信號的形式，以及打鬥本身的形式（譬如攻擊指向非致命的部分諸如肩膀和臀部）。描述還包括分類，正如有人嘗試把不同形式的攻擊性行為分門別類（譬如打鬥與獵食）。在任何科學嘗試中，提供一個清楚準確的描述是顯然而必須的第一步；沒有這一步，就不可能作出預測，而解釋也毫無意義。

預測行為

說行為遵循**規律**(law)，就是說在變項之間存在規則的、能夠預測的關係。這些關係的強度使我們可能以一定程度的自信作出**預測**(prediction)。例如，在描述許多靈長類動物的爭鬥後，我們可能清楚地發現，兩隻動物為食物打鬥且有一方獲勝後，那麼同樣的兩隻動物就不會再鬥。如果牠們同時發現了一根香蕉，那麼第一次打架獲勝的一方可能作出威脅的姿勢，而失敗者可能就會走開。如果這一連串事件發生得相當頻繁，研究者就會對這兩隻動物未來的相遇作出預測，並且更廣泛，是對勝利者與失敗者之間的相遇作出預測。

解釋行為

心理學研究者的第三個目標是**解釋**(explanation)。解釋某一行為就是要知道是什麼導致它發生。因果的概念極為複雜，其本質幾個世紀來就被哲學家所關注。就我們的目的而言，可以認為它是亞里士多德所指的*有效*(efficient)因果。那就是，如果做一個實驗，系統性地變化 X，並控制所有能夠導致結果的其他外在因素，然後觀察到 Y 以一些大於機遇的機率發生，並且 Y 的變化可以從 X 的變化得到預測，那麼我們就可以說我們相信 X 導致 Y 發生。就是說 X 和 Y *共變*(covary)或同時發生，而且因為 X 先發生，所以可以說它是 Y 的起因。此外，我們對我們的因果解釋信任到可以排除 Y 發生的其他可能解釋。

心理學中的解釋還包括對事情為什麼按照那樣的方式發生形成一些理論，並在經驗研究中檢驗這些理論。理論建構的過程以及怎樣從理論中引

發研究，將在第三章中詳細說明。現在只要知道因果是一個複雜的過程，包括共變、一個因先於果的時間序列、其他解釋的排除以及一個理論的架構。

控制行為

控制行為的目標有時會引起爭議，因為它導致一種不公正的心理學家故意或是惡毒控制他人生活的印象（第十章中的專欄 10.3 更詳細地檢視了這個問題）。實際上，控制(control)指的僅是把透過心理學研究發現的那些行為原理，以不同的方式進行應用。心理學家認為，由於從他們的研究中獲得的知識，人們的生活會變得更好。因此，影響憂鬱因素的研究使得治療師可以幫助憂鬱患者，對攻擊性的研究可以幫助父母更好地撫育自己的子女等等。這一目標很少是某一項研究的直接目的，但卻是所有研究者內心深處的目標。

心理學研究的快感（第 1 部分）

本章開始時就對為什麼實驗心理學是學習心理學專業的學生的必修課程？舉出一系列原因。除了傳統以及顯而易見這門課程是成為心理學研究者所邁出的第一步的事實外，還包括幫助你能更容易地理解其他心理學課程，使你成為研究訊息的精明利用者，提高你進入研究所的機會，並賦予你科學思考的判斷力。除此之外，依我的觀點，學習怎樣做心理學研究最重要的理由之一是做研究很開心。由於它具有挑戰性不時會遇到挫折，數小時的實驗室工作也許很乏味，但是很少有研究者願意換其他工作。因為還有什麼比產生一個有關行為的想法，置之於研究的檢驗並得到預期的結果更令人滿意的事呢？誰不會因為得出人類行為的新發現，並改善人們生活而狂喜呢？

這種視研究事業為理想的態度可從托爾曼（E. C. Tolman，在前面討論迷津學習的時候出現過這個名字）一篇論述心理學不同的理論取向的文

稿中的最後一段話昭示出來，這篇稿子是他最後寫的幾篇論文之一，發表於他去世的那年——1959 年。在闡明了他的學習理論後，托爾曼總結道：

這一體系〔他的理論〕很可能不會堅持到成為最終公認的科學程序，但是我不在乎，我喜歡以被證明是投我所好的方式來思考心理學。既然所有的科學，特別是心理學，仍然沈浸在這樣一個巨大的未知與無常的領域中，那麼每一位科學家最好⋯⋯能做的似乎就是循著自己的靈感隨心所欲。儘管這樣可能不夠妥當，但事實上我認為這才是我們都要做的。*最後，唯一確定的準則是得到樂趣，而我已經得到了*（Tolman, 1959, p. 152，斜體是後加的）。

讓我們用兩個簡短的例子來結束第一章，這兩個例子表現出心理學家如何忘我地獻身於自己的工作，並從中獲得滿足的極大。

吉布森(Eleanor Gibson)

1992 年 6 月 23 日，吉布森被當時的美國總統布希(George Bush)授予「國家科學獎章」（圖 1. 2），這是總統能夠授予一位科學家的最高榮譽。時年八十二歲的吉布森因其畢生對發展心理學的研究而獲得這一榮譽，她研究的課題從閱讀的學習到深度知覺的發展，大學生最熟悉的也許是她的「視覺懸崖」(visual cliff)研究。

圖 1.2　　1992 年吉布森接受國家科學獎章

　　吉布森是一位在面對重大困難時仍能堅持不懈的科學家的典範。對她來說，性別歧視是她面臨的主要難題，這是她在 1935 年來到耶魯大學，渴望在耶克斯（R. M. Yerkes，以其在比較心理學和心理測驗領域的工作而知名）的靈長類實驗室工作時發現的。她和耶克斯的第一次面談就令她印象深刻，正如她後來回憶的，「他站起身，走到門旁邊，把門打開，然後說，『在我的實驗室裡沒有女人 』」（Gibson, 1980, p. 246）。

　　吉布森並沒有氣餒，她終於說服了著名的行為主義者霍爾(Clark Hull)使她能夠成為一名科學家，並跟隨他研究取得了博士學位。其後1940 年代末，她和她的丈夫詹姆斯吉布森（James Gibson，另一位著名的

知覺研究的心理學家）來到康乃爾大學。她一直以一名不領薪水 2 的「研究副教授」辛辛苦苦工作了十六年，然後才被任為教授。就在這段地位不定的時期，她完成了知覺發展的工作，這項研究帶給她的喜悅從她對視覺懸崖實驗如何形成的記述中明顯地流露出來。

簡要的說，這個計畫來自她和康乃爾的同事沃克(Richard Walk)當時正在做的一些大鼠的知覺發展研究。他們兩個人都對深度知覺感興趣——沃克曾在康乃爾的「行為農場」(Behavior Farm)研究過跳傘者的訓練課程，吉布森觀察到剛出生的山羊會避免從高臺上往下跳，而且她本人也有一種「在參觀過大峽谷(Grand Canyon)之後，對懸崖產生長久的厭惡感」(Gibson, 1980, p. 258)。吉布森和一位實驗室助手：

　　……匆忙地用一張架在竿子上的玻璃組成了新裝置，在一半玻璃下貼了一塊壁紙，另一半玻璃的下面除了隔著幾英尺高的地板，什麼都沒有。

　　幾隻從其他實驗中剩下的大鼠被用來做了第一次嘗試……我們在地板玻璃和格紙玻璃的交界處，擱上一塊約三英寸寬的木板，然後把大鼠放在上面，它們是不是會隨機地從兩邊跳下？

　　結果比我們大膽預期的還要好，所有的大鼠都從玻璃下有格紙的一邊跳下。我們馬上在另一邊也加進一些紙，再試一次，這一次從兩邊跳下的都有。然後我們做了一個更完善的設備，小心控制了光線等因素，以適應這些在黑暗中長大的動物，它的效果好極了(Gibson, 1980, p. 259, 斜體是後加的)。

吉布森和沃克（Gibson & Walk, 1960）繼續對多種動物進行試驗，當然也包括嬰兒。直到今日任何學習普通心理學的大學生都熟悉視覺懸崖

---

2 在這段時期康乃爾大學並沒有付她薪水，但是她成功地申請了很多研究經費，例如洛克菲勒基金(Rockefeller Foundation)、國家科學基金(NSF)、聯邦教育部基金(U. S. Office of Education)。

研究，該研究顯示八個月大的嬰兒即使有媽媽在那一邊的情況下也不願意爬過「深陷的一邊(deep side)」。

史基納(B. F. Skinner)

如果讓學生們舉出除了佛洛伊德之外的著名心理學家的名字，很多人都回答史基納（見圖 1.3），他也許可以算是心理學界最著名的科學家了。他在操作制約作用方面的研究工作創造了實驗心理學下一個完整的分支，稱爲行爲實驗分析(experimental analysis of behavior)。有關他的哲學觀我們將在第十章作進一步探討。

圖 1.3　史基納

史基納的自傳分成三卷，使我們可以窺悉他奇妙的一生和工作。以下的摘錄顯示出他幾乎像孩子一樣執迷於對生物的行爲作出新的發現。這段摘錄的時期是史基納剛剛完成哈佛的博士學位，並在一項「國家研究委員會」(National Research Council)基金的資助下留校擔任「研究員」。1932年初，他研究了大量的不同的制約反射現象，包括實驗消弱(experimental extinction）。他說：

> 巴甫洛夫研究了一個在某種意義上說是制約作用並且發生更
> 為緩慢的過程，他稱之為「消弱」（extinction）。在我早期的筆記
> 中，我常稱它為「適應」（adaptation），因為它與對滴答聲的非制
> 約反應的消失相似。我的第一條消弱曲線是偶然發現的。一隻大
> 鼠在一個饜足（satiation）實驗中正在按槓桿，送食箱發生了阻塞，
> 當時我不在那裡，但當我回來時，我發現了一條漂亮的*曲線*。儘
> 管沒有接到食物，白鼠仍舊不停地按下去……
>
> 曲線的變化比巴甫洛夫實驗中唾液反射的消弱更有規律，我
> 非常興奮。那是一個星期五的下午，實驗室中沒有其他人，使我
> 不能訴說我的發現。整個週末我在穿越街道時都格外小心，躲開
> 一切不必要的危險，保護我的發現不致因意外事故而喪失
> （Skinner, 1979, p. 95, 斜體是後加的）。

在本書剩下的部分裡，你將學習掌握實驗心理學的工具，並讀到其他
一些執著並熱愛自己工作的心理學家們的研究。我最大的希望是當你讀到
本書結尾——關於心理學研究快感的另一討論（第 2 部分）時，你會對研
究深深迷戀，並希望對人類行為知識的逐漸累積作出貢獻。

本章複習

在每一章的最後你會見到兩類複習題目：填空題和多重選擇題。在試著回
答兩類問題之前你應該通讀全章。對於填空題，每個答案就是一個關鍵詞（在

章節中用粗體字印出的），它也可以在本書結尾的詞表中找到。有時候填空中的句子像詞彙的定義，但通常它們是要求你適當地應用這些詞彙。第二類複習題是複選題。

詞彙填空

1. 約翰堅信享受福利的人不願工作；他對一切相反證據的排斥說明他的思考受皮爾斯所稱的 ＿＿＿＿＿ 的影響。

2. 電視廣告設法說服你買某項產品，因為十位醫生中有九位有推薦，這樣的廣告是要你依賴 ＿＿＿＿＿。

3. 有人得出結論，心身是一元的，因為軀體死亡後心靈也停止活動，他是在用皮爾斯的 ＿＿＿＿＿ 法。

4. 對心理學家來說，＿＿＿＿＿ 僅指事件有規律地發生，並足以在一定程度上作出正確的預測。

5. 艾德說他頭痛，他的描述是 ＿＿＿＿＿ 的一個例子。由於只有他能夠體驗到頭痛，所以他的觀察缺少 ＿＿＿＿＿。

6. 下面這句話是 ＿＿＿＿＿ 的一個不好的例子：「死後有生命嗎？」

多項選擇

1. 關於決定論，大多數心理學家都持以下立場：
   (a)每個人都是獨特的，所以不可能有普遍的行為法則。
   (b)人類行為可以由大於偶然的機率來加以預測。
   (c)你一生中做的每件事都在你出生的那一刻被決定了。
   (d)決定論是對的，所以我們確實無法做選擇。

2. 科學思考中包含客觀性的涵義是什麼？
   (a)它的意思是，真正的科學家從來不讓人類的偏見影響自己的工作。
   (b)它指的是用一些儀器設備來做測量，從而完全消除人的影響。

(c)它指的是可以被兩個或兩個以上的觀察者證實的一種觀察。

(d)它指的是心理學家一種迫切的參照數據回答問題的想法。

3.在皮爾斯提出的非科學知悉(nonscientific ways of knowing)方法中，哪一個是心理學研究者在科學思維中最後才會考慮放棄的？

(a)面對反駁的證據時仍然固執己見。

(b)依賴專家的權威。

(c)用先驗法爭論一件個案。

(d)實驗心理學家從來不會做上述的這些事情。

4.根據課文，科學心理學有四個目標，以下的哪一項活動屬於「描述」行為？

(a)對幾種精神分裂症作正確分類。

(b)設立一個定律，使得對人們在某些情境下的行為可以作出估計。

(c)找出青少年暴力行為的原因。

(d)利用目擊者記憶的研究結果來訓練警察更有效地詢問證人。

5. 關於迷津作為心理學研究工具的起源和發展，以下哪一句話是正確的？

(a)發明迷津最初是為了瞭解老鼠是否能夠適應與自然環境完全不同的情境。

(b)由於老鼠完全不同於人，所以心理學界對迷津學習的興趣並未持續太久。

(c)在觀察過白鼠學習迷津後，研究者想到要建造一個人的迷津（例如，漢普頓迷津）。

(d)第一個迷津的想法是有創造性的，但一旦迷津被設定成標準的設備，創造性有時就會受到抑制。

應用練習

除了學生用的複習練習題之外，每一章的結尾還包括「應用」練習。這些問題會幫助你像一個心理學研究者那樣去思考，並使你將一章中學到的內容付諸應用。

$(練習\ 1.1)$　提出實徵性的問題

對以下每一個非實徵性的問題，思考一種實徵性的問題方式，使它與提出的問題有聯繫，並可能引發一項有趣的研究。

1. 上帝死了嗎？
2. 人性本善嗎？
3. 心靈與身體是分離還是合一的？
4. 人生有報應嗎？
5. 什麼是美？

$(練習\ 1.2)$　基於數據的結論

科學思考的特徵之一是堅持結論必須有數據支持，並且研究條件應被精確定義。對以下的每一種說法，確認(a)哪一個詞彙需要作更精確的定義，(b)作為證據支持觀點的數據類型，(c)在一項科學研究進行之前必須回答的問題，就是說，在觀點能被置於實徵性檢驗之前，還需要知道些什麼？例如「人在月圓時瘋狂」這個看法需要(a)用可測量的行為定義瘋狂，(b)在月圓和月缺時對這種瘋狂行為進行比較，兩種夜晚之間的差異能夠支持結論。但是在研究能夠適當進行之前仍有問題，如果月圓發生在 5 月 2 日星期二，那麼何時是開始測量瘋狂的精確時間？日落時？月亮升起時？5 月 2 日整天？5 月 2 日夜晚和 5 月 3 日整天？再者，每年只有 12 天月圓，你如何選擇比較的日期？隨機選擇？還是在當月的其他幾天？

對以下觀點做同樣過程的思考，找出需要回答的問題。

1. 我的牙膏比你的好用。
2. 大多數人不理解聖誕節的真正涵義。
3. 小報上登的占星術預測異常準確。
4. 禍不單行。

$(練習\ 1.3)$　激發創造性思考

以下的練習要激發你的創造思考能力，它根據的概念是，如果創造性思考中包

含了在明顯無關的概念間發現它們的關聯，那麼一個「強迫」關聯繫的系統就能導致創造性的產物。這個技術類似於被柯伯格和白哥納(Koberg & Bagnall, 1974)所稱的「構詞學的強迫聯結」(morphological forced connections)，它從建立一個簡單的二向度行列矩陣開始。例如，列代表不同的感覺過程，行表示不同的娛樂形式。然後每一單元格就成為一個「強迫聯結」，而可能變成一個創造性的想法。A 和 B 已經發明出來了，其中無聲電影被「有聲電影」(A)在 1920 年代取代；並且我相信你在童年時至少讀過一本香味書(scratch and sniff book)(B)。

	視覺	聽覺	嗅覺	味覺	情感
電影		A		1	
書籍			B		2
遊戲					
運動				3	

你能不能想出一些創造性的想法填入其他的單元格內？1、2、3 怎麼樣？

為了形成研究計畫的觀點，試著在以下表格中填入一些研究課題，其中列代表普通心理學中的一些領域，行表示一些研究工具。

從以上任何的單元格中，設想出三種研究想法。

	知覺	學習	治療	記憶	創造性
迷津					
反應時					
墨漬測驗					
測謊器					

從以上任何的單元格中，設想出三種研究想法。

本章複習答案

A. 詞彙填空

1.固執　2.權威　3.先驗法　4.決定論　5.內省；客觀性　6.實徵性問題

B. 多重選擇

1. b　　2. c　　3. a　　4. a　　5. d

應用練習

練習 1.1　提出實徵性的問題

第1題的參考答案：

- 不同信仰的人在多大程度上相信有一個「個人的上帝」與他們的日常生活密切相關？

- 在過去 20 年中，某個年齡層群體參加教堂禮拜的程度是否下降了？

第2題的參考答案：

- 如果人們被告知，所有的慈善捐款都是匿名的，他們是不是就不太願意捐獻了？

- 如果一個兒童的泰迪熊需要幫助，年幼的兒童是否比年長的兒童更願意幫忙？

Chapter

2

心理學研究中的倫理

本章概要

❖ **APA 倫理準則的發展**

恪守著心理學以事實為依據的習慣，美國心理學會(APA)使用「嚴重事故」(critical incidents)程序，實徵性地形成了自己的倫理準則。這一準則最早出版於 1953 年，此後定期修訂，最新的一版是在 1992年。

❖ **人類研究的倫理準則**

以人為研究對象時的 APA 準則為研究者作計畫提供了指導，它包括權衡研究的科學價值與研究參與者需要承受的危險。這一準則還確保受試者是被充份告知曉的自願者(informed volunteers)，並且在實驗進行中和實驗結束後受到妥善對待。

❖ **動物研究的倫理準則**

APA 動物研究的倫理準則旨在關愛和人道地對待心理學研究中的動物，為決定恰當的實驗程序提供指導，並且兼涉研究和教育工作中對動物使用的領域。本章中討論了動物權利的問題，認為動物研究合理而且重要。

❖ **科學欺騙**

捏造和竄改數據，而不是以誠實的方式蒐集數據，是最嚴重的科學欺騙(scientific fraud)。雖然虛假的結果因為無法在重複實驗中被證實，而常常導致欺騙行徑的敗露，但仍然無法消除欺騙，因為(a)有些偽造

的結果與正當的發展是一致的，(b)大量的出版著述使很多複製無法進行。學術獎勵制度產生的壓力常常導致科學的欺騙。

　　倫理(ethics)制度本質上是為了使行為合乎道德而樹立的一套準則，意即，做出合乎倫理的行為就是做正當的事情。在做心理學研究時，科學家的倫理義務包括幾個範疇，科學家必須：(a)對人類受試者給予尊重，並以一種維護他們尊嚴的方式對待之；(b)當動物成為研究對象時，應關心其福祉；(c)在處理研究數據時要嚴謹誠實。本章要展開闡述這些問題，並將研究者們計畫及實施研究的一套指導原則介紹給你。問題之所以在這裡先予呈現，是由於其重要性——我還會在後面各章中反覆提及。

　　在開始閱讀美國心理學會的倫理準則之前，請先看專欄 2.1，它講述了一個心理學中最知名而又不道德的研究。小艾伯特實驗(The Little Albert experiment)常常被認為是說明兒童如何發展出恐懼的最早一項研究，但同時也因為其令人懷疑的倫理行為而成為一個教訓。

■■■　專欄 *2.1*

經典研究——恐嚇小艾伯特

　　1920 年 2 月的《實驗心理學期刊》(Journal of Experimental Psychology)中刊載了一篇題名為「制約性情緒反應」(Conditioned Emotional Reactions)的短文，儘管文中包含了幾處方法上的缺陷並且在 1920 年代中，要複製其結果的嘗試都遭到了失敗(Harris, 1970)，但它仍然是心理學中最著名和引用最多的個案研究之一。文章的作者是行為主義者華生(John B. Watson)和瑞娜(Rosalie Rayner，她是華生的研究生，很快便成了他的第二任妻子)。研究只使用了一個受試者— 11 個月大假名為艾伯特(Albert B.)的男孩，研究的目的是要看艾伯特是否可以制約艾伯特的害怕反應。

小艾伯特實驗是華生情緒研究計畫的一部分，他已經知道，除了噪音和無助外，嬰兒「天生」幾乎無所畏懼(他是透過實證發現的，猜猜他是怎麼發現的)。但是到了幼年的時候，他們已經發展出很多恐懼：黑暗、蜘蛛、蛇等等。身為一個行為主義者，華生相信這些恐懼是生活經驗的產物，他想知道人為故意的影響事件的發生是否會產生一種習得的恐懼。

　　簡言之，華生和瑞娜斷定：艾伯特(a)天生不害怕白鼠；(b)當在他的腦後用錘子敲擊鋼棒時，他會產生強烈的恐懼反應！(c)如果噪音伴隨著白鼠出現，他也會開始害怕白鼠。下面就是在第一次嘗試時所發生的事情：

　　　　白鼠突然從籃子裡被拿了出來，放在艾伯特面前。他開始伸出左手去碰白鼠，就在他的手碰到動物的一刹那，鋼棒在他的腦後敲響，孩子猛然跳了起來，向前跌倒，臉埋在墊子上(Watson & Rayner, 1920, p. 4)。

　　幾次嘗試後，噪音已不再被需要——艾伯特已經發展出一種有效的聯結 (association)，並已被白鼠嚇壞了，由於類似刺激的類化 (generalization)，他也對白兔、毛皮衣和棉毛發生了恐懼。

　　當然，很難讓華生和瑞娜遵守在小艾伯特實驗之後 33 年才出版的倫理準則，但顯然，他們清楚有人會反對這一研究，並且知道「這樣一個程序應附帶某些責任」(Watson & Rayner, 1920, p. 3)。他們決定著手進行此研究，因為艾伯特看起來像是一個強壯、健康的孩子，「整體來說，他情緒穩定、無動於衷，他的穩定性是我們用他的一個主要原因……我們覺得可以進行這樣的實驗，且幾乎不會對他造成任何傷害」(pp. 1–2)。華生和瑞娜為了使研究合理化還辯護說，這樣的恐懼，不管怎麼說，「一旦(他)離開托兒所的保護環境，回到粗暴的原始而混亂的家中」(p. 3)，艾伯波特還是會學會的。

　　儘管華生沒有致力消除艾伯特的恐懼，但幾年後他在瓦薩學院(Vassar College)的演講，使聽眾中的一個學生受到啟發而進行了這樣的嘗試。這個

人叫瓊斯(Mary Cover Jones)，她進一步證明兒童習得的恐懼是可以被消除的。她成功地消除了一個小男孩對白兔的恐懼(Jones, 1924)，該研究常被引用為系統減敏感法(systematic desensitization)行為治療技術的最早應用。

當你讀到本章中 APA 的倫理準則時，你應該問問自己，小艾伯特的研究是否可以在今天進行。如果不行，為什麼不行？如果可以，應該採取哪些保護措施並對程序作怎樣的改變。

APA 倫理準則的發展

美國的心理學家直到 1953 年才發表了第一版倫理準則(APA, 1953)，這份長達 171 頁的文件是 APA 內部經過十五年研討後所得到的成果。這之前在 1930 年代末，APA 設立了一個臨時性的「科學和專業倫理」委員會，該委員會很快成為一個常設機構，專責調查不斷受到關注的一些不道德行為的投訴（通常與心理學的專業活動有關）。1948 年，這個組織建議制訂一套正規的倫理準則。在霍布斯(Nicholas Hobbs)的領導下，一個新的致力於心理學倫理標準的委員會成立，並開始了一項為期五年的計畫(Hobbs, 1948)。

我們已經在第一章看到，心理學家受到科學思考的訓練。對霍布斯委員會應予注意的是，為了儘可能保持心理學對事實需求的偏好，它採用一種實徵性的方法設定準則。委員會使用一種被稱為「**嚴重事故**」(critical incidents)的程序，調查了 APA 全部的成員(當時大概有 7500 名成員)，然後從他們所知道的第一手資訊中，徵集不道德行為「事故」，並「指出（他們）認為其中所涉及的倫理問題」(APA, 1953, p. vi.)。這一要求收到了 1000 多封回函，並包括了一些涉及研究行為的事故。委員會將這些回函整理成一系列草案，登載在美國心理學會的主要刊物——「美國心理學家」(American Psychologist)。終稿在 1952 年被 APA 的理事會接受，並於第二年出版。

多年來，這一套準則經過數次修訂，最新的一次是在 1992 年。它包括 6 條總則（簡要總結在表 2.1 中）；以及 102 條標準，分為 8 大類（列在表 2.2 中）。總則是「指引心理學家向著心理學最高理想的遠大目標」（APA，1992，p.1598，斜體同原文），而標準「為心理學家的行動設定了可以執行的規則」（APA，1992，p.1598，斜體同原文）。在本章中，我們要探討關於人和動物受試者的研究標準。

表 2.1　　APA 倫理準則總則

原則 A：能力
心理學家「應體認自身能力的範圍和專業知識的侷限」，並透過繼續進修維持自己的技能。
原則 B：正直
心理學家在「研究、教學和心理學執業中」應秉持公正坦誠，並且「誠實、無私、尊重他人」。
原則 C：專業和科學責任
心理學家應「維護專業的行為標準」並「對自身的行為擔負應當的責任」。
原則 D：尊重人權和尊嚴
心理學家應避免以偏見待人，並尊重他人在「隱私、保密、自決、自主」上的基本人權。
原則 E：關心他人福祉
心理學家「應力求促進與自己有專業關係的人的福祉，並且在專業關係進行中和專業關係結束後不作欺詐和誤導」。
原則 F：社會責任
心理學家「要應用和公開自己的心理學知識以增進人類福祉」。

來源：APA，1992

表 2.2   1992 年準則中倫理標準的分類

類別	標準舉例
1.基本標準 [27]	1.02 倫理與法律的關係
	1.11 性騷擾
	1.27 轉介和收費
2.評估、衡鑑或介入 [10]	2.03 測驗建構
	2.05 解釋衡鑑結果
	2.08 測驗計分和解釋服務
3.廣告和其他公開聲明 [6]	3.01 公開聲明的定義
	3.04 媒體呈現 (Media presentation)
	3.06 請求他人 (In‐person solicitation)
4.治療 [9]	4.02 對治療的充份告知同意書
	（Informed consent）
	4.05 與病人或案主的親密的性關係
	4.09 終止專業關係
5.隱私和保密 [11]	5.02 保密
	5.05 洩密
	5.07 資料庫中的機密訊息
6.教學、訓練督導、研究和出版 [26]	6.03 教學的正確性和客觀性
	6.06 計畫研究
	6.23 出版信譽
7.法庭活動 [6]	7.02 司法鑑定
	7.04 誠實坦白
	7.06 遵守法紀
8.解決倫理問題 [7]	8.02 面對倫理問題
	8.05 報告倫理違紀
	8.06 與倫理委員會合作

注：102 條標準的全文可以從 1992 年 12 月的《美國心理學家》上找到 (American Psycho-
logist, pp. 1597–1611)。

人類研究的倫理準則

　　1960 年代，原始準則的原則之一單獨發展成為以人類為受試者的研究倫理準則。APA 的一個委員會以霍布斯委員會為範本，並在前成員之一——庫克(Stuart Cook)——的領導下，使用同樣的嚴重事故程序，在 1973 年出版了一套針對研究者適用的倫理準則；這個準則於 1982 年被修訂(APA, 1982)，並在 1992 年總修訂中再次修改。它包括大量的標準，這些標準可以簡單地分為三大類——與計畫研究有關的準則，與受試者的自願情況有關的準則，及與善待受試者有關的準則。

計畫研究

　　所有的人類研究都給那些在研究中作為受試者(subject)的參與人強加了一定程度的負擔（實驗心理學家常常用「受試者」這個詞來指任何參與者，包括人或者動物，他們的行為在進行的研究中將以某種方式被測量）。即使是最少的付出，受試者也要在實驗中花耗時間，而這段時間受試者本來可以另謀他用。當付出的代價大到極點時，受試者常常會被置於一種潛在危險的情境中。在心理科學的名義下，人類受試者接受過電擊，或者被告知未能通過某個極簡單的測驗，並在各式各樣的方式下受窘難堪。這樣的經歷對受試者造成的困擾體驗，可以在社會心理學中最著名的一個系列研究——繆爾格萊姆(Stanley Milgram)的服從研究中(1963, 1974)得到最清楚的說明。

　　繆爾格萊姆表面上裝作是研究懲罰對記憶成績的影響，誘使受試者服從一位權威人物——實驗者——的命令。受試者扮演「老師」的角色，要向另一名受試者（實際上是一個職業演員，他要裝出無法學會單詞表的樣子）施以強度好像很高單位的電擊（並沒有真的電擊）。繆爾格萊姆對一名受試者作了如下描述：我觀察到一位沉穩並且在初見面時很鎮定的商人，含笑自信地走進實驗室，但不到二十分鐘，他就被折磨得不成人樣，

肌肉抽搐，說話結巴，正迅速地接近精神崩潰的邊緣（Milgram, 1963）。正如你所猜想的，繆爾格萊姆的研究可能會引起爭議，他受到尖銳的批評，因為受試者承受了極度的壓力，從而造成對受試者的自信和尊嚴可能是長久的負面影響，而且由於實驗中涉及的欺騙程度，破壞了受試者對心理學家的信任（Baumrind, 1964）。

　　繆爾格萊姆和其他研究者所面臨的兩難處境，就是權衡研究計畫的科學價值與對受試者造成侵擾的程度。一方面，實驗心理學家堅信，在廣泛的課題領域進行心理學研究的必要性，實際上他們認為不能對一些問題進行研究，就是背棄一名科學家的職責。如果研究的終極目標是為了改善人類狀況，並且人類行為的知識對此是不可或缺的，那麼顯然就需要儘可能的探求。另一方面，正如我們所看到的，研究提出了對受試者的要求。因此在計畫一項研究時，研究者總是面臨著相互衝突的要求：(a)產生有意義的研究結果，也許最終會增進我們對人類行為的知識；(b)尊重研究受試者的權利。顯然，繆爾格萊姆的結論是——他的研究的潛在價值高於實驗程序的潛在危險。他受納粹大屠殺問題的啟發（繆爾格萊姆是猶太人）而專心研究服從的問題。大屠殺是反映出德國人靈魂的本質缺陷的現象，亦或是服從權威是人所共有的傾向？

　　APA 標準中從 6.06 到 6.08 涉及的是研究者在計畫研究時，為了權衡發現行為的基本法則，與保護受試者的需要之間所遇到的問題。茲將APA 中這些守則陳述如下：

6.06. 計畫研究

(a)心理學家設計、執行和報告研究時應與公認的科學能力與倫理研究的標準一致。

(b)心理學家研究計畫時要使結果被誤導的可能性降至最低。

(c)在計畫一項研究時，心理學家要考慮到它在倫理準則下是否能夠被接受。如果倫理問題不明確，心理學家應透過公共機構審查委員會、動物保護和使用委員會、同僚協商和其他適當機制尋求解

決。

(d)心理學家應採取合理的步驟，為受試者和其他受研究影響者的權利與福祉，以及動物的福祉進行妥善的保護。

6.07. 責任

(a)在進行研究時，心理學家應勝任其職，並對受試者的尊嚴和福祉予以適當的關注。

(b)心理學家應對自己，或在自己監控下由其他人進行的研究的倫理行為負責。

(c)研究員和研究助手，只能執行他們受過適當訓練並有所準備的研究工作。

(d)作為發展和實施研究計畫過程的一部分，心理學家應向專家諮詢有關調查中涉及的或最易受到影響的特殊族群的問題。

6.08. 遵守法紀

心理學家計畫和進行的研究，應與聯邦政府及各州法律規章、管理研究行為的專業標準、特別是那些管理人和動物受試者研究的標準相一致。

標準 6.06 確保研究者能了解，將倫理考慮置於研究初步計畫之中心的重要性。從最開始，研究的科學重要性與受試者權利之間的平衡，就應放在研究者心目中至高無上的地位。此外，汲取建議(6.06c)的條款反映出，在一些問題上決策的困難。汲取建議的作法通常採取的形式，是將研究計畫遞交給一個委員會，稱為「公共機構審查委員會」(Institutional Review Board, IRB)。該組織至少由五人組成，成員通常來自幾個部門，並且至少要包括一名非本社區成員，和一名非科學家成員(Department of Health and Human Services, 1983)。IRB 必須在任何大學或學院接受聯邦研究基金時行使職權。這種組織在 1980 年代變得特別普遍。

研究計畫階段中的一部分是確定受試者面臨危險的程度(6.06d)。

有時候研究並無危險，如實驗者觀察公共行為，而不以任何方式介入。然而有些時候，受試者可能會「有危險」或「有輕度危險」，其區別並非截然清楚，乃是依受試者覺得自己當下的情境與「那些在日常生活中或生理與心理測驗中通常遇到」(Department of Health and Human Services, 1983, p. 297)的情境之間的相似程度而定。因此，面臨較小或幾乎無壓力的日常情境的受試者，被認為是處於「輕度危險」；如果危險比這要大，就說他們「有危險」。譬如，一項關於記憶的研究，研究受過視覺意象技術的訓練的人，是否比沒有這種訓練的人得到更好的成績，研究中受試者處於輕度的危險。但如果做同樣的研究，設想由意象訓練引起的成績提高，是否也可以透過讓受試者吸食少量或中量的大麻造成，則危險的程度顯然要高得多。

當受試者所冒的危險輕微時，IRB 的核准只是例行公事。但是，當受試者明顯危險時，實驗者必須使 IRB 相信研究價值值得受試者冒險，而且一定要謹慎小心地遵守接下來的準則，以確保受試者確知自己的權利並且受到妥善對待。

標準 6.07 明確指出了倫理準則不僅主要的研究者得遵守，雖然首要研究者對任何研究計畫負有關鍵的研究職責，但每一位與實驗有關的人都必須遵守條例，並受一定的訓練。這一標準特別關係從事研究的學生。雖然你的導師對你在研究方法課上做的任何研究負有首要責任，但你也有義務保護參加到你的研究的受試者。而且，在你為這個課程蒐集任何數據資料之前，你應該得到充份的指導(6.07c)。

標準 6.07d 是為涉及「特殊」族群研究而提出的，針對的是研究設計需要考慮的任何具有特殊特質的受試者類別。例如，在一間精神病院做精神分裂症病人研究時，研究者必須受過特殊訓練，或與這一病症的專家進行協商。

標準 6.08 沒有明白指出，但已經提醒研究者要清楚與研究計畫有關的法律和規定。例如在幾段文字之前，你讀到關於危險這個概念對受試者的適用性，並可能注意到引自「衛生福利」(Department of Health and Human Services)的一段聯邦政府的規定。機關院校接受聯邦撥款時接受 IRB 的監督是研究者需要遵從規定的另一例證。

確保受試者的自願意志

研究者考慮的次要問題，關係到受試者在研究中的自願情況，並且關係到被試者了解研究情況和欺騙的問題，及被試者隨時可從退出研究的權利。標準 6.10 到 6.12 以及標準 6.15 尤其有關：

6.10. 研究責任

在進行研究之前（除了包括匿名調查、自然觀察或類似的研究外），心理學家必須與受試者達成協議，澄清研究的性質和雙方的責任。

6.11. 對研究的充份告知的同意書

(a)心理學家應使用合理的便於受試者理解的措辭，獲得他們的充份告知的同意書。這種充份告知的同意書應被適當記錄。

(b)心理學家使用便於理解的措辭，……，告知受試者研究的性質；他們要說明受試者可自願參加，並可隨意退出研究。他們要解釋拒絕或退出研究後預期可能發生的影響；他們要告知受試者哪些顯著因素會影響到他們的參與意願（諸如危險、不適、不良後果或保密限制，標準 6.15 中的研究欺騙除外）；並且要向受試者解釋他們其他方面的問題。

6.12. 免除充份告知的同意書

確定所計畫的研究（諸如僅包括匿名問卷、自然觀察或一些檔案研究時）不需要求得研究受試者的充份告知的同意書時，心理學家要考慮適用的規定以及 IRB 的要求，並在適當時候與同事協商。

6.15. 研究欺騙

(a)除非心理學家確認研究未來的科學、教育或實用價值證明欺騙技術的理由是正當的，而不採取欺騙手段卻同樣有效的替代方案不可行時，不得進行涉及欺騙的研究。

(b)心理學家永遠不能在會影響到被試參與意願的重要部分欺騙受試者，諸如身體危險、不適或不愉快的情緒體驗。

(c)任何其他形式的欺騙，如係研究設計和實驗進行中不可捨棄的一部分，必須儘早對受試者解釋受試者。最好在他們的參與結束時說明，絕不能在研究全部結束後才解釋。

綜觀這些標準，是以心理學研究的充份告知的同意書和欺騙問題為中心的。標準 6. 11 和 6. 12 說明了**充份告知的同意書**(informed consent)的原則，這會影響到受試者是否參加心理學研究的決定，受試者應當接受與研究有關的充份訊息，以決定自己是否願意成為自願者。一旦受試者在參與前未被告知研究的全部細節，或對實驗程序有了誤解，他們便會感覺受到**欺騙**(deception, 6. 15)，而這些相互矛盾的概念又要如何平息呢？

有人會辯稱真正的充份告知的同意書絕不允許受試者在研究的目的上受到欺騙。有些人(例如，Greenberg, 1967)建議清除所有實驗中的欺騙，而以模擬過程代之——即事先將實驗目的完全告訴受試者，然後要求他們角色扮演事先不知道研究目的的人。不過，關於這種想法的評估研究(如 Miller, 1972)還不太可靠。自然表現出的行為與你自認為應該表現出的行為是有差別的。其結果，角色扮演的受試者和事前全然不知情的受試者表現出不同的行為就不足為奇了。

此外，有證據顯示，事先被充份告知欺騙實驗目的的受試者，與那些不知情的受試者會有不同表現。例如，加德納(Gardner, 1978)的一項研究檢驗以噪音作為壓力源對完全知情的受試者，與不知情的受試者有何影響。通常的結果是噪音攪亂了注意力，並降低了各種作業的表現，尤其是當噪音不可預測的時候。然而加德納卻發現噪音對事先充份了解研究訊息（包括明確指明他們可以隨時離開）的受試者完全沒有負面影響。顯然，訊息增加了受試者對情境的控制感(feelings of control)；其他的研究結果一致顯示（例如 Sherrod, Hage, Halpern, Moore, 1977），控制個人命運

的知覺力增加，有助於減輕壓力。因此，要對影響噪音壓力源，與作業表現之間關係的變項進行充份研究，某種程度的欺騙似乎是必要的。

　　繆爾格萊姆的服從研究對心理學家為什麼有時候會在實驗開始前封鎖訊息的行為，提出進一步的說明。我們看到，繆爾格萊姆告訴受試者他正在研究懲罰對學習的影響，教師（真正的受試者）要設法將一個詞表教給學習者（假裝的受試者），並信以為真地以為學習者在犯錯誤時受到了自己的電擊。當然，繆爾格萊姆並非真的對學習感興趣，他只想知道受試者是否(a)對一個明顯處於不安狀態，且無疑沒有學到東西的學生，持續施行強度不斷增加的電擊；還是(b)不服從實驗者而在某個時刻停止電擊。結果：幾乎沒有受試者違抗命令。在最初的研究中，甚至當電壓強度已達到450伏特時，四十名受試者中仍有二十六人繼續接受電擊；在電壓達到300伏特之前，竟沒有一個人違抗！(Milgram, 1963)如果繆爾格萊姆已經告訴受試者，自己有興趣想知道他們是否會對不合理的命令表現出服從，那麼還能得到同樣的結果嗎？幾乎肯定不能。盲目地服從權威並非為人們十分推崇，事先被告知正在參加一項服從研究的受試者一定會比在不知情的情況下難以服從。關鍵點在於，研究者想讓受試者認真地完成作業，充份地參與研究，並儘可能讓行為不做作。要達到這樣的目的，欺騙有時候是必要的。

　　標準6.11b表明，即使受試者同意參加研究，他們也應該知道自己可以在任何時候不受約束地退出實驗。如果這一準則在繆爾格萊姆計畫研究時就已經生效，那麼繆爾格萊姆可能會被IRB要求修改實驗程序的某些部分。例如在學習階段，如果教授者對繼續施行電擊流露出任何猶豫（幾乎所有的受試者都是如此），實驗者所說的諸如「實驗要求你繼續」或「你一定要做下去」之類的話(Milgram, 1963, p. 374)。

　　關於充份告知的同意書的最後一點是，由於諸如年齡或衰老因素的影響，關於欺騙與自由退出，並非在所有的實驗中受試者都有能力給予許可同意。在這些情況下，許可是從父母或法定監護人那裡獲得的。儘管如此，研究者在使用這樣的族群時，仍負有特殊的責任監督實驗，並且在受

試者表現的過分緊張時停止實驗。例如，某位家長可能同意研究者作一項關於電視暴力影響兒童攻擊性行爲的研究，但是家長在影片放映時不會在現場，這時實驗者就要有足夠的敏銳度，在壓力程度太高時讓孩子脫離實驗作業(並補救損失)。此外，如果獲得了許可，但在實驗進行中兒童說「停下」，那麼實驗者也必須停止。最後，那些地位低下的人（例如犯人）爲了獲得額外的特權，可能被迫同意參與研究，研究者在研究這些「俘虜」群體時，必須格外小心，以確保參與者是眞正出於自願。

最可怕的未獲充份告知的同意書的例子發生在第二次世界大戰期間的德國及其占領區，集中營的囚犯被用來作爲醫學研究的受試者。以醫學研究的名義下，像蒙格勒(Josef Mengele)這樣的納粹醫生完成了一系列的恐怖研究。他爲了測量人被浸泡在冰水裡、或被注射汽油，或故意被暴露在傳染病或致命疾病中，能存活多久。這種虐行就某種程度上來說實具有諷刺意味，因爲在 1930 年代早期，德國是訂立條例規定醫學研究要徵得受試者同意的最早倡導國(Faden & Beauchamp, 1986)。在紐倫堡審判時，納粹醫生們替自己的行徑辯護說，任何醫學研究中都根本不存在自願的同意書。他們的辯護被駁回並被定罪，給他們定罪的特別法庭起草了一份稱爲「紐倫堡準則」(Nuremberg Code)的文件，此文件成爲後來的醫學研究倫理守則，以及 APA 倫理守則充份告知的同意書部分的基礎，它規定了所謂的許可是受試者必須被充份告知，其能力足以勝任研究內容和完全出於自願的一種原則，並且同意者能夠理解研究中所有的情境(Faden & Beauchamp, 1986)。

儘管對集中營中受難者進行的實驗，是侵犯許可權最駭人聽聞的例子，但同樣的問題在美國也發生過。專欄 2.2 簡要講述醫學研究領域中實際遇到的兩個案例。其中(a)使重度發展遲緩兒童染上肝炎，以達到研究疾病發展的目的；(b)對染有梅毒的南方貧困黑人患者，研究多年不予治療，並對他們的健康狀況給予誤導，二者都是以研究病程爲目的的。

倫理──生物醫學研究中的充份告知的同意書(？)

　　第三帝國醫生們的研究活動，在冷酷和殘忍的程度上都是史無前例的。但是，美國也發生了幾起醫學研究案例，激起強烈的反對並使人不禁──雖然時隔久遠──聯想起納粹的醫生。兩個著名的案例就是威路布魯克的肝炎研究和塔斯克集的梅毒研究(Faden & Beauchamp, 1986; Jones, 1981)。

　　在威路布魯克(Willowbrook)住著各種不同程度的智能不足兒童，在那裡一系列的實驗從 1956 年開始，一直持續到 1970 年代，在這期間每 10 個新的入住者中就有一個被故意地感染上肝炎。孩子的父母雖然事先被告知實驗程序，但後來顯示他們可能是在受到壓力後同意的。而且，該研究違反了一條原則，就是除非研究「直接關係到智能障礙(mental)本身的病因、病理、預防、診斷或治療」(Beauchamp & Childress, 1979, p. 182)，否則不能用智能障礙者作為受試者。威路布魯克的研究目的在於研究肝炎而非智能障礙。

　　研究最初的動機是因為肝炎在收容所裡蔓延，可能是由很高比例的重度智障兒童不能進行排便訓練而造成的。1950 年代收容所中一度曾有5,200 人，其中 3,800 人的智商低於 20，並且有超過 3,000 人無法進行排便訓練(Beauchamp & Childress, 1979)。即使所裡的員工盡了最大努力，衛生條件依然惡劣，並導致疾病的傳播。透過刻意傳染給新的入住者，並將他們置於隔離的病房但不予治療，實驗者希望能在控制條件下研究疾病的進展。那些負責這個計畫的人，用華生做小艾伯特研究時的理由進行辯護（專欄 2.1）──反正兒童幾乎一定會感染上疾病，那為什麼不以這種方式被感染以便我們對如何防治它有更多的認識？事實上，雖然研究在徵得同意的爭議點上受到了批評，但它確實有助於我們對肝炎的認識，並且無疑

增進了將來的治療。你認為研究的這種貢獻能夠抵消它的倫理問題嗎？

塔斯克集(Tuskegee)研究的目的，是要觀察那些遭受梅毒之苦的病患身體惡化情況。研究始於1930年代早期，大約有400個來自南方鄉村的貧困黑人被診斷染上這種疾病，但他們被故意擱置不予治療。這些病人從來不知道此病的性質，也沒有被告知病症的名稱；醫生僅僅是告訴病人說他們有「壞的血」。而且，當地醫生也被告知了這項研究並同意對病人不予治療。在考慮到參加者的貧困程度，誘使他們定期地來診所驗血，和做其他測試並非難事（免費車接送和一頓熱飯）。雖然在1940年代末結果就已經很清楚，但該計畫一直進行到1970年代早期，受試者的死亡率是控制組的兩倍，而且明顯的出現了更多的併發症(Faden & Beauchamp, 1986)。研究的辯護者認為，在1930年代研究開始時，並沒有治療疾病的有效方法，對疾病本身所知甚少。和威路布魯克研究一樣，塔斯克集研究增進了我們對一種嚴重疾病的認識，你認為這種貢獻抵消了研究的倫理問題嗎？

人們總是有後見之明，我們不難批評這兩個研究不能滿足今日的充份告知的同意書概念，但威路布魯克和塔斯克集研究的動機與驅使第三帝國的醫生們行為的動機則是相當不同的。兩個研究都懷有真誠的希望，要對兩種極具破壞性的疾病——肝炎和梅毒儘可能地認識，它們不失為是兩個很有啟發的案例，科學進步的渴望有時是與個別研究參與者的權利相悖的。

最後看圖2.1，它呈現了一個典型的充份告知的同意書的格式，注意它有幾個部分。受試者在得知研究的目的、基本程序和占用的時間後，同意自願參加。而且，當受試者知道他們無法立即得到研究的全部訊息而想打退堂鼓時，可以不受懲罰地隨時退出研究，研究者會嚴格保密，如果受試者對研究持任何疑慮或抱怨時，可以與指定的人聯繫。此外，受試者必認定在研究結束時，可以針對研究得到詳盡的報告。

程序

√　實驗者說明研究的基本性質並詢問來者是否同意參加。

√　來者閱讀表格，可能會提問題，然後簽名表示同意或不簽名。

√　在實驗結束經過討論後，受試者在表格的末端處簽名。

√　給受試者一份該表的影本。

認知地圖實驗

　　本研究的目的是了解人們能夠如何準確地指出地理位置。如果參加本實驗，你必須要移動一個類似指南針的東西，使它的一個指針指向一連串的位置。可能還會要你說明對自己判斷的自信程度。這個練習大約要花 15 分鐘。關於本研究精確的預測 (exact predictions)，我們會在實驗結束時告訴你。如果你有任何疑問、對參加實驗或對整個研究有興趣，可以透過如下方式與我聯繫：————————————————————————————

————————————————————————————

　　＊＊＊＊＊＊＊＊＊＊＊＊＊＊＊＊＊＊＊＊＊＊＊＊＊＊＊＊＊＊

　　我已經讀過了認知地圖實驗的說明，我同意自願參加。我明白實驗要求我指出某些地區在地圖上的位置，整個研究的目的將在實驗結束後對我說明。我明白我可以在任何時候退出實驗而不受懲罰，而且我的實驗記錄和個人成績會被嚴格保密。

　　當整個實驗完成後，我 [圈選一項]：

　　　　　　　願意　　　　　　不願意

得到整個研究結果的一份簡短的摘要。

————————————————　　　————————————————
　　　參與者簽名　　　　　　　　　　　　　日期

　　＊＊＊＊＊＊＊＊＊＊＊＊＊＊＊＊＊＊＊＊＊＊＊＊＊＊＊＊＊＊

在實驗結束後，我得到了一份關於研究的完整說明，而且我的任何問題都得到了充份解答。

————————————————　　　————————————————
　　　參考者簽名　　　　　　　　　　　　　日期

圖 2.1　人類受試者研究同意書範例

善待受試者

倫理準則最後一部分保證受試者會受到妥善的對待和尊重，他們會在研究結束時收到研究的全部訊息，他們遇到的任何壓力都會獲得解除，而且他們的參與受到保密。守則中有如下條款：

6.18. 提供受試者關於研究的訊息

(a)心理學家應使受試者即時有機會了解關於研究的本質、結果和結論的訊息，並且力求糾正受試者持有的任何誤解。

(b)如果科學或人道的標準，使得有理由延誤或保留這一訊息，心理學家宜採取合理的措施減少受試者受傷害的危險。

6.19. 信守承諾

心理學家應採取合理的措施，信守他們對研究受試者所作的全部承諾。

5.02. 保守秘密

理學家負有主要責任，並且應採取合理的防範措施，尊重與自己一起工作和諮詢的人士，承認保密可以透過法律、公共規章、專業或科學關係來實現。

6.17. 將侵權程度降至最低

在進行研究時，心理學家只能以研究設計所授權的，以及與心理學家作為科學研究者角色一致的方式，來介入受試者或資料蒐集的環境。

我們已經知道心理學研究者必須評估受試者受到的危險程度，危險程度越大，證明研究合理的責任越大。這種危險和潛在傷害的問題，在與欺騙有關的標準 6.15 中被再次作了闡述，並且於標準 6.18 中，又再一次提及，這清楚地明示出研究者的責任，並沒有隨著研究的結束而結束。研究者必須努力專試減輕受試者在實驗中及實驗後所經歷的壓力，以確保他們今後的健康。例如，無論怎樣看待繆爾格萊姆在關於服從的研究是否妥當，但顯然地他對受試者的情緒健康是非常審慎的。在研究結束後，他給

受試者一份問卷詢問他們的體驗（84%的人說他們很高興參加），以及一份五頁的報告，說明結果和結果的重要性。此外，他還做了一年的追蹤研究，由一名精神科醫師診查四十多位以前的受試者，發現「沒有……任何創傷反應……的證據」(Milgram, 1974, p.197)。

　　調查受試者的研究發現，擔心心理學研究會造成過分傷害的恐懼被誇大了；受試者似乎能理解和接受欺騙的理由(Christensen, 1988)。一項調查甚至發現，在判斷四件虛構研究（包括如實驗中有意製造壓力和改變受試者的自尊）的道德合理性時，學生比專業心理學家們更為寬容(Sullivan & Deiker, 1973)。例如，在一項給受試者作一個表面上有效的人格測驗，受試者被告知「他們有相當嚴重和深植的人格問題」的研究中，表2.3顯示出當被問到這樣一項研究時，心理學家和學生們會有怎樣不同的反應(Sullivan & Deiker, 1973, p.588)。如你所見，心理學家比學生們更關心研究的適當性。另一些研究顯示，受試者反對參加心理學研究更大的理由，似乎是因為厭煩而不是被傷害(Coulter, 1986)。

表2.3　心理學家和學生們對一項降低自尊的研究設計在倫理上適當性的反應

問題	心理學家回答「是」的比例(%)	學生回答「是」的比例(%)
1.受試者應該了解研究的細節嗎？	45	80
2.欺騙是不道德的嗎？	67	23
3.還有其他方面不道德嗎？	54	8
4.欺騙應該嗎？	32	84

來源：Sullivan & Deiker, 1973, p.589

　　在評估欺騙的問題時，有必要銘記在心的是，大量心理學研究牽涉到的作業，都沒有像自尊心控制或繆爾格萊姆實驗那樣富有戲劇性和欺騙性。事實上，在大多數涉及欺騙的研究中，受試者並沒有被置於精心編製的虛構故事中，而欺騙常常微不足道。譬如一個記憶作業中，受試者在一系列學習和回憶四、五個詞表時，並沒有被告知最後要對全部詞表進行回

憶。除了像社會心理學這樣的研究領域外，精心設計欺騙是很例外的情況。

標準 6.18 介紹了**討論**(debriefing)，它是實驗結束後的一個階段，要將研究中的所有方面與受試者作充份討論。按霍姆斯(Holmes, 1976a, 1976b)的說法，討論為的是要達到兩個基本目的——釋騙和減敏感。**釋騙** (dehoaxing) 的意思是將實驗的真實目的揭示給受試者，而**減敏感** (desensitizing)指的是減低受試者經歷的任何壓力或其他負面情感的過程。

一個典型的討論過程包括幾個部分，它所需的時間取決於研究的複雜性、欺騙的存在與否和嚴重程度，以及受試者將來可能感受到的痛苦程度。在一項涉及欺騙的研究中，討論通常從問受試者，是否想到研究還有與最初說明不同的目的開始，這使實驗者可以確定欺騙是否有效，並且為實驗者揭示研究的真實目的提供了一個引子。也就是在此時，實驗者試著為欺騙的使用進行辯護(例如，強調得到個人真實反應的重要性)，並開始減輕實驗中碰到的任何壓力。要向被實驗者「蒙蔽」的受試者保證，他們的行為反映的是虛構故事的效果，而非他們個人有任何缺陷。另外，在很多研究中要使受試者確信，他們經歷的情境對他們的行為有強烈影響，他們的反應並非意味著個人有任何缺陷，而且其他受試者也會做出類似的反應(Holmes, 1976b)。

有效討論的結果，就是有經驗的實驗者能夠更理解當今的研究，並改進將來的研究。為了對所研究的課題有更深的了解，可以要求受試者提出意見修正程序。在很多情況下，受試者對自己在實驗中的想法的描述對實驗者解釋數據和計畫下一個研究有極大的幫助。

在討論的最後，受試者應有機會在研究完成後收到一份結果說明，並應該被告知當有進一步問題或對參加的實驗有任何興趣時，該與何人聯繫（再參考圖 2.1 中的充份告知同意書）。

嚴格執行的討論過程常常比實驗過程本身還要持久。一些研究顯示，得到充份和恰當討論的受試者對研究都有良好的評價，有一項研究甚至顯示，與沒有受到欺騙的受試者相比，那些欺騙研究中的受試者實際上對自

己的體驗在快樂程度和教育意義上，都作出更高的評價，顯然這是因為他們得到的討論更為廣泛(Smith & Richardson, 1983)。參與研究讓受試者留下了良好感覺，這種重要性不能被過分誇大，因為他們已經為我們投入了時間和他們的智力情感能量，畢竟研究者虧欠受試者太多了。

我們還侵犯他們的隱私權：受試者應該得到保證(5.02)實驗中完全保密。也就是說，受試者應有把握他們被作為研究受試者的身分不會被實驗者以外的人知道。基本的隱私權也是標準 6.17 所關注的內容，這條標準特別適用在可能影響人們日常生活情境的實驗室外研究。我們在下一章比較實驗室研究和實地研究(field study)時將會看到，因為顧慮到捲入日常事務而侵犯他人隱私的擔心，使得很多研究者把自己侷限在受保護的實驗室內。

動物研究的倫理準則

就你所學習的普通心理學課程以及第一章迷津學習的討論，會想起心理學家偶爾會使用動物作為研究對象。儘管有些人的印象是，心理學家似乎研究大鼠多於研究人類，但事實是動物研究僅在全部心理學研究中占很小的比例——大約 7% ～ 9% (Gallup & Suarez, 1985b).

使用動物做心理學研究既有方法上的理由，也有倫理上的理由。從程序上說，牠們的環境、遺傳和發展史都能很容易得到控制；從倫理上說，大部分實驗心理學家持的立場是，可以對動物施予一些不能對人使用的實驗程序。讓我們再來思考吉布森的視覺懸崖研究(Gibson & Walk, 1960)——三十六個 6 ～ 14 個月大的嬰兒被放置在實驗設備的中央，儘管他們很樂意從「淺」的一面爬過，但當到了「深」的蓋著玻璃的一面時，他們產生遲疑了，這表示他們能夠知覺深度並知道爬到深的地方會有什麼後果。但這是否意味著深度知覺(depth perception)是天生的呢？不，因為這些嬰兒只有 6～14 個月學習距離知覺(distance perception)的經驗。為了控制這種經驗，就需要在完全隔離視覺的條件下撫養這些嬰兒，而這種作法顯然

是不可能的。不過這樣的過程可以對動物使用，且隔離的時間不必非常久——動物能夠非常快地發展出在環境中行動的能力，通常是幾個小時。所以吉布森和沃克測量了從大鼠、小貓到羔羊的各種物種，將牠們從出生後便隔離，直到能夠四處走動，然後用實驗設備測量。牠們發現深度知覺——至少由視覺懸崖所測量的深度知覺——是構築在那些依賴視覺物種的視覺系統中的。

但不論如何，在各種研究(不單是心理學)中使用動物已經成為一個情感上的和具有高度爭議的問題。動物保育人士譴責從醫學研究到化妝品測試的各種研究中使用動物來做實驗，並有在一些個案中動物實驗室遭到恣意破壞實驗動物被放了出來。在 1980 年代的那十年裡，極端的動物保育人士搗毀了大約一百座收容動物的研究設施(Adler, 1992)，此問題嚴重到聯邦政府不得不制定「1992 動物保護年法案」(Animal Enterprise Protection Act of 1992)，並明確禁止此種破壞行為更定下嚴厲的罰則。

一些溫和的動物保育人士即使贊同醫學研究中使用動物的必要性，但仍然認為心理學研究使用動物是錯誤的。動物保育者例行的阻撓美國心理學的年會，並不時擾亂動物研究的會議議程。儘管這一問題最近才被突顯出來，但你應該了解雙方的爭論是一個長久的話題，至少可以追溯到上個世紀。在繼續下面的學習之前，請看專欄 2.3，它詳述了早期「反活體解剖者」(antivivisectionists)和研究者(如華生)之間的衝突。

專欄 2.3

起源——反活體解剖者和美國心理學會

關於動物研究爭議受到的關注，你可能認為這種爭議是最近才發展起來，其實並非如此。實際上它已有很長的歷史了，比較心理學家及歷史學家

——杜思博(Donald Dewsbury, 1990)對此做了詳細的記錄。

活體解剖(vivisection)這個名詞來自於拉丁語 " vivus " 或「活著(alive)」，指的是通常是為了科學的目的對活的動物施行手術。反活體解剖運動始於十九世紀的英格蘭，動物保育者在那裡的努力促成了 1876 年英格蘭通過「虐待動物法案」(Cruelty to Animals Act)，它在精神上很像現代的 APA 動物準則。這項運動迅速蔓延到美國——1883 年在費城成立了「美國反活體解剖協會」。反活體解剖者和動物研究者（包括生理學家和早期的實驗心理學家）捲入了一場爭論，一方堅持動物遭受了無法表達的痛苦，另一方則以科學為理由進行辯護。

一個特別有爭議的研究系列與華生（又是他）有關。為了確定那種感覺對迷津學習具有關鍵作用，華生做了一系列研究——他每次用手術切除一種感覺，檢測那種感覺對迷津中的大鼠造成的效果(Watson, 1907)。當這個研究在 1906 年 12 月 30 日「紐約時報」(New York Times)上被報導後引起了公眾強烈反對的聲浪，還有一幅漫畫對華生加以挖苦。

美國心理學會在 1920 年代訂立了管理動物研究的第一個準則，比以人為對象的研究準則還早。1924 年，以耶克斯(Robert Yerkes)為主席的委員會成立。第二年，美國心理學會便採納了他的建議，該委員會提議實驗室應規定「門戶開放」(open door)政策，「任何社會團體中……受公眾認可的成員……都被允許參觀實驗室，並視察動物保護情況和實驗方法」(Anderson, 1926, p. 125)，學術期刊應要求作者清楚了解在研究中如何使用人道程序，心理學家應在教室和公開場合下捍衛動物研究的需要，美國心理學會應維持一個「對動物實驗採取防範措施」的常務委員會(Anderson, 1926, p. 125)。

反對使用動物作為研究對象的實際情況是如何呢？在最極端的情況下，有些人明確地表示，人類無權認為自己比其他「有感知」的物種（就是任何能夠體驗到感覺、特別是痛苦的物種）高級，因為那是一種**物種歧視**(speciesism)，一種在本質上等同於種族和性別歧視的偏見(Singer,

1975）。動物被認為與人類一樣擁有不受打擾、獨立和不受侵害的基本權利，因此不能以任何方式被人所支配。不過無感知的物種則被排除在外，這或許是為了迴避如何處理螞蟻和蚊子，這些常常令人兩難的問題。當然，按「絕對權利」（absolute rights）的邏輯推演下的結論，對人類會造成很嚴重的問題，因為提倡者必須是素食者，不能穿任何取材於動物的衣服（像皮衣、毛衣、革衣），而且不能養寵物（不能奴役動物），甚至可能連棒球都應禁止，因為這項運動依賴牛製作各種裝備。

保護動物組織中的溫和派承認某些醫學研究中有使用動物的需要，但對於其他研究他們仍是排拒，理由是研究者使動物遭受了不必要的痛苦和折磨，因為他們覺得還有其他替代的研究方法能夠導出基本上一樣的結論。這種觀點相當有助於化妝品工業減少不必要的動物研究（例如在兔子的眼中注射有害的染料以改進眼部保養品），然而這樣的主張也同樣被用在心理學上。動物心理學研究被說成是不必要的重複行為研究，並且是與人類實際利益無關的無聊問題。批評家們提出除了在實驗室中使用動物，研究者可以透過在自然習性下觀察，用無感知的動物替代有感知的動物，或者使用電腦模擬等各種方式來發現他們需要了解的有關動物的行為。

簡言之，有些動物保育者認為，根本就不能用動物做研究，因為動物擁有類似於人的權利；另外有人認為一些用動物作對象的醫學研究是可以接受，但心理學研究就不行。那麼心理學研究者如何回應呢？

在心理學研究中使用動物

大多數心理學家會斷然拒絕接受有感知動物具有與人類相同權利的說法。雖然他們同意人類有強烈的責任去尊重並保護非人類物種，但他們相信由於人類的意識程度、發展文化和理解歷史的能力，特別是道德判斷的能力，使人類與非人類物種得以區別開來。儘管動物具有超乎想像的複雜認知能力，但牠們「不能成為道德的對象，不能在道德意義上判斷行為對錯，不能負起、推卸和違反責任與義務」（Feinberg, 1974, p. 46）。當

然，人類和非人類物種的區別本身，並不能表示允許後者被前者使用。但是，心理學家認為在研究中使用動物並不構成剝削，而這種研究的網狀效果對人類和動物都是有益而無害的。

在心理學中動物研究最引人注目的捍衛者——著名的實驗心理學家米勒(Neal Miller)，他研究從制約反應的基本歷程到動機到生理回饋的基本原理，這些廣泛的研究課題為他贏得了 1959 年美國心理學會的「傑出科學貢獻獎」(Distinguished Scientific Contributions Award)及 1983 年的「傑出專業貢獻獎」(Distinguished Professional Contributions Award)。

在《動物行為研究的價值》(The Value of Behavioral Research on Animals, 1985)一書中，米勒認為(a)動物保育人士過分誇大了動物在心理學研究中受到的傷害；(b)動物研究為人類福祉帶來了明顯的利益，並且(c)動物研究顯然同樣有益於動物。關於傷害的問題，米勒引用了考爾和他共同做的一項研究(Coile & Miller, 1984)，該研究檢視了五年 APA 期刊中出版的文獻共 608 項研究，並未發現任何動物保育人士所宣稱的動物虐待行為。而且，對虐待說法的調查顯示，至少有一些被指控的「虐待」完全不是事實，而僅只是因為使用了危言聳聽的言語所致。例如，考爾和米勒從動物保育人士的文獻中引用了幾句會令人產生誤解的陳述：「[動物]受到了被剝奪食物和水的折磨，在飢渴中慢慢死去」(Coile & Miller, 1984, p. 700)。這顯然指的是對動物二十四小時剝奪食物和水的一般實驗室作法，然後將動物置於制約反應程序，使他們在獲取食物和水的驅力下而工作。這是虐待嗎？獸醫建議對大部分寵物一天只餵一次，考慮到這點也許就不構成動物虐待了。(Gallup & Suarez, 1985a)

米勒認為，在研究過程中涉及到傷害動物的情況是非常少見的，只有在沒有較不痛苦的替代措施可用時才會發生，而且如果以從研究得到利益的最終目標為依據也是合理的。這種利益既是為人類也是為動物，米勒在 1985 年發表的文章中，有大多在嘗試提說出人們從動物研究中獲得的各種好處。首先，他認為動物制約反應研究的漫長歷史，讓我們懂得很多學習的基本原理，對人類問題亦有直接的應用。一個早期的例子是莫勒等人

(Mowrer & Mowrer, 1938)設計和試驗的一種治療遺尿症(enuresis)（尿床過度且失控）的設備，它很明顯是以巴甫洛夫狗(Pavlovs dogs)的古典制約反應研究為基礎製成的。教學儀器和各種行為治療同樣基於制約原則。最近，動物研究直接影響了行為醫學（將行為原理應用到傳統的醫學實務）的發展，從頭痛到高血壓到中風後殘疾的各種失能，都可以藉助於像生理迴饋這樣的行為程序。

最後，米勒認為動物研究也為動物自身帶來好處，因為使用動物的醫學研究大幅改善了動物疾病護理，且行為研究同樣也增進了各種動物的福利。此外，動物行為的研究導致了動物園環境的改善，幫助使用非化學藥劑進行害蟲控制，採取味覺制約作用代替獵殺而阻止了土狼對綿羊的侵襲。行為研究甚至有助於保護瀕臨絕種的物種。米勒用銘印(imprinting)作為例子，即像雛鴨及其他物種在出生後有跟隨第一個移動刺激（通常是母親）的傾向。銘印的研究致使人們想出一些辦法，把剛孵化的南美禿鷹放在一個與成年禿鷹很像的木偶旁，而不是用普通人類作為看護者，從而提高了孵化器中雛鷹的聯繫(bonding)過程。

關於心理學研究中使用動物的最後一點是，儘管有一些動物權保育團體反對，但大多數人似乎還是肯定動物研究的價值。鮮有研究出現問題，儘管被調查的人們關心動物可能受到的痛苦和折磨，然而，他們仍然相信動物研究包括心理學研究是合理並且是必要的(Gallup & Beckstead, 1968; Fulero & Kirkland, 1992)。

APA 的動物研究準則

1992 年準則中的標準 6.20 粗略地總結了動物使用的準則，準則的要素在早期的一篇論文中有詳細闡述(APA, 1985)。準則中包含：(a)恰當地獲取和照料動物（研究中和研究後）；(b)當對動物可能造成傷害時，需要充份證明研究的必要性；(c)動物用於教育而非研究目的時的使用。問題的核心圍繞在某一個計畫中如何在科學合理性與人道關懷動物的需要之間取得平衡。重點說明如下。

☐ 照顧動物

研究指導者在照料被使用的動物方面，必須是一名專家，他必須認真訓練所有將與動物接觸的人，並且充份了解關於照料動物的聯邦法規。為了進一步保證動物的確能得到適當照顧，必須有一名獸醫每年檢查實驗設備二次，且成為隨叫隨到的醫院的顧問醫生。動物應透過合法的管道獲得在實驗室中飼養長大，如果是研究野生動物，牠們必須是以人道的方式被捕獲。與人類研究的 IRB 相類似，應該有一個「動物照顧和使用的地方公共委員會」(local institutional animal care and use committee, APA, 1985, p. 4)。

一旦某個實驗結束，要考慮到撲殺動物的各種方式時，安樂死有時是必要的，「不論是因為研究的需要，或是因為此方式是研究結束時處理動物的最人道形式」(APA, 1985, p. 8)。在這種情況下，處死的過程必須「以人道方式對物種恰當的處理，在麻醉狀態下，或以一種保證能立即死亡的方式完成，並且要與動物照顧和使用公共委員會同意的程序一致」(APA, 1985, p. 8)。

☐ 研究的正當性

就像以人做為受試者時必須權衡研究的科學價值，與帶給受試者的危險程度，動物研究者也應該能夠有理由使「研究的科學目的（具有）充份潛在的重要性，它超越了帶給動物的任何傷害和痛苦」(APA, 1985, p. 5)。「研究的科學目的」可以分為三類：(a)「增加對濾化過程、發展、維持、變更、控制或行為的生物學意義等的認識；(b)增進對所研究物種的理解，或者(c)提供有利於人類或其他動物健康福祉的結果」(APA, 1985, p. 4.)。

準則中最長的部分是關於可以使用的程序的範圍。一般來講，隨著動物感受到不適程度的增加，就越要求研究者證明是研究的必要性。此外，他們應被告知，儘可能使用滿足程序(appetitive procedures)（就是說使用

正增強）代替嫌惡程序(aversive procedures)，不太痛苦的過程優於比較痛苦的過程，而如有外科手術則需要特殊的看護和專業技術。實地研究程序應儘量不要打擾自然棲息的動物。

□爲達教育目的動物使用

準則主要是爲了協助那些使用動物的研究人員，但是動物也常常被用在教育上，演示特殊的行爲，在動物研究過程中訓練學生，並給學生們第一手的經驗重複一些著名的現象，諸如操作制約反應。但與研究情境不同的是，動物在教育上的應用並不會直接產生新的知識。於是，教育者被強力要求儘量少的使用動物來達成某個既定目標，並且要考慮各種其他的替代性程序。例如，在對一個普通心理學課示範同一原理（譬如行爲塑造）時，教師不必每學期都用一隻新的大鼠來做示範，可以只做一次，然後用錄影機錄下全部過程以備將來的課程使用。

有時候各種現象的眞實過程可以用電腦模擬來代替；古典制約和操作制約程序都有一些非常優秀的電腦模擬。這些模擬可能行之有效（並且在一些小的學校是必須的，因爲這些學校還不可能達到聯邦政府對動物適當照顧規定的要求），但是塑造一個程序化的大鼠按壓槓桿，與塑造一個眞實的大鼠並不完全等同，學生們常常是在親眼目睹現場後，才獲得對增強的深刻認識。大學生在實驗室中與動物的直接接觸的保安經驗促使了更多學生成爲實驗心理學家(Moses, 1991)。

總之，大多數心理學家支持在行爲研究中使用動物，同時認識到有必要詳加審視動物研究的理論基礎。動物研究對於我們了解人類行爲已有相當大的貢獻，並且很有可能在將來的研究中爲解決愛滋病(AIDS)、阿茲海默症(Alzheimer's disease)、心理疾病和其他種種人類問題提供幫助。

科學欺騙

近年來關於科學欺騙的問題有很多討論，一些特別的案例激起了人們

的爭議，他們是否僅僅是偶爾的幾個「壞蘋果」，還是更加可怕的「冰山的一角」。顯然，科學家特別是心理學研究者被寄予厚望，希望他們在所有的科學活動中能夠審慎誠實。1992 年基本準則中的「原則 B」明確聲明心理學，家「要在心理學的科學、教學和實務中提倡誠實」(APA，1992)。另外，1992 年準則中的幾個具體的標準，直接關係到研究中的欺騙活動。本章的最後一部分提出下面的問題：什麼是科學欺騙(scientific fraud)？其普遍性以及如何能被發現？它爲什麼會發生？

字典中對 fraud 的定義是「爲了獲得不公平的或非法的利益而進行的有目的的欺騙」(American Heritage Dictionary，1971，p. 523)。科學中的兩類主要欺騙是(1)**剽竊**(plagiarism)，就是說，有意地竊取別人的想法，據爲己有；(2)**捏造數據**(falsifying data)。在 1992 年的準則中，標準 6.22 對剽竊明確地加以譴責，捏造數據在標準 6.21 中受到相同的譴責（見表 2.4 的標準原文）。剽竊是一個可能發生在所有學科中的問題，而捏造數據卻是一個只發生在科學中的問題，因此它是這裡的主要焦點。

表 2.4 捏造數據和剽竊：APA 準則正文

標準 6.21→結果報告

  a. 心理學家在他們的出版物中不能捏造資料或竄改數據。

  b. 如果心理學家們在他們發表的數據中發現重大錯誤，他們應採取負責任的行動加以糾正、撤銷、勘誤，或用其他適當的出版方式改正這些錯誤。

標準 6.22→剽竊

  心理學家不能將他人研究成果中的重要部分或元素，作爲自己的成果呈現出來，即使是這些工作或數據來源只是偶爾被引用。

來源：APA(1992)。Ethical principles of psychologists and code of conduct. American Psychologist, 47, 1597－1611.

捏造數據

如果科學中眞有道德犯罪的話，那就是不能小心而誠實地處理數據，

誠實處理數據是研究的基石，如果這個基石沒有了，所有的一切都將坍塌。因此，數據的完整是一個非常重要的問題。欺騙可能有幾種形式：第一種也是最極端的一種，科學家完全沒有蒐集任何數據僅僅是憑空捏造；第二種，將蒐集到的數據篡改或刪除，以使整個研究表面上「看上去好一些」；第三種，蒐集了一些數據，但是卻對「缺漏的數據」加以猜測或者編造一套完整的訊息；第四種，隱瞞整個研究，因為它「走錯了路」。這些例子中的每一種欺騙都是故意的，而且科學家可能因此「獲取不公平或非法的利益」（譬如出版）。

傳統的觀念認為欺騙是很少發生而且容易被發現，因為捏造的結果不能被複製(Hilgartner, 1990)。就是說，如果科學家用欺騙的數據得到了一個結果，那麼這個結果不代表「實證的真實性」(empirical truth)。其他的科學家對這個新發現感到好奇或驚訝時，就會在自己的實驗室中試著複製，但無法成功，因此以欺騙手段得來的結果終究會遭到摒棄。

除了複製的失敗外，欺騙還會在常規的同行審核過程中被發現（或至少是受到懷疑）。當一篇研究論文投遞到學術期刊準備發表，或者要撥給某個機構一筆經費時，它就會受到幾名專家的審核，這些專家的建議通常決定了論文是否發表或經費撥給與否。根據人多優勢的假設，任何看上去奇怪的事物都至少會被一名評審員查覺。

第三種發現欺騙的途徑是研究者的合作者對問題產生懷疑。1980 年代心理學界有一件惡名昭彰的案例。在一系列似乎是對智能不足兒童的過動症產生突破性進展的研究中，布洛寧(Stephen Breuning)得到的數據顯示，興奮劑能夠有效地治療這個問題，但是他的一個同事懷疑數據是偽造的。該指控經過三年的調查，得到「國家心理衛生學院」（National Institute of Mental Health，NIMH，此學說資助了布洛寧的一些研究）的判決。在開審前，布洛寧避重就輕承認了自己向 NIMH 提出假數據的兩項罪名；作為交換 NIMH 放棄對布洛寧在調查過程中作偽證的指控(Byrne, 1988)。

科學最大的優勢是它透過複製過程、同行審查和同僚間的誠實而導致

的自我修正(self - correction)。事實上，這一系統已經偵測出無數次的欺騙，正像布洛寧的案例那樣。但是如果同事沒有發現到異樣，或者一些欺騙得來的結果與其他非欺騙得來的結果一致（就是說它複製了）該怎麼辦呢？如果偽造的結果與其他的合法研究發現相吻合，那麼幾乎沒有理由對其產生質疑，而欺騙可能不會被發現。像這樣的事情已經發生在心理學中最知名的一樁欺騙的案例中。

這件案例涉及英國最著名的心理學家之一，伯特(Cyril Burt, 1883 - 1971)，他是探討智力本質問題的人物。他的雙胞胎研究常常成為被引用作為證據支持智力主要是從父母遺傳而來的。其中的結論就是，遺傳相同的雙胞胎有著同樣的 IQ 分數，即使他們在一出生時就被他人收養，並在不同的環境中長大。伯特的研究結果多年來沒有受到挑戰，並已被收進智力遺傳性的文獻中。但是，細心的讀者還是注意到，在不同的出版品描述不同人數的雙胞胎時，伯特的統計報告始終是完全相同結果（同樣的相關係數）。此情況在數學上是極不可能的，批評者指責他操弄研究結果以支持自己強烈的遺傳信念，支持者則認為他蒐集了數據，但是因為年齡漸長而成了一位粗心健忘的報告者。支持者還認為如果他有意欺騙，當然會把掩飾工作完成得漂亮些（譬如，確保相關係數不一樣）。毫無疑問地，伯特的數據是有些「奇怪」，但其中多少是故意欺騙，多少是疏忽所致，這個問題可能永遠無法查證了，部分原因是伯特死後，他的管家弄壞了幾個裝有筆記本和數據的箱子(Kohn, 1986)。

伯特事件的分析本身，已經成了一件家務事(Green, 1992; Samelson, 1992)，但是就我們的目的而言，需要提出的是，無論因誤差、疏忽還是有意的歪曲造成「不好的數據」，如果與其他的研究相吻合（就是說它在別的地方被複製），就可能不會被注意到。伯特案例的事實即是如此，他的研究結果與其他的雙胞胎研究非常相似(例如，Bouchard & McGue, 1981)。

值得一提的是，最近有評論家（譬如 Hilgartner, 1990）相信，偽造的數據可能因為複製了「好」的數據而不會被發現，它還可能因為另外兩

個原因而無法被察覺。首先，現代大量研究的發表使得一個差的研究容易漏網，特別是當它沒有報告什麼顯著的引人注意的研究發現時。第二，科學中獎勵制度的安排，是要獎賞新的發現，而將時間「僅僅」花在複製他人研究成果的科學家，是不會被認為有創造力的。結果，學術獎勵使得他們倖免於被發現。

獎勵制度也被認為是欺騙發生的部分原因。這帶給我們關於欺騙的最後一個問題——它為何會發生？其原因很多從個人的（一些性格的缺陷）、社會的（二十世紀末社會普遍道德淪喪的反映），乃至過程中關係到學術獎勵制度的誘因等等。多產的科學家獲得晉升、獲終身職用、贏得經費並能影響他人，它伴隨的「若不發表論文就是死亡」壓力常常使人無法抗拒，並使研究者（或研究者的助手）走捷徑。它可能以小的規模開始——加入幾個數據以獲得理想的結果——但卻可能日益膨脹。

這對你作為一個研究生意味著什麼？至少，它意味著你必須迷信數據，小心地按步驟進行，永遠不要屈服於誘惑而操弄數據，即使是枝節片段。同樣地，不要丟棄一名受試者的數據，除非有明確的程序規定這樣做（例如，受試者沒有遵循指導語，實驗者沒有正確的實施程序）。最後，保留原始數據，或至少是數據摘要表。當有人指責你的結果「看上去可笑」時，你對自己最好的保護就是你有提出數據的能力。

清楚你研究中倫理內含的重要性不能被過分誇大：但正是由於其重要性，才將這一章放在課文的前面，而且它絕不會是你最後一次聽到這個主題。緊接下去的一章考慮的問題是，怎樣開始形成研究計畫的構想。

本章複習

詞彙填空

1.一次調查確定了研究的真實目的，但卻讓受試者感到難堪和羞辱，這次調查實現了 ＿＿＿ 但卻在 ＿＿＿ 上失敗了。

2.第一個 APA 倫理準則是用 ＿＿＿ 程序，透過實徵方法發展起來的。

3.受試者得到了充份的訊息，能夠決定自己是否願意參加研究，這滿足了倫理中 ＿＿＿ 的要求。

4.大多數實驗心理學家拒絕接受動物也擁有和人一樣權利觀念，因此，他們可能會被動物保育人士的極端分子指控為 ＿＿＿。

5.科學中特有的最嚴重的欺騙類型是 ＿＿＿。

6.過去，研究參加者有時稱為「觀察者」，今天這些人常被稱作 ＿＿＿。

多重選擇

1.如果華生今天向 IRB 提出進行小艾伯特研究的申請可能會有麻煩，為什麼？

  (a)研究 11 個月大的孩子的情緒是不可接受的，因為他們不能簽下充份告知的同意書。

  (b)他提出了一個可能對受試者有害的實驗程序，卻沒有任何防範措施。

  (c)當研究結束後，他沒有一個適當的對小艾伯特釋騙的系統。

  (d)該研究違背了保密原則，因為華生透露了孩子的名字。

2.作為充份告知同意書過程的一部分，受試者應被告知：

  (a)實驗不會包含任何欺騙。

  (b)他們可以選擇參加與否，但是一旦同意實驗，他們就有義務完成研究。

(c)研究中是否會使用電擊。

(d)研究的一般性質，除非研究中包括欺騙時他才會對研究內容事先一無所知。

3.針對心理學研究中使用欺騙的相關研究顯示：

(a)它沒有必要；讓受試者角色扮演也能產生同樣的結果。

(b)學生們比心理學家更容易裁定某個包含欺騙的實驗是不道德的。

(c)它確實是有害的；很多繆爾格萊姆研究的受試者在進行完服從研究後需要輔導。

(d)充份了解研究目的的受試者常常與那些被蒙蔽實驗目的的受試者表現出很不同的行為。

4.以下幾句話中哪一句不包括在 APA 動物研究的倫理準則中：

(a)不鼓勵心理學家使用動物於教學目的。

(b)如果研究的價值超越了動物受到的危害程度，痛苦是被允許加諸於動物身上的。

(c)正像有 IRB 批准以人為對象的研究，同樣，也應該有類似的組織來評估動物研究。

(d)如果動物在研究結束後或作為實驗設計的一部分需要處以安樂死，則應以無痛苦的方式進行。

5.以下關於捏造研究數據的說法，哪一句是正確的？

(a)欺騙終究會被發現，因為它的結果不能被複製。

(b)它是被定義為捏造全部或大部分研究數據；僅更改一兩個數據並不涉及欺騙。

(c)如果所得出的結果與其他資料相似，就可能不會被查覺。

(d)它很罕見，因為學術獎勵制度是結構化的，所以使操弄數據不能真正獲利。

應用練習

練習 2.1　對欺騙作實徵性的思考

以憑實徵思考的心理學研究者的觀點來看，你如何評價這些關於欺騙的說法？
就是說，你需要哪些現有的實徵資料來判斷這些說法的真實性。

1. 欺騙永遠不應在心理學研究中使用，因為一旦有一次在研究中受騙的經驗，
   人們就再也不會相信任何心理學家。
2. 可以透過指導受試者「想像」他們正處於欺騙研究中來避免欺騙；然後讓受
   試者以他們所認為的人們通常會有的行為反應。
3. 心理學家僅是在自欺欺人；大部分受試者對欺騙一目了然。

練習 2.2　為排尿研究與 IRB 據理力爭

米德爾米斯特(Middlemist, Knowles & Matter, 1976)等人在一個有爭議的研究中
針對擁擠(crowding)所造成的壓力做了一次異於尋常的調查研究。大量研究顯
示人們不喜歡自己的個人空間被侵犯，並會設法避免這種侵擾。例如，如果某
人站得離我們太近，我們會退到一旁。米德爾米斯特等人(1976)想藉由研究侵
犯個人空間所造成的生理表現，更加充份了解這種現象。他們推斷，侵犯個人
空間會令人不安，不安會藉由某種生理方式反映出來。排尿是其中相關的生理
指標之一。在壓力下，人們會覺得排尿很困難，即使他們不得不馬上排尿。並
且在有壓力時他們會更快地停止排尿。

米德爾米斯特等人預測，在一間有三個小便池的男廁所裡，受試者站在 1 號小
便池，當另一個人進來並站在 2 號小便池（緊鄰 1 號）而不是 3 號時（遠離 1
號），受試者會感受到更多個人空間被侵犯的感覺（進而感受到壓力，並因壓
力影響到排尿）。研究者並不靜待這種事件的自然發生，而是使用了「同謀者
（confederates）」，實驗同謀跟著受試者進入男廁所；如果受試者單獨一人而且

站在 1 號便池前，同謀者就隨機站到 2 號或 3 號便池前（或者在控制的條件下，不進廁所）。受試者不知道自己正參與入一項研究。他在排尿開始前用的時間和排尿過程用的時間被躲在廁所隔間的一名研究者利用潛望鏡、馬錶和靈敏的聽力等等你可以想像的方式做記錄。

這個研究提出了什麼樣的倫理問題？把它當做練習，假設你要向 IRB 提出研究申請，基於倫理的原因想一些辦法爲這個研究辯護。

練習 2.3　避免剽竊

一個學生正在做一篇關於說謊的論文，他讀到一本書，書名叫《說謊》(Telling Lies)，作者是艾克曼(Paul Ekman, 1985)。這名學生恰好讀到下面一段話，是關於在某種情境下有些人確實在講眞話，但由於緊張而看上去像在說謊：

> ……另一個同樣重要會引起「不相信眞相」的錯誤的來源是奧賽羅誤差(Othello error)。這種誤差發生在測謊者沒有考慮到——一個誠實的人在壓力情況下看起來好像在說謊……誠實的人可能因爲害怕得不到信任，而他們的恐懼易與騙子的說謊焦慮產生混淆。
>
> 我以奧賽羅來命名這種誤差，是因爲莎士比亞戲劇中的死亡一幕是它的絕妙和著名的典範(Ekman, 1985, pp. 169－170)……

學生在自己的文章中寫了這樣一段話：

> 不相信眞相的錯誤是在準確測謊中的另一種問題。有時候人們想抓到說謊者，卻沒有考慮到一個誠實的人在壓力情況下可能看起來像在說謊，這稱爲奧賽羅誤差。有時候你可能在講眞話，但因害怕沒有人相信你，結果反而因害怕而被覺得而反常。

當這篇文章被退回時，學生驚訝地發現老師給的評語是剽竊。你認為這裡是否涉及剽竊？如果是，為什麼？如果不是，為什麼？

本章複習答案

A. 詞彙填空

1. 釋騙；減敏感　2. 嚴重事故　3. 充份告知的同意書　4. 物種歧視　5. 捏造數據
6. 受試者

B. 多重選擇

1. b　　　2. c　　　3. d　　　4. a　　　5. c

應用練習

練習 2.1 對欺騙作實徵性的思考

第 1 題的參考答案：

(a)對以下人實施一項關於心理學家受信任程度的調查

- 從來沒有參加過研究的人
- 已向一項研究報了名但仍未參加研究的人
- 參加過一項不存在欺騙的研究的人
- 參加過一項有輕微欺騙的研究的人
- 參加過一項有嚴重欺騙的研究的人

練習 2.3 避免剽竊

甚至在意譯(paraphrase)的時候也可以發生剽竊。這裡關鍵的因素是，原作者是否對問題中的思想有一定程度的「所有權」。在這個例子中，顯然最初是艾克曼(Ekman)提出的「奧賽羅誤差」這個詞。學生應該引用艾克曼的原文或者提到艾克曼的名字。譬如，倒數第三句話應該這樣寫：

　　　　　　　艾克曼(Ekman, 1985)稱之為「奧賽羅誤差」。

另外，「不相信真相的錯誤」(disbelieving – the – truth mistake)這個特殊的詞句也許應該歸在艾克曼的名下。

3

形成心理學研究的思想

本章概要

❖ **心理學研究的種類**

心理學中的基礎研究以發現人類行爲的基本原則爲目標；應用研究則
專注於特定的實際問題。基礎研究和應用研究都可以發生在實驗室或
實地情境中。實驗室研究可以使我們進行更多的控制，但實地研究與
眞實的生活情境更加貼近。

❖ **提出實徵性的問題**

任何研究計畫的第一步都是形成實徵性的問題———個可以用客觀性
事實爲證據回答的問題。實徵性的問題要使用定義足夠精確（操作
性）的語言，使得複製能夠發生。

❖ **從觀察和當前的問題形成研究**

很多研究問題來自日常觀察的思考，特別是那些異乎尋常足以引起人
們注意的事件。無意發現的結果常常產生有待進一步研究的觀念。要
解決的具體問題也會導致研究；應用研究，特別是項目評估研究都是
以這種方式形成的。

❖ **從理論形成研究**

理論建構與研究的關係是相輔相成的。實徵性問題可以從理論推導而
來，實驗完成後的結論或者支持或者反駁了理論。理論不能被證明爲
眞。嚴格說來，一次預測失敗後，理論可以被證明是僞，但實際上，
只有在一致認爲它總是失敗時，理論才會被摒棄。理論的用處在於，

從理論能夠引發增進我們對行為認識的研究。好的理論是簡要的，並且精確到足以能被否證。

❖　從其他研究形成研究

實驗心理學的研究者絕少從孤立的研究思考問題，而是圍繞著一個特定課題範圍形成研究計畫和相關的實驗系列。他們總是將實驗的結果視為下一步實驗的起點。

❖　回顧文獻

熟諳某一領域研究文獻的人更時常地想到實徵性問題。我們有一些標準的資料來源可以使用，本章以討論怎樣使用這些資源搜尋某一研究主題的背景材料為結束。

可能是這門課的要求，也可能像一個單獨計畫的要求，你需要制訂一項研究方案。可能你對這種作業的反應是眼前一片漆黑，接著陣陣恐懼襲上心頭。勇敢些——這一章來的正是時候。當你學完這一章的時候，研究計畫的構想也許還不能自然地進入你的腦海，但至少你應有一些很好的想法知道從何入手。不過，在考查研究構想的源泉之前，讓我們先來對各種心理學研究作一分類。

心理學研究的種類

心理學研究可以按幾種方式劃分。譬如，可以在基礎研究和應用研究間做一分類。此外，研究還可以按情境來劃分。

基礎研究與應用研究

大部分心理學研究與行為基本原則的描述、預測和解釋有關，這種活動被稱為**基礎研究**(basic research)。另一方面，**應用研究**(applied research)之所以被稱為應用研究，是因為它對於現實世界問題的解決有著直接和立即的關聯，為了澄清這種區別，我們以記憶研究為例。一個基礎研究要研究記憶的組織，可能會透過讓受試者學習詞表、回憶詞表、再學

習、再回憶如此輪流數次嘗試 (例如 Tulving, 1966)，其想法是看單詞在被逐漸回憶時是否一成不變地出現在同一組，以此了解這些單詞如何在受試者心中組織。這種研究可能沒有明顯的實際應用，而僅僅是對記憶組織的基本歷程有了更多的認識。可以預想，其結果使不斷發展的對記憶內在運作的認識更進一步。從另一方面說，應用研究的一個例子是與證人記憶有關的研究，在研究中受試者要看一場事故的影片，然後試著儘可能準確地回憶他們看到的一切(Loftus & Palmer, 1974)。這項研究對證人記憶問題——司法系統很重要的一類問題——具有明顯的實用性。

有時候人們相信應用研究比基礎研究更有價值，因為前者似乎更關注立即相關的問題。但是我可以反駁說，基礎研究的主要優勢之一是在於其原理有適用於各種應用情境的可能性。儘管如此，基礎研究仍是政客們屢次攻擊的目標，他們總是咄咄逼人地指責濫用納稅人的錢（透過聯邦機構諸如「國家科學基金會」的撥款）資助怎麼看都不是非常「有用」的研究。發出這些指責很容易，它也往往在選民中形成共鳴；畢竟，美國特色的一個重要部分就是實用的價值觀。

麻煩的是，很多（如果不是全部）應用研究仰賴穩固的基礎研究背景；沒有這種背景，一些應用計酬根本無法設想，更不可能實行。一個很好的例子就是艾格蘭(Egeland, 1975)對閱讀的研究。實驗的目的是要對一種訓練學齡前兒童辨別相似字母（例如 R 和 P）的方法作評估。這種方法要向兒童呈現一些類似於圖 3.1 那樣的卡片，作業是在一行六個字母中選

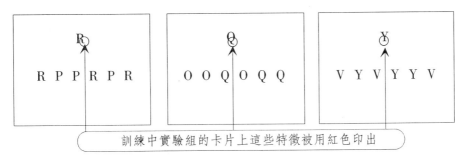

訓練中實驗組的卡片上這些特徵被用紅色印出

圖 3.1　與艾格蘭研究(1975)相似的刺激卡片

出每一個與卡片上部相同的字母。艾格蘭用紅色突顯字母的獨特特徵（譬如字母 R 中的 \，它將 R 與 P 區分開）。連續幾次嘗試後，紅色逐漸褪變為黑色。與每一次嘗試中讀到的卡片字母用全黑字體印出的受試者相比，訓練組幾乎沒有錯誤。他們在一星期後的後續測驗中也表現得更好。

就我們的目的而言，艾格蘭研究值得注意的是，他的方法根據字母識別受個別成分知覺或刺激特徵所影響的想法。在艾格蘭研究的時期，這種特徵理論是關於形狀辨識(patter reeognition)發生的一個非常盛行的觀點，並有大量的基礎研究探索該理論的不同層面。例如，內塞爾(Neisser, 1963)的一項早期研究讓受試者瀏覽類似於圖 3.2 的一些字母陣列，一旦發現目標字母，受試者就要作出反應。從陣列中你可以看到，內塞爾改變了字母構成特徵的相似性程度。當字母 O 被 Q，U，S 包圍時，要比被 X，A，N 和 L 包圍時用更長的時間去識別，也許是因為 O 與 Q 這樣的字母比 X 這樣的字母擁有更多的共同特徵。

1 找字母 O				2 找字母 O			
G	Q	Q	U	A	X	A	N
Q	S	G	G	L	A	N	X
U	Q	G	S	X	X	N	L
S	G	O	Q	A	N	O	A
U	Q	S	U	L	L	X	A
G	G	S	U	A	L	A	N
3 找字母 K				4 找字母			
G	Q	Q	U	A	X	A	N
Q	S	G	G	L	A	N	X
U	Q	G	S	X	X	N	L
S	G	K	Q	A	N	K	A
U	Q	S	U	L	L	X	A
G	G	S	U	A	L	A	N

圖 3.2　內塞爾的特徵偵測(feature detection)研究中的刺激序列

儘管艾格蘭從未提及內塞爾或其他類似的研究，但很顯然特徵理論穩固的研究基礎，促使了閱讀訓練計畫的形成，此理論在心理學研究中常被重複使用。基礎研究者調查一些心理學現象只是為了了解它，便產生一個知識體，而這個知識體便成為應用研究處理具體問題時的基礎。

　　如果基礎研究真的常能領導應用，那麼應用研究的成果也常會影響到基礎研究，提供支持或駁斥理論的證據。支持形狀辨識的特徵理論並不是艾格蘭的目標，只是研究恰好做到了這一點。同樣地，早先提到的證人記憶研究是應用研究，但此能領導發現同樣有助於研究長期記憶本質的基礎理論。

情境：實驗室研究與實地研究

　　另一種劃分研究的辦法是根據地點；區分取決於研究發生在實驗室內還是實驗室外。**實驗室研究**(laboratory research)的優點是，它允許研究者進行更大程度的控制：可以更清楚地闡明研究的條件，更有計畫地選擇受試者並置於條件中。另一方面，**實地研究**(field research)的優點，在於研究情境更接近我們日常生活中遇到的情景，研究的結果可能比實驗室研究更容易推廣。儘管實地研究常常是應用研究，而實驗室研究常常是基礎研究，但你應該清楚，有些基礎研究也發生在實地情境中，有些應用研究也發生在實驗室中。

　　將實驗室研究和實地研究結合為一個系列體，達頓和艾倫(Dutton & Aron, 1974)做的一項研究就是一個很好的例子。他們對檢驗從浪漫愛情雙因子理論得到的假設感興趣——經歷強烈生理激發(arousal)的人有時可能會誤以為那種激發是「愛」（這個理論中的兩個因子是生理激發和對激發的認知解釋）。他們製造出一種情境，男性受試者經歷不同程度的在正常情況下被認為是恐懼的感覺，之後接觸一位迷人的異性。達頓和艾倫希望知道，是否一部分與恐懼相連的激發，被誤解為是對女性的生理吸引。在研究的實地場景中，他們使用了位於加拿大卑詩省(British Columbia)的一條河流上的兩個地點。一處是長達 450 英呎的搖晃的吊橋，它與河面的垂直距離是 230 英呎。另一地點是一座堅固的木橋，僅僅高出河面 10 英

呎。這兩個地方都有迷人的女性（實驗同謀者）接近男受試者，就一項有關風景優美能夠影響創造性的心理學課題尋求幫助。樂意的受試者會做一份所謂的創造性測驗，並得到女性的電話號碼，以便解答他們對研究計畫進一步的問題。與在「安全」橋上遇到的男性（他們可能幾乎沒有經歷任何恐懼）相比，吊橋上的男性對測驗結果有更多的性意象，更有可能打電話給女性。

吊橋實驗的研究結果正如雙因子理論預測的那樣，但是達頓和艾倫（Dutton & Aron, 1974）真正關心的是結果可能還有其他解釋，或許在吊橋上的男性正好比其他男性更具冒險性。為了說明這種可能性，他們又做了兩個附加的研究，其中之一是實驗室研究。簡單地說，達頓和艾倫召集某些男性受試者做一個電擊影響學習的研究。同樣在實驗室裡有一位迷人的女性，她假裝成另一位受試者，但實際上是實驗的同謀者。受試者相信自己要經歷強烈或者較弱的電擊，前者被認為會比後者產生更大的生理激發。達頓和艾倫發現事實真是這樣的，因為在接受強電擊條件下的男性比那些預期接受弱電擊的男性對女性更加著迷。因此實驗室研究證實了實地研究的發現，男性會將恐懼激發誤解為生理吸引。

儘管達頓和艾倫（1974）的研究顯示實驗室研究和實地研究可以互補，但還常有主張認為實地研究更可取，因為它更接近真實生活。然而從另一方面來說還有比接近日常生活更重要的考慮。社會心理學家阿倫森（Eliot Aronson, 1992）在世俗現實主義和實驗現實主義之間做了區分。**世俗現實主義**（mundane realism）指實驗是緊緊的反映了真實生活經驗。**實驗現實主義**（experimental realism）關心的則是一個實驗「對受試者產生影響、迫使他們正視並參與全程中」的程度（Aronson, 1992, p. 411）。按照阿倫森的觀點，研究中實驗現實主義才是真正重要的。上一章討論的繆爾格萊姆的服從實驗並沒有多少世俗現實主義——我們很難找到因為某人學習一個詞表失敗而遭受電擊的事情。但繆爾格萊姆的受試者明顯地參與研究，他的研究實驗現實主義成分很重。我們已經看到繆爾格萊姆的研究具有爭議，但是毫無疑問它對影響服從權威這個現象的因素有了

更重要的了解。

如何決定研究地點的最後一點是有關倫理的問題。除了更多的控制外，由於充份告知同意書和隱私的問題使研究者常常偏愛實驗室而不願實地研究。在實驗室研究中，堅持倫理準則較容易；但在實地研究中有時候很難，甚至是不可能提供充份告知同意書和事後討論，在一些情況下研究過程可能被認為是對隱私的侵犯。結果，實地研究會面臨「公共機構審查委員會」(IRB)更多的質疑，實地研究者必須證明他們研究的重要性值得冒險。要更仔細地看待這個問題，請讀專欄 3.1——倫理，它思考實地研究中的隱私侵犯問題。

專欄 **3.1**

倫理——隱私問題

與實驗室情境不同，實地研究有時會導致與充份告知同意書、自由離開研究、事後討論和侵犯隱私相關的問題。席瓦曼(Silverman, 1975)做了一個有趣的研究，說明了研究者為什麼常常對做實地研究猶疑不決。他把十個發表過的實地研究給二位律師看，然後讓他們評論實驗過程是否違反了法律或者有無侵犯隱私的跡象。實驗過程有：讓一位實驗同謀者在地鐵車廂中摔倒，看是否有人幫助；把汽車留在不同的地點，看會不會遭到惡意破壞；進鞋店試穿很多雙鞋；向過路人要點小錢。

兩名律師的答案幾乎相反。律師甲認為意圖是主要因素，研究的設計是為了最後增加我們對人類行為的認識，並非為了科學家的個人利益。他相信如果心理學家受到指控，法官會「在煩惱和目的合理性之間尋求平衡」(Silverman, 1975, p. 766)。但是律師乙卻覺得十件研究中有幾件案例嚴重到不僅使不想成為受試者的受試者有理由進行民事訴訟，而且簡直可稱得上是騷擾、欺騙、非法侵入甚至擾亂社會秩序的刑事犯罪！

席瓦曼對兩種截然不同的反應感到困惑，因而將地鐵研究中關於幫助

行為的描述呈給一位法官，了解他對是否進行民事訴訟或刑事訴訟問題的看法。基本上，法官至少在刑事訴訟的問題上同意律師甲，但是他還指出，實地實驗可能有無法預見的後果，因而會導致過失罪（negligence）。總而言之，對於考慮在實地進行研究的心理學家來說，會有一些很嚴重的情境在實驗室中是不會發生。

對了，你可能有興趣知道，律師甲是一位刑事辯護律師，他對看到自己的當事人被宣判無罪已是司空見慣。而律師乙的專長是醫事法；他常常「維護醫療行業中和醫學研究中的病人和受試者的合法權利」(Silverman, 1975, p. 767)。

提出實徵性的問題

不管一項研究課題涉及的是基本問題或應用問題，或發生在實驗室或實地，但它總是從一個問題開始。回憶第 1 章，這些問題被稱為實徵性的問題(empirical questions)。他們有兩個重要的特徵：必須能夠用事實回答；術語必須被精確定義。

我們已經在第 1 章看到，像「人性本善或本惡？」以及「人死後靈魂轉世嗎？」這些問題富有趣味，每個人可以得出他自己的結論，並且可能用皮爾斯的先驗法說服別人。然而，這些問題無法用實徵性的數據為證作出回答。當然，有一些牽涉到善、惡和轉世的問題是經驗性的問題，像下面這些：

√ 信奉靈魂轉世和怕死有什麼關係？
√ 相信來世的信念會影響末期病患的疼痛閾值(pain thresholds)嗎？
√ 一個無私的兄弟（姐妹）對人捐血的意願有什麼影響？

注意對上述的每個問題，我們都可能以各種形式進行資料蒐集。但在這樣的資料能夠蒐集之前，問題還須被進一步推敲。這個工作可以被稱為

將問題中的術語操作化。精確定義術語的過程是實徵性問題的第二個特徵。

操作性定義

操作主義(operationism)這個詞語源於 1920 年代的物理學，最早出現在哈佛物理學家布雷德曼(Percy Bridgman)出版的《現代物理學邏輯》(The Logic of Modern Physics, 1927)一書中。布雷德曼認為科學用語必須完全客觀精確，所有的概念都應該用一套可執行的操作來定義。這種定義被稱為**操作性定義**(operational definitions)。譬如，物體的長度可以被操作性地定義為一系列公認的程序。布雷德曼在書中認為，「當測量長度的操作被固定後，長度的概念就被固定了；就是說，長度的概念包括的僅是一套操作」(Bridgman, 1927, p. 5)。

在實驗心理學家們超越舊科學的趨勢時，對於操作主義第一次出現就被心理學界欣然接受便不足為奇了。但是，嚴格的操作主義並沒有持續很久，部分原因是將一個概念等同於一套操作，會對概念產生很多主觀的侷限。對心理學家來說，操作主義的問題可歸結到處理諸如攻擊性、創造性、擔心這些複雜的心理現象時，如何在實務中完成它們。對物理學家們來說，公認一套操作來測量一條線的長度並不困難，但是怎樣對一個如攻擊性這樣的概念操作化呢？即使社會心理學家能夠同意這個詞指的是一種反映某些侵犯意圖的行為(Aronson, 1992)，但究竟要測量哪些行為？在攻擊性的文獻中，這個詞被操作化為從施加電擊、在十字路口按喇叭到按按鈕（使某人難以完成一件作業）的各種行為。這些行為測量的是同一種現象嗎？

儘管嚴格使用操作性定義存在著問題，但這個概念對心理學還是非常有價值的，它迫使研究者清楚要定義自己研究中的術語。當你考慮到心理學中的大多數研究涉及的概念對任何人都是開放的時候，這一點尤其重要。譬如，假設一名研究者有興趣研究飢餓對迷津學習的影響，飢餓是一個可以有多種涵義的術語，但在一隻大鼠身上並不容易確定。你如何判斷

一隻大鼠餓了？答案就是對這個詞予以操作化。你可以用一種程序（24小時不給大鼠餵食──可以很合理地認爲這種操作會造成飢餓）或者某種行爲（製造某個大鼠必須努力工作以獲得食物的情境──可以合理地認爲大鼠不餓就不會執行作業）來定義它。

由操作性定義導致的精確性的重要結果是，它使實驗可以被重複。你已經從第 1 章和第 2 章了解到，複製是任何科學研究的重要特徵。而且，心理學研究者並未過於困擾於周密定義術語所帶來的侷限，因爲從長遠來講，精確性的要求增加了我們對人類行爲理論準確性的自信。心理學家使用**聚斂性操作**(converging operations)的概念來指出我們對行爲現象的理解隨著一系列研究的開展而增加，這些研究都使用了略有不同的操作性定義和實驗程序，但最後都「聚斂」在一個共同的結論上。因此，如果幾個關於飢餓對迷津學習影響的研究得出了同樣的結論，那麼即使每個研究用一套不同的操作來定義飢餓，我們還是有很大的把握在飢餓和迷津學習之間建立一個有規律的關係。

提出精確的實徵性問題是一種技巧，要經過一定的練習，並需要一個逐漸細密、從一個大致的問題到一個更爲具體的問題的過程。它們從三個來源逐漸形成：(a)日常的觀察或一些立即性的實際問題；(b)支持或反駁某個理論的嘗試；(c)在一個剛剛完成的研究中未回答的問題。

從觀察和當前的問題形成研究

觀察可以從兩種方式導致研究。第一種，科學家可能正在苦思某個研究問題，從偶然一次觀察到表面上無關的事件可能意外提供了答案。我們在第 1 章看到，創造性的科學家能夠迅速地把握這些事件的意義；艾賓浩斯(Ebbinghaus)在碰到 Jabberwocky 後創造的無意義音節，以及斯茂(Small)在聽說門廊下的地道後發明的大鼠迷津，是我們馬上能夠想起的兩個例子。

另一類意外結果發生在當實驗出現事故──譬如儀器故障──導致一些預想不到的後果時，不具有創造力的科學家會嘆口氣，試著把儀器修理

好然後繼續實驗，而創造性的科學家則將事故看成可能是一次形成新的研究構想的機會。**意外發現**(serendipity)這個名詞常常用來指那種會導致創造性研究構想的意想不到的發現。史基納在一次儀器故障後得到曲線的經歷（見第 1 章）是意外發現的一個極佳範例。另一個是大腦中特徵偵測器的意外發現，前面提到的艾格蘭(Egeland, 1975)爲閱讀教學而提出使特徵突顯的構想，而該構想正是以特徵偵測理論等一批基礎研究爲依據。要了解這項最終導致胡貝爾(David Hubel)和魏瑟(Torsten Wiesel)獲得諾貝爾獎的研究的起源，請閱讀專欄 3.2。

■ 專欄 **3.2**

起源—— 意外發現和邊緣偵測器

　　在本世紀視覺系統生理學中最重要的研究，是由哈佛實驗室的胡貝爾(David Hubel)和魏瑟(Torsten Wiesel)在一次意外發現引起的。他們當時正在研究視覺通路不同點上單一神經元的行爲，想知道神經元是否能被某些刺激激活。實驗儀器中有一個銀幕，他們將各種不同的刺激投影在上面，然後給一隻貓看。貓的頭已被固定，視覺系統中一個神經細胞被嵌入電極（甚至在六○年代，實驗程序已經精確到足以分離單一神經元的活動了）。

　　胡貝爾和魏瑟希望神經元會被投射在貓視網膜上的黑白光點激活。他們的第一次嘗試令人沮喪：

　　　微電極相對大腦皮層的位置異常穩定，以至我們能在長達九個小時的時間裡觀察一個細胞的活動。我們費了九牛二虎之力想把它激活(Hubel, 1988, p. 69)。

　　胡貝爾和魏瑟鍥而不捨，終於將注意力集中在視網膜的區域。當圓點

穿過那片區域時，有時會產生神經放電(neuron firing)，但是並不穩定：

　　在經過五個小時的煎熬後，我們突然得出印象，是（幻燈片的）玻璃不時地在引起一種反應，但是反應似乎與圓點無關。*最後我們明白了：是我們在將幻燈片插進幻燈機時幻燈片投下的微弱輪廓清晰的影子在作怪*。我們很快認識到，邊緣只有在影子掠過視網膜上一小部分時才會起作用，而那種掠過只能以一個特定的方向進行。最神奇的是，當刺激的方向剛好正確時會出現連續放電，而在方向改變或者只是將閃光射進貓眼中時便完全沒有反應(Hubel, 1988, pp. 69–70，斜體是後加的)。

　　視覺系統細胞（邊緣偵測器，edge detectors）專門對設定在一定方向的邊緣和輪廓反應，這個意想不到的發現僅僅是開始。胡貝爾和魏瑟繼續發展了一個大規模的研究計畫，尋找能夠激活視覺系統所有水平細胞的刺激類型；這為他們在 1981 年贏得了諾貝爾獎。他們的工作還反映了第 1 章以吉布森和史基納為例說明的研究快感。在回顧研究視覺感受域的那幾年時（大致是從 1950 到 1980 年），胡貝爾寫到：

　　我能夠在那段時間工作實在很幸運，那是一段快樂和好玩的日子。有些實驗很艱苦，常常要到凌晨四點鐘，尤其是在所有都出毛病的時候。但是 98% 的工作時間是令人興奮的，神經生理實驗有一種特殊的直觀性；我們能夠看到、聽到一個細胞對刺激作出反應，並且常常是立即知覺到這些反應對腦功能意味著什麼(Hubel, 1988, p. vii)。

　　由觀察產生研究的第二種方式發生在科學家觀察到一些事件時便引起對導致這些事件原因的疑問。我們都會想到一些經歷，他們引起我們思考人類行為背後的原因。我們讀到一則消息說，當一個人在高速公路上開車陷入困境時，便會奇怪為什麼沒有人停下來幫幫忙。當我們注意到我們的祖父能夠生動地講述他在第二次世界大戰的經歷，卻無法回憶兩天前做過

的事情時，我們就會對記憶的本質好奇。我們看到一位八歲鋼琴家音樂會的新聞時，就會很想知道這位天才的身世。當這些觀察與研究者天生的好奇心結合後，就能導致無數的研究。一個具體的例子就是社會心理學中關於助人行為的研究，這源於幾樁廣為報導的臨危不助的案例。最著名的是1964年的日內瓦塞案(Kitty Genovese)──紐約的一名婦女在眾目睽睽下遭到數次攻擊，最後被殺，旁觀者中甚至無人打一通匿名的報警電話。正如在利他和助人行為領域一位重要的研究者達利(John Darley)後來回憶的：

> 當然我們都會立刻想到《紐約時報》報導的一名年輕女士在紐約被殺的事件，即著名的日內瓦塞案。可悲的是，一名年輕的女士被殺，這案例本身不過是一件尋常的事件，不尋常的是在事件發生時她的公寓大樓裡有三十八個人探出窗外張望，卻無人做出任何援助的舉動。畢伯·萊特尼（Bibb Latané，達利的同事）和我在事故發生不久後的一個晚上一起進餐，每個人都在談論這件事，我們也一樣……也許就是那天我們在一塊桌布上勾畫出了實驗(Krupat, 1975, p. 257)。

日內瓦塞案引發達利和萊特尼進行一系列實驗，實驗顯示旁觀者的無動於衷並不能單純地歸因於麻木不仁；如果有其他人在場，他們常常會認為別人會提供幫助(Darley & Latan'e, 1968)。助人行為的研究現在已經十分成熟，這一點你查閱任何一本當代的社會心理學課本都能發現，無一例外都會用整整一章的篇幅來講述這個主題。

除了日常觀察的思考外，研究還常常源於一個人正在想辦法解決的具體問題，應用研究以及應用研究中被稱為計畫評估研究的這類尤其如此。我會在第9章中對後者作更充份的闡述，但是現在可以用一個例子來說明此點。假定一所大學想採用一個新生學習計畫，具有實證頭腦的校方管理者可能會制定一個研究計畫，將一組試用該計畫的大學新生與另一組沒有

使用計畫的對照組新生做比較，然後實證地評估結果以確定該計畫的有效性。

從理論形成研究

第 1 章對科學心理學的目標做了簡要的討論，這些目標之一就是為人類行為找到一些解釋。產生這些解釋的過程，在本質上，就是理論建構和檢驗的過程。在這一節，我們要看看理論是什麼，理論建構和資料蒐集的相互關係，以及怎樣區分有用的和沒有用的理論。

理論的實質

心理學中，**理論**(theory)就是關於某種行為現象的一套說明，它(a)對現象的現有了解作了最好的總結和組織；(b)對現象提出一種嘗試性的解釋；並(c)為預測行為提供了依據。它被認為是一種動態的真理，有待於新發現對其修訂。

理論在範圍上各異，有些理論旨在涵蓋廣闊的行為，形成基本理論——艾瑞克森(Erikson)關於人格如何發展和作用的階段論就是一個例子。但更常見的是，一個理論僅僅是集中在行為的某個具體層面。例如，社會心理學中，公平理論關心人們如何從利益、費用和公平的角度相互關聯；變態心理學中，習得無助感理論試圖解釋心理憂鬱。

作為理論起源和演化的一件個案，我們對習得無助感的例子做更詳盡的考查。這個理論從動物學習的研究發展而來，並已經被應用在人類的憂鬱問題中。此研究也是意外發現的另一個例子；第一次習得無助感的實驗出乎意料地發現，它是這樣發生的。

賽里格曼(Martin Seligman)和他的同事對將一種古典性制約反應遷移到操作性逃脫情境感興趣。首先，他們透過將一個響聲和電擊同時呈現的方式造成狗害怕那聲音的制約反應。這是巴卜洛夫(Pavlovian)的制約過程，把狗限制在一種被稱為巴氏吊床的裝置中，聽到聲音後狗受到片刻電

擊，不久聲音便成為一種制約刺激，狗會懼怕它。在初始制約化後，賽里格曼把狗放置在一個分為兩半、被稱為穿梭盒(shuttlebox)的封閉空間中，他計畫訓練狗，使狗在 A 端受到電擊後便從 A 端跳到 B 端，最終要學會聽到(與先前電擊同時呈現的)響聲就跳躍。令賽里格曼驚訝的是，當動物在 A 端受到電擊後，它並沒有像一隻狗通常應該反應的那樣（就是說，到處跑動，最後逃脫到 B 端），而是在 A 端胡亂地隨意活動後：

> 狗會躺下來靜靜地嗚咽。一分鐘後，我們關掉電流；狗未能跳過障礙，也未能免於電擊。在下一次嘗試中，狗又是如此。牠先是掙扎了一下，但是幾秒鐘後，牠似乎放棄了努力，消極地接受電擊。在所有接下來的嘗試中，狗都沒能逃脫(Seligman, 1975, p. 22)。

賽里格曼稱這種現象為「習得的無助感」(learned helplessness)——在對無法避免的負面事件經過反覆的控制失敗後一種習得的不肯迴避痛苦的意願(Seligman, 1975)。在巴氏吊床中，狗知道了無論怎樣努力，電擊都不可能避免，因此牠學會停止努力。這個發現引起賽里格曼和他的同事進行了進一步的研究，並終於形成了一門心理憂鬱理論，其中心思想，即認為憂鬱是一個人在反覆經歷了不可避免並且無法控制的負面事件的後果。

我在前面指出，理論對了解作了總結和組織，提出可能的解釋，並為預測提供依據。讓我們看看賽里格曼的理論怎樣符合這些特徵。

在得到最初的發現後，賽里格曼著手更全面地研究這個問題，終於就影響狗行為表現的各種因素累積了大量資料。然後建立一個與這些研究成果相一致的理論（就是說，它總結了所得的知識）。賽里格曼對理論的基本成分以如下方式作了描述：

關於偶發事　→　　偶發事件的認知表徵　→　　行為
件的訊息　　　（學習、預期、知覺、信念）

這個過程從動物(透過經驗)獲得反應和反應結果之間關係(偶發事件)的訊息開始。賽里格曼提出,當動物了解到結果與反應無關時就形成了習得無助感。它產生於一個「對偶發事件的認知表徵」,譬如說個體形成了一種預期,他所做的與發生的事情無關。就是說,不管他怎樣努力逃脫束縛,他還是會被電擊。這種預期導致了無助感的行為。

這種「預期」是心理學家所說的**建構**(construct)的一個例子,它是一種假設性的因素,無法被直接觀察到,但它是從某些行為中推導出來,並且在某些條件下必然會發生。這個被稱為預期的**建構**就是賽里格曼最初理論中的中心解釋成分,是「與無助感相伴隨的動機、認知和情緒削弱的原因」(Seligman, 1975, p. 48)。作為一個解釋性的**建構**,這種預期可以(a)從動物不嘗試逃脫的行為中推測出來,並且(b)在反覆地失去對事件的控制後假設就會發生。

任何理論的重要特徵是它在新資料呈現後不斷地演變。沒有一種理論是完備且一蹴而成的,賽里格曼的研究也不例外。他的演變恰好說明了理論和資料之間的互補關係,並展示了理論的第三重屬性── 預測新研究的能力。下面就這一點進行一些說明。

理論和資料的關係

從理論轉化成資料包含著**演繹**(deduction)的邏輯過程,此過程是從一套一般性的陳述向著一些具體事件的推理。對於理論,演繹呈現的形式是科學家做如下推理:如果我的(一般)理論正確,那麼(具體)我可以預測事件 X 應該以大於偶然的發生機率。從一個理論而來的這種對於具體事件的預測就稱為**假設**(hypotheses),通常被認為是在某些情況下對應該發生的事情所做的有根據的猜測。然後,這些假設導致一個研究的設計,它可能產生預期的結果,也可能不產生。就前者而言,理論受到支持而後者則沒有。如果得到了大量研究的支持,理論是一個好理論的自信就高,或者換一種方式,當一個個實驗像理論所預期的那樣呈現結果時,你就可以說對理論歸納性的支持增加了。**歸納**(induction)是從具體(個別的實驗

結果）向一般（理論）的推理過程。

　　當然，實驗結果並非如預期的那樣。實驗對假設來說可能不是一個很好的檢驗，它可能有一些方法論上的瑕疵，或者實驗剛好出了問題。另外，心理現象的測量總是不完備的；一個失敗的實驗可能是某種測量誤差引起的。因此，單單一個意想不到的結果很少使理論受到質疑。但是，如果結果反覆地失敗，那麼對理論的信心就會迅速衰退，理論必須被擯棄或者徹底改變。

　　注意在前面的兩段中，我避免使用「一個成功的預測『證明』了理論」或者「一個不好的結果『否定』了理論」這樣的說法。因為科學家在討論理論和資料時不太願意使用「證明」或「否定」這樣的詞語，而都是在邏輯或實際基礎上進行說明。

　　從邏輯上嚴格說來，證明一個理論對是不可能的，但是否定一個理論卻是可能的。理解這一點需要對條件邏輯（如果……那麼）的原則做一個簡要的說明。假定，我堅持說自己總是在星期五打高爾夫球。這句話可以變成條件形式，「如果是星期五，那麼我一定會打高爾夫球」。現在，假如有人看到我正在打高爾夫球，那麼是不是可以得出結論「這一天一定是星期五呢」？不一定，因為我也可以在其他日子打高爾夫（事實上，寫本書已經對我打高爾夫球產生了嚴重的影響）。得出這一天必定是星期五的結論犯了邏輯上稱為「後件肯定」(affirming the consequent)的錯誤，這種情況可以概述如下：

後件肯定的邏輯錯誤：
如果是星期五，那麼他打高爾夫球。
他打高爾夫球。
因此，這一天是星期五。

　　另一方面，假如確定了我沒打高爾夫球（並且仍舊假定我總在星期五打高爾夫球為真）。那麼你是否能下結論說「這一天不可能是星期五」

呢？是的，因爲前面已經斷定星期五不會在沒有高爾夫球中度過。條件邏輯中，這一結論被稱爲「逆否命題」(modus tollens)。因此：

邏輯正確的逆否命題：
如果是星期五，那麼他打高爾夫球。
他沒打高爾夫球。
因此，這一天不是星期五。

後件肯定和逆否命題的區別可以被直接應用在理論考驗上。如果……那麼……的陳述形式是：「如果理論 X 正確，那麼可以預期事件 Y 發生。」我們認爲習得無助感的理論是正確的，假定我做出這樣一個預測：「如果習得無助感的憂鬱理論是正確的，那麼減輕人類憂鬱的治療法也應該可以減少狗的無助感行爲。然後我設計了一個研究，給一些被訓練形成無助感的狗服用抗憂鬱劑。我的推理是如果這些藥物可幫助憂鬱症患者，並且如果習得的無助感是憂鬱的原因，那麼對人類憂鬱症患者發揮作用的藥物對狗也同樣有用。我進行了研究，並且發現被治療的狗開始了正常的行爲(即牠們不再表現出無助感了)，這個結果確實是在一個類似的研究中被證實了(Porsolt, LePichon, & Jalfre, 1977)。如果我現在下結論說習得無助感理論被「證明」是對的，那麼我就肯定了後件(consequent)：

如果理論是正確的，那麼抗憂鬱劑就會發揮作用。
抗憂鬱劑起作用了。
因此，理論是正確的。

我想你能夠看出來，理論正確（即被證實）的結論是得不出來的。抗憂鬱劑發揮作用可能是因爲一些與習得無助感理論無關的原因。我們可以說，並且嚴謹的科學家除此外不會再多說一句的是，實驗「支持」了理論或者與理論「一致」。

如果抗憂鬱劑沒有發揮作用，動物的無助感行爲沒有任何減退會怎樣？從邏輯上說，這是一個逆否命題，理論不能被認爲是正確的（即被證僞）：

如果理論是正確的，那麼抗憂鬱劑就會發揮作用。
抗憂鬱劑沒有起作用。
因此，理論是錯的。

　　但是請注意我之前在討論研究結果時的評論：出於邏輯和現實的原因，科學家通常不說像「證實」或「證僞」這樣的話。我們已經看到，因爲藥物發揮作用就得出習得無助感理論被證明的結論，是犯下了後件肯定的錯誤。因爲藥物沒有起作用就斷然否定理論，從技術上說可能是正確的（即逆否命題），但卻會是一個最爲草率的決定。正如前面提到的，因爲任何可能性的原因，單一的實驗也許不會出現預期的結果，僅僅在一次問題研究後就是把有價值的東西與無用之物一起丟棄。心理學中的理論確實會被摒棄，但只有在當科學家對它們失去信心、當預測反反覆覆無法被證實的時候。

　　理論可以被支持，也可以被摒棄，但更常見的是它們隨著研究的累積而不斷演變。習得無助感的理論正是這樣，對人類受試者所做的大量研究迫使該理論重建，補充了認知理論（Abramson, Seligman, & Teasdale, 1978）。例如，新版本的特徵之一是加入了一個被稱爲「解釋風格」（explanatory style）的建構。那些經歷失敗但表現出悲觀的解釋方式的比那些同樣失敗但維持樂觀解釋的人，更容易出現習得無助感的後果。悲觀者「責備自己並且預見到失敗會在長時間內與更多的情境下再現」（Seligman & Schulman, 1986）。樂觀者責備環境而不是自己，儘管他們與悲觀主義者一樣自欺欺人，但他們並不憂鬱。

　　和最初理論一樣，修訂版作出的預測也必須受到事實的考驗。有一個用人壽保險推銷員做的有趣的實地研究例子（Seligman & Schulman, 1986），選擇他們做實驗的部分原因就是他們經歷的失敗比成功多。實驗

用一份問卷對推銷員的解釋風格做了測量；研究者發現具樂觀風格的人工作更有成效(即兩年內賣掉了 37% 的保險單)，並且維持這份工作的可能性是那些比較悲觀的推銷員的兩倍。

好理論的特質

從歷史來看，有些理論比另一些理論更有效。那些受到好評的理論具有幾個特徵，最顯著的就是它們引起的大量研究增進了我們的知識，這一特性明顯適用於習得無助感理論。對好理論的另外兩個特徵，否證和簡要，需要一些說明。

□ 否　證

對理論持有的一種普遍誤解是，我們的最終目標是產生一個能解釋所有可能的結果的理論。事實上，一個似乎可以解釋一切的理論實際上是一個有嚴重缺陷的理論。要了解為什麼嗎？我們先來看考驗理論的一種方法，它最早由科學哲學家巴柏(Karl Popper, 1959)提出，很顯然地它蘊含在前面所說的「證實」和「證偽」理論的內容中。

根據巴柏的理論，科學的發展是透過建立理論，然後嘗試去證偽或否證它而實現的。能夠不斷抵制**否證**(falsification)的理論被接受為可能正確（強調的是「可能」）。回憶我們之前的敘述，當歸納性的證據累積後，我們對此理論的信心增加。但是由於歸納的侷限，這種信心從來不會變成絕對。一百隻鳥樣本的發現，可以歸納起來支持「所有鳥都會飛」的結論，但是僅僅一種不會飛的鳥（譬如鴕鳥），就可以摧毀這種一般性結論。同樣，從一個理論得出的一百個預測可以支持一個理論，但是一次證偽就能透過逆否命題的推理否定它。當然，我們已經看到，基於現實的因素，一次證偽不會致使一個理論被全部放棄。但是，巴柏的觀念說明了證偽比證實有更大的比重。至少，它要求對證偽作充份地研究。

如果巴柏是正確的，那麼理論必須要以一定的方式陳述，使得從此得到的假設能夠被證偽。就是說，一定有某種可能的實驗結果證明假設有

誤。在實務上，它要求對以前提到過的術語精確定義，同時也要求理論冒被否證的危險。

理論不符合否證標準的一個好例子就是十九世紀的顱相學（phrenology）[1]。此學說是將特殊的功能劃分到明確定義的腦區的第一次認真嘗試，但是最後發現它選擇了錯誤的功能，並且把功能定位在錯誤的地方。該理論的核心是，大腦可以按幾種所謂的官能（faculties）來劃分（例如，不同種類的能力和人格特徵），每一種官能與大腦中不同的一部分相關，並且一種官能的強度按比例地反映在腦的大小上（Boring, 1950）。官能的強度可以透過檢查顱骨的輪廓測量出。所以，一個人如果雙耳上方的區域顱骨凸出，就會被說成是有大量的破壞性「官能」。為什麼是破壞性？因為很多殺人犯和拳擊手（他們都喜歡破壞）在那塊區域都有著凸出的顱骨。

乍看之下，這似乎是一個很容易否證的理論：只要找到一個耳朵上方那塊顱骨長得非常小的殺人犯就行了。但即使找到這樣一個人，顱相學家也能置明顯的反駁於不顧，指出這個人可能確實在破壞性上不足，但是在被其他的強大官能所補償後引起了問題，諸如色情（性驅力）、好鬥、強壯和模仿（可能他是一個模仿殺人犯）這些官能。問題是每種可能類型的人，都可以在事實之後透過一些官能的特定組合得到解釋。雖然這個理論乍看之下似乎沒有缺陷，但是，一旦你讓它做一種預測，就不難理解它為什麼失靈了。如果弗萊德有著明顯的破壞性官能，他是否會顯現出破壞性呢？也許會，也許不會。提供了所有可能的結果，理論就不能作出任何一個預測。

巴柏否證方法的問題是，並沒有考慮到在心理學的研究中，大多數研究者在課題研究中形成了一種擁有感，而傾向查看支持理論的證據。但實驗者也明顯了解到否證對策的重要性，即使他們總是希望發現對自己理論的支持，研究者還是要試著設計實驗，排除一種或另一種解釋。

---

1 更詳細地了解顱相學以及科學與偽科學的區別，見第 12 章。

一種典型的對策是選取一些解釋上相互矛盾的現象，然後進行一系列研究，系統性地一次排除一種解釋，同時為剩下的另一種解釋提供支持。譬如，在賽里格曼用狗做的習得無助感研究中，有兩個處理組。第一組，狗在巴甫洛夫吊床中受到電擊，但是用鼻子按一塊控制板就能夠關掉電源。第二組，每隻狗與第一組中的一隻狗配對，接受完全一樣數量的電擊，電擊持續同樣的時間，並且以同一種模式，但是狗不能阻斷電擊。這當然是假設的引發習得無助感的情境，但是不是僅僅受到電擊就足以產生無助感呢？不是的，第一組的狗沒有顯示出習得無助感的事實使賽里格曼排除（即證偽）了習得無助感的結果僅僅由受到電擊引起的想法。

　　一個否證對策的經典例子是對一匹據說是具備數學和閱讀能力的馬的研究。請用一點時間讀讀專欄 3.3，它記載了「聰明的漢斯」的故事，一匹智力絕倫的馬。

專欄 *3.3*

經典研究：證偽和聰明的漢斯

　　二十世紀初，在德國柏林，要看城裡最好的事物，除了新開通的地鐵外，還可以到鄰近格盧比諾街(Griebenow Street)一家馬廄的庭院去，觀眾在那裡會碰到一匹似乎有著超凡智力的馬（圖 3.3）。當他的主人范奧森(Wilhelm von Osten)提問 4×4 等於多少，這匹馬會抬起前蹄踢踏 16 下，然後停止。無論加、減、乘、除都難不倒這匹馬，牠就是德國眾所周知的聰明的漢斯(Der Kluge Hans)。即使是分數和小數也不成問題，問牠 2/5 加 1/2 是多少，他會踢 9 下表示分子，踢 10 下表示分母 (Sanford, 1914)。馬還能讀善寫，用他的敲打系統將字母譯成數字。

　　如果你正在發展你的科學的思考技能，我猜你會對這匹閱讀和算術能力甚至比你一些朋友都棒的馬產生一點懷疑。懷疑論者在當時也不乏其

人，其中一個叫馮斯特(Oskar Pfungst)的人，為我們提供了巴柏否證對策的一個絕佳範例。馮斯特打算弄明白，他是不是能排除用智力作為解釋馬的行為的原因，而同時為馬確實做了什麼找到一個更為合理的解釋。

儘管一個包括科學家和訓獸師在內組成的特別委員會作出的結論是，范奧森沒有欺騙，但馮斯特還是懷疑馬的主人可能給了動物一些細微的暗示。如果那是事實，他推斷，只有當提問者也知道問題的答案時，馬才會回答正確。這匹馬在數學方面的特殊才能可能與范奧森是一名數學家有關。

除非提問者知道答案馬才會知道答案，考驗這個假設並不困難。馮斯特簡單地設計幾個測驗，有時候提問者知道答案，有時候不知道。譬如，馮斯特讓提問者舉著一個卡片，卡片上有一個數字。當提問者在舉起卡片時被允許看到數字時，馬敲擊出正確數字的比率是 98%。但是，如果不讓提問者比馬先看到卡片時，漢斯正確的比率只有 8%（Fernald, 1984）。數學能力如此，在一系列類似的實驗中，馮斯特也排除（證偽）了漢斯運用語言的能力。

因此，漢斯顯然從問問題的人那裡得到了正確答案的訊息。牠怎麼得到訊息的，這謎團最終還是被馮斯特解決了。長話短說，他確信馬從提問者那裡得到了一些非常細微的視覺上暗示，並對此作出反應。每當某人問問題時，那個人都會略微向前彎身，這一彎非常細微甚至難以查覺，但漢斯知道這個動作是開始踢踏的信號。當漢斯踢到正確的答案時，那個人就會直起身，同樣輕微沒有知覺，但是足以示意漢斯，是該停下的時候了。

聰明漢斯的故事除了馮斯特的否證對策外，還說明了另外兩點。馬的能力並非由高智力引起，而是可以用更簡單的過程來解釋，即馬學會了對兩套視覺暗示（何時開始，何時停止）作出反應，馮斯特藉此提供了一個更為簡要的解釋。其次，如果范奧森會給出一些影響行為的視覺暗示，那麼對一般的實驗者來說，當他們知道結果應該怎樣時，可能也會微妙地影響受試者的行為。我們會在第 6 章時再回來談這一點；此為實驗誤差的一個例子。

□簡　要

　　除在陳述上具有潛在的證僞性外，好的理論還很**簡要**(parsimonious)。理想情況下，這意味著理論包含足以作出充份解釋和預測的建構與假設。如果兩個理論在各方面都等價，僅僅是其中一個更爲簡要，那麼簡單的這個通常會更受靑睞。

　　心理學中的這種想法出自於十九世紀末英國比較心理學家摩根(Conwy Lloyd Morgan)，他成長的時代正値進化論喚起廣大的自然主義者向動物的心理歷程(諸如聰明的漢斯這樣的馬的智力)尋求證據，以支持達爾文關於物種間連續性的觀念。這種追求造成了許多說法的氾濫，包括飛蛾撲火是因爲牠們有好奇心，螞蟻有「養室內寵物的習性」(Romanes, 1886, p. 83)。摩根認爲，動物的行爲應該用最簡單的語言解

釋。他有一段著名論述，後來成為我們熟知的摩根定律(Lloyd Morgan's Canon)，即「在任何情況下，如果一個事件能用心理程度上低的官能來解釋，我們就決不要把它理解成更高級生理官能運作的結果」(Morgan, 1903, p. 53)。摩根認為，與其把狗開門閂看成是推理，倒不如用更簡單地方式（即更簡要）說行為是嘗試錯誤學習的一個例子。

心理學中，對佛洛伊德主義和行為主義理論加以比較，來說明為什麼四歲男孩會模仿父親？這樣的解釋是簡要的一個很好說明。佛洛伊德主義理論解釋需要接受大量的假設和建構，包括潛意識(unconscious)控制行為、嬰兒性慾、戀母情結、閹割焦慮、壓抑和與攻擊者認同。簡單的說，小男孩對母親有性的慾望，但是害怕如果慾望被發現，父親會閹割他。結果，他把慾望壓抑進潛意識，並與帶有攻擊性的父親認同。而學習理論僅僅是假定，(a)被增強的行為會在將來類似的情境中再次發生；(b)父母可能注意到模仿行為並增強模仿行為。在這個例子上，學習理論顯然比佛洛伊德理論更簡要，並且仍然提供了充份的解釋和預測進一步結果的依據。

從其他研究形成研究

某種程度而言，發展研究構想的最後一部分，是擴展前面關於理論和資料之間連續關係的論述，但是當發展理論並非初衷時，就會從其他研究形成研究。有時候研究者僅僅是為了發現變項間規則的和可以預測的關係(即發現行為規律)而研究一些現象，並不是特別關注理論的建構。史基納的操作制約研究（第 10 章）就屬此一類。

我相信，一個剛剛完成的研究中尚未解答的問題，是心理學研究構想最普通的來源所在。心理學家不會做一些相互孤立的個別的實驗，他們建立**研究課題**(programs of research)，進行一系列相關的研究。你不會發現有人做了一個助人行為的研究，然後轉向一個與攻擊性相關的研究。而研究者潛心於某一特定的研究領域，在這一領域進行一系列可能持續數年的

研究，並將研究主題的興趣點延伸給其他的研究者。一個計畫的結論總是能引發另一個計畫的開始，因為當實驗回答了一些實徵性問題時，它們同時又提出新的實徵性問題。賽里格曼對習得無助感的工作就是研究課題的一個很好範例。

研究怎樣導致其他研究，只要瀏覽近年心理學期刊中的任何一期，就可以得到一個正確無誤的指標。先看任何一篇文章的作者名字，然後看看參考文獻中做過類似研究的作者中，是否能找到同樣的名字。舉例而言，在《實驗心理學期刊：學習、記憶和認知》1992 年的前三期中，有五十二篇不同的研究論文。五十二篇中有四十八篇的文章作者在參考文獻部分中引用了自己做過的其他研究成果。儘管引用自己的研究成果可能是人的一種正常取向，但它主要反映了研究者不偏於單一實驗的事實—— 他們建立系統性的課題，套入實驗，由實驗衍生出更多的實驗。

研究小組和「下一個是什麼？」的問題

如果讓心理學研究者描述一下他們日常的工作，你能得到各式各樣的答案，但是這些答案中都存在著一個基本原則：很少有研究者單獨工作。他們在實驗室中組成**研究小組**(research team)。通常，這個小組包括一位高級的研究人員 X 博士，幾個為 X 博士工作的研究生，還可能有一兩個動機很強的大學生，他們讓 X 博士相信他們確實有興趣，並且願意做點零活，可能是打掃動物籠。這個小組同時進行幾個實驗，小組成員花很長時間在實驗室中一邊喝著咖啡一邊蒐集分析資料。還有，他們常常會圍坐在街邊的一家小飯館裡，在研究計畫的不同階段下進行討論（然後喝更多的咖啡）。在討論完成計畫時，他們會進行所謂的「下一個是什麼？」的問題的思考。有了現在這個研究的結果，我們下一步該怎麼做？在談話的某一時刻，有人會產生一個想法，然後提出一個讓在座的心理學研究人員很少聽到的問題：「如果我們這樣做，你們想會發生什麼？」，這個「這樣」指的就是一個研究的構思，「你們想會發生什麼」是一個對結果進行預測的要求。問題引起了一場熱絡的討論，小組重新定義這個構想，或

許就決定它不可行，然後再想下一個「下一個」的問題。如果那個想法可行，他們會設計一些程序，在以後的幾天中嘗試一般所說的**前驅研究**(pilot study)，對構思進一步定義，最終形成了一個結構緊湊的研究，直到把它完成。

因此，心理學研究(a)通常包括一個連續性的相關研究系列；(b)常常是一種共同努力，集合幾個專注於同一特定領域的人的創造性和批判性分析；並且(c)在創造的原始階段時，結構非常鬆散。這種缺乏結構性在不久之前被一群由傑出實驗心理學家組成的小組注意到，這個小組在 1958 年由 APA 的「教育和訓練部」召集，負責對實驗心理學的研究生訓練提出建議。他們形容「研究的過程── 就是創造和構建一門心理科學的過程── 是相當不正規、常常不合邏輯、有時甚至看上去一片混亂的過程。許多時候研究是在實徵世界裡掙扎，常被尊稱為『前驅研究』和『探索性研究』這樣的名字」(Taylor, Garner & Hunt, 1959, p. 169)。

最近有一種對「下一個是什麼？」提問方式的發展，研究小組的概念已經遠遠超越了單一實驗室的界限。在電腦時代，來自不同校園的研究者透過電子郵件取得聯繫是非常普遍。數字化的交談常常說明了計畫的方法後繼之以那個著名的問題：「如果我們這樣做，你們想會發生什麼？」雖然遠隔千里，研究者還是能進行那種通向創造性研究的非正式討論，因此在電子通訊時他們還能喝著咖啡。

複製和延伸

很多依循前人足跡的研究與以前的研究相似到足以被認為是重複，但又不同到足以說並非以前研究的完全複製。換句話說，必須在複製和延伸之間作一區分。按研究心理學家一般的說法，**複製**(replication)指的是部分或全部重複以前的研究。而**延伸**(extension)則是一個與以前相似的研究，通常複製了它的一部分，但是較之有更進一步研究或至少加入一種新的特性。另外，在延伸的研究中，**部分複製**(partial replication)常常用來指複製以前工作的那一部分研究。有時候，「精確」(exact)複製或「直接」

(direct)複製這樣的詞語被用來形容毫釐不差地將其他研究複製。

在俄國巴甫洛夫著名的實驗室中,「精確」複製被用於訓練過程。每當有新的工作人員進入實驗室,他們的第一個實驗就是複製以前做過的研究。因此,巴卜洛夫有一套連續的系統用來核查結果,而新的研究者不斷發展出延伸以前發現的技能。但一般來說,很少人從事精確複製,原因很簡單,如果研究者所做的一切就是重複別人已經做過的,那麼他們不會得到晉升或者聘用。通常,精確的複製僅僅是當一些發現被提出嚴重的問題時才發生。譬如,幾名研究者試圖延伸某一發現,他們的研究中包括了部分複製,而這一複製卻沒有得到預期的結果。那麼就有必要回到原始研究,做一做精確複製,以確定這個發現是否可靠,如果你回憶上一章,複製失敗常常會導致科學欺騙的發現。

瑪瑞恩、威納和庫爾(Marean, Werner & Kuhl, 1992)做了一項研究是如何複製並同時延伸研究的例子。這些研究者有興趣想了解,2個月大的嬰兒是否能夠區分出不同的音調。該研究是對早期一個研究的複製,那項研究顯示6個月大的嬰兒具備這種能力。瑪瑞恩等人懷疑這種能力的發展可能早於6個月大的嬰兒,他們的研究測量了2個月和3個月的嬰兒,並且作為部分複製,也包括6個月大的嬰兒。研究基本上顯示出,2個月的嬰兒能夠對同一個人發出的兩種不同音調做出不同反應,但是還不能對說同一種音調的兩個不同的人做出不同反應。就是說,他們辨別的是普通的兩種音調,而不是兩種聲音的聽覺特徵。

回顧文獻

研究計畫並非在真空中進行。參與課題研究中的心理學家不僅對他們自己的實驗室工作完全熟悉,還對其他實驗室中做的類似研究完全熟悉。那些從理論產生實驗的人對相關理論的研究同樣熟悉。即使研究者在一次偶然的觀察後得到一種構想,他也常常會使觀察置於一些相關知識的背景中,或者從手頭的問題著手。文獻的知識是怎樣獲得的呢?

答案之一是，作爲正在受訓的研究者，你定期地去圖書館，閱讀現有心理學期刊中的文章。但是，嘗試過的人馬上感受到這種辦法不可行，因爲出版有關心理學資料的不同刊物達數百篇，僅 APA 自己就出版了二十多種刊物。1991 年《心理學摘要》(Psychological Abstract)中列出的條目超過三萬四千個，每一條目都是一篇文章、技術報告、博士論文、新書或一本書中的章節。按順序費力鑽研每一條目的做法顯然是行不通的。

另一種辦法，你可以安排一種更爲聰明的檢索文獻的方式，本章的這一部分介紹了一些工具，可以供你利用。它們包括《心理學索引同類詞辭典》、《心理學摘要》，以及各種來自「心理學資訊服務」(PsycINFO Services)的電腦資料庫。

心理學索引同類詞辭典

《心理學索引同類詞辭典》(The Thesaurus of Psychological Index Terms, 1994)最早出版於 1974 年，到這一版時已經是第七版。它爲《心理學摘要》(Psychological Abstracts)主題詞索引中所能找到的詞條提供了大量的對照索引，並且在電腦資料庫檢索中作爲關鍵詞使用。爲了解它怎樣使用，請參見圖 3.4，該圖複印了 1991 年《辭典》中第 190 頁的一部分。假定你正在做一個「精神分裂症」(schizophrenia)的研究計畫，第一點要注意的就是 "Schizophrenia" 使用了黑體印刷，而其他詞像「混亂型精神分裂症」(Schizophrenia Disorganized Type)卻沒有。黑體標注的詞是「公告詞」(postable)，即在《心理學摘要》的主題標題中能夠找到的詞。因此該辭典的優點之一就是，免得你將時間浪費在《心理學摘要》主題索引中沒有引用的詞。

注意精神分裂症這個名詞下面列出的詞中，可以用縮寫 UF, B, N 和 R 分類。後面三個縮寫指的是其他廣義(Broader)，狹義 (Narrower)和意義相關 (Related)的公告詞。這些詞在主題索引中除了透過精神分裂症外還可以在其他地方找到。UF 的意思是參見(Used For)，這類詞是「非公告詞」。所以如果在主題索引中查尋慢性精神分裂症，你一定找不到。注意

```
Schizophrenia [87]
PN 13140                                    SC 45440
    UF    Chronic Schizophrenia
          Dementia Praecox
          Process Schizophrenia
          Pseudopsychopathic Schizoprenia
          Reactive Schizophrenia
          Schizophrenia (Residual Type)
          Simple Schizophrenia
    B     Psychosis [87]
    N     Acute Schizophrenia [73]
          Catatonic Schizophrenia [73]
          Childhood Schizophrenia [87]
          Hebephrenic Schizophrenia [73]
          Paranoid Schizophrenia [87]
          Undifferentiated Schizophrenia [73]
    R     Anhedonia [86]
          Catalepsy [73]
          Expressed Emotion [91]
          Fragmentation (Schizophrenia) [73]
          Schizoid Personality [73]
          Schizotypal Personality [91]
Schizophrenia (Disorganized Type)
    Use    Hebephrenic Schizophrenia
Schizophrenia (Residual Type)
    Use    Schizophrenia
Schizophreniform Disorder
    Use    Acute Schizophrenia
```

圖 3.4　心理學索引同類詞辭典第 190 頁摘選

如果被歸到 UF 類，那麼這個詞在本辭典中被收錄進來，但不以黑體字出現。在辭典中翻查「殘餘型精神分裂症」[Schizophrenia (Residual Type)] 的人要知道「參見精神分裂症」(Use Schizophrenia)。

　　《辭典》提供了兩點優勢：第一，你不會浪費時間在主題索引中查詢找不到的詞或者讓電腦資料庫給出它沒有的詞；第二，你獲得了所有可查詢詞的一覽表，然後就能開始系統性地進行摘要閱覽或電腦檢索。

心理學摘要

　　繼續以精神分裂症為例，假定你看完《辭典》後決定專攻「妄想型精神分裂症」(Paranoid Schizophrenia)，那麼下一步便是開始《心理學摘

要》（硬皮裝訂，在你們圖書館的書架上）或者電腦資料庫的檢索。如果使用《摘要》(Abstracts)，你首先要找出名為「主題索引」(Subject Index)的那一卷。1991 年版中，索引卷有兩本，公告詞首字母為 A – L 的詞收在第一本，剩下的詞收在第二本。在第二本中的 1415 頁上你能找到「妄想型精神分裂症」(Paranoid Schizophrenia)，該條的一部分重現在圖 3 – 5 中。你可以看到，有許多不同的研究被列出來，每一條用兩三行作了簡要說明——訊息不多，但足以幫助你確定是否作進一步查詢。每條最後都有一個數字，它是該條目在摘要中的編號，真正的摘要按數字序列編排，你從主題索引中能得到那些摘要的編號，然後作進一步查閱。

Paranoid Schizophrenia
affect in early memories, 20–60 yr olds with borderline personality disorder vs paranoid schizophrenia vs neurotic character pathology, 15360
auditory discrimination & attention & memory & learning in dichotic listening procedure, paranoid schizophrenic 16–55 yr olds, 1397
auditory EP P300 & quantitative EEG & SPECT findings, 19 yr old female with chronic paranoid schizophrenia, 30568
azepine derivative, psychotic symptomatology, 24–64 yr olds with paranoid schizophrenia, 16377
clozapine & cimetidine vs rantidine, plasma clozapine & gastrointestinal side effects, 24 yr old male with paranoid schizophrenia, case report, 19324
clozapine induced neuroleptic malignant syndrome, female 26 yr old with paranoid schizophrenia & bulimia & anorexia nervosa, case report, 25269
content & frequency of delusions & hallucinations, cocaine abusing vs paranoid schizophrenic 18–62 yr olds, 33267
cortisol vs epinephrine vs norepinephrine vs testosterone vs free thyroxine levels, patients with paranoid schizophrenia vs bipolar manic disorder, diagnostic implications, 24467
dantrolene, lethal catatonia, 57 & 63 yr old females with bipolar disorder or paranoid schizophrenia, 19305
drug therapy, 27 yr old paranoid schizophrenic male with history of neuroleptic malignant syndrome, case report, 28345
DSM-II vs DSM-III-R prognosis, paranoid vs nonparanoid schizophrenic patients, 18551
episodic water intoxication & stereotypic behavior changes, 46 yr old male with paranoid schizophrenia, case report, 24392
fear of AIDS, paranoid schizophrenic 23 yr old male, Israel, case report, 12784
Grave's disease, male paranoid schizophrenic 57 yr old, case report, 18655
onset of delusions of substitution concurrent with detection of diabetes mellitus, 62 yr old male with chronic paranoid schizophrenia, case report, 27423

圖 3.5　第 1415 頁選登——摘要主題索引

假定「愛滋病恐懼，……」(fear of AIDS)摘要號碼為 12784（圖上的陰影部分）是你要找的條目，那麼你就要求助於實際的摘要卷（1991 年版中共有三卷）去找第 12784 條。它在第 1276 頁上，圖 3.6 選登了一部分。你能看到，摘要列出了研究的進一步訊息，包括原文的參考資料和一篇總結，這篇總結與《心理病理學》(Psychopathology)刊登的原文摘要內容（在文章開頭）完全一樣。

12784. Spivak, Baruch; Mester, R.; Babur, I.; Mark, M. et al. (Geha Psychiatric Hosp, Beilinson Medical Ctr, Petach-Tikva, Israel) **Prolonged fear of AIDS as an early symptom of schizophrenia.** *Psychopathology*, 1990(May–Jun), Vol 23(3), 181–184.—Fear of acquired immune deficiency syndrome (AIDS) is becoming a symptom of a wide range of psychiatric disorders. A case is presented of a 23-yr-old Israeli male who developed a pathological preoccupation with having AIDS and underwent various unnecessary medical procedures until he was diagnosed as having a paranoid schizophrenic disorder. The S refused all blood tests and, at follow-up, was still living in fear and social isolation. With the high media profile that AIDS has achieved in recent years, it is expected that AIDS has become the object of psychopathological processes. Discussion focuses on diagnostic questions and on issues related to primary and secondary psychiatric prevention.

圖 3.6　第 1276 頁選登——摘要

透過《心理學摘要》做檢索涉及很多工作，但有一些辦法可以節省你的時間。首先，通常從最近幾年開始找然後往回找。第二，注意在摘要的主題索引中含有「回顧」(review)這個名詞的條目，它可能是很多篇文章的總結。特別要注意《心理學公報》(Psychological Bulletin)中的論文和《心理學年鑑》(Annual Review of Psychology)系列中登載的文章。這兩本刊物都發表長篇的文獻回顧，對你來說這可能就是金礦，因為他們本身就

包含了大量的參考文獻。一般說來，一旦你在選擇的題目上找到了好文章，你就可以放下《摘要》，而用文章本身的參考文獻部分作為進一步查詢的途徑。第三種辦法是使用作者索引，如果知道某位特定的研究者在你尋找的領域非常活躍（記住，研究者做的是研究課題），你便能在作者索引中進行另外的查詢。

最後，幾個大研究領域的摘要一年被編輯四次，並以「心理學掃描」(PsycSCAN)的名義分別出版。在臨床心理學、應用心理學、發展心理學、精神分析、學習障礙、智能不足和應用實驗心理學，以及工程心理學等這些領域都分別有《心理學掃描》的季刊。

電腦資料庫

近年來，已可以透過電腦資料庫的運用大幅度加快文獻檢索。即使圖書館中沒有我所介紹的資料庫，你可能曾經使用過類似的一些基本服務。學術摘要(Academic Abstracts)和訊息軌跡(InfoTrac)就是兩個常見的例子。

美國心理學會(APA)在「心理學資訊服務」(PsycINFO Services)的名義下把它所有的檢索能力進行了編輯，其中包括《同類詞辭典》(Jhesaurus)、《心理學摘要》(Psychological Abstracts)及《心理學掃描》(PsycSCAN)的出版發行，以及幾種不同的電腦檢索的方法：PsycINFO, PsycLIT，PsycFILE 和 PASAR。

PsycINFO（心理學資訊）是一種網路聯線，即資料庫中的資訊並不在圖書館裡，但可以透過圖書館和 PsycINFO 之間的電話連線方式來使用它。使用時你需要告訴系統具體的檢索詞；特別是你需要再次使用公告詞。因此，與《心理學摘要》的檢索一樣，第一步應該是使用《同類詞辭典》。然後 PsycINFO 會為你顯示出文章的全部資料以及它們的摘要，它涵蓋了從 1,300 多種期刊中查出的文獻。

PsycLIT（心理學文獻）沒有 PsycINFO 涵蓋的資料那麼多（譬如它省略了不出版的博士論文），但實際上提供了同樣的檢索能力，並且更為方便。不過 PsycLIT 使用另一種不同的格式，它的訊息存貯在光碟(CD‐ROM)上，可以在圖書館中借到。如果進行大量檢索，PsycLIT 的價格更為合理——它的價格固定，而 PsycINFO 每次檢索都要收費。PsycFILE（心理學文件）是一種關於人力資源管理的特殊資料庫，它涵蓋了諸如人事管理、員工甄選和組織行為這樣的領域，它是 PsycINFO 的一個子系統。表 3.1 總結了這三種服務的特點。

表 3.1　比較 PsycINFO 的服務

	PsyINFO	PsycLIT	PsycFILE
格式	上　網	光　碟	上　網
主要涵蓋範圍	期刊，書，書中篇章、畢業論文，技術報告	期刊，書，書中篇章	期刊
涵蓋日期	1967 –	期刊，1974 –書刊，1987 –	1974 –
修訂	月修訂	季修訂	季修訂
獲得途徑	銷售(BRS, DIA-LOG／DATA 等)	訂購（如 Silver Platter,　CD Plus,　EBSCO)	人力資源資訊網
費用	不定	固定	不定
需要設備	終端機或 PC，數據機＋軟體	CD‐ROM 驅動器，PC 或蘋果電腦	終端機或 PC，數據機＋軟體

來源：PsycINFO 服務手冊，美國心理學會。

大多數學校都會訂購 PsycINFO 或 PsycLIT。但是，如果你的學校沒有，你可以讓 PASAR（PsycINFO Assisted Search And Retrieval, 心理學資訊輔助檢索和提取）替你完成檢索。你只需填寫一張表，然後 PASAR 的

人員就會為你作檢索（當然不是出於熱心，所以每次檢索時請準備好$60到$80吧）。

「心理學資訊服務」提供的最後一種服務稱為 PsycSOURCE，它會把自 1988 年 1 月以來 PsycINFO 資料庫中所能找到的任何文章提供給你。每篇文章要花$10 (不過，透過館際合作(interlibrary loan)的方式可能更好)。

你的老師會告訴你心理系或圖書館裡有什麼，圖書館的員工也會樂意幫助你。祝你檢索快樂！

現在你的位置處於：(a)在任何心理學領域，你都能發掘已有了哪些研究； (b)形成了心理學研究中的一些構想。下一章將介紹給你的是，在心理學研究中數據的一些基本知識。

本章複習

詞彙填空

1. 設計一項研究確定工作環境中不同照明亮度如何影響工人生產是 ＿＿＿ 研究一個例子。

2. 阿倫森認為，一個 ＿＿＿ 現實主義的實驗，比一個只具有 ＿＿＿ 現實主義的實驗更有價值。

3. 在第 1 章近尾聲時，你知道史基納怎樣在食物箱出現故障時制作出第一條曲線；這是一個 ＿＿＿ 的例子。

4. 假設從理論產生是透過 ＿＿＿ 的邏輯過程。

5. 狗的逃脫行為可能是嘗試錯誤學習的結果，也可能是狗進行了複雜推理的結果，第一種解釋比第二種更 ＿＿＿。

6. 研究者想設計一個研究，排除馬能夠解決複雜算術問題的想法，這是巴柏所

說的 ＿＿＿對策的一個例子。

多重選擇

1. 與實地研究相比較，下面哪一種說法說明了實驗室研究的事實？

   (a)實驗室研究獲得了更大的世俗現實主義(mundane realism)。

   (b)實驗室研究獲得了更大的實驗現實主義(experimental realism)。

   (c)實驗室研究獲得了對實驗條件更大程度的控制。

   (d)所有的實驗室研究都是基礎研究，因此它也常被批評為太人工化。

2. 一名對挫折研究感興趣的研究者設計了一個情境，先讓兒童玩一些喜歡的玩具，然後用一個障礙物將兒童和玩具隔開，兒童的行為被拍攝下來並在稍後作了分析。下面哪一說法是正確的？

   (a)實驗過程顯示了研究者操作性定義挫折的意圖。

   (b)這是一個很好的例子，說明了像挫折這樣不可觀察的建構是無法給出操作性定義的。

   (c)這是聚斂性操作的一個很好的例子。

   (d)問兒童對挫折作出怎樣的反應不是一個實徵性的問題。

3. 根據習得無助感理論得到的一個預測是，如果動物以前有過成功逃脫的經驗，牠們在遇到無法擺脫的電擊後，就不太容易表現出典型的習得無助行為。假定你做了一項研究並考驗這一事實，下面哪種結果是「後件肯定」錯誤的例子。

   (a)以前有過逃跑經驗的狗，後來沒有表現無助感行為，因此理論被證明。

   (b)以前有過逃跑經驗的狗，後來沒有表現無助感行為，結果支持了理論。

   (c)以前有過逃跑經驗的狗，後來確實表現無助感行為，結果否定了理論。

   (d)以前有過逃跑經驗的狗，後來確實表現無助感行為，結果支持了理論。

4. 精確的複製：

   (a)從來沒有過。

   (b)有時候是由一個不斷失敗的部分複製引起的。

(c)在本章中用一個有關嬰兒音調識別的研究做了說明。

(d)非常普遍；人們直到一個研究被複製多次後才眞的相信它。

5.爲什麼你要用《心理學索引同類詞辭典》?

(a)你不用，因爲有了電腦索引，再也用不著它了。

(b)它給了你主要文獻回顧的資料。

(c)它把同義詞給你，提高你的寫作能力。

(d)它給你完整的一套「公告」詞，這些詞可能比你想到的詞意義更廣、更窄或者有關。

應用練習

練習 3.1　下一步是什麼?

去圖書館找一些最新的心理學研究的期刊，找出有趣的文章來閱讀，並回答下面的問題：

1.研究的基本發現是什麼?

2.有了這些發現後，你向一個假定的研究小組提出兩種不同的想法，回答下面的問題：

　(a)有了這些研究結果後，下一步的研究對象是什麼?

　(c)如果這樣做（「這樣」＝ 兩個思路其中之一），你想會發生什麼?

練習 3.2　形成操作性定義

下面有一些諺語，想辦法怎樣對每一建構操作化，來研究它們是眞是假。當然，你的第一步是確定每一諺語的基本涵義（就是說不要從字面意思來理解）。

1.物以類聚(Brids of a feather flock together)

2.廚子多了燒壞湯，人多反而誤事(Too many cooks spoil the broth)

3.及時縫一針，省得日後縫九針(A stitch in time saves nine)

4.異性相吸(Oppostites attract)

5.離久情疏(Out of sight, out of mind)

(練習 3.3)　使用辭典和摘要

找到《心理學索引同類詞辭典》和《心理學摘要》，然後照下面去做。

(a)找出一個你感興趣並且是公告詞的主題。

(b)找出其他一些屬於 R, B 或 N 的詞。

(c)利用最新的《摘要》中的主題索引，檢索並找到關於某個具體問題的 5 篇
　文章。

(d)找到 5 篇文章的摘要，並按 APA 格式（在附錄 A 中作了說明，或者你可
　以到本書結尾處尋找參考文獻）記下它的資料。

(練習 3.4)　證明偏差

我們已經在這一章看到，科學家採用的一種策略就是透過排除或否證替代性的
解釋，得出經驗性的結論。但是正如魏森和強森－賴德(Wason & Johnson－
Laird, 1972, pp. 172－73)在下面的練習中所顯示的，這種策略的產生有困
難。

　　設想你拿著四張卡片，每張卡片都有一面印著字母，一面印著數字。下面
是你看到的四張卡片：

E　　K　　4　　7

你必須決定，翻過哪張卡片才能判斷下面的規則是否正確：

如果卡片的一面有母音，那麼它的另一面有一個偶數。

你會翻哪一張？

用否證的語言講，在翻開哪一張卡片後可以證明上面的陳述是假的。

本章複習答案

A. 詞彙填空

1. 應用　2. 實驗；世俗　3. 意外發現　4. 演繹　5. 簡要　6. 否證

B. 多項選擇

1. c　　2. a　　3. a　　4. b　　5. d

應用練習

練習 3.2 形成操作性定義

第 1 題的參考答案．物以類聚

- 它的基本意思是具有相似態度的人好惡相同，他們比那些不相似的人更可能發展友誼。

- 實證性地研究這個問題可能要建立一種模擬性的約會服務，讓可能的約會對象填一些調查表，指出他們對各種事情的態度，然後研究者將不同相似程度的同伴配對。「相似性」可以被操作性地定義為問卷回答的一致性程度。在約會對象見面，並一起外出吃飯後(當然是研究者出錢)，再讓每一個人指出他們在不久的將來再次相見的可能性。

練習 3.4 證明偏差

正確的回答是「E 和 7」──它們是僅有的可以否證這句陳述的卡片(即在 E 的背面發現一個偶數，或者在 7 的背面發現一個母音)。通常的回答是「E 和 4」，但選擇「4」顯示證明出現了偏差。翻開 4 看到一個母音確實提供了證據，但翻開 4 發現一個子音並不能否定這句陳述。

Chapter

4

測量、抽樣及數據分析

本章概要

❖ 測量什麼──行爲的多樣性

心理學研究中測量的行爲從外顯動作到自我報告到生理記錄，範圍很廣；某一個研究選擇怎樣的測量要取決於研究建構被操作性定義的方式。很多心理學研究領域已經發展出了標準的測量方式(例如反應時)。

❖ 評估測量

高品質的行爲測量既是可靠的也是有效的。可靠就是可以重複並且測量誤差小，測量有效即是準確地測量了要測的東西。如果一種測量合乎情理(表面效度)並且很好地預測了將來的結果(預測效度)，對它效度的信任就會增加。當研究被測量的建構與有關現象之間的關係總是呈現一致和可以預測的結果後，則建構效度增加。

❖ 測量量尺

心理學研究的數據可以歸類爲四種不同的測量量尺：名義量尺、等級量尺、等距量尺和比率量尺。名義量尺用編號代表類別的名稱，每一類別記錄的次數是主要關心的問題。序級量尺是將事件按等第順序排列。等距量尺和比率量尺中，量化遞變的分數間都有相等的距離。不過，只有比率量尺有絕對零點。

❖ 測量誰──抽樣

如果研究的目的是想了解一個具體的母群體，那麼選擇的研究樣本應

該代表那個母群體並能透過幾類機率抽樣產生樣本：簡單隨機抽樣、分層抽樣、集群抽樣。但是，心理學中大多數研究的目標是找出變項間的規律性關係，使用非機率抽樣合乎慣例，也是恰當的。大多數心理學研究使用一種被稱爲方便抽樣的非機率抽樣方式。

❖ 統計分析

統計分析是理解研究意義的一種必備工具。在特殊研究中，描述性統計數是針對受試樣本計算得到的，它們提供一個結果的總結，並包括了集中量數、變異量數和相關的測量。推論統計則使我們判斷，結果是因機率因素所致，還是反應了一些可以應用在大樣本的眞實關係。

所有心理學研究都包括對參加研究者的行爲進行測量。在這一章，我們要看看心理學研究要測量那些事件、決定這些測量是否有價值的因素、不同的測量量尺，以及對參與研究接受測量者的選擇方法。這一章還會分析描述性統計和推論性統計的重要區別，以及假設考驗的邏輯。

測量什麼——行爲的多樣性

實驗心理學家測量的行爲多樣性實際上是無限的，測量的內容從諸如穿過迷津這樣的外顯行爲，到採用問卷的言語報告，到做事情時的生理記錄，範圍十分廣泛。爲了說明心理學研究所測量之行爲的豐富多樣性，我們來看下面幾個近期的例子。

1.一項名爲「干擾刺激掩蔽與側利性對精神分裂症病人識別廣度的作用」(Span of apprehension in schizophrenic patients as a function of distractor masking and laterality)(Elkins, Cromwell & Asarnow, 1992)的研究調查了精神分裂症病人注意廣度的限制。與非精神分裂症病人的控制組相比，當要他們在一系列干擾的字母中識別出目標字母時，精神分裂症病人的成績更差。被測量的行爲是看他們能否在不同的環境下準確地指稱出目標字母。

2.一項名爲「中等收入家庭和低收入家庭兒童計算能力的差別」(Differential calculation abilities in young children from middle and low – in-

come families)（Jordan, Huttenlocher, & Levine, 1992）的研究對這些兒童
在各種不同的數學問題上進行測驗，發現當問題以文字呈現時，來自中等
收入家庭的兒童勝過另一組兒童，但是在非文字問題上，兩組的表現一
樣。研究中有兩種行為被測量：兒童對數學問題的回答和他們使用的辦
法。評分者觀察兒童解決問題的方式，並記錄下他們的行為中是否包括像
掰手指頭這樣的辦法。

　　3.一項名為「暴食症婦女知覺到的社會支持、社會技能以及人際關係
品質」（Perceived social support, social skills, and quality of relationships in
bulimic women）（Grissett & Norvell, 1992）的研究給暴食症婦女和非暴食症
婦女一組自陳測驗要她們完成。測量的行為是他們對這些調查(譬如社會
支持知覺量表)的回答。受試者還會和一個實驗同謀者進行一次簡短的交
談，交談的內容被錄音並由觀察者評定。交談中婦女的言語和非言語行為
被用一份測量「社會績效」的量表作了評分。暴食症婦女不認為她們接受
很多支持，且他們在社會績效的測量中得分不高。

　　4.一項研究對「認知地圖是否指導放射臂迷津中的選擇？」（Does a
cognitive map guide choices in a radial – arm maze?）（Brown, 1992）這個問題
的回答是「可能沒有」。放射臂迷津是比較流行的現代迷津之一，它的中
央設有跳臺，從跳臺向外的所有通路都呈現放射狀，這種迷津常常被用來
研究老鼠的空間記憶(認知地圖)。布朗的研究檢驗了老鼠對已經走過的通
道的迴避能力。測量的行為是「宏觀選擇」(macrochoices)，操作性定義
是當老鼠的鼻子伸進通道；還有「微觀選擇」(microchoices)，定義是朝
著一條通道，但沒有走下去(所有實驗過程都被一個架在迷津上方的錄影
機拍攝下來)。

從建構發展測量

　　從這幾個例子中，你能發現研究者透過多種方式測量行為。但是他們
怎麼決定測量對象呢？他們是怎麼得到這些想法：透過觀察掰手指頭測量
計算方法，觀察身體朝向以測量微觀選擇，或者觀察一排字母中選哪個字

母來測量注意？

　　一部分原因，他們知道測量什麼是因爲他們了解在他們專長之研究領域的文獻，因而知道其他研究者經常使用的測量方法。他們還透過改進常用措施而形成一些新的測量思路。第三，他們的測量是在精確定義建構的過程中提取出來的。讓我展開說明這一點。

　　當研究者計畫一項研究時，他們必須先儘可能精確地定義在計畫中使用的建構。是不是耳熟？應該是的，因爲我們正在又一次討論操作性定義。任何研究設計的部分都包括採用感興趣的建構(其本身定義可能無法直接觀察)，然後判斷那些行爲充份地反應那些建構。所以在之前幾個例子中，每一位研究者面臨的任務都是拿到一些現象，然後對行爲可測的建構進行仔細的定義，把這些現象變成可操作的實驗。表 4.1 總結了上面四個研究的建構以及他們怎樣用具體的行爲來操作。

　　有一件事你可能注意到，這些建構中(如注意、計算能力等)沒有一個是可以直接觀察的——每一個建構都必須從研究他們的測量方法中進行推斷。這個過程在心理學中已經被反反覆覆提及，它使心理學研究者提出一些經驗性的問題，儘管這些問題乍看似乎無法回答。讓我們更詳細地來看兩個具體的例子，他們常常被用來研究那種即使並非不可能但看起來也很難用經驗來回答的問題，譬如：

　　嬰兒能理解地心引力的概念嗎？
　　你能證明人們使用視覺意象嗎？

研究這些看似非經驗問題的測量方法就如同記錄(a)嬰兒看物體的時間，以及(b)人們用多長時間的作決策一樣簡單。請繼續往下讀。

表 4.1　樣本建構及其測量

建構	測量建構的行為
識別廣度	字母識別
計算能力	正確解決問題
計算策略	數手指等
社會支持知覺	自陳測驗的分數
社會績效	觀察者評定的社會互動分數
老鼠宏觀選擇	進入放射臂
老鼠微觀選擇	朝向放射臂

□ 個案研究 1——習慣化

　　嬰兒有沒有地心引力概念？你怎麼知道答案？當然你不可能直接回答，但是這個問題可以透過一種技術測量嬰兒觀察不同刺激的時間得到間接回答。所謂的習慣化程序就是給嬰兒一遍一遍地看同一刺激，然後換一個新的刺激。從其他研究已經知道嬰兒喜歡新奇的事物(Spelke, 1985)，所以如果同一刺激反覆呈現，他們就會失去興趣(就是不看了)。習慣化(habituation)的定義是，對重複刺激的反應逐漸減弱。如果一個新的刺激呈現並且被認作某個新奇或者不尋常的東西，嬰兒就會增加注視這個新刺激的時間。所以如果注視的時間減少然後突然增加，你就可以推測，嬰兒注意到新的事物。

　　記住這一點，再來看吉姆和史拜克(Kim & Spelke, 1992)做的一項令人興奮的研究。他們在比較了五個月和七個月大的嬰兒後得出結論，嬰兒在這段時期形成了某種對地心引力的基本理解。他們給嬰兒反覆呈現球滾上或滾下斜面的影片，如圖 4.1 中最上面兩幅插圖所描繪的那樣。在習慣化階段，給嬰兒受試者或是看一個球快速地滾下(條件 1)，或是看一個球慢慢地滾上(條件 2)。這兩個事件反映了地心引力對球滾上山、滾下山的自然作用結果。習慣化後(即在重複幾次後嬰兒注視的時間明顯減少)，給嬰兒看一個「自然測試事件」(中圖)，或者一個「非自然測試事件」(下

圖）。注意在兩種條件的每一條件中，自然測試事件與習慣化事件都有兩
處不同（方向和速度），而非自然測試事件與習慣化事件只有一點不同（方
向）。根據測試事件和習慣化事件的差異程度，似乎可以合理地預期，嬰
兒將自然事件看得更爲新奇，注視它的時間比注視非自然事件的時間更
長。事實上，五個月的嬰兒確實是這樣的，但七個月的嬰兒注視非自然事

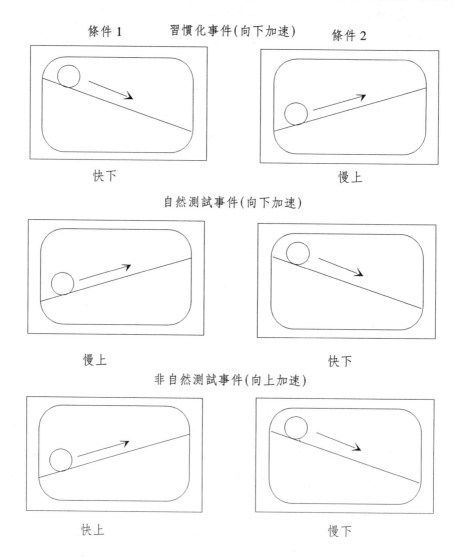

圖 4.1　吉姆和史拜克（Kim & Spelke, 1992）習慣化研究中使用的刺激物

件的時間更長，也許是因爲它破壞了地心引力原則，而自然事件依舊與習慣化事件呈現出的地心引力定律一致。因此，年幼的嬰兒注意到了簡單刺激向度的改變，而年齡大的嬰兒則注意到地心引力原則被違反的這種變化。從注視偏好的測量來看，吉姆和史拜克推論，至少七個月大的嬰兒對地心引力概念已有了某種理解！

□個案研究 2──反應時

在認知過程中，我們是否使用了視覺意象呢？你怎麼知道？當然你可以直接問，但是如果有人說「對，我在使用視覺意象」時，你如何確定他們有沒有使用？因此，你可能面臨著曾把內省方法帶進死胡同的同樣問題──缺少客觀性。不過，你可以讓人們執行一些作業，如果使用了視覺意象會產生一種行爲，沒有使用視覺意象則會產生另一種行爲。這就是希帕德(Shepard)和他的同事們在一系列著名研究中所採用的對策，稱爲「心理旋轉」(mental rotation)。

請看圖 4.2 中的兩對幾何圖形。在每一對圖形中，右邊的一幅是不是與左邊一幅相同，只不過是旋轉到一個不同位置呢？還是它完全就是另一種形狀？你怎麼判斷？希帕德和麥茨勒(Shepard & Metzler, 1971)讓受試者進行判斷，並且進一步記錄受試者作出判斷需要的時間。他們的推理是，如果受試者在心理上移轉左邊物體直到它與右邊的物體重疊來解決這個問題，那麼旋轉過程會需要一定的時間。另外，達到重疊點需要的心理

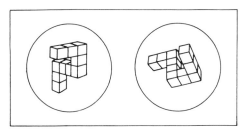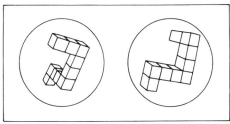

圖 4.2　希帕德和麥茨勒(Shepard & Metzler, 1971)
心理旋轉研究中使用的刺激物

旋轉越多，這個過程需要的時間越長，我想你能明白這在說明什麼了。希帕德和麥茨勒有規律地變化旋轉的度數，發現隨著旋轉的角度增加，作出判斷的時間也增加。從反應時測量看，他們推測在作業執行過程中發生了心理意象。

反應時是心理學中最古老也是使用最長久的方法之一，但使用反應時的原理卻隨時間而有所變化。專欄 4.1 呈現的是實驗心理學中作為嘗試與其確實的方法，反應時的起源與其評價。

專欄 **4.1**

起源——反應時：從心理計時到心理旋轉

心理旋轉在心理學中的運用可以追溯到一位荷蘭心理學家唐德斯(F. C. Donders)的工作，他認為心理活動的時間可以由計算不同作業的反應時的差異來決定(Boring, 1950)。他的觀念帶動一大批對於所謂的「心理計時」(mental chronometry)的研究。研究者測量一種簡單反應的時間(SRT, simple reaction time)：用短暫呈現的紅燈作為刺激物，在看到它後儘快地做出一種反應。這項作業可能被複雜化，有兩個刺激物，受試者僅在其中一個刺激呈現時才反應，這稱為辨別反應時(DRT, discrimination reaction time)，因為人必須在兩種刺激間，譬如紅燈和綠燈間做出辨別，然後反應。DRT 的時間中包括了 SRT 和「辨別」(discrimination)的心理活動，所以研究者認為從 DRT 中減去 SRT 就得到了辨別的時間：

$$DRT = SRT + 辨別時間$$
$$\therefore \quad 辨別時間 = DRT - SRT$$

將另外的心理活動時間減去，這個程序甚至可以更為深入。它在 19 世紀末激起人們大量的熱情，因為心理學要將自己建成一門科學，還有什

麼能比測量心理活動需精確到秒的小數位更爲科學呢？這一程序在馮特的萊比錫的實驗室中特別流行，並且迅速引進到美國。圖 4.3 顯示的就是 1890 年代克拉克大學中正在進行的一個反應時實驗。

圖 4.3　大約 1892 年克拉克大學正在進行的一個反應時研究。

　　遺憾的是，這個程序所存在的嚴重問題很快就顯現出來，特別是有些反應時間比預計的時間更快，另一些則更慢。馮特(Wundt)的一個學生庫波(Oswald Külpe)指出該程序的重大缺陷——心理活動並非以簡單的相加方式組成複雜活動，一個複雜的心理活動有它自身的品質而不僅僅是簡單活動相加之和。

　　儘管庫波的觀點有效地終止心理計時，並反應時作爲一種方法在行爲主義的鼎盛時期(大致是從 1930 到 1950)衰退了，但是隨後在認知心理學的幾個領域中，它又重新喚起人們的興趣。心理旋轉研究就是一個極好的例子。希帕德預測，如果心理旋轉在受試者心理當中發生，那麼這種心理

> 活動應該需要一定時間，程度越大的心理旋轉占用的時間會越長。正如你看到的那樣，事實確是如此。

評估測量

你怎樣辨別一個行為測量是優是劣？心理學家是因為什麼會對注視偏好、反應時、IQ 測驗、社會支持知覺等這些測量的使用產生信心？回答這個問題需要對兩個關鍵因素做討論：信度和效度。

信　度

一般說來，如果一個行為的測量結果再次測量時可以重複，這個測量數就是**可靠的**(reliable)。反應時是一個很好的例子；其高信度是它多年來備受歡迎的原因之一。某人在一次嘗試(trial)中用了 0.18 秒對一個紅燈作出反應，幾乎可以肯定這個人在其他幾次測試中會在 0.18 秒左右的百分之幾秒的時間內反應，而且所有測試的反應時都在 0.18 秒附近。同樣，研究生入學考試(GRE, Graduate Record Exam)的分數也相當可靠，某人在 GRE 一般能力考試中綜合分數得 850 分，他第二次考的分數可能與第一次接近，但不太可能達到 1350 分。

從這兩個例子我想你就能明白，為什麼信度在任何測量中都是必要的。沒有它，就無法確定一個測量數的意義。你可能想測量一個人的反應時有多快，但如果反應時變化非常大，那麼問題便無法回答。同樣，如果 GRE 成績從一次測驗到另一次的波動達到四、五百分，那麼這些數字無論如何都不會對研究所有用，因為他們無法評估學生的真實分數。

一個行為測量值的信度是測量誤差(measurement error)的函數。如果有大量誤差信度就低，反之亦然。沒有任何行為測量值是完全可靠的，所有的測量總是會有一定程度的誤差。就是說，每一個測量值都是一個假定的「真」分數加上測量誤差合併而成。理想情況下，測量誤差相當低以致實得分數接近真分數。

反應時程序是測量誤差如何產生以及它怎樣影響信度的一個很好說明。之前的例子中，假定某人在一次試驗中的反應時是 0.18 秒，這是不是速度的一個真實測量值？也許不是，當你注意到這個人在接下來五次嘗試中得到以下的反應時後，就不難作出這一結論。

0.16 秒　　　0.15 秒　　　0.19 秒　　　0.17 秒　　　0.19 秒

這些分數的不同，是因為每一次嘗試中都有測量誤差在內。誤差由幾種可能的因素引起，有些因素在每回嘗試中隨機地起作用，譬如，某一次嘗試時這個人可能猜到刺激的呈現時間，他的反應就會快些；而有時候注意力不集中，他的反應就會慢些。另外還會發生一些系統性誤差，譬如在呈現刺激之前，實驗者給出信號提醒受試者準備，準備信號和刺激呈現之前的時間是固定的。那麼受試者就能學會預料刺激的產生，且反應時總是比他的真實分數要快。

儘管受到輕微測量誤差的影響，以上分數還是聚斂地相當好，與在 0.18 秒後得到的如下這些反應時相比，它看起來更為可靠

0.11 秒　　　0.25 秒　　　0.19 秒　　　0.09 秒　　　0.31 秒

上面這些分數從小於 1/10 秒變化到近 1/3 秒，難以確定這個人的真實速度。

當分數可靠時，研究者可以對分數的幅度賦以某種意義。信度還使研究者能在分數集合間作出更有意義的比較。例如，將第一組分數與下面這組分數對比，就顯示出基本反應時的明顯差別。

0.23 秒　　　0.26 秒　　　0.21 秒　　　0.22 秒　　　0.24 秒

也許可以很公正(fair)地說，第二個人比前面那個人稍微慢一些。

是有計算信度的方法，但在實驗研究中很少做。因為得助於研究的複製過程，我們對測量數的信度隨著時間而增強了信心。習慣化和反應時程序應用頻繁，並且產生的結果一致到足以讓研究者對信度充滿自信。

信度更正式的測量是在評定心理測驗的研究。這些測驗工具是要測量諸如人格因素、能力(譬如 IQ)和態度等建構。它們常常是要對某些問題或某種陳述作回答的紙筆測驗。在前面提到的暴食症研究中，受試者要完成幾份這樣的測驗，包括一份被稱為「社會支持知覺量表」(Perceived Support Scale)的測驗，要建立這種測驗的信度需要使用相關法。例如，在兩個場合下實施測驗便可以確定兩套結果的近似性。除非一個人生活中發生某些戲劇性的變化，否則「社會支持知覺量表」所測量的兩次結果應是近似的，近似的程度用相關來表示(高近似＝高相關)。這一分析的具體過程，特別是它與心理測量整個領域的關係，將在第 8 章相關分析中作更詳細地解釋。

效 度

一種行為測量，當它測量到所要測的東西時，便被認為是**有效的**(valid)。社會支持知覺的測量，必須真正測量到一個人認為自己獲得社會支持的多少而不是其他建構。一種智力測驗，應該真正測量智力，而非其他東西。

有時候一個測量數被認定具備一定的效度，僅僅是因為它看上去合理。要測量智力，測驗中包括一些需要思考的問題，總比測驗讓人在兩條白線間穩穩騎自行車更合理。就是說，作為智力測量，問題解決和推理比騎自行車的測驗有更好的**表面效度**(face validity)，自行車測驗作為平衡測量具有表面效度。當然，僅僅有表面效度是不夠的，一份測驗可能看上去有意義但仍然不是一個有效的測驗，我們在流行雜誌上看到的調查大概都屬此類。

效度的一個更為重要的檢驗被稱為**預測效度**(predictive validity)，它關心的是測量值能否準確地預測一些未來事件。譬如一份測驗用來測量

IQ，它就應該能夠預測一名兒童在學校成績如何。同樣，如果一份測驗要有效地用於遴選員工，那麼得高分者應該工作出色。與信度評估一樣，預測效度研究在本質上也是相關研究，並且主要出現在心理測驗領域；在第8章你會再一次看到這個概念。

另一類效度，**建構效度**(construct validity)，特別與實驗研究有關。它同時涉及到兩個問題：某一種工具所測量的建構是否爲有效的建構，以及這種工具是否爲測量這一建構的最佳方式。它密切關係到理論的實質、從理論得到研究假設的推理、得到研究結果後理論的評估。嚴格說來，建構效度永遠不能憑單一的研究建立或破壞，也因爲理論無法證明的同樣原因從來沒有獲得證實。當研究得出支持性的結果時，我們對建構效度的信心逐漸累積。

我們已經看到，心理學中充滿了無法直接觀察的建構——飢餓、焦慮、智力、憂鬱、社會支持知覺、識別廣度等等。因爲這些建構都是假設性的，所以它們的存在只能從他們的測量中推論得出，以一種特定方式測量了建構並產生了可預測結果的研究，既說明了建構本身的合理性，也支持了建構測量工具的效度。

☐ 個案研究 3——建構效度

爲了解建構效度怎樣建立，我們來看由人格心理學家米歇爾(Walter Mischel)做的一系列研究。米歇爾對兒童的急躁(impatience)問題感興趣，就是說，兒童常常是要立即得到一個東西，而難於等待。米歇爾設計一個他稱爲「延遲滿足」(delay of gratification)的建構，並試著發展出一種恰當的測量方法。他的研究課題既顯示出延遲滿足作爲一種建構是有效的，適合人格中的基本的認識——社會學習理論，還顯示出他的測量方法是一種好方法。

米歇爾設計一種簡單的測量辦法就是，讓兒童在一個可以立即得到的小獎品和一個只能在延緩一段時間後才能得到的大獎品之間作出選擇。米歇爾推論，如果不能延遲滿足是年齡小的兒童的特徵，那麼年齡大一點的

兒童應比年齡小的兒童更願意等待大獎品。由此引出的研究是顯著的(引自 Mischel, 1981)，兒童在完成一項簡單的作業後被告知：

> 我想給你們每個人一顆糖，但是我今天帶的糖不夠(指著那些大的，更討人喜歡的糖)。所以你們可以馬上把這個拿走(指著那些小的，不太討人喜歡的糖)，或者如果你們願意，可以等到下星期三[一星期之後]再拿這種糖(指著大的)。(Mischel, 1981, pp. 164 – 165)。

結果證實了米歇爾的預測：81% 的七歲兒童、48% 的八歲兒童、20% 的九歲兒童都選擇了可以立即得到的獎品。

當然，一次研究不足以證實延遲滿足是一種有效的建構，也不能說明該測量是一種有效的工具。所以米歇爾繼續設計一系列研究，探索怎樣將這個建構與已經證實的其他建構建立關係。譬如，他發現願意延遲滿足的兒童，情感上更為成熟，更有成就傾向，不太會違法亂紀，社會責任感更強(Mischel, 1981)。因此，不斷累積的研究支持了預期的結果，延遲滿足可以被接受為一個有效的建構。

目前建構效度的討論集中於那些建立或評估某些建構的測量研究，但是建構效度也可以從更廣泛意義上被理解成評定實驗有效性的方法。這種建構效度的方法將在下一章說明一個心理學實驗的定義特徵後作更詳細地闡述。

信度和效度

一個測量在心理學研究中有價值就必須具備一定程度的信度和效度。信度重要是因為它使我們有信心認為測量值接近了「真實」值。效度重要是因為它告訴你測量值是否真測量到你希望測的東西。注意，效度保證了信度，但是反過來則不成立。測量可以有高信度，但不一定有高效度；但是，有高效度的測量一定有高信度。

用一個簡單的例子就可以說明這一點。上一章你了解到關於十九世紀顱相學的一些知識，就是一種流行的宣稱可以透過檢查腦顱骨輪廓來測量一個人「官能」(faculties)的理論。根據上面關於信度的討論，你應該認識到腦顱骨的顱相學測量其實有很高的可信度——從你左耳上方兩英寸一個點到你右耳上方兩英寸另一點之間的距離，在兩次不同場合下測量不會變化太大。但是，說這種測量是「破壞性」(destructiveness)官能的一個指標則完全是另一碼事。我們知道腦顱骨輪廓測量不是一種有效的破壞性測量(measure of destructiveness)，因為它今天對我們來說沒有多大意義(表面效度)，不能預測攻擊性行為(預測效度)，並且和其他與攻擊性相關的建構(例如衝動)以及腦功能研究不相一致(建構效度)。

特別是當利用測量來決策一個人命運的時候，信度和效度的問題便具有上述的內涵。學生們是否能進入大學或研究所就讀，申請工作者是否被錄用，以及是否接受精神診斷和治療，所有這些都要依據行為或能力測量。如果你正在申請一份工作，而你在某個測驗中的成績將成為決定性因素，當你知道測驗不可靠或者無效時，你的惱羞成怒就是合情合理的。

測量量尺

一種行為被測量，意味著以某種方式對其進行數字的分配。我們說某個人的反應時是 3.5 秒鐘，IQ 分數 120 分，迷津測驗第 3 名，還會說把 X 個人按他們做了什麼或者具有什麼樣的特徵分到不同類別中。這些例子說明了給事件分配數字的四種不同方式，即四種**測量量尺**(measurement scales)。對這些量尺清楚地理解是任何統計學討論的一個重要前提，因為不同類型的統計分析要視不同測量量尺的使用情況而定。

名義量尺

有時候我們分配數字給事件僅僅是用來對它們分組。這時候，我們使用一種被稱為名義量尺(nominal scale)的量度。被分配的數字只不過是一

種類別標記(譬如 1 = 男 , 2 = 女)。使用這種量尺的研究通常是把人分為幾類,然後數一數每類中的人數。當遇到下面這樣的經驗性問題時,我們使用名義量尺:

√ 男性和女性慢跑者比較起來,誰有可能在白天練習,誰更可能在晚上練習?

√ 如果你把精神異常的人分為內向者和外向者,是不是內向的人比外向的人更可能罹患焦慮?

√ 如果你把人分為預期會受到強電擊和未預期受強電擊的人,這種分類是否會影響他們的親和(affiliative)傾向?

最後這個例子是在沙赫特做的一個著名社會心理學實驗中問的問題(Stanley Schachter, 1959)。他告訴一半的女性受試者,要做的實驗是測量她們對強電擊的生理反應;其餘的受試者則被告知電擊非常微弱,感覺就像搔癢一樣。在說明了要發生的電擊情況後,沙赫特告訴兩組女性,儀器正在準備,讓她們等待 10 分鐘,並且問她們是願意一個人等待還是和其他人一起等待(並無第三種選擇)。她們怎樣回答這個問題是沙赫特真正關心的,當受試者表達出她們的意願後實驗便結束了。

沙赫特正在研究焦慮對一種被稱為「親和」(affiliation)(想和他人一起的願望)的建構有什麼影響。結果怎樣?那些預期會受到強電擊的人願意和其他人一起等待,而那些預期微弱電擊的人通常表現無所謂。這項研究是一個使用名義量尺的例子,沙赫特根據(a)受試者預期到什麼樣的電擊和(b)受試者對問題怎樣作出反應,將數據組織到六個類別中,他數出每一組中的人數(有時候稱為「頻率數」),見表 4.2,數據同時還被轉化成為百分數。

表 4.2　使用名義量尺：沙赫特的親和研究

	表達出這種意願的人數		
	獨自等待	和別人一起等待	無所謂
預期受到強電擊的人	3	20	9
	(9%)	(63%)	(23%)
預期受到弱電擊的人	2	10	18
	(7%)	(33%)	(60%)

資料來源：Schachter(1959).

次序量尺

次序量尺(ordinal scales)本質上是排序的集合。譬如說，本科成績單上通常會列著一個學生在班級大致的名次：一、二、三……五十等等。從這些排名，你可以推測一名學生與其他學生相比之下成績高低。但是你僅僅知道的是相對位置。下面的兩個例子中，艾德、弗雷德和泰德都分別被排在第 1、2 和 3 位，雖然只在第二個例子中艾德才明顯超過弗雷德和泰德。

例 1

艾　德 的 GPA = 4.0

弗雷德 的 GPA = 3.9

泰　德 的 GPA = 3.8

例 2

艾　德 的 GPA = 4.0

弗雷德 的 GPA = 3.6

泰　德 的 GPA = 3.5

使用次序量尺會提出這樣的問題：

√　一個孩子將五個玩具排名次，然後把排在第三位的玩具給他玩。玩了一個星期後，這個孩子對該玩具的評價名次是否上升？

∨ 　學生們對自然科學和人文科學中教科書的作者排名，若知道
　　了作者的性別，那麼男生和女生對作者的排列序次是否有所
　　不同？

∨ 　青年人和老年人對十部電影的排序中，電影的序次怎樣依性
　　和暴力的程度而不同？

　　近來一個使用次序量尺的例子是科恩等人做的一項研究(Korn, Davis
& Davis, 1991)。他們讓心理學史家和心理系主任按從 1 到 10 的順序列
出他們認為最重要的十位心理學家。需要兩張排行榜：第一張是「歷史」
上的前十位心理學家，第二張表是當代的前十位心理學家。總結研究結果
產生一張心理學中的名人榜，誰是榜上的第一人？史基納(B. F. Skinner)
被史學家和系主任們公認為是最著名的當代心理學家。系主任們同時把史
基納排在歷史上的第 1 名，而史學家傾向於從心理學的早期階段選擇他們
的名單，於是將史基納降到第 8 位而把馮特(Wundt)排在榜首。

等距量尺

　　心理學中大部分研究皆使用等距量尺或比率量尺。**等距量尺**(interval
scale)將次序排列的觀念延伸，使被排序的事件中具有相等的間距。使用
心理測驗測量人格、態度和能力的研究即是使用等距量尺的最常見例子。
譬如，智力測驗中的分數通常被認為是以該種方式安排。我們認為一個
IQ 分數 120 的人比 IQ 分數 110 的人「更聰明」(這是為了說明 IQ 是以某
種方式測量智商而得到承認的)。此外即一個等距量尺的定義特徵，IQ 分
數 120 分的人和 110 分的人之間的差別與 IQ 分數 110 分的人和 100 分的
人的差別被假定為一樣。換句話說，IQ 分數上每一個增加的單位都被認
為是代表了智商上的同樣增量——即間距相等。不過要注意「假定」
(assumed)這個詞；有些心理學家傾向認為 IQ 分數(以及大多數人格測驗)
是次序量尺的一個例子，認為即使不是不可能也很難斷定其等間距的假
設。大多數人接受把 IQ 劃入等距量尺考慮部分是出於實際的原因：心理

學家喜歡使用等距量尺和比率量尺通常是因爲這些量尺中的數據允許更高級的統計分析。

　　前面簡要介紹的暴食症研究就使用了一些等距量尺的測量(例如,社會支持知覺)來說明等距量尺。另外,專欄 4.2 述說了一套經典研究,其中用等距量尺來說明我們的體型會影響著我們會成爲怎樣的人。

專欄 **4.2**

經典研究——測量體型:當 7-1-1 遇到 1-1-7

　　你已經知道,顱相學家們推測生理特徵(顱骨輪廓)和個人特徵之間存在關係。顱相學在今天看來幾乎稀奇古怪,但是生理特徵和人格之間相關的想法卻保留了下來。薛爾頓(Willian Sheldon, 1940, 1942)做了一次更爲系統性的嘗試來探索它們之間的關係。

　　薛爾頓的工作令人矚目之處在於他嘗試用精確的測量量表定義體格(physique),在仔細查看了約 4,000 張裸體的男性大學生照片後,他和他的研究小組發展出一套系統,用三個七點等距量尺來爲體格分類。三個量尺反映的是男性在三種身體原型上表現的程度,這三種量表是:內胚型(肥胖)(endomorphy),中胚型(健壯)(mesomorphy),外胚型(瘦長)(ectomorphy)。每個人都有這三種體格的特徵,但通常是其中一種較爲突出。因此,一個極胖的人可以被稱作 7-1-1,一個非常瘦的人可以稱爲1-1-7,而阿諾史瓦辛格(Arnold Schwarzenegger)就是 1-7-1。一個 4-4-4 的人可能是一個完全平衡的人。這套數字應用在一個人身上時便稱爲他的「體型」(somatotype)。

　　在測量了體型後,薛爾頓開始著手測量人格。他相信人格也可以劃分爲三類,同樣用總結了多種人格測驗結果的七點等距量表予以測量,他稱這些類型爲內臟型(viscerotonia)、筋骨型(somatotonia)和頭腦型

(cerebrotonia)。一般說來，內臟型的人好交際，喜歡找樂，行動遲緩，甚至性情溫和，並且對食物非常有興趣。筋骨型的人有攻擊性，自我中心喜冒險。頭腦型的人怕羞，喜歡獨處，並且願意從事智力活動。薛爾頓的最後一步就是調查體型與人格類型之間是否相關。你可能不會感到奇怪，下面的這些匹配最常出現。

內胚型——內臟型

中胚型——筋骨型

外胚型——頭腦型

薛爾頓相信一個人的體型導致他發展出一定的人格，但是批評家指出這種關係沒有那麼密切，而可以用多種方式解釋。內胚型的人導致某人喜歡食物，難道不能說是對食物的強烈偏好導致了內胚型嗎？

圍繞著薛爾頓理論的問題是複雜的，但就我們的目的而言，這個研究是嘗試量化人格特徵，並將其與可測量的體型量表（在這個例子中是等距量表）聯繫的一個經典例子。順便說一句，你可能注意到在介紹薛爾頓工作時沒有使用性別中性的語言，只用「他」這樣的人稱代名詞。這是因為薛爾頓只研究了男性，為什麼？因為他的程序中研究了 4,000 張裸體男性的照片。雖然，他想到了用女性來複製這個研究，但是因為「傳統上對裸體女性（大學生）照片的禁止」(Bavelas, 1978)而躊躇不行。你馬上就會閱讀到「方便」抽樣；有些樣本比其他樣本更為方便。

比率量尺

順序和等距的概念可以從次序與等距量尺中引伸到**比率量尺**(ratio scale)，另外，比率量尺有一個絕對零點(true zero point)。也就是說，對於比率量尺分數，分數零意味著被測量屬性的完全喪失。在要求受試者執行某個作業時，受試者犯錯誤的次數測量或者記憶的單詞數目測量都屬於比率量尺的研究。另外，物理學測量諸如高度、重量和時間也都使用比率量尺測量。在本章開始的習慣化研究和反應時研究都說明了比率量尺的使

用。

　　本書的一位審閱者提出一種創造性的辦法，透過一個簡單的例子來區分這些量尺。讓我們來設想一下肯德基賽馬(Kentucky Derby)的情況，分給賽馬者的號碼是一個名義量尺，賽馬完成比賽的名次是次序量尺，比賽開始(譬如下午 4：00)到比賽結束(譬如下午 4：02)的時刻是一個等距量尺，獲勝馬匹跑完賽程的全部用時就是一個比率量尺。

測量誰──抽樣

　　在做心理學研究時，除了決定使用什麼量尺外，研究者還必須決定需要哪些人作為受試者參加以測量他們的行為。有兩種基本的方法可以採用：機率抽樣和非機率抽樣。

機率抽樣

　　當我們想具體地了解一組明確的個體時，就可以使用機率抽樣這種辦法。作為一個群體，這些個體被稱為**母群體**(population)；它們的任一子群體被稱為**樣本**(sample)。有時候研究一個母群體的所有成員是可行的，譬如你想知道所有修你實驗心理學的人對動物實驗問題的態度，那麼你可以對班上的所有人進行調查。在這個例子中，母群體的大小就是這個班的大小。但是你可能猜到，研究者想研究的母群體通常過於龐大，以至於無法對其中的每個成員進行測量，因此必須選擇該母群體的一個分支，即樣本。

　　即使無法在研究中測量整個母群體，研究者還是希望針對範圍更廣的群體得出結論，而不僅僅是樣本。因此，樣本全面地反映母群體是非常重要。如果它能全面地反映母群體，便說樣本具有**代表性**(representative)；反之樣本則在某種形式上存在**偏差**(biased)。你希望調查學生對大學生活的看法，如果從一個只含住校學生的名單中選擇受試者，就是一個嚴重的錯誤。因為住在校外和通勤的學生可能與住校生的態度完全不同，你的調

查結果可能存在偏向後者的誤差(你將在第 11 章中了解到更多調查研究過程的細節)。

　　也許歷史上最著名的樣本偏差發生在 1936 年總統選舉時進行的民意測驗。由於在前幾次選舉皆能做出合乎情理的成功預測,《文學摘要》(Literary Digest)試圖預測這一次的選舉結果,他們將一千萬張模擬選票寄給該刊物的訂戶並從各地電話簿中以及汽車登記資料中選出一個樣本(Sprinthall, 1982)。大約只有 25% 的選票被送回該雜誌社;其中 57% 的人支持共和黨候選人蘭頓(Alf Landon),40% 的人選擇了現任總統羅斯福(Franklin Roosevelt)。而在實際選舉中,羅斯福以得票率超過 60% 獲得壓倒性勝利。你能猜出為什麼樣本存在偏差嗎?

　　《文學摘要》的編輯們知道雜誌的訂戶中多來自於上流社會和中產階級,但他們認為從電話簿和汽車登記資料中加一些人便可以增加樣本,使其更具代表性。事實上,他們這樣做僅僅是加入了更多的共和黨支持者,因為在大蕭條時期(Great Depression),真能買得起電話和汽車的人只是中上層階級的人,而這些人不太可能是民主黨人。所以在調查中該雜誌社實際上是在問共和黨人他們打算投誰的票。

　　你可能注意到了《文學摘要》調查中的另一缺陷。由於大量的選票被送回,該雜誌社對蘭頓將獲勝的預測非常自信,因為資料反映了相當一部分人的意見——幾乎有 250 萬人。不過請注意,這個數目代表的是僅佔寄出選票四分之一的人口,而且送回的選票也來自那些願意寄回的人。所以對調查作了回覆的不僅是共和黨人,而是那些希望自己觀點被人所知的共和黨人(從這點看蘭頓 57% 的支持率實際上是一個相當小的數目,你不認為如此嗎?)

　　自我選擇(self-selection)是通俗雜誌調查中的一個常見問題,像蘭德斯(Ann Landers)這樣的人會詢問讀者來了解一些問題。先是登出一份調查問卷,大約一個月之後,問卷回答的結果經常是有根據的印象呈現出來。報告調查結果的人試圖用答覆的總人數打動你,而不是樣本的代表性。這種手法的最近一個例子是關於女性特徵的一份報告(Hite, 1987)。

報告稱，超過 90% 的已婚婦女覺得自己在婚姻關係中情緒受到虐待。調查遭到批評，因為它只是送給了一些選定的婦女組織，而且 10 萬人中只有 4.5% 的人回覆了調查，這時作者僅僅是指出 4,500 人對她來說足夠了（就像 250 萬人對《文學摘要》來說足夠了一樣）。

　　一個科學的思想者必須對任何基於上述抽樣過程得到的斷言持懷疑態度，如果你要對某一母群體做出帶有一定準確性的結論，就必須使用能夠準確反映那個母群體的樣本，並且必須直接選擇樣本，而不僅僅是倚賴那些決定答覆調查的人。

□隨機抽樣

　　最基本的機率抽樣類型是**簡單隨機抽樣**(simple random sample)。本質上，這種方法意味著母群體中的每一成員都有同樣的機會被選中作為樣本的成員。譬如要從學校中選出一個 100 人的學生隨機樣本，你可以將所有學生的名字放在一個大帽子裡，然後從中揀出 100 個。但實際工作中的程序比這略微複雜，通常包括一個如附錄 C 那樣的隨機亂數表(random number table)。為了掌握這一程序的本質，照著表 4.3 的程序做一遍，它告訴你怎樣使用隨機亂數表從一個 20 人的母群體中選出一個 5 人的樣本。

表 4.3　使用隨機亂數表選擇隨機樣本

作業：	從一個 20 人的母群體中選出一個 5 人的隨機樣本。
第一步	將母群體中的所有成員從 01 到 20 編號。
第二步	查隨機亂數表，下面是表的截選部分

```
2 2 1 7 6 8 6 5 8 4 6 8 9 5
1 9 3 6 1 7 5 9 4 6 1 3 7 9
1 6 7 7 2 3 0 2 7 7 0 9 6 1
7 8 0 3 7 6 7 1 6 1 2 0 4 4
0 3 2 8 1 2 2 6 0 8 7 3 3 7
```

第三步　選擇一點開始搜尋，它可以是表中的任何一處；但要確定任兩次搜尋不能從同一位置開始。假定你從第三列中第一個數字開始，即數字1，那麼你需要成對地考慮數字，因爲母群體由編號 01 到 20 的人組成，所以你必須使用 1 和相鄰的 7 作爲起點。

第四步　於是你從 17 開始尋找一個 5 人樣本，編號在 01－20 之間。你樣本中的第一個人就是第 17 號。

第五步　沿著雙列繼續尋找，直到你找到 5 個 01 到 20 之間的數字爲止。下面還是這張表，5 個被選出的數字下面畫了畫線，表中需要搜尋的區域用粗體展示，箭頭指出了搜尋的方向。

2	2	**1**	**7**	6	8	6	5	8	4	6	8	9	5
1	9	3	6	1	7	5	9	4	6	1	3	7	9
1	6	7	7	2	3	0	2	7	7	0	9	6	1
7	8	0	3	7	6	7	1	6	1	2	0	4	4
0	3	2	8	1	2	2	6	0	8	7	3	3	7

因此該樣本由母群體成員中的第 17 號、3 號、12 號、2 號和 8 號組成。注意大於 20 的數字 (例如 36) 被跳過，如果一個數字重複出現 (17)，它不會被再次選入。

　　簡單隨機抽樣通常是產生代表性樣本的一種有效實用的方式。有時候這種方法也因爲倫理上的原因而被選用，當只有一小群人能受照顧或者蒙受損失，在沒有其他合理決策依據的情況下，隨機抽樣是最公正的方法。一個著名的例子發生在 1969 年越戰時期，當時實行一種抽籤徵兵制度。爲了彰顯公平性，一年 365 天中的每一天都要有同樣的機會被抽出爲第一、第二、第三……。遺憾的是，實際的過程存在一些偏差 (Kolata, 1986)。在這一年每一天都用一個籤對應，將這些籤按月逐次放入一個大箱子，先放一月份的籤，接著是二月份的，依次類推。然後轉動箱子，攪

亂所有的籤，但是抽取日期的時候似乎並不完全成功，那些後放入箱子的籤更容易被先抽出，對生日在 12 月份的人來說這可不是一個好時間。

簡單隨機抽樣有兩個問題。第一，母群體可能有一些規律性的特徵，你希望在樣本中反映出來；第二，如果母群體過於龐大，這一程序就不切實際了。為了抽取美國人的一個簡單隨機樣本，你怎麼能得到一個包括全部美國人的名單呢？第一個問題可以透過使用分層抽樣解決；而集群抽樣解決了第二個難題。

□分層抽樣

假定你想在校園中調查學生們對墮胎的態度，在 5,000 名學生中的 4,000 名女生，你決定抽 100 名學生，如果採用簡單隨機樣本，那麼樣本中幾乎肯定是女性多於男性，但是樣本的比率可能不會與母群體中的性別比率一致。你的目標是使樣本能夠真正代表母群體，並且在像墮胎這樣的問題上，男女生意見可能有重大的分歧。因此，如果你的樣本中男性過多，它就不能真正表現出學生們的態度。在這種情況下，一種好辦法就是事先決定，如果母群體中的 80% 是女性，那麼樣本中的女性也應正好佔 80%。就是說，母群體有兩個層次，樣本也應有兩個層次。

分層樣本（stratified sample）準確地反映了母群體中重要子群體的比率。在上面的例子中，要從女生的全部名單中隨機抽出 80 人，再從男生的名單中隨機抽出 20 人。

注意這裡需要一些判斷：研究者必須確定使用多少層次。在墮胎調查的例子中，對男生和女生按他們在母群體中的比率抽樣。那麼四個大學部學生班的每一個班也應按比率呈現嗎？新教徒和天主教徒怎麼辦？左撇子和右利手者又怎麼辦？顯然，研究者必須在某處劃分界限。有些特徵(宗教)比其他特徵(左右利手)在決定樣本分層時更重要。根據過去研究中發生的事實或者研究的具體目標，研究者自己要作出正確的判斷。

□集群抽樣

分層抽樣是一種有效的程序，但是當我們試圖從一個龐大的母群體中

抽樣時，仍無法解決遇到的問題：通常我們不可能獲取母群體中所有人的名單。**集群抽樣**(cluster sampling)解決了這個問題，它是一種全國性民意測驗組織經常採用的程序，使用這種方法時，研究者隨機選擇一個有共同特徵的人群集合。大學中的校園調查可以用這種方式進行，如果研究者想要截取一個學生樣本並且分層抽樣行不通話，那麼一種替代方式就是找到所需班級的名單，每個班即為一個集群，且其中包括了各個主修的學生。如果有 40 個基本班，研究者可以隨機選出其中的 10 個，然後對選出的每一個班中所有學生實施調查。

如果選出的集群太大，研究者可以從大的集群中取出一個小的集群作為樣本。假若你想了解學生們對校園中的高層宿舍(可以操作性地將其定義為任何超過八層的宿舍)有什麼看法。又假定學校裡有 15 座這樣的建築，容納了 6,000 名學生，那麼使用集群抽樣，你可以先選出其中的 6 座(每座建築＝一個集群)，接著從每一建築中隨機地選出其中的三層，然後調查住在這幾層的所有學生(比方說每層大約 40 人)。這樣你就得到一個 720 人($40 \times 3 \times 6$)的樣本。注意這裡你還可以結合一些分層抽樣的因素。如果有 10 座宿舍住了女生，其他住了男生，那麼你可以在選出的集群中反映這一比率：4 座女生樓，2 座男生樓。

非機率抽樣

根據前面的內容，你也許認為不能使用機率抽樣就會導致一個劣質的研究。如果說計畫的目標是要透過了解某個定義好的母群體的一部分，來準確說明該母群體的具體特徵，這當然是事實。但是，心理學中的大部分研究並非如此，而其目的通常是研究變項之間的關係：使用意象提高記憶，觀察暴力行為導致攻擊性，旁觀者增加時助人行為減少等等。當然，我們希望這些研究的結果能夠擴展到參加者之外的人，但是研究者認為如果所研究的關係是顯著的，它就會適用於母群體的絕大多數受試者，無論怎樣挑選他們。這種認定是否正確必然要倚賴於第 3 章中討論過的複製和延伸過程。所以在一個成人短期記憶容量的研究中，並不一定要選擇隨機

樣本：其實任何說話流暢的成人受試組都可以。

□方便抽樣

這是最常見的(對，也是最方便的)非機率抽樣類型。**方便樣本**(convenience sample)中，研究者僅僅是從一個滿足了研究基本要求的人群中徵集自願者。最常見的，他們是修普通心理學的大學一、二年級學生，被要求參加一或兩個研究；你可能已經有過親身經歷了。

有時候雖然使用了方便抽樣的方法，但是研究中要僱用特殊的某類人(這常被稱為「有目的」的抽樣)。譬如，當繆爾格萊姆第一次為他的服從(obedience)研究招募受試者時，他是在當地的報紙上刊登廣告尋找自願者的。他故意(即，有目的地)避免使用大學生，因為他擔心大學生是「太同質的一個組群……他需要來自廣泛階層背景的各種人物」(Milgram, 1974, p. 14)。他本可以嘗試更為複雜的分層或集群抽樣，但即使這樣也不能保證他選出的人願意進實驗室。除了所有研究需要一個能夠準確代表母群體的樣本外，繆爾格萊姆的程序還顯示出，非機率抽樣常常是出於現實的原因而被使用。

統計分析

有一本著名的談人怎樣自助的書《人跡罕至的路》(The Road Less Traveled) (Peck, 1978)，書中第一篇的第一句話就是「人生艱難」(Life is difficult, p. 15)，許多學統計學的學生似乎都有這種看法。我不想讓你相信做統計可以與二月份躺在佛羅里達的沙灘上相比，但我希望你能夠認識到心理學研究中的一部分喜悅是來自於對辛辛苦苦蒐集來的數據完成分析，並且發現是否有一些事情真的在研究中發生。我曾經見到成熟、盡責的成年人備受煎熬地等待統計分析的結果列印出來，然後在看到列印出的魔力般的數字後是痛苦不堪或者狂喜不止。倘若你養成做心理學研究的熱情，你情感的一部分便要投注在統計分析的奧妙之中。

我這裡的目的是向你介紹統計思想及你在做心理學研究中會遇到的統計分析種類。理想的情況是你已經學過一門統計學課，如果還沒有你應該儘快修習，特別是如果你渴望讀心理學研究所的話。我會網羅一些基本的內容但是這不能替代全面的課程。

你會在附錄 B 中看到如何決定恰當的統計分析，以及怎樣實際進行一些最常見統計分析的討論。在本書後面的部分中，你還會看到一些統計學主題不斷出現，理由很簡單，因為心理學研究的設計與心理學研究的分析不能分割開來。在這一章，你會學習到描述統計與推論統計的區別，以及假設考驗的邏輯。

描述和推論統計

統計學類型中最基本的區分就是「描述」與「推論」之分。這種區分與你前面學到的樣本和母群體之區分相似。簡言之，**描述統計**(descriptive statistics)總結了從參加研究的受試者樣本中蒐集的數據，而**推論統計**(inferential statistics)使你從你的數據中，得出可以應用在範圍更廣的母群體上的結論。

☐ 描述統計

本質上，描述統計(descriptive statistics)使你能夠將乍看之下無法理解的一大堆數字，轉化成一個小而容易理解的數字集合。描述統計包括了集中量數(measures of central tendency)、變異量數(measures of variability)和相關量數(measures of association)，可以透過數字和視覺呈現(譬如圖形)。這一章中，我們要考慮比較常見的集中量數和變異量數程序，而相關量數(相關係數)將在第 8 章中介紹。

我們用一個假設的記憶研究抽樣數據，來說明集中量數和變異量數，研究中有 20 個受試者學習並回憶一個包括 25 個單字的詞表。下面這套數據中的每一個數字代表每個人回憶的單字數目。

序號	回憶	序號	回憶	序號	回憶	序號	回憶	序號	回憶
1	**16**	6	**18**	**11**	**19**	**16**	**19**		
2	**17**	7	**19**	12	**15**	17	**21**		
3	**14**	8	**16**	13	**15**	18	**17**		
4	**17**	9	**20**	14	**17**	19	**15**		
5	**18**	**10**	**17**	**15**	**18**	20	**18**		

你很容易明白，傳遞這一研究的結果，不僅需要把這一大堆數字呈現給別人，還要嘗試發現一個典型的分數，或者我們所說的「集中量數」(measure of central terdency)。最常見的集中量數是**平均數**(mean)，得到它只需要將全部分數相加，然後除以分數的個數。因此，

$$\bar{X} = \sum X \diagup N,$$

其中

$$X \overline{} 平均數$$
$$\sum X = 分數的總和$$
$$N = 樣本中的分數個數$$

對於記憶數據來說，

$$\bar{X} = \sum X \diagup N = (16 + 17 + 14 + \cdots 18) \diagup 20 = 346 \diagup 20 = 17.30$$

集中趨勢的其他兩個量數是中數和眾數。**中數**(median)是分數集合中正中間的分數，它比一半分數高，比另一半分數低。當一組分數中包括一兩個非常極端的分數時常常使用中數，此時使用平均數得到的是一個曲解的分數。例如，假設你們學校心理系中五位老師的 IQ 分數分別是 93, 81, 81, 95 和 200(可能是教研究方法課的那位)，IQ 平均數 110 給人一種錯誤的印象，就是心理系教師整體的 IQ 水準高於一般人。在這個例子

中，中數得出 IQ 分數的一個更好估計值，把全部分數按從小到大排列，然後找到位於中間的數值，即：

$$81 \quad 81 \quad \mathbf{93} \quad 95 \quad 200$$

$$\uparrow$$

中數

眾數(mode)是在一組分數中出現次數最多的數值。上面的例子中，81 是眾數。在前面的記憶研究數據中，中數和眾數都是 17(你應能證實這一點)。

　　編組一組分數的另一方式是使用**次數分配圖**(frequency distribution)來建立數據的圖形顯示。它是將每一分數出現的次數用點標在圖上，然後連結各點。記憶研究例子中，分數的分配標示在圖 4.4 中。這裡有幾點要注意。

　　首先，建立這張圖要數出每一分數出現的次數(即頻率)。就是，

分數	次數	星號個數
14	1	★
15	3	★★★
16	2	★★
17	5	★★★★★
18	4	★★★★
19	3	★★★
20	1	★
21	1	★

一旦頻率表建立，在圖上連線便很容易。你可能注意到將星號的型態旋轉 90 度，其結果就相當於圖 4.4。

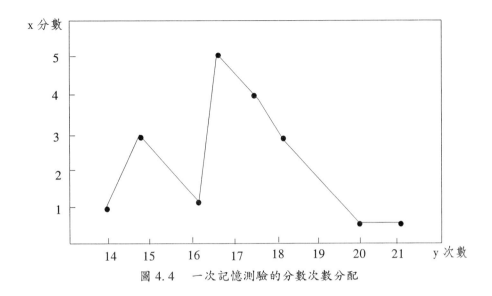

圖 4.4　一次記憶測驗的分數次數分配

　　關於次數分配第二點要注意的是，它中間凸出而兩端比較平緩。這種模式接近於你創建全部母群體分數的次數分配時可能會看到的情形，而不單是上面描述的這 20 人的樣本。這樣一種母群體分配即是常見的鐘型曲線，稱爲**常態曲線**(normal curve)或常態分配。你可能以前見過它；它就像下面這樣：

常態曲線正是一個像圖 4.4 那樣的次數分配，不過與樣本分數的眞實分配不同，它是一種假設性的分配，即如果母群體中的每個人都被測試一遍全部分數應呈的形態。平均數、中數和衆數，在常態分配的正中央重疊。

　　在圖 4.5 的常態曲線中，平均數兩邊的兩個標準差被標示出來。從曲線的數學屬性可以知道，一個母群體中大約 2／3(68% 或 34% ＋34%)的分數落在平均數兩邊的一個標準差之內。另外，全部分數的 95% 落在平均數兩邊兩個標準差之內。顯然，超過兩個標準差的分數是罕見的；它們只在 5% 的次數中出現。你甚至可以說這些事件是顯著的，就像「統計上顯著」的那樣。這個概念要銘記在心，我們很快會再次提到。

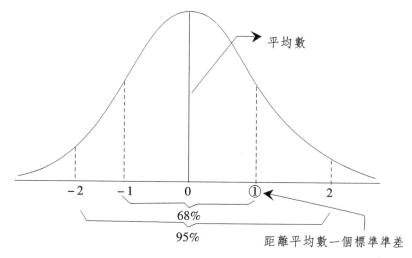

圖 4.5 常態曲線

　　標準差(standard deviation)用於測量一組樣本分數的分配中，分數偏離平均數的平均量。計算標準差大小的兩種方法展示在表 4.4 中。第一種方法直接沿循定義；第二種方法是一種計算上的方法，更容易用計算機完成。記憶研究例子中的分數標準差等於 1.81 個單字。

　　正如集中趨勢的量數不僅一種，其他各種變異量數同樣存在；最簡單的是**全距**(range)，它是樣本分數中最大值和最小值的差。就記憶研究而言，它的全距是 7(21 - 14)。最後一種量數是**變異數**(variance)，它是在計算標準差過程中開平方根之前的那個數值(記憶分數的**變異數**是 3.27)。

表 4.4　計算標準差

　　如果你使用 SPSS 或者 SAS 這樣的統計軟體，那麼標準差會作爲你完成的分析中的一部分列印出來。同樣，大多數計算機包括一些基本的統計功能，標準差是其中之一。因此，你可能用不著實際去計算。但是，或許你有一個便宜的計算機，或許你有一個關懷體貼的老師(或者二者兼有)，他和我一樣相信動手計算能夠幫助你更好地掌握這些概念的意義。

　　計算標準差有兩種方法。第一種使用離差公式(deviation formula)。這個公式的計算過程使你能夠對標準差的本質有一個最深刻的認識，因爲標

準差的定義就是每一分數偏離平均數的平均估計量。下面說明怎樣對 20 個記憶分數計算標準差。

第 1 步　計算平均數如下：

$$\overline{X} = \sum X / n = 17.3$$

第 2 步　計算每一分數的離差，平方後相加。離差分數(小 x)是用每一分數(大 X)減去平均數得到的，即 x = X – $\overline{X}$，它平方後負號消失。

X	$\overline{X}$	x	x^2
16	17.3	– 1.3	1.69
17	17.3	– 0.3	0.09
14	17.3	– 3.3	10.89
.	.	.	.
18	17.3	0.7	0.49

$$\sum x^2 = 62.20$$

第 3 步　計算標準差，S

$$S = \sqrt{\sum x^2 / (n-1)}$$
$$= \sqrt{62.2 / (20-1)}$$
$$= \sqrt{3.27}$$
$$= \underline{1.81}$$

離差公式很有用，但是對計算機來說略顯笨拙。一種更簡便的方法是使用計算公式(computational formula)，在數學上它等同於離差公式。它的公式是

$$S = \sqrt{\frac{\sum X^2 - (\sum X)^2/n}{n-1}}$$

計算過程如下：

第 1 步　計算 $\sum X^2$ 及 $(\sum X)^2$

$$\sum X^2 = 16^2 + 17^2 + 14^2 + \cdots + 18^2$$
$$= 256 + 289 + 196 + \cdots + 324$$
$$\mathbf{= 6048}$$
$$(\sum X)^2 = (16 + 17 + 14 + \cdots + 18)^2$$
$$= 346^2$$
$$\mathbf{= 119716}$$

第 2 步　計算 $\sum X^2 - (\sum X)^2/n$

$$= 6048 - (119716/20)$$
$$= 6048 - 5985.80$$
$$\mathbf{= 62.2}$$

第 3 步　第 2 步的結果除以 $n-1$

$$= 62.2/19$$
$$= 3.27$$

第 4 步　第 3 步的結果開平方根，得到標準差

$$S = \sqrt{3.27}$$
$$= \underline{1.81}$$

平均數和標準差是心理學研究中最常遇到的描述統計數。二者必須同時具備 才能充份描述一組分數，這個原則可以透過考慮下面的分數，並計算每一組分數的標準差來進行驗證。

A 組：23　24　27　21　25
B 組：18　31　25　34　12

兩組分數的平均數都是 120／5 或 24，但兩組分數顯然彼此不同。差別就在於每一組分數的變異性，A 組 B 組的標準差分別是 2.24 和 9.08(每一組分數的全距和變異數是多少？)，因此準確地呈現數據的面貌，既需要報告集中趨勢量數也需要變異量數。

專欄 **4.3**

倫理——用統計說謊

我們都受過騙人和不道德的統計資料影響。在寫這本書的時候，我剛剛經歷了 1992 年總統大選，選戰中的阿肯色州(Arkansas)，既被說成是一個模範的州府(柯林頓的支持者)，又被刻劃成一個黑暗邪惡不適合人類居住的荒野地區(布希的支持者)。政客們可能是最壞的罪犯，阿斯匹靈廣告的創作們其次，但是統計資料確實屢屢被濫用，以至於大多數人要對它產生懷疑。你常可以聽到人們這樣說，「統計資料其實不能告訴你任何有用的訊息，你可以用它為所欲為。」真是這樣嗎？

當然，你要判斷數據的呈現方式，以及從中可以得出怎樣的結論。你有理由相信，發表在有聲望的雜誌上的文章，在經過同仁們一番嚴格的審查後，報告出的統計分析能夠得出可靠的結論。你需要小心的是在更廣闊的公共場合中統計資料的使用，還要小心一些人決心用統計使你相信他們所持的固執信念。

了解如何正確地使用統計資料，可以使你能夠識別這些可疑的統計過程。胡夫(Darrell Huff)在他著作出的 142 頁「怎樣用統計來說謊」(How to Lie with Statistics, 1954)一書中介紹了一些需要謹慎的事情，書中的開頭引用了英國政治家迪斯雷立(Benjamin Disraeli)的一段著名的話，「謊言，該死的謊言，還有統計」(p. 2)。

下面是怎樣借統計資料，特別是視覺呈現數據——圖形——的方式進

行說謊的一個例子。假定你讀到一篇比較男女反應時的研究，其中包括了
這樣的圖形：

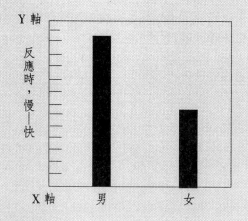

圖 4.6 用
未標明的 Y
軸顯示男女
反應時差異
的條形圖

　　這是一種被胡夫稱作「天呀」(Gee Whiz)圖的東西，原因很顯然，當
你第一次看到它時，你會不會叫道，「天呀，好大的差別！」？但問題
是，這種差別透過在縱軸或 Y 軸上作文章而被誇大了。可能你注意到它
沒有標明單位。如果標明的話，也許會像下面左圖所示的那樣。但一種更
為合理的標記方式會得到右邊這幅圖，它給你一個可能被統計分析所證實
的更為「真實」的描劃──無顯著差別存在。

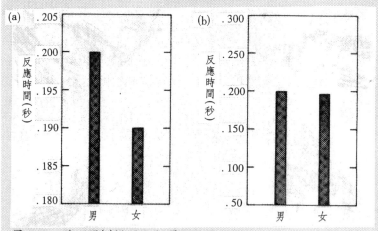

圖 4.7　條形圖(a)標明 Y 軸單位後重複圖 4.6
　　　　(b)與圖 4.6 相同的數據，但 Y 軸以更真實的單位劃
　　　　分

這個例子的教訓顯而易見：小心 Y 軸。對於用一個沒有標刻單位或者單位模稜兩可的 Y 軸來顯示巨大差別的圖形，尤其值得懷疑。

在介紹研究結果的文章中，描述統計以三種方式報告：第一種，如果僅有幾個數字要報告，通常會以敘述性的方式；第二，它們可以呈現在表格中；第三，它們以視覺形式呈現在圖形中。怎樣建立圖表遵守美國心理學會(APA)的指導原則，並避免專欄 4.3 中的問題，這些介紹可以在附錄 A 研究報告的範例中找到，另外第 7 章也包括
了一些製圖的訊息。

☐ 推論統計

和大多數人一樣，研究者也有被人喜愛和崇拜的需要，達到這個目標的一種途徑就是創造出令人感興趣的研究成果，它的結果不僅僅適用於研究中蒐集到的數據本身。就是說，儘管研究觀察的僅僅是所有可能蒐集到的數據的一個小樣本，但研究者希望的是得到一個能應用於廣闊母群體的結論。畢竟，整個研究計畫的想法就是要得出行為的基本法則。

為了說明推論統計試圖要達成怎樣的目標，我們假定有一個迷津學習研究，它對兩組進行複雜迷津學習的白鼠作比較，一組在走完迷津後立即餵食，另一組在走完迷津 10 秒鐘後才餵食。因此，這裡的實證性問題是探討立即強化對迷津學習是否重要。假定下面的表是每組中五隻白鼠的結果。每一分數是白鼠學會迷津需要嘗試的次數；學會的操作性定義是連續兩次無誤地穿過迷津。

白鼠號碼	立即餵食	白鼠號碼	延遲餵食
1	12	6	19
2	13	7	20
3	16	8	16
4	11	9	18
5	14	10	15

注意每一列中的分數並非完全一樣，因爲每一組中的五隻白鼠略微不同，或者是因爲其他的一些隨機因素造成。儘管數據不盡相同，但看上去受到立即強化的白鼠更快地學會了迷津(即嘗試的次數更少)。

當然，我們需要的不僅是快速瀏覽數據後得到一個大致印象。我們做的第一步是計算描述性統計數，諸如平均數和標準差。它們是：

	即時組	延遲組
平均數	13.2	17.6
標準差	1.9	2.1

從平均數來看，當食物獎勵延遲後，迷津學習需要更多的嘗試次數。並且，反映在標準差上每一組分數的變化相當小。我們是否能夠作出一個大致的結論，說立即強化加快了迷津學習？還不行，我們需要對數據作推論分析，在這個例子中它牽涉到假設考驗。[1]

假設考驗

假設考驗的第一步是，假定你研究的不同條件組成績上沒有差別，這個例子不同條件組即立即獎勵組和延遲獎勵組。該假設被稱爲**虛無假設**(null hypothesis)，用符號表示是 H_0，英文唸作" h sub oh "。研究假設，即你希望發現的結果(立即獎勵組嘗試次數少)，稱爲**對立假設**(alternative hypothesis)或 H_1。因此，在你的研究中，你希望能夠否定或推翻 H_0，從而支持(而不是證明) H_1 這個更貼近你想法的假設。

如果這種語言你聽起來陌生，就把它想像成一個與司法審判相類似的東西。在法庭上，被指控的人是「先定無罪」的。即，假設被告什麼都沒

---

1 第二類推論分析稱爲「估計」(estimation)，它涉及的是如何從樣本分數估計母群體的統計數。

做(虛無)。起訴的任務就是要讓陪審團相信它的對立假設,即被告有罪。和起訴人一樣,研究者的任務是要說明某件事確實發生了,在上面的例子中,這件事就是延遲強化影響學習。

任何推論分析只能有兩種結果。你發現的兩組白鼠之間的差別可能歸因於一些真實、純潔不摻雜質的效應,也可能是隨機的因素造成。就是說,樣本的差別可能反射出一種真實的差別,也可能沒有。因此,一個推論統計分析只能產生兩個結果——推翻 H_0 或者不能推翻 H_0。不能推翻 H_0 意味著你發現的任何差異(研究中幾乎總能發現組間的一些差異)更可能是隨機的差異——你未能找到一個真實的可以類推到樣本之外的效應。推翻 H_0 意味著你相信一種效應在你的研究中真的發生了,其結果可以類推。在迷津例子中,推翻 H_0 即找到一個統計上顯著的差異,意味著立即強化有助於迷津學習看上去真的是一條普遍法則。

研究者的假設(H_1)從來不能從絕對意義上被證明,就像被告從來不能被絕對地證明有罪一樣。有罪僅僅是當「超出合理的懷疑」後才被證明。更確切說,H_0 僅在一定的自信程度上才被推翻,這個程度是由我們所說的 **α 水準**[alpha (α) level]決定的。從技術上講,α 指的是誤將 H_0 推翻的機率(即,你認為已經找到了一個真正效應,但母群體中其實並沒有這樣一個效應)。習慣上將 α 設定在 .05,但它也可以設在其他水準。如果 H_0 在 α 等於 .05 的時候被推翻,就表示你相信研究結果由隨機因素造成的機率非常低(5%)。

選擇 .05 與前面討論過的常態曲線的特徵有關。我們記得對於常態分配來說,一個分數與平均數距離超過兩個標準差的機率是 5% 或更低,這樣一個事件是少見的。同樣地,當比較像迷津學習研究中那樣的兩組分數時,我們要問的是,如果平均數之間實際上並無差異,而我們卻得到差異的機率是多少。如果這個機率足夠低,我們便推翻 H_0 並斷定有一些真實的差異發生,這個「足夠低」就是指 5% 或 .05 的機率。換一種方式陳述,如果 H_0 是真實的,那麼獲得平均數之間的差異就是出乎意料(罕見)的,以至於我們簡直不能相信 H_0 的真實性。因此我們相信發生了別的什

麼事情，所以推翻 H_0 並得出結論，一個「統計上顯著」的差異存在。

　　這條訊息中包括著一個明顯的事實，在決定是否推翻 H_0 時你可能出錯。事實上，你可能會犯下兩類錯誤。第一，推翻 H_0 而支持 H_1，你為做出一些新的突破性發現而喜出望外，但這是個錯誤。當 H_0 事實為真而推翻 H_0 時稱為**第一類錯誤**(Type I error)，它發生的機會等於 α 值。就是說，設定 α 值為 .05，推翻假設就意味著有 5% 的機率犯第一類錯誤——即有 5% 的機率是你認為存在真實的效應但實際卻錯了。一個結果倘若經過屢次複製都無法驗證，就要懷疑第一類錯誤的存在。

　　你會犯的另一類錯誤稱為**第二類錯誤**(Type II error)。當你本應推翻 H_0 而沒有推翻 H_0 時，這就是第二類錯誤。也就是說，你在研究中沒有發現顯著效應，自然會因而覺得沮喪，可是事實上你錯了，母群體中其實有一個真實的效應，只不過在你所研究的樣本中沒有發現而已。第二類錯誤常常發生在你所使用的量數不是非常可靠，或者沒有敏銳到足以檢測出不同條件之間差異的時候。你將在第 9 章中看到，這有時會發生在計畫評估研究當中。一個計畫可能真有一種雖然微小但卻顯著的效應，可是由於使用的量數太乏力而無法獲得這一微妙的效應。

　　表 4.5 總結了兩種實驗條件比較之下，推論統計分析的四種可能結果。可以看到，正確的決策是當 H_0 為假的時候推翻 H_0，或者 H_0 為真的時候不要推翻它。錯誤地拒絕 H_0 產生了第一類錯誤，而當 H_0 為假的時候沒有推翻它便是第二類錯誤。你可以對表 4.5 用下面的語言替換，如果那樣使你理解起來更容易的話：

　　關於「沒有推翻 H_0」
　　——「你做了研究，完成了所有應該做的分析，但得到的卻是 0，一無所獲，沒有顯著差異，那麼完了，你有充份的理由精神錯亂，特別是如果這是你的高級論文課題。」
　　關於「推翻 H_0」：
　　——「你做了研究，完成了所有應該做的分析，而且得到了 .05 水

表 4.5 統計決策：兩種實驗條件 X 和 Y 比較下的四種可能結果

	事件的真實狀態	
	H_0 真： X 和 Y 之間應無差異	H_0 假： X 和 Y 之間真有差異
你的統計結論 沒有推翻 H_0： 在研究中我沒有發現 X 與 Y 之間的顯著差異，所以我不能推翻 H_0	正確決策	第二類錯誤
推翻 H_0： 在研究中，我發現 X 與 Y 之間有顯著差異，所以推翻 H_0	第一類錯誤	正確決策 {實驗者的天堂}

準顯著的差異，那麼是的，你的生命開始有意義了，你會令你的朋友(特別是你的論文導師)刮目相看，因為你完成了這份工作，並且你真的發現了東西！」

關於「H_0 真」
——「不管你研究中發生了什麼，都沒有真實的差異存在」

關於「H_1 真」
——「不管你研究中發生了什麼，一個真實的差異確實存在」

將上面的話銘記在心，那麼正確結論的意思便是(a)無真實的差異存在，而且你也沒有發現差異，或者(b)存在一個真實的差異，並且你發現了它(yes!!)；第一類錯誤的意思是沒有真實的差異存在，但由於你的研究結果而認為有差異；第二類錯誤的意思是實際上有差異，但你在研究中忽略了。

在一個像迷津學習這樣的研究中，由推論統計分析決策推翻或不推翻

虛無假設，要取決於對數據中兩類基本的變異進行分析。第一類指的是兩組老鼠在「達到標準的嘗試次數」這個分數上的差異。這些差異由所謂(a)系統變異數和(b)誤差變異數的某種組合產生。**系統性的變異**(systematic variance)來自於一些可以辨別的因素，或者是研究的變項(強化延遲)或某個你沒有充份控制的因素[2]。**誤差變異數**(error variance)是因為兩組白鼠的個別差異、任何數量的隨機，以及不可預測的效應所造成的非系統性變化。另外，誤差變異數在每一組內發生，並解釋了組內發現的差異。

數學上，很多推論統計分析會計算以下形式的比率：

$$推論統計數 = \frac{條件間的變異(系統 + 誤差)}{條件內的變異(誤差)}$$

理想的結果是發現條件間變異巨大，而每一條件內變異極小。

你可以看到，這一結果在迷津研究數據中發生了。兩組之間的差異是顯著的，而每一組內的分數相當緊密的聚合在一起。在這個例子中你可能會用到的具體的推論統計考驗稱為獨立樣本 t 檢驗。附錄 B 說明了實際的執行過程。

具備了心理學家的基本思考模式後，你現在已經作好準備學習實驗法的三章內容，實驗法是心理學理解錯綜複雜的人類行為和心理歷程的最強大工具。我們從實驗方法的一個基本介紹開始，然後思考發生在這些研究中的控制問題；最後我們會研究最常見類型的實驗設計的特徵。

---

2 這些未控制的因素被稱作混淆變項，下一章將作深入探討。

本章複習

詞彙填空

1. 在_____程序中，研究者測量嬰兒對一個連續數次呈現的刺激的注視時間。
2. 如果有大量的_____，那麼信度就低。
3. 隨機抽樣的目的是選出能夠_____母群體的一個組群。
4. 當受試者要學習並回憶一個有 20 個單字的字表時，研究中使用_____測量量尺。
5. _____統計用來回答這樣的問題：色盲測驗中受試者一般的成績是多少？
6. 一名研究者發現男性與女性在地圖閱讀的技能上存在顯著差異，但其他的研究者都不能重複得到這一結果，那麼該研究者可能犯了_____錯誤。

多重選擇

1. 本章開始介紹的一些近期研究中，哪一個建構是透過讓受試者填調查問卷測量的？
   (a)計算能力。
   (b)識別廣度。
   (c)社會支持知覺。
   (d)宏選擇。
2. 關於測量信度，下面哪一句陳述是對的？
   (a)如果某一建構的測量數看起來「有意義」(例如問題解決作為智力的一種測量似乎是合理的)，它就是可靠的。
   (b)實驗研究中，信度通常是經過相關程序測量的。

(c)測量誤差越高，信度越高。

(d)顱相學家的顱骨測量會在信度測驗中得到高分。

3.「延遲滿足」這個建構獲得建構效度是透過

(a)米歇爾「延遲」測量中得高分的兒童，在與延遲滿足有關的作業中表現出的行為一如預測。

(b)米歇爾「延遲」測量中得高分的兒童，在一個現有的已被公認的「衝動」量表中同樣得到高分。

(c)米歇爾使用的延遲滿足作業作為衝動的測量有極大的意義。

(d)在一次測驗中顯示出延遲滿足意願的兒童在重測時會做同樣的事。

4.集群抽樣相對於簡單隨機抽樣和分層抽樣的優點是什麼？

(a)與其他兩個不同，集群抽樣是機率抽樣的一個例子。

(b)使用集群抽樣，不一定要從母群體的全部名單開始。

(c)集群抽樣能夠正確代表母群體中的子群體(譬如男與女)。

(d)集群抽樣是唯一一個可以被稱為「方便」抽樣的方法。

5.下面哪一對是正確配對？

(a)等距量尺——作為街道地址的房子號碼。

(b)比率量尺——攝氏溫度(非華氏溫度)。

(c)名義量尺——嬰兒注視新奇刺激的時間。

(d)次序量尺——大學生們認為 X 教授是最嚴格的評分者，Y 教授其次，依此類推。

$$\equiv\equiv 應用練習 \equiv\equiv$$

練習 4.1　抽　樣

1. 使用附錄 C 中的隨機亂數表從你的實驗心理學班上選出一個簡單隨機學生樣本；你的老師會提供一個全班的名單並指明樣本大小。

2. 重複這個練習但要選出一個能夠反映你們實驗心理學班中男女生比率的分層樣本。

練習 4.2　測量量尺

在下面的每一個練習中，就被測量的行為指出其中使用了哪一種測量量尺

1. 莎麗想知道共和黨人和民主黨人的子女是否更願意主修科學、人文學或商學。

2. 弗雷德想研究學過一個迷津的白鼠是否比無此經驗的白鼠更快地學會第二個迷津。

3. 吉姆假定，如果電視節目是彩色的，那麼兒童對它們的次序評定就會不同，而成人的評定不受影響。

4. 南希相信體型隨著年齡而改變，所以她提出使用薛爾敦的量表測量一組人在 10 歲、15 歲和 20 歲時的體型。

5. 蘇珊對助人行為有興趣，她相信一個人在晴天比在陰天時助人的機會更大。

6. 約翰想了解五種新啤酒中哪一種最受酒吧顧客的青睞。

7. 艾倫有興趣了解學生們怎樣看待不同校園建築的安全性。她找了一個學生樣本，讓他們排列一組寫有建築物名稱的卡片，將最安全的建築放在最上面，最不安全的建築物放在最下面。

8. 派特相信有強迫性疾患(obsessive – compulsive disorders)的人在以 APA 格式撰寫的實驗報告中會比那些沒有罹病的人犯更少的格式性錯誤。

H_0, H_1, 第一類錯誤，第二類錯誤

在下面的每一練習中，(a)定義虛無假設，(b)作最好的對立假設猜測(即，你預期研究中發生什麼)，(c)說明可能是第一類錯誤的結果，(d)說明可能是第二類錯誤的結果。

1. 在一個了解人們怎樣測謊的研究中，要求男女受試者設法發現影片中欺騙的部分。影片中的女性在一些片段中說了謊，在其他片段中講了真話。

2. 在一個知覺研究中，先使嬰兒對正常臉孔的幻燈片習慣化，然後呈現略微異常的臉孔，看看嬰兒是否能夠察覺出不同。

3. 讓憂鬱和非憂鬱病人預計他們怎樣完成一個迷津。

4. 讓一些運動員接受一項在罰球之前會使用的意象訓練，然後將他們與其他沒有受到特別訓練的運動員相比較。

練習 4.4　敘述統計

假想一個包括 20 次簡單反應時嘗試的作業，編兩組數據，使它們有同樣的平均數，但不同的中數和不同的標準差。為每組數據畫一個次數分配圖。

練習 4.5　推論統計

照著附錄 B 中的例子，對本章中的迷津學習研究作 t 考驗。你能得出什麼樣的結論？如果立即給予獎勵，白鼠是不是學得快一些？

本章複習答案

A. 詞彙填空

1.習慣化 2.測量誤差 3.代表 4.比率 5.描述性 6.第一類

B. 多重選擇

1. c 2. d 3. a 4. b 5. d

應用練習

練習 4.2 測量量尺

1.名義量尺——形成的是分類

2.比率量尺——時間

3.序級量尺——排列順序

4.等距量尺——假定薛爾敦的7點量表是等距量尺

5.名義量尺——假定受試者被歸類為助人者或不助人者

6.可能是次序量尺(如果顧客將啤酒按最好到最差排序)；也可能是等距量尺(為什麼？)

7.次序量尺——排序

8.比率量尺——有意義的零點(可能是零誤差)

練習 4.3 H_0，H_1，第一類錯誤，第二類錯誤

1.H_0：男性覺察欺騙的能力 ＝ 女性覺察欺騙的能力

H_1：男性覺察欺騙的能力 ＜ 女性覺察欺騙的能力

第一類錯誤：女性的成績顯著較好，但實際沒有差異存在

第二類錯誤：沒有發現顯著差異，但實際上女性對欺騙的覺察能力較好

Chapter

5

實驗研究入門

本章概要

❖ **實驗研究的基本特徵**

一個心理學實驗包括建立獨變項、控制外擾變項和測量依變項。獨變項指實驗條件或研究者直接控制下的比較的設定。外擾變項是研究者不感興趣的因素；不能控制外擾變項導致一種稱為混淆的問題。依變項是研究中測量的行為；它們必須被精確定義。

❖ **操弄變項與受試者變項**

心理學有些研究要比較的受試者組在實驗開始前便以某種方式（譬如性別、年齡、智力）相互存在差別，這時，獨變項是被實驗者選出而非直接操弄得到的，因而被稱為受試者變項。心理學研究通常是既包括控制變項又包括受試者變項。在一個控制良好的研究中，因與果的結論只有採用操弄變項才能得到，而不能從受試者變項得到。

❖ **實驗研究的效度**

有四種方式可以認定心理學研究有效。有效的研究使用正確的統計數（統計結論效度），充份定義獨變項和依變項（建構效度），使結果推廣到剛剛完成的實驗之外（外部效度），並不受混淆變項的影響（內部效度）。

❖ **對內部效度的威脅**

一個實驗的內部效度會受到許多因素的威脅。經驗、成熟、測試工具和迴歸是在前後測比較研究和缺少適當控制組的研究中特別容易出現

的混淆因素。當受試者組間有某種系統性差異時，對其作比較可能發生選擇問題。選擇問題也可能與威脅內部效度的其他因素相互作用，而增加結果解釋的困難。當研究過程中有顯著數量的受試者退出時，還會發生流失問題。

　　當伍德沃斯(Robert Sessions Woodworth)在 1938 年出版《實驗心理學》(Experimental Psychology)的時候，這本書的內容在心理學界已經廣爲人知。早於 1909 年，伍德沃斯就在哥倫比亞大學的學生中散發一本油印的讀物，稱爲〈心理學的問題和方法〉(Problems and Methods in Psychology)，隨後一本配套的〈實驗室手冊：記憶實驗及其他〉(Laboratory Manual: Experiments in Memory, etc.)於 1912 年出現。到 1920 年時，這套手冊已經長達 285 頁，並且被命名爲《實驗心理學課本》(A Textbook of Experimental Psychology)。經過 1932 年的一次修訂後(當時仍然以油印的方式)，這本書終於在 1938 年出版發行。此時伍德沃斯之前的學生們正以此爲教材教授自己的學生。由於這本書太著名了，所以出版公司僅僅用「聖經出來了」(The Bible Is Out)宣布它的問世(Winston, 1990)。

　　這本所謂的「哥倫比亞聖經」像百科全書一樣，包容了 823 頁的正文及另外 36 頁的參考文獻。在一章簡介後，它被編排爲 29 個不同的研究課題，諸如「記憶」，「迷津學習」，「反應時」，「聯想」，「聽覺」，「顏色知覺」，及「思考」等。事實上，今天實驗心理學研究的教學以及你現在讀的這本書的結構，大部分都是以伍德沃斯所設定的模式爲基礎。特別是，「實驗」這個名詞當時仍被含混不清地定義成任何形式的實證性研究，伍德沃斯將這個名詞加以運用，並給了它今天所具有的涵義。尤其要指出的是，它將實驗與相關研究進行對比，使這一差別在今天看起來顯而易見。

　　實驗方法的定義性特徵就是操弄伍德沃斯所稱的「獨變項」(independent variable)，而這個獨變項會對他所稱的「依變項」(dependent variable)造成影響。如他所說，實驗者「要保持除一個因素以外的所有因素恆定，這一個因素就是他的『實驗因素』或『獨變項』。觀察到的結

果是『依變項』，在心理學實驗中即是某個行為特徵或報告出的體驗」（Woodworth, 1938, p. 2）。儘管這些術語並非由伍德沃斯發明，但他是第一個像今天這樣使用它們的人。

實驗方法是操弄獨變項，而相關研究依伍德沃斯所說，「測量同樣個體的兩個或兩個以上特徵，然後計算這些特徵的相關。這一方法……沒有『獨變項』，但同樣地處理所有被測變項」（Woodworth, 1938, p. 3）。你會在第 8 章中學到更多有關相關研究的內容，而本章和下一章的重點是實驗方法——研究者鑑別因果關係最強有力的工具。

實驗研究的基本特徵

自伍德沃斯開始，心理學家們便視**實驗**(experiment)為一種規律性的研究，研究者直接改變某個（某些）因素，而維持其他恆定，然後觀察這一規律性變化的結果。在實驗者控制下的因素被稱為獨變項，保持恆定的因素被稱為外擾變項，被測量的行為稱為依變項。我們逐一地詳細討論這些特徵。

建立獨變項

任何實驗都可以被描述為一個探查 X 如何影響 Y 的研究。X 就是伍德沃斯所說的獨變項(independent variable)——它是實驗者感興趣的因素，被研究來看是否會影響行為。它有時被稱為「操弄」(manipulated)因素，因為實驗者對其完全控制，並且製造研究中受試者將遇到的情境。你會看到，獨變項的概念也可以延伸到所謂的非操弄變項或受試者變項，但目前我們只考慮那些在實驗者完全控制下的獨變項。

獨變項必須最少有兩個「水準」(level)，就是說，實驗至少包括兩種情境（或「條件」）的比較。例如，一位研究者想了解對不同劑量的大麻反應時的影響。在這樣研究中，至少需要有兩種不同的劑量標準才能比較。對這一研究的描述是以「大麻劑量」為獨變項，「劑量 1」和「劑量

2」為獨變項兩水準的實驗。當然，獨變項可能不只兩個水準。事實上，增加獨變項水準使其數目超出兩個以上有著明顯的優勢，在第 7 章實驗設計中就會看到。

實驗研究在目的上既可以是基礎研究也可以是應用研究，既可以在實驗室也可以在實地進行（對這一區分的詳細說明見第 3 章）。我們常常稱實地發生的實驗為**實地實驗法**（field experiments）。**實地研究**（field research）是一個涵義比較廣的名詞，可以適用於任何實驗室之外的實證研究，包括實驗研究和使用非實驗方法做的研究。

□獨變項的變異

獨變項因素的範圍只受研究者創造性的侷限。不過，研究中操弄的獨變項常分為三個略微重合的類別：情境變項、作業變項和指導語變項。

情境變量（situational variables）是受試者可能遇到的不同環境特徵。例如，在一個助人行為的研究中，研究者想了解旁觀者的人數對提供幫助的可能性有何影響，便製造一種情境，讓受試者遇到一個需要幫助的人，有時候受試者和需要求助者單獨在一起；有時候除了受試者和受難者外，還另有一些人，可能三個也可能六個。在這個例子中，情境獨變項就是在現場中與受試者一起的潛在幫助者的人數，它有三個水準，即旁觀者人數 0、3、6。

有時候實驗者變更受試者需要完成的作業任務，操弄**作業變項**（task variable）的一種辦法是給受試組不同種類的問題去解決。例如，推理心理學中的研究常常給受試者不同類型的邏輯問題，以此確定人們傾向出現什麼樣的錯誤。同樣地，迷津也可以有因難度上的差異，在知覺研究中也可以使用不同類別的錯覺呈現等等。

指導語變項（instructional variables）是透過讓受試組以不同方式執行某個作業而被操弄的。譬如，在一個記憶作業中給受試者呈現同樣的名詞表，但如何記憶該名詞表受試者得到了不同的指導語。可能讓有的人產生名詞的視覺影像，讓有的人產生臨近詞的聯想，對其他人的要求則僅僅是在每次名詞呈現後重複三次。

當然，在一個單一研究中結合幾類獨變項是可能的。一個旨在了解擁擠、作業難度和動機如何影響問題解決能力的研究，可能會先把受試者放在一個大的或小的房間中，再透過房間大小的變化操弄擁擠。其次，在每一種房間中，有些受試者可能要解決難的縱橫字謎問題，而另一些人碰到的則是比較簡單的字謎；這操弄的是作業變項。第三，用指導語變項可以操弄動機，即告訴受試者，完成迷津可以賺 1 美元或者 5 美元。

控制組

　　在有些實驗中，獨變項即是否實施某個處理，這種情況下的獨變項水準基本上是 1 和 0：有些受試者受到處理，另一些受試者沒有受到處理。譬如，在電視暴力節目影響兒童攻擊性行為的研究中，可能給有些兒童看某些暴力電視節目，而另一些兒童沒有看到。這裡用**實驗組**(experimental group)作為第一種情境的名稱，即呈現處理的情境。第二種條件即沒有處理的條件中的受試者，被認為是**控制組**(control group)。理想情況下，控制組受試者與實驗組受試者除了有無受到實驗處理，在其他方面完全一樣。本質上，控制組為實驗組的行為提供了一個可以比較的基準，我們可以用這樣一種方式來思考：控制組 ＝ 比較組。

□控制組的變異

　　除了對一組不作處理的控制情境外，還有其他三類在這裡值得一提的控制組：安慰劑控制組、等候名單控制組和共軛控制組。

　　安慰劑是一種似乎有某種效用，但實際上並無作用的物質。有時候給病人一片安慰劑，但告訴他們說那是 X 藥，病人會感覺好些，就是因為他們相信那個藥真可以使自己變好。在研究中，要使**安慰劑控制組**(placebo control group)中的成員相信，他們正在接受某種處理，雖然實際上並沒有。你可能明白為什麼這樣是必要的，假定你想了解酒精是否會延緩反應時，可以使用一個簡易的實驗組，讓這組受試者服用含酒精飲料，而另一組受試者什麼都不喝，然後對兩組人員進行「反應時」測驗，可能

會發現第一組的反應慢些，但你能因此就得出結論說酒精減緩了「反應時」嗎？不行，受試者可能覺得酒精會讓自己慢下來，而他們的「反應時」剛好反應了這種偏差。要解決這個問題，你應該加一組受試者，服用一種似乎含酒精但卻是非酒精性的飲料（並且它在味道上與真正的酒精飲料無法區分），這一組就是安慰劑控制組。你能不能撤除直接控制組呢（什麼飲料都沒喝）？不行——因為這組受試者構成了「反應時」測量的基準線。假定你使用了這三組並得到以下的平均反應時：

實驗組 → 0.32 秒

安慰劑控制組 → 0.22 秒

直接控制組 → 0.16 秒

你可以下結論說受試者對酒精效果的預期一定程度地減緩了反應時（從0.16秒到0.22秒），但是酒精本身的效果仍超出了人們的預期(0.22秒到0.32秒)。

等候名單控制組(waiting list control groups)常常可以在項目評估研究（第9章）或者心理治療的效果研究中碰到。在這種情境下，實驗組中的受試者因受某個問題的困擾而被安排在一個假定能減輕他們問題的項目中。例如，一所大學準備發展某個計畫，治療是患有嚴重考試焦慮的學生。學生的焦慮程度可以在計畫實施前及實施後進行測量，但是，將這些計畫參加者與隨意找來的其他學生樣本進行焦慮比較並不是一種好的辦法。較佳方法的是從經歷過同樣的考試焦慮，卻仍在等候該計畫治療的其他受試者中取樣作為一個控制組。如果該項目從 10 月 1 日持續到 10 月30 日，那麼兩組受試者在開始和結束的兩個日期都要受到評定，但只有實驗組才在 10 月份受到該計畫的治療。如果這項計畫被判為有效，便可以在 11 月份對等候名單控制組的受試者施用。

這種方法為等候名單上的受試者提供了從計畫中受益的機會，同時也為受學校問題困擾的學生提供服務而滿足道德上的需要。但它製造出一種

壓力，迫使研究者只能將這種控制程序應用在短期的治療法或計畫中。事實上，有人可能會認爲把一些人列入等候名單控制組是不道德的，因爲等候者沒有馬上從計畫中獲益。如果研究評定的是會影響人一生的計畫，這個問題就變得尤其有爭議。讀一讀專欄 5.1 對這一問題的考察及爲研究中使用控制組的辯護。

███████ 專欄 *5.1* _____

倫理——控制組和癌症研究

　　在一個研究人類記憶的實驗中，實驗組受到特別的指導運用視覺意象記憶，而控制組僅僅被告知學習名詞表，這裡誰會被分派到控制組的問題並不會產生倫理上的爭議。但是，當一個實驗要評定某個計畫或處理的有效性，並且如果計畫有效就將透過延長人的生命而有益人類時，事情便沒有這麼簡單了。譬如，在一個著名的個人健康控制計畫研究中(Langer & Rodin, 1976)，實驗組是給療養院的一部分病人增加日間計畫的自理控制，而控制組患者則由院裡的護理人員安排他們（大部分）的日間計畫。一般說來，第一組患者在身體和心理上都較爲健康，且當研究者回頭進行一項長達 18 個月的追踪研究後，發現第一組患者更有可能仍然健在(Rodin & Langer, 1977)。如果你發現自己的一個親戚被安排在控制組，你會怎樣想？

　　同樣，近年來對癌症病人的心理學研究中使用控制組受試者的作法出現了爭議(Adler, 1992)。研究關心的是在安排到受助組後對女性乳癌患者的心理及身體健康產生了哪些影響，結果發現這些組的女性更迅速地康復，甚至比控制組的女性更長壽。但有些研究者認爲這些數據所反映的，與其說是受助者的獲益，更不如說是對控制組造成的傷害，因爲這樣一來控制組的患者會覺得自己被忽視或者被遺棄了，從而產生壓力，我們知道緊張會傷害一個人的免疫系統，造成諸多與健康有關的問題，所以控制組是否致人於死地？

支持用傳統控制組方法作課題評定的人提出三點反駁。首先，他們指出後見之明總是完美的。我們可以在事後輕易地說「像這樣一種有效的計畫應該讓所有人受益」。問題是在事前一個計畫是否有效並非顯而易見，辯明它的唯一辦法就是作研究。譬如，在朗格(Langer)和羅丁(Rodin)的療養院研究之前，一個人可能預測實驗組受試者會因為強加的責任而產生不必要的壓力，像蒼蠅一樣忙碌不休。同樣，那些為癌症研究的辯護者指出，在研究開始的時候，幾乎沒有女性對分派到實驗組或控制組表示出任何偏好，甚至有些人不願意被分到受助組(Adler, 1992)。因此，這不像是控制組受試者覺得被忽視或遺棄了。

第二，研究者指出，在評估某個新療法的研究中，比較很少是在新療法與未施治療之間進行的，通常是在新療法和現行的醫療方法之間作比較。因此對於控制組成員來說，該有的服務並沒有真的被取消。

第三，醫療是要花錢的，將錢用在最好的醫療方法上當然值得，但沒有一個設計良好的評定計畫效果的研究，這一點就無法實現。長遠來講，經過實證被證明有效的計畫符合大眾的利益。

第三類控制組稱為**共軛控制組**(yoked control group)。當實驗組中的受試者由於種種原因，使參加實驗的時間長短不同或參與活動的類型不同時，需要用到這種方法。控制組的每一成員都與實驗組的一個成員兩兩配對或「束縛」在一起，這樣兩組參與活動的時間，或者活動的種類整體上是保持恆定的。共軛控制法的一個極佳例子是魏斯(Weiss, 1977)所做的關於壓力控制與健康之間關係的一項研究：對實驗組大鼠，研究者不時在牠尾部施與輕微的電擊，而大鼠可以用爪子撥動一個轉輪關閉電擊（就是說控制電擊，見圖 5.1 ）。第二組（直接控制組）大鼠不受任何電擊。第三組是共軛控制組，這一組中的每隻大鼠都與第一組中的一隻大鼠連接在一起（配對），這樣就與另一方受到同量的電擊，但是卻不能控制它。一次實驗中，如果實驗組的大鼠 A 受到 2 秒鐘電擊後撥動轉輪關閉了開關，那麼與之共軛的大鼠也整整受到 2 秒鐘電擊。因此，兩組的大鼠受到同樣程度的嫌惡刺激。魏斯的結論是，控制電擊能幫助大鼠避免因壓力造

成的不健康結果——共軛組會得潰瘍，而其他兩組沒有。

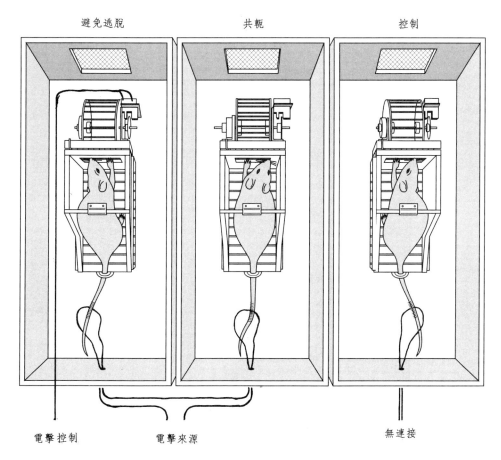

　　避免逃脫　　　　　　　　　共軛　　　　　　　　　控制

電擊控制　　　　　電擊來源　　　　　　　　　無連接

圖 5.1　魏斯(Weiss, 1977)研究的實驗設置說明了共軛控制組的使用

　　你可能認出魏斯的實驗設計與賽里格曼(Seligman)研究習得無助
(learned helplessness)時所使用的方法一樣。如果你回頭看第 3 章對否證
得的討論，就會發現一個對共軛控制程序的描述，儘管那時我還沒有用到
這個術語。

控制外擾變項

　　實驗方法的第二個特徵是，研究者要力圖控制**外擾變項**(extraneous

variables)。外擾變項是研究者不感興趣的任何非控制因素，只要維持它們恆定，便不會對研究造成危害。但如果不充份地給以控制，它們就會以一種系統的方式影響被測量的行為，這樣造成的結果稱為混淆。**混淆變項**（confound）是指任何未經控制的與獨變項共變的外擾變項，它會引起結果的另一種解釋。由於混淆變項在獨變項變化的同時亦變化，它的影響與獨變項的影響便無法分離。因此，當一項研究中有混淆時，結果既可能是混淆變項造成，也可能是獨變項造成（或二者兼有），因此沒有辦法在可能的原因中作出決定。

為了說明一些明顯的混淆，假定在一個字詞學習實驗中，研究者想證明學生們一次學習大量材料的效果不如分段學習的效果好，即「集中」（填鴨式？）學習要比「分散」的學習方法還差。研究者選出三組學生，每一組都要學習一本普通心理學，書中的同樣五章內容。第一組受試者在星期一研讀 3 個小時，第二組受試者除星期一研讀 3 個小時外，又在星期二研讀 3 個小時，最後一組學生則在星期一、二、三每天都研讀 3 個小時。到了星期五的時候，所有三組都接受同樣材料的測驗（見表 5.1 的設計），結果顯示第三組得分最高，其次是第二組。第一組的成績最不好，研究者因而下結論說分散學習要優於集中學習。你同意嗎？

表 5.1　一個假想的分散學習實驗中出現的混淆

	星期一	星期二	星期三	星期四	星期五
第一組	3	–	–	–	測驗
第二組	3	3	–	–	測驗
第三組	3	3	3	–	測驗

注：每一欄中的 3 都相當於研讀一本普通心理學課本五章內容的小時數

你可能不同意這個結論，因為研究中至少存在兩個容易識別的混淆變項。受試者在學習時間的分散上當然是不同的（學習 1 天、2 天還是 3 天），但同時也在學習總時間上不同（3 個小時、6 個小時、還是 9 個小

時）。這是一個混淆變項的極佳例子——我們不可能辨別結果是因為一個因素（學習的分散）還是其他因素（學習的總小時數）造成；兩個因素完全共變。對這一情境的描述是「學習的分散與總學習時間混淆」。第二個混淆變項是保留時距。測驗是在星期五對所有人實施的，但是每一組從完成學習到參加測驗，中間間隔的時間是不同的。也許第 3 組成績最好是因為測驗與學習的時間間隔最近，因而遺忘最少。所以這個實驗中，學習的分散與學習的總小時數以及保留時距都產生了混淆。每一個混淆變項本身都可以解釋結果，而各個因素以某種方式交互作用又構成了對結果的另一種解釋。

表 5.2　識別混淆變項

IV 的水平	EV1	EV2	DV
學習的分散	學習小時數	保留時距	測驗成績
1 天	3 小時	3 天	差
2 天	6 小時	2 天	一般
3 天	9 小時	1 天	好

IV　=　獨變項 (independent variable)

EV　=　外擾變項 (extraneous variable)

DV　=　依變項 (dependent variable)

現在我們來看表 5.2，它為我們找出混淆變項提供一個捷徑。第一列是獨變項的水準，最後一列是結果。中間幾列是應該持恆定的外擾變項，如果它們不恆定（正像這個例子所顯示的），混淆就發生了。可以看到，結果可以用前面三列中任何一列的變化——或者單獨或者以某種組合——來解釋。要糾正這個錯誤，只需保證中間兩列恆定不變化就可以了。

在本章結尾的應用練習中，你要試著找出混淆變項。你可能發現如果把問題套進表 5.2 的格式中，事情就會容易一些。抽一些時間，重新設計分散學習的研究。你怎樣從這些外擾變項中排除混淆項？

學會了解潛在的混淆因素並以合理的方法控制，是兩種最難掌握的科

學技能，並非所有的混淆變項都像上面分散學習的例子那樣顯而易見，在隨後的章節中我們會經常遇到這個問題，很快我們將在討論什麼是研究的內部效度時再次對其作簡要的論述。

測量依變項

任何實驗的第三部分是測量假定會受獨變項影響的某個行為。**依變項**(dependent variable)這個名詞被用來描述那些作為實驗結果測量的行為。如果，像前面提到的那樣，一個實驗可以描述為 X 對 Y 的影響，而且 X 是獨變項的話，那麼 Y 就是依變項。在一個研究電視暴力如何影響兒童攻擊性行為的研究中，攻擊性的測量值即是依變項。在學習時間分散的研究中，測驗成績即是依變項。

任何實驗的可靠性以及它能否做出有價值的發現，取決於決策者測量什麼行為作為依變項。我們已經看到，除非用精確的詞語定義，否則實證性的問題不可能有答案。你可以抽出一點時間複習一下第 3 章中「提出實證性的問題」這一節，它可以提醒你操作性定義和聚斂性問題的概念。

最後一點，重要的是要認清，具體的某一個建構可以是獨變項、外擾變項，也可以是依變項，它是什麼要取決於手邊的問題。一個實驗可能操弄某一建構為獨變項，也可能將其視為外擾因素而力求控制它，還可能按依變項測量它。例如，讓我們思考「焦慮」這個建構，如果告訴受試者他們要承受中度或者強度的電擊，然後問受試者是願意單獨等候還是與他人一起等候，此時焦慮是被操弄的獨變項。焦慮還可以是一個在實驗中需要保持恆定的因素，譬如你想評定一個公開演講對學生們簡要發言的能力是否有影響，你就不能只對一組受試者錄影，而對另一組不做錄影。如果每個人都要錄影，那麼由此因素造成的焦慮程度便保持在一定。焦慮還可以是一個依變項，譬如在一個檢驗不同類型的測驗（多重選擇還是申論題）怎樣影響學生們在期末考試週中感受的測驗焦慮的研究中，一些焦慮的心理測量值這時會使用到。焦慮還可以被視為一種人格特徵，有些人的這種特徵比其他人多一些；藉著最後這一點我們展開對下一問題的討論。

操弄變項與受試者變項

　　至此，獨變項這個名詞意味著直接由研究者操弄的某個因素，一個實驗比較是由實驗者建造，並在實驗者控制之下的一種條件與另一種條件。但是在許多研究中，比較是在有別於研究設計者操弄的變項而以其他方式相互不同的人群間進行。這些比較是在種種名稱各異的因素之間展開，譬如事後回溯變項、自然組變項、非操弄變項以及我隨後會用到的受試者變項(subject variables)，它們所指的是參加研究的受試者已經存在的特徵，諸如性別、年齡、智力、身體或精神疾患，以及任何你能命名的人格屬性。當在一個研究中使用受試者變項時，研究者不可能直接操弄它們，而必須根據已經存在的特徵為不同的條件選擇受試者。

　　為了說明操弄變項與受試者變項的區別，讓我們來思考一個假想的探察焦慮是否影響人類迷津學習的研究。你可以透過製造一種情境直接操弄焦慮，譬如讓一組受試者產生焦慮（告訴他們會在大庭廣眾下表演），而第二組沒有作這樣的指示（無觀眾）。在這個研究中，任何自願參加的受試者都可能在一組或另一組中完成實驗。另一方面，如果用受試者變項來做這個研究，你可能會選出焦慮程度不同的兩組人，然後讓每一組都去完成迷津。第一組是焦慮型受試者（事先由一個測量焦慮傾向的人格測驗決定），第二組由一些比較放鬆的人組成。注意這裡與操弄變項情況的主要區別：焦慮作為一個受試者變項，參加研究的自願者不能被任意安排到某一種條件中，而只能按他們已經具備的特徵分到一組或另一組中，譬如一直焦慮不已的弗雷德不可能被安排到「低焦慮」組。

　　有些研究者忠於伍德沃斯原始的定義，偏愛將「獨變項」這個名詞保留給那些由實驗者直接操弄的變項。而另一些人則願意將受試者變項作為一種特殊的獨變項，因為實驗者首先要決定如何挑選受試者，從而對受試者有一定程度的控制。我持後一種立場，想在更廣闊的意義上使用「獨變項」這個名詞。不過，只要你理解操弄變項和非操弄變項或受試者變項的

區別，那麼獨變項這個名詞是作廣義使用（操弄變項＋受試者變項），還是狹義使用（只作爲操弄變項），並不重要。

　　一個只用操弄獨變項的研究可以稱作最嚴格意義上的實驗；有時候它被稱爲「純」實驗（聽起來有點誇張，而且隱含著好像其他研究都是「假的」）。使用受試者獨變項的研究偶爾被稱爲事後回溯研究或準實驗（「準」在這裡意味著「某種程度的」）[1]。有時候（實際上常常）研究既要包括操弄獨變項也包括受試者獨變項。了解受試者變項的存在是重要的，因爲它們影響著從研究結果中得出什麼樣的結論。

使用受試者變項時的結論

　　請在這一節的旁邊打一個小星號──它非常重要。回憶第 1 章所講的，發現行爲的解釋是心理學研究的目標之一；也就是說，我們想知道是什麼引起某個行爲的發生。簡而言之，對操弄變項來說，我們可以得出行爲起因的結論；但對受試者變項，則不能作出這樣的結論。從原因與兩種狀況下實驗者施加的控制量有關。

　　對於操弄變項，實驗可以滿足第 1 章所列出的標準，有效地證明因果。獨變項先於依變項並與之共同變化，在假設沒有混淆存在的情況下，便可以認爲獨變項是結果的最合理解釋。換句話說，如果你改變某一因素並成功地維持了其他所有因素恆定，那麼結果就只能歸因於變更的因素。在一個有兩組的實驗研究中，這兩個組除了被操弄的因素外，在其他所有方面將會相等。

　　但是在使用受試者變項時，實驗者可以變更某一因素（即，選出具有某種特徵的受試者），卻不能維持其他所有因素恆定。在一種被定義爲「焦慮傾向」的建構上選擇高「焦慮」或低「焦慮」的受試者不能保證這

1「準實驗」（quasi－experimental）設計實際上是一個涵義更廣的詞，任何不能隨機安排受試者到研究組的設計都可被稱爲準實驗設計（Cook & Campbell, 1979）。這樣的設計常常會在應用研究中碰到，我們將在第 9 章詳述。

兩組在其他所有方面相等。事實上，他們可能在幾個會影響研究結果的方面存在差異（也許是自信）。當此類研究中出現組間差異時，我們不可能說差異是由受試者變項造成的。用因果關係的說法，我們可以說獨變項先於依變項並與之共變，但我們不能排除這一關係的其他解釋，因為外擾因素不可能被控制。在有受試者變項時，我們所能說的就是兩組間在依變項測量成績上存在差異。

社會心理學中的一個例子可以幫助我們澄清這種區分。假定你對利他行為有興趣，並且想看看它怎樣受「自尊」(self－esteem)這個建構影響。研究可以分兩種方式進行。第一種，你可以直接變更自尊這個變項，給受試者一個偽造的人格測驗，藉由提供各種不同虛構的結果回饋——正向的或負向的，受試者的自尊便會被暫時地提高或降低。然後讓受試者做一些自願性的工作，看看那些自我感覺良好的受試者是否更願意助人[2]。第二種辦法是給受試者一個有效的測量自尊的人格測驗，然後選出那些在這一測量上得分前 25% 及後 25% 的人作為兩組受試組，這時自尊是一個受試者變項。和第一項研究一樣，這兩種人也要做一些自願工作。

在第一個研究中，意願的不同可以直接追溯到對自尊的操弄。如果其他因素得到恰當控制，受試者自尊短暫的升降便是引起助人行為差異的唯一解釋。但是在第二個研究中，你不能說高自尊是助人行為的直接原因；你所能說的就是高自尊的人比那些低自尊的人更願意提供幫助；你所能做的就是懷疑為什麼它是原因，因為這些受試者可能在其他你不熟悉的方面彼此有別。譬如，高自尊類型的人可能以前有做過自願工作的經驗，而這一經驗反過來又促進或加強了他們的自尊，從而增加了他們在將來做自願工作的機會。或者他們在具體的一項自願工作上極為專長（譬如公開演講的技能）。你將在第 8 章看到，這種解釋的困難正是相關研究中同樣遇到的問題。

---

2 操弄自尊引起了倫理上的爭議，薩利文和戴克爾在一項研究中提出了這一問題(Sullivan & Deiker, 1973)。見第 2 章，原書 pp. 41－42。

在進行實驗研究效度的討論之前，請閱讀專欄 5.2，其中使用的變項來自於你可能回想起來的普通心理學課程中的一個經典研究——第一個模擬攻擊性的所謂波波娃實驗。了解這個例子有助於你運用獨變項、外擾變項及依變項的知識，並且看看操弄變項和受試者變項如何在相同的研究中使用。

專欄 **5.2**

經典研究——波波娃和暴力

讓任何一個剛剛修完兒童、社會或人格心理學（甚至是普通心理學）課程的學生跟你談談波波娃(Bobo doll)研究，他會馬上想起來，並做一番簡要的描述，「哦，對了，這個研究說的是如果兒童看到成人拳打一個充氣的娃娃，他們也會依樣畫葫蘆。」對這一研究的描述是進一步澄清獨變項、外擾變項和依變項的一個很好途徑。該研究由班杜拉和他的同事們在 1963 年發表並命名為「對電影中暴力人物的模仿」(Imitation of Film - Mediated Aggressive Models) (Bandura, Ross & Ross, 1963)。

建立獨變項

研究包括操弄變項也包括受試者變項。主要的操弄變項是在有機會做出攻擊性舉動之前的經驗。研究有四個水準——包括三個實驗組和一個控制組。

實驗組 1：真實的暴力（兒童親眼看到某個成人對波波娃使用暴力）。

實驗組 2：電影中的暴力（兒童看一段電影，影片中的成人對波波娃使用暴力）。

實驗組 3：卡通片中的暴力（兒童看一部卡通片，片中的「賀曼

貓」對波波娃使用暴力）。

控制組：沒有可模仿的暴力榜樣。

性別是非操弄的受試者變項，史丹福大學幼兒園的男孩和女孩（平均年齡 = 52 月）作為研究中的受試者（實際上還有另一個操弄變項——組 1 和組 2 的受試者分別受到相同性別或不同性別的榜樣人物影響）。實驗的基本程序是讓兒童受不同的暴力榜樣的影響（或者沒有影響，即第 4 組），然後帶他們進入一個充滿玩具（包括波波娃）的屋子中，以此給他們表現攻擊性的機會。

控制外擾變項

一些可能的混淆被成功地避開了。例如，在第 1 組和第 2 組中，成人攻擊一個 5 英呎的波波娃，而在有機會自己去拳打波波娃的時候，兒童被領進一個有 3 英呎波波娃的房間。這就讓人和娃娃的大小比例基本上保持一定。第二，所有四種條件下的受試者在得到機會展現攻擊性之前，都受到輕微的挫折：實驗者讓兒童玩一些非常討人喜歡的玩具，幾分鐘後對他們說這些玩具很特殊，要留給其他小朋友玩。因此，對所有的受試者來講，就在給他們機會施展攻擊性行為之前，情緒上都受到程度（大抵）相同的激發。因此，任何攻擊性行為的差異可以歸因於模仿的影響而不是各組間情緒的差別。

測量依變項

在研究中使用了幾種攻擊性的測量。按與榜樣行為的相似程度，攻擊性反應被分為模仿性的、部分模仿性的和非模仿性的。例如，模仿性攻擊行為包括用一個木槌擊打娃娃，拳打它的鼻子，踢它。部分模仿行為包括用木槌敲打其他一些東西，或者是坐在娃娃身上而不打它。非模仿性攻擊行為包括用一個飛鏢射向娃娃以外的其他目標，或者對屋子裡的其他東西表現出攻擊性。

簡單說，研究的結果是第 1、2 和 3 組的兒童明顯地比控制組表現出更多的攻擊行為，但是無論模仿的是什麼樣的人物，所有攻擊行為數量相

同。另外，所有條件下男孩都比女孩更具攻擊性，在攻擊性行為的方式上也存在一些性別差異：女孩更願意比男孩坐在娃娃身上而不打它(Bandura, Ross, & Ross, 1963, p. 9)。圖5.2總結了結果。

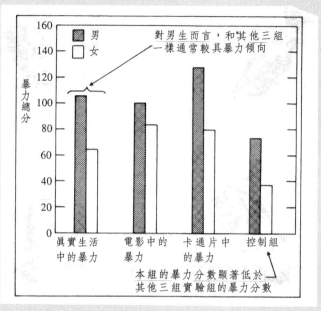

圖 5.2　模仿暴力行為的波波娃研究(Bandura, Ross & Ross, 1963)數據

實驗研究的效度

　　第4章在講到測量的時候介紹了「效度」的概念。總體來說，這個名詞也適用於實驗——正如一個量數測量到該測的事物時就是有效的；同樣，心理學研究如果能夠提供它應該提供的對行為的理解，我們就說它是有效的。本章的這一節遵照庫克和坎貝爾(Cook & Campbell, 1979)概括的體系，介紹四種不同類型的效度。庫克和坎貝爾的體系是為實地研究而設計的，但是它們同樣適用於任何實驗研究。這四種類型的效度分別是統計結論效度、建構效度（又提到了這個名詞）、外部效度及內部效度。

統計結論效度

上一章向你介紹了心理學中統計的應用。特別是你學習了測量量尺、敘述統計與推論統計的基本區別，以及假設檢驗的基本內容。**統計結論效度**(statistical conclusion validity)關心的是研究者在多大程度上正確地使用統計數並從分析中得出了恰當的結論。

一個研究的統計效度會從幾個方面減弱：首先，研究者可能做出錯誤的分析或者違反了實行某一種分析所需要的前提。譬如，一個研究的數據可能是按次序量尺安排的，因此需要一種特殊的分析，但是研究者錯誤地使用了一種僅僅適用於等距量尺或比率量尺數據的分析。其次，研究者可能有選擇地報告一些與預期結果一致的分析，而不報告其他結果（猜猜是什麼結果），這就是一種近乎欺騙的行為（見原書第 2 章）。它和第三個問題相像——研究者「釣魚」。就是說，研究產生了大量的數據，對多種組合和分析都是開放的，而研究者不斷嘗試不同的分析直到有一些顯著性結果出現為止。不過，實行多種分析增加了誤認為效果顯著的機率，即虛無假設被錯誤地拒絕——第 I 類錯誤。

最後一個會削弱研究的統計效度的因素涉及到測量的信度。如果依變項不可靠，就會有大量的誤差變異，從而減小我們發現顯著效應的機會。如果有一個真實效應存在（即虛無假設應被拒絕），但由於低信度導致我們無法發現，便出現第 II 類錯誤。

一個謹慎的研究在籌劃實驗設計的同時也籌劃著統計分析。事實上，沒有對應該如何分析數據的思考，實驗設計便不成其為設計。

建構效度

上一章在測量心理建構的內容中介紹了建構效度：它指的是一個測驗是否真正測量了某個假想的建構（譬如延遲滿足），而且這一建構是否真的存在。在實驗研究中，**建構效度**(construct validity)有一個相關但卻略微不同的涵義。它指的是研究中使用的獨變項及依變項定義的合理性。在一

個研究電視暴力影響兒童攻擊性行為的研究中，關於建構效度的問題是(a)實驗者選取的節目是否為對照暴力與非暴力節目的最佳選擇；(b)攻擊性的測量是否為可能選擇中的最好測量。如果研究用暴力卡通人物（譬如，Elmer Fudd 射擊兔子寶寶）與非暴力卡通人物（譬如小熊維尼）作比較，有人會認為兒童的攻擊性行為不受卡通人物影響；因此，一個更為有效的操弄辦法是用一個稱為「電影暴力水準」的獨變項，給兒童看一些真實的影片，影片中的人物在使用暴力的數量上各不相同。

　　同樣，有人會批評某個研究中使用的攻擊性測量的適當性，這的確是暴力研究中的一個問題。出於顯而易見的倫理原因，你不可能設計一個研究讓受試者互相打鬥直到把眼珠打爆。不過，攻擊性可以以各種方式做操作性定義，有些（譬如，生氣的受試者相信自己正在電擊另一受試者）在你看來比其他方式（譬如，受到挫折的駕駛人猛按喇叭）也許更為有效。正如在上一章中討論建構效度時我們強調測量的有效性，究竟如何定義獨變項及依變項更有效，要經過相當時間的研究累積才能發展出一致的（和聚斂的）模式。

外部效度

　　實驗心理學家常常受到的批評是，對大學二年級學生和大白鼠所知甚多，而對其他所知寥寥無幾。這在本質上批評的是**外部效度**(external validity)，即研究發現在多大程度上能推廣到實驗進行時的具體情況之外。研究要達到最高的外部效度，結果應以三種方式推廣──其他母群體、其他環境和其他時間。

□其他母群體

　　關於大白鼠和二年級學生的評論指的就是這個問題。我們在第 2 章中看到，關於動物研究是否恰當，部分爭論牽涉的就是動物研究能夠提供多少與人類行為有關的結論。關於大二學生，我們記得繆爾格萊姆刻意避免使用大學生；他從一般母群體中挑選出成人作受試者參加他的服從研究。

但大部分的社會心理學研究並不是這樣，塞爾斯(Sears, 1986)做的一項社會心理學調查發現，1980 年這一領域刊載的研究中有 75% 用大學生作受試者。當塞爾斯在 1985 年重複這一調查後，得到的數字是 74%。塞爾斯認為大學生作為母群體的特徵很可能令我們對社會現象所做的一般性結論發生偏差。譬如與一般母群體相比，大學生的認知能力較強，較自我中心，較易受社會的影響，較可能改變對問題的態度。按照塞爾斯的觀點，如果研究的問題與這些特徵有關，從學生中得到的結果便不能推廣到其他群體。他建議研究者應擴展資料庫，將一些重要的發現在多個群體中複製。但是，他同時指出很多研究領域（譬如知覺）中產生的結果比較不受大學生的特徵影響。

「大二學生問題」僅僅是關注過度類化的例子之一。另一個例子與性別有關，有些心理學中最著名的研究受到侷限，只用男性（或者不太常見的，只用女性）作受試者，然後得出似乎可以適用於所有人的結論。最著名的例子就是柯伯格(Lawrence Kohlberg)所做的關於兒童道德發展的研究。柯伯格(1964)讓青春期男孩（年齡 10－16 歲）閱讀一些簡短的包括不同道德兩難處境的文章並作回答。以男孩的回答為基礎，柯伯格形成了一套六階段的道德發展理論，這套理論成為發展心理學課本中的內容。在最高深的階段，個人的行動遵循一套據以維護正義和個人權利的普世道德原則。

近些年來，柯伯格的理論因為外部效度而受到批評。例如，葛里根(Gilligan, 1982)認為，柯伯格的模型忽視了思考模式和道德決策形成過程中重要的性別差異；男性可能最看重的是個人權利，而女性往往強調個人關係的維護。因此，女性對柯伯格的一些道德兩難問題的回答可能還未達到男性那樣「高深」的發展階段，葛里根說，這是因為柯伯格只用男性為樣本而引起整個模型的偏差所致。

□ 其他環境

除了推廣到其他個體外，外部效度的結果應適用於其他刺激環境中，

因為這一問題，使實驗室研究時而受到批評——它太人為而且太脫離「真實生活」。我們回憶第 3 章中關於基礎研究和應用研究的討論，研究者對實驗室研究人為性之批評用阿倫森的實驗現實主義的概念作出回應，重要的是受者試參與研究，俗世的真實性則是次要的。

儘管如此，心理學中很多分支領域的重要發展導致了一些有真實生活場景下研究心理學現象的嘗試。我們說這樣的研究具有**生態效度**(ecological validity)。第 1 章中介紹的日常記憶研究（例如約翰·迪恩的記憶，記得嗎？）就是一個例子，在這個例子中，由於對實驗室研究即艾賓浩斯記憶名詞表的實驗傳統的侷限性的關注，導致了一個新的研究方向的產生。

☐ 其他時間

外部效度時常受到質疑的第三個方面與結果的適用期限有關。在所有心理學中最著名的系列實驗就是艾希(Solomon Asch)在 1950 年代做的從眾研究（如 Asch, 1956）。這些實驗是在一段歷史時期完成的，當時美國的主流價值在於保守主義，而來自前蘇聯的「紅色威脅」是一股令人恐懼的勢力，對權威的順應與服從被社會所看重。在那種背景下，艾希發現大學生們明顯地受到從眾壓力的影響。但今天是否還會得到同樣的結果呢？艾希發現的影響從眾的因素（諸如群體的一致性）在今天是否還會以同樣的方法運作呢？一般來說，與更基礎過程（例如認知）有關的研究，比深留於歷史背景中的涉及社會因素的研究更能經得起時間的檢驗。

總而言之，當研究發現能應用於其他人物、地點和時間時，研究的外部效度隨之增加。但研究者在設計研究時是否必須容納很多不同的群體，選擇不同的場景為發生地點，是否每過十年便重複一次研究呢？當然不是。外部效度不是由單一的研究計畫所決定的；它是又一個說明複製和延伸過程重要性的例子。對於設計某個研究的研究者來說，外部效度的顧慮與我們下面一個話題相比就顯得微不足道了。

內部效度

庫克和坎貝爾(Cook & Campbell, 1979)介紹的最後一類實驗效度稱為
內部效度(internal validity)——實驗在方法上正確且不受混淆的程度。一
個內部有效的研究中，研究者自信從依變項測量得到的結果與獨變項直接
關聯，而不是其他某個非控制因素所致。在一個存在混淆因素的研究中，
正如我們在集中／分散學習的例子中所看到的，結果可能無法解釋。結果
可能是獨變項造成，也可能是混淆變項或者是兩者結合引起的。我們沒有
明確的辦法在不同的解釋之間作出決策。

對內部效度的威脅

任何不經控制的外擾變項都會削弱某個研究的內部效度，但是有一些
問題需要特別加以關注(Cook & Campbell, 1979)。這些所謂的對內部效度的
威脅，在無控制組的時候危害尤甚，而沒有控制組是項目評估研究中的一
個常見問題（第 9 章）。大部分問題發生在需要跨越一定時段，其中有幾
個值需要在測量的研究中：例如，受試者可能接受前測、某種形式的實驗
處理、後測。理想情況下，實驗處理應產生一些正面的效應，可以從前測
到後測的變化觀察發現。第二種一般的威脅類型是在被認為「不平等」的
間作比較時產生的，這些所謂的受試者選擇問題與其他問題交織在一起。

前測、後測研究

如果普通心理學課程是自定進度並且電腦化，那麼學生學習的效果是否更
好？如果一所大學設定一種減少考試焦慮的制度，那如何能證明它有效？如果
你訓練人們使用不同的記憶策略，它是否能提高人們的記憶？這些實證性的問
題問的都是人們是否會因一些經驗（譬如一種教學方法、一種抗焦慮的制度、
記憶訓練）而改變。為了判斷改變是否發生，一種典型的程序是在經驗之
前作評定，這稱為**前測**(pretest)。在經驗之後，又採用一種測量稱為**後測**

(posttest)。在我說的這些例子中，理想的結果是在後測時，人們(a)了解的普通心理學知識比他們在剛開始時多；(b)測驗時沒有以前那樣焦慮；(c)記憶能力顯示出進步。一般的研究設計比較實驗組和控制組，後者沒有經歷實驗的處理：

實 驗 組：	前 測	處 理	後 測
控 制 組：	前 測		後 測

缺少一個恰當的控制組會對使用前測研究的內部效度有幾種威脅。假設我們想評定一所大學的制度是否有效地幫助受考試焦慮困擾的學生（即他們有正當的學習技能，也知道學習的內容，但是他們在考試中顯得非常焦慮，使他們不能有良好表現）。在大學新生剛入學時，讓學生們填幾份問卷，其中有一份問卷就用來作為考試焦慮的前測。讓我們假定分數從 20 到 100，焦慮越重分數越高。然後要求高分數的學生參加學校的一個考試焦慮計畫，包括放鬆訓練和其他技巧。三個月之後對他們的考試焦慮重新測量，結果如下

前 測	治 療	後 測
90		70

入選這一項目的學生平均前測分數是 90，平均後測分數是 70。假定這一差異在統計上是顯著的，你能得出什麼樣的結論？治療計畫有用嗎？發生的改變是因為治療計畫還是因為其他相關因素？

□經歷和成熟

　　有時候前測和後測之間發生的事件會引起極大的變化，而這種改變與治療計畫無關，這時研究被**經歷**(history)混淆。例如，假定前面例子中的那所大學決定，分數的存在不利於學習，因而所有課程都應該只記合格或不合格。另外，假定這一決策是在考試焦慮的前測之後、減少考試焦慮的

治療計畫期間施行的。後測結果可能顯示出焦慮大量地減退，但是它很可能是因為學校改變分數政策這一重要事件造成的，而不能歸因於治療計畫。如果分數不是一個問題，你對這門研究方法課是不是感覺更輕鬆？

同樣的，由於治療測驗焦慮的計畫涉及的是一年級新生，因此前測的改變可能是由於這些學生逐漸適應學校的生活而普遍**成熟**(maturation)的緣故。你可能記得，新生第一年是人一生中發生極大改變的時候，每當一個研究跨越一段時期時，成熟總是應該考慮的一個因素。

當然應注意，如果使用一個控制組，實驗者便可以說明經歷和成熟兩個因素的效果。當以下結果發生時，它們的影響便可以排除，而且我們認為考試焦慮計畫有效。

實驗組：	前測	治療	後測
	90		70
控制組：	前測		後測
	90		90

另一方面，如果控制組的後測分數降到 70，那麼經歷或者成熟的因素就必須被考慮進來，作為實驗組變化的解釋。

□ 迴　歸

迴歸就是返回，在這裡指的是向著平均數方向的返回。我要描述的現象有時被稱為**趨均數迴歸**(regression to the mean)。本質上，它指的是如果分數 1 為一極端分數，那麼無論分數集合的平均數如何，分數 2 都會更接近平均數。這是因為，一組大量的分數中，大部分分數都會聚集在平均數周圍，只有少數幾個才會遠遠偏離平均數（即極端值）。想像你從圖 5.3 的常態分布中隨機選出某個分數，由於大多數分數集中在平均數周圍，所以如果作一隨機抽選，你最可能選出一個接近平均數的值（圖 5.3 中左邊的 X）。不過，假設你恰巧選出一個遠離平均數的值（即一個極端值

——Y），之後再作隨機抽選，你最有可能選出：

a. 又是同樣一個極端值

b. 比第一個分數更極端的值

c. 沒有第一個分數那麼極端的值（即接近平均數）

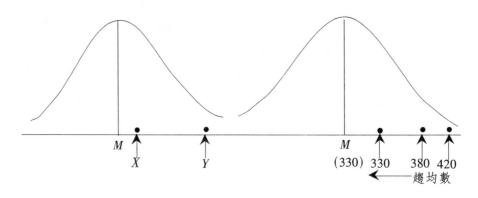

圖 5.3　趨均數迴歸

我猜想你選擇 c，這說明你已經理解趨均數迴歸的基本概念了！舉一個更具體的例子（請看圖 5.3 右邊），假定你知道泰德棒球擲遠平均（根據數百次投球的觀測）投出 300 英呎遠，在他投出一個 380 英呎之後，如果賭他下一次投的距離，你會在哪一個下注？

a. 380 英呎

b. 420 英呎

c. 330 英呎

同樣，我想你選擇了 c，由此證明你已經掌握了迴歸現象的觀念，但是這和我們的前測後測研究有什麼關係？

　　在一些前測後測研究中，選出一些受試者進行處理是因為他們在前測中分數比較極端。因此在考試焦慮研究中，受試者被選出是因為前測中他們的焦慮得分偏高，後測時他們的焦慮得分可能會進步，但這一進步可能是迴歸效應而不是焦慮緩解計畫的結果。同樣地，一個相等高焦慮的控制組受試者可以使研究者偵查到可能的迴歸效應。例如，下面的結果說明可

能有迴歸影響 [3]，雖然如此，治療計畫仍有一定效果，超越了迴歸的影響，你能看出為什麼嗎？

實驗組：	前測	治療	後測
	90		70
控制組：	前測		後測
	90		80

迴歸效應會引起很多問題，著名的「提前起動」(Head Start)計畫的有效性在早期一些研究中受到錯誤質疑，這可能是因迴歸問題引起的。此特例我們將在第 9 章中大規模聯邦援助計畫(large－scale federally supported program)的評估問題中談到。

□測試和工具

當前測這件事本身會對後測分數產生影響時，**測試**(testing)便被認為是對內部效度的一個威脅。可能前測的練習效果或某些方面使受試者對計畫的一些內容敏感。例如，如果處理計畫是一個電腦化自定進度的普通心理學課，前測是一些心理學知識的測驗，受試者可能對前測中他們一無所知的問題更敏感，然後在課程學習中對這些問題給予更多的注意。

如果從前測到後測的測量工具發生了變化，**工具**(instrumentation)就成為問題。在剛剛提到的自定進度的普通心理學課中，前測和後測的內容不會一樣，但它們在難度水準上假定是相等的。不過，如果後測正好是一個比較容易的測驗，那就會產生不切實際的進步。當測量包括觀察時，工具使用有時也是一個問題。觀察者可能經由練習而做得更好，使得後測工具與前測工具有了本質上的區別。

---

3 這句話讀作「可能有影響」而不是「一定有影響」。因為控制組從 90 到 80 的變化可能是由於其他因素造成的，如果其他因素能夠排除，我們便可以懷疑是迴歸的原因。

與經歷、成熟和迴歸的問題一樣，測試和工具造成的混淆也可以透過加入一個控制組而得到澄清。唯一的例外是前測敏感性，實驗組可能比控制組在後測時略有優勢，因為從前測中獲得的知識使得實驗組受試者在處理計畫中可以將注意力特別集中在自己的弱點上，而控制組就沒有這種機會。

□評定前測——所羅門設計

　　有時候，前測的效果可以透過使用一種稱為所羅門四等組(Solomon 4 - group design)的設計來作評定(Solomon, 1949)，它看上去是這樣的：

實驗組 1:	前測	<u>處理</u>	後測
實驗組 2:		<u>處理</u>	後測
控制組 1:	前測		後測
控制組 2:			後測

比較兩組實驗組，使我們可以確定後測的結果是否前測與處理相互作用產生的。同樣的，比較控制組可以檢驗前測本身是否影響後測成績。一個用所羅門設計評估考試焦慮計畫的理想結果應如下面這樣：

實驗組 1:	前測	<u>治療</u>	後測
	90		70
實驗組 2:		<u>治療</u>	後測
			70
控制組 1:	前測		後測
	90		90
控制組 2:			後測
			90

另一方面，一種顯示後測時低焦慮係受前測影響的結果應是這樣：

	前測	治療	後測
實驗組 1:	90		70
實驗組 2:		治療	後測 90
控制組 1:	前測 90		後測 70
控制組 2:			後測 90

所羅門設計提供了一種評定前測效應的好方法，但實施起來太麻煩了。與簡單的實驗組加控制組設計相比，它需要更多的受試者，而且需要分別進行兩個治療計畫。

受試者問題

對內部效度的威脅也可能來自於參加研究的受試者，庫克和坎貝爾（Cook & Campbell, 1979）特別發現了兩個問題。

□受試者選擇效應

操弄獨變項實驗研究的定義特徵之一，是不同條件下的受試者在除了獨變項外的所有方面相等。在下一章，你會學到這些相等組是怎樣透過隨機分派和配對形成的，如果每組不相等，那麼**受試者選擇**（subject selection）效應就產生了。例如，假定要上兩堂普通心理學課，一名研究者想比較傳統的課堂講授與一種結合了講授與小組討論的方法；根據學校政策，(a)研究者不能將學生在兩堂課間隨機分派；(b)課程內容要完全教授，因此學生可以報名任一堂課。我想你能夠明白這裡的難處，如果講授加討論組學生的表現超過了單純講授組，那麼是什麼因素造成差異？是課程的性質

（討論因素）還是選擇那堂課的學生？也許他們比講授組更能言善辯（因此對討論更有興趣）。簡言之，這裡存在著由於兩個比較組中的受試者選擇引起的混淆。

選擇效應也會與內部效度的其他威脅相互作用。例如，在一個包括兩組的研究中，有些經歷事件可能影響這一組而不會影響到另一組。同樣地，兩組可能有不同的成熟廣度，對測驗回答的速度不同，以不同的方式受工具使用所影響，並且表現出不同程度的迴歸。

一個心理學的經典研究（遺憾的是）是說明選擇效應的很好例子，這就是著名的「首領猴的潰瘍」研究——健康心理學領域中的一項先驅研究。要詳細了解這個存在著方法缺陷的研究及其後效，閱讀專欄 5.3。

專欄 **5.3**

經典研究 ——選擇問題與首領猴

1958 年 4 月份的《科學的美國人》(Scientific American)收進了一篇引人注目的文章，題名為「『首領猴』的潰瘍」(Ulcers in 'Executive' Monkeys)。它介紹了沃特雷德陸軍研究所(Walter Reed Army Institute of Research)布萊迪(Joseph V. Brady)的幾個研究。受到一項顯示士兵體能測試時胃液分泌情況與後來形成潰瘍關係的軍事研究的激發，布萊迪決定以研究恆河猴的情緒行為，來了解情緒與軀體障礙的關係。令他懊惱的是，很多猴子死了，屍體解剖顯示大多數死於潰瘍。尤其，得潰瘍的猴子往往是那些處於迴避狀態的猴子，牠們被放在綁椅上，能夠按一個槓桿逃開或避免足部受到電擊。

布萊迪推測，潰瘍的產生不是由於重複的電擊，就是因為處於迴避狀態而引發的壓力所導致。在經過適當的否證思考後，布萊迪設計了一個實驗，排除單由電擊引起潰瘍的可能。他把兩隻猴子放在相鄰的形狀完全一樣的綁椅上，一隻猴子是「領導者」（注意這裡明顯暗示了刻板印象中的

壓力重重，筋疲力竭的商業主管者形象），可以在每隔 20 秒鐘出現的電擊之間的任何時候按槓桿迴避電擊。對控制組的猴子，槓桿不起作用，每當領導猴在 20 秒鐘內沒有按槓桿被電擊時牠也受到電擊。因此，兩隻猴子受到同樣的電擊時，只有一隻猴子有能力控制電擊（這應該讓你想起是共軛控制程序的又一例子）。這些意外事件在 6 小時內有效，之後伴隨 6 個小時的休息期。在 24 小時內，猴子有兩段 6 小時的工作期，兩段 6 小時的休息期（但是猴子不能離開綁椅）。

23 天後首領猴死了，而且被發現得了潰瘍，控制組的猴子體內沒有潰瘍。布萊迪隨後用第二對猴子重複同一實驗，得到了同樣的結果。他最後報告了四對猴子(Brady, Porter, Conrad, & Mason, 1958)的數據，得出結論說這種既要為自己也為他人命運負責的心理壓力會引起健康問題，在這個例子就是引起潰瘍。你能明白軍方為什麼會資助這一研究嗎？

這一研究在普通心理學課本中被廣泛引用，發表在《科學的美國人》(Scientific American)上，使它獲得了更廣的讀者。但是，仔細研究布萊迪的程序便可以發現存在著受試者選擇的混淆。具體而言，布萊迪沒有把猴子隨機分到兩組中，而是在預先將所有八隻猴子都按「首領」對待，看牠們在前測時能多快完成迴避制約學習。那些反應更快的猴子被認為適合作實驗組，分到首領條件中。不過布萊迪當時不知道猴子在情緒特徵程度上存有差異，更情緒化的猴子對電擊反應更迅速。他無意地將高度情緒化的猴子（有潰瘍傾向的）分到管理者條件中，而將更為遲鈍的猴子置於控制條件下。

第一個指出這一問題的人是魏斯(Weiss, 1968)，他用白鼠做了一些控制較佳的研究，得到了與布萊迪相反的結果。你可能還記得這一章前面討論的共軛控制組方法，魏斯發現那些能控制電擊的白鼠比那些不能控制電擊的白鼠實際上更少得潰瘍。

對於布萊迪研究，你最後可能想到的是，目前的倫理委員會會要求他徹底改變實驗程序。研究壓力與軀體疾病的關係是重要的，但是正如魏斯所顯示的，可以不必借用將恆河猴緊緊捆綁數週不能活動這樣嚴酷的實驗程序。

□流　失

　　受試者並不一定能完成實驗，因爲有時候研究可能會拖延一段時期，在這期間受試者可能會搬家、失去興趣甚至死亡，有些研究中受試者可能感覺不適而退出後來的測驗。因此，由於多種原因，研究開始時可能有100名受試者，到研究結束可能只剩下60人。這一問題有時稱爲受試者死亡 (subject mortality)，但我想避免這個含有喪氣的詞語而以**流失**(attrition)代之。流失是一個問題，因爲某些類型的人比其他人更可能中途放棄。結果，完成研究的群體基本上是由與研究開始時不同類型的人組成的，這就在實質上與選擇問題相似，因爲開始研究的群體與完成研究的群體不相等。

　　至此結束了我們對研究方法的入門介紹，下兩章將進行深入探討——第6章從說明組間設計與組內設計（或重複設計）的區別開始，然後介紹實驗研究中的一些控制問題，特別是重點了解組間設計中建立相等組，組內設計中控制序列效應，以及同爲人類的實驗者和受試者引起的誤差問題。第7章介紹不同的研究設計，從使用單一獨變項的研究，一直到那些被稱爲因素設計的研究類型，都會涉及。

本章複習

詞彙塡空

1.心理學實驗研究的一個定義特徵是 ＿＿＿＿＿ 變項受到仔細的控制。

2.年齡、性別和社會經濟地位都是 _____ 變項的例子。

3.有時候運動員表現傑出，照片就會登在「體育畫報」(Sports Illustrated)的封面上。這之後運動員的成績退步，你的室友便稱這是「體育畫報」讓人倒楣的又一例子。不過更可能的是，運動員成績退步是 _____ 的一個例子。

4.對 _____ 的關注使得記憶研究者想了解，我們為什麼記不得鑰匙放在什麼地方，以及為什麼能從以前高中的紀念冊中認出熟人等這些事情的原因。

5.瓊斯教授相信帕特確實從四年自由藝術教育中受益。與第一年相比，帕特更能作批判性思考，更能忍耐挫折。大學可能是此一變化的原因，但是另一種可能的解釋是 ___。

6.由於沒有認識到 _____ 會使結果無法解釋，一名研究者對一種治療妄想症的新方法感到興奮，儘管 23 號受試者是這一長期評估計畫的唯一健在者，他的妄想傾向好像真地被治癒了。

多重選擇

1.第 4 章中介紹名義量尺時用沙赫特的研究舉了一個例子，預期會受到強烈電擊的人願意與他人一起等候，這個研究可能受到批評因為所有的受試者都是女性。這是對研究的哪個方面的批評？

(a)建構效度。

(b)外部效度。

(c)內部效度。

(d)生態效度。

2. 50 名志願者在退休前一年參加了一個降低高血壓的運動計畫，退休後一年，所有 50 名參與者仍然留在計畫中，而且他們的血壓下降了。什麼原因破壞了內部效度，使這些數據難以解釋？

(a)流失。

(b)成熟。

(c)工具。

(d)經歷。

3.在一個記憶研究中，研究者想說明使用視覺意象能夠提高記憶。他讓一些受試者產生意象，而讓另一些受試者每個詞語重複兩次。由於形成意象比重複意象要用更長的時間，所以呈現詞給意象組受試者的時間（4秒／詞 ）要長於重複組的時間（2秒／詞 ）。關於這一研究，下面哪一敘述是正確的？

(a)呈現速度與指導語變項混淆。

(b)呈現速度是獨變項。

(c)它有內部效度，但是缺乏外部效度。

(d)它是一個設計很好的研究，指導語變項就是被操弄的獨變項。

4.關於著名的波波娃研究，下面的哪一敘述是正確的？

(a)所有的獨變項都是操弄變項。

(b)由於大人和兒童使用了同樣的充氣娃娃，所以「波波娃」的因素被控制住了。

(c)兒童只模仿卡通人物。

(d)操弄獨變項是一個情境變項。

5.研究者給受試者一些非常簡單的謎題，但卻告訴他們問題非常困難。然後給另一些受試者非常困難的謎題，但卻告訴他們問題非常容易。這樣做的目的在於影響受試者的自信心。下面哪一句話是正確的？

(a)謎題難度與指導語混淆。

(b)研究使用了一個叫作「自信心程度」的受試者變項。

(c)這個研究中自信心是一個操弄獨變項。

(d)這個研究中自信心是依變項。

應用練習

練習 5.1　辨認變項

在下面的每一研究中，找出獨變項、獨變項的水準及依變項。對於獨變項，辨別是操弄變項還是受試者變項。對於依變項，指出使用了什麼測量量尺。

1. 在一個認知地圖研究中，研究者比較新生與高年級學生正確指出校園建築的能力。有些建築物在校園的中央，沿途是一些交通繁忙的道路；其他建築物在校園的周圍。除了要指出建築物，受試者還要說明（在一個 5 點量表上）對自己的回答有多少自信心。

2. 在一種治療恐懼的新藥評估研究中，一些病人服用了藥物，而另一些病人只是認為自己服用了藥物，第三組受試者沒有接受任何治療措施。計畫完成後測量他們對幾種壓力刺激的生理反應。六個月後，所有的受試者都由一名臨床心理學家評定是否仍受恐懼障礙的困擾。

3. 在巴卜洛夫的制約反應研究中，透過將聲音與食物一起呈現的辦法，使飢餓的動物在聽到一個聲音後便分泌唾液。在給有些動物食物之前，聲音響一下然後關閉；對另一些動物，聲音一直持續到食物出現；還有一些動物，食物在聲音之前出現。

4. 在一個發展心理語言學的研究中，給 2 歲、3 歲和 4 歲的兒童展現一些玩具，然後讓他們表演一些情景，來看他們是否能使用某些文法規則。有時候每個兒童都要按主動語態表演場景（阿尼打伯特），有時候他們要按被動語態表演（阿尼被伯特打）。根據兒童是否能準確地表演這些場景以及開始表演前需要的時間來進行判定。

5. 在一個迷津學習研究中，有些白鼠試驗 30 次，其中達到終點就給牠們餵食；另一些白鼠同樣試 30 次，但不給餵食；還有一些白鼠，在前 15 次試驗中不給牠們餵食，但在其後的每 15 次試驗中都給餵食；最後一組在前 15 次

給餵食，但在後 15 次不給餵食。研究者記下白鼠的任何錯誤（錯誤轉彎）以及牠們用多長時間達到目標。

練習 5.2　　*發現混淆*

在以下的每一研究中，辨認出獨變項和依變項，然後找出至少一種沒有被恰當控制（就是說造成混淆）的外擾變項。請按照表 5.2 給出的格式。

　1.一家測量公司想確定一種新型的高爾夫球桿（1 號球桿）是否比三種競爭品牌（2–4 號球桿）擊球更遠。需要 20 名職業高爾夫球員，每一名球員用 1 號球桿揮擊 50 個球，然後用 2 號球桿揮擊 50 個球，接著用 3 號球桿揮、4 號球桿揮擊各 50 個球。為了增加真實性，實驗在一座真正的高爾夫球場進行，使用球場前 4 個洞——第一輪 50 個球從第一洞的球座發球，第二輪 50 個球從第二洞的球座發球，依此類推。這四個球洞區都有 410 碼以上，而且每一洞的標準桿都是 4 桿。

　2.一名研究者想了解精神分裂症病人判斷不同時段的能力，他假設強噪音會不利於他們的判斷。他透過兩種方式對受試者測驗：「安靜」條件下，一部分受試者在一個用於聽力測驗的隔音的小房間中接受測驗；「嘈雜」條件下，受試者在一個護士的辦公室中接受測驗，那裡有一個錄音機，以一定音量（很大聲地）放著音樂。由於時間安排的問題，封閉病房（即，相對更危險的）的病人只能在星期一受測，開放病房（即，相對不太危險）的病人只能在星期四受測。另外，星期四有聽力測驗，所以隔音房間只能在星期一使用。

　3.一名實驗者對使用視覺意象能否提高記憶有興趣。受試者（全部是女性）分成兩個組——有些受試者接受到意象技術的訓練，有些受試者接受到複誦的訓練。意象組受試者學習 20 個具體名詞（比抽象記憶更容易形成視覺意象），另一組受試者學習使用頻率與具體名詞相匹配的 20 個抽象名詞（那些特別容易發音的，因此複誦起來更容易）。為了使呈現方法與學習方法一致，給意象組受試者的詞語是透過視覺呈現的（在電腦螢幕上）。為了控制任何「電腦恐懼症」因素，背誦組的受試者也坐在電腦終端機前，但是經過製作程式，電腦把詞表讀給受試者。在聽到了相應的詞表後，受試者有 60 秒鐘時間盡量回憶出現聽過的詞，不論次序。

本章複習答案

A.　詞彙填空

　　1.外擾　　2.受試者　　3.趨均數迴歸　　4.生態效度　　5.成熟　　6.流失

B.　多重選擇

　　1. b　　　　2. d　　　　3. a　　　　4. d　　　　5. c

應用練習

練習 5.1 辨認變項

1.IV1.　學生年級(受試者變項)；兩個水準(新生與高年級學生)

　IV2.　建築物的位置(操弄變項)；兩個水準(中央和周邊)

　DV2　指向的正確性(可能是偏離真分數的程度)(比率量尺)

　DV2.　自信的評定(等距量尺)

2.IV 1.　藥物(操弄變項)；三個水準(藥物組、安慰劑控制組、控制組)

　DV 1.對壓力的生理反應(比率量尺)

　DV 2.診斷(名義量尺)

3.IV 1.　聲音與食物的配對呈現(操弄變項)；三個水準(三種配對方式)

　DV 1.唾液的分泌量(比率量尺)

4.IV 1.　年齡(受試者變項)；三個水準(2歲、3歲和4歲)

　IV 2.　語言指令(操弄變項)；兩個水準(主動、被動)

　DV 1.正確性(名義量尺)

　DV 2.反應時(比率量尺)

練習 5.2 發現混淆

1.　　　　　IV　　　　EV1　　　　EV2　　　　DV

球棒類型	高爾夫球洞	次序	距離
1	第 1 洞	第一次的 50 個球	
2	第 2 洞	第二次的 50 個球	
3	第 3 洞	第三次的 50 個球	
4	第 4 洞	第四次的 50 個球	

　　——即使都是標準球洞，這四個洞也可能非常不同(譬如，上坡洞與下坡洞)。

2. IV：是否存在噪音

　　混淆變項：房間大小，病人的類型，星期幾

3. IV：是否給予意象訓練。

　　混淆變項：名詞類別，呈現方法

6

實驗研究中的控制問題

本章概要

❖ **組間設計**

在組間設計(between－subjects designs)中，一名受試者只參與一種實驗條件。當研究的是受試者變項（例如性別）或者當參加一種實驗條件會改變受試者使他們沒有可能參加另一種實驗條件時，就需要使用這種設計。組間設計的主要困難是怎樣製造除獨變項外所有因素都相等的組。

❖ **創造等組的問題**

組間設計中比較受青睞的創造等組(creating equivalent group)的方法是隨機分派，尤其是當受試者數目比較大的時候。如果受試者很少，而某種因素（諸如智力）與依變項相關，並且這一因素可以在實驗開始前評定，那麼等組可以透過一種配對過程形成。

❖ **組內設計**

當每一受試者參加所有的研究條件時，研究使用一種組內設計(within subjects design)或者重複量數設計(repeated－measures design)。這樣的設計中，參加一種條件可能會影響受試者在其他條件下的表現，即發生序列效應(sequence effect)。序列效應包括延續效應(carryover effects)和次序效應(order effects)。

❖ **序列效應的控制問題**

序列效應可由不同的交互平衡法(counterbalancing procedures)控制，所

有這些平衡法都要保證各種條件在一種以上的序列中得到檢驗。根據受試者在每一條件中只參加一次還是多次，而使用不同的交互平衡法。

❖ 發展研究中的控制問題

發展心理學中主要的獨變項是受試者變項——年齡。如果年齡是在組間研究的，那麼實驗設計指的是橫斷法。它的優點是有效率，但同輩效應會發生，這是不等組的一種特殊形式。如果年齡是一個組內變項，實驗設計便稱作縱貫法，這時受試者流失是一個問題。

❖ 偏見的問題

心理學研究的結果會因實驗者的期待效應而引起偏差，導致實驗者在不同條件下以不同方式對待受試者，使結果無法解釋。這種效應可以經由自動化程序和雙盲技術的使用而減小。受試者偏見也會發生，如果研究的需求特性暗示他們研究的真正目的，參加者可能會證實研究者的假說。

在那本具有劃時代意義的實驗心理學課本中，伍德沃斯剛剛介紹完著名的獨變項和依變項的區別，便強調實驗研究中控制的重要性。他說，「無論是使用一種還是一種以上的獨變項，保持其他所有條件的穩定是極重要。否則你不可能將被觀察的效應與任何必然的原因聯繫起來。在達到這要求時，心理學家一定預期會遇到困難……(Woodworth, 1938, p. 3)。我們已經看到這些困難，上一章中討論的混淆與危害內部效度的問題基本上是控制外擾因素的問題。在本章中，我們要看維持控制的其他方面：在包括不同受試組的實驗中製造等組的問題，在多次測試受試者的實驗中序列效應的問題，以及偏見造成的問題。

我們記得一個獨變項最少必須有兩種水準：一個實驗至少要比較條件A 與條件 B，參加研究的受試者可能參加 A 或參加 B，或者既參加 A 也參加 B。如果他們只是受到 A 的處理或者是 B 的處理並非全部，這樣的設計是**組間設計**(between – subjects design)。如此命名是因為 A 與 B 的比較是在兩組不同的人之間進行。另一方面，如果每一受試者既要接受 A 的處理也要接受 B 的處理，就可以說每一受試者都接受了兩種水準的處

理；這一設計稱爲**組內設計**（within - subjects design），讓我們逐一敍述。

組間設計

　　組間設計有時是必要的。譬如，如果獨變項是受試者變項，在這種情況下便沒有選擇，一個比較內向與外向、男性與女性的研究需要比較不同的群體。在某些使用操弄獨變項的研究中，組間設計也是不可避免的，例如，西格爾和奧斯特若夫（Sigall & Ostrove, 1975）做了一個研究外表吸引力對罪犯被判刑期影響的實驗，他們給大學生一個犯罪案件的描述，然後讓他們給罪犯判定刑期。有兩個組間操弄獨變項：一個操弄變項是犯罪類型：可能是竊盜罪——「芭芭拉」闖進鄰居的家裡，偷走了$2, 200；也可能是詐騙——芭芭拉「討好一位中年單身漢，然後誘使他在一個空頭的公司中投資了$2, 200」（Sigall & Ostrove, 1975, p. 412）。另一個操弄變項是芭芭拉的吸引力，有些受試者看到的是一張非常迷人的芭芭拉照片，另一些受試者看到的是一張不好看的芭芭拉照片，還有一個控制組沒有看照片。結果有趣的是，當犯竊盜罪時，吸引力發揮了作用，與不迷人的芭芭拉（5.2年）和控制組（5.1年）相比，迷人的芭芭拉獲判一個較輕的刑期（2.8年）。但是，當犯詐騙罪時，結果則相反。受試者們顯然認爲芭芭拉是利用自己漂亮的容貌犯罪，因而判給迷人的芭芭拉較重的刑期(5.5年)，而不迷人的芭芭拉只判4.4年，控制組的女性也只判4.4年。

　　我想你可以明白爲什麼需要用組間受試者變項進行這一研究。譬如，對那些參加了「迷人的芭芭拉詐騙」條件的受試者，經驗肯定會影響他們，使得他們不可能在「不迷人的芭芭拉竊盜」的條件中「從零開始」。在某些研究中，參加第一種條件使得同一個人不可能參加第二種條件。有時候，每一條件必須只能包括「無經驗的」(naive)受試者。

　　雖然組間設計的優點是進入研究的每一受試者都是新人，而且對測驗的程序沒有經驗，但它主要的缺陷是可能需要僱用和測試大量的受試者，並對其詢問和解釋。因此，在這樣的設計中研究者投入了大量的精力。我

的博士畢業論文是關於記憶的研究，包括了五個不同的需要組間設計的研究；需要 600 多位學生在我的實驗室進進出出，這個計畫才完成！

組間設計的另一個不利之處是，條件的不同可以歸咎於獨變項，但也可能是因為兩組不同人的差別。為了應對這種潛在的混淆，我們一定要深思熟慮，想辦法創造**等組**（equivalent groups）。等組是在除獨變項以外其他所有方面互相對等的組群。一個組間設計研究中，等組的數目與研究中不同條件的數目正好一致。

創造等組的問題

在組間設計實驗中，有兩種創造等組的常見技術。理想的方法是使用隨機分派，另一個辦法是使用一種稱為配對的方法。

隨機分派

首先，你一定要了解隨機分派和隨機選擇不是同一回事。在第 4 章中介紹的**隨機選擇**（random selection）是獲得研究受試者的一個方式。**隨機分派**（random assignment）是在一旦選定，便將這些受試者安排在不同的組中。使用隨機分派時，所有自願參加的受試者都有同樣的機會被安排在每一個組中。

透過隨機分派，可能引起研究誤差的個體差異的因素會平均地分配在不同的受試者組中。假定在一個記憶研究中比較兩種呈現速度：我們假設，焦慮的受試者在記憶作業上的表現不如非焦慮受試者，但是並不清楚事實狀況。我們給有些受試者呈現詞語的速度是 2 秒／詞；另一些受試者呈現詞語的速度是 4 秒／詞，我們的預測是 4 秒組的回憶較佳。這裡有一些數據，是這樣研究可能產生的假設性結果，每一數字指的是從一個有 30 個名詞的字表中可能回憶出的字詞數。在每一受試者序號後面，我用括號加了一個 A 或 R，用來告訴你哪一受試者是焦慮型（anxious）人，哪一受試者是放鬆型（relaxed）的人。焦慮受試者的數據用陰影表示。

受試者序號 S #	2 秒速度	受試者序號 S #	4 秒速度
S1（R）	15	S9（R）	23
S2（R）	15	S10（R）	19
S3（R）	16	S11（R）	18
S4（R）	18	S12（R）	20
S5（R）	20	S13（R）	25
S6（A）	10	S14（A）	16
S7（A）	12	S15（A）	14
S8（A）	13	S16（A）	16
M	15	*M*	19
(SD)	(3.23)	(SD)	(3.72)

如果仔細看這些數據，你可以看到每一組中的焦慮受試者都不如同組五個放鬆型的成績。但是，由於每一組中都有同樣數目的焦慮型受試者，

焦慮對回憶的不利影響對兩組就大致相同。這樣便確保了主要的比較對象是呈現速度的不同（4 秒鐘速度產生較佳的回憶結果，19 >15 ）。

隨機分派不能保證安排給每一組同樣數目的焦慮型受試者，但是基本上這個程序可以將潛在混淆的因素平均地分布在不同的組別中，尤其是當每一組中受試者的數目很多時。事實上，參與的受試者數目越大，隨機分派有效地創造等組的機會就越大。如果組是相等的，而且其他所有因素都被充份控制，那麼你就可以令人羨慕地說：研究是由獨變項引起的。

你可能以為隨機分派的實際過程相當簡單——不過是用一個隨機數目表將每個受試者分配到組中，或者在有兩組的研究中擲一枚硬幣決定。但遺憾的是，這種方法的結果幾乎肯定是在你的組中會有不同數目的受試者。最糟糕的情況，想像你用 20 個受試者做一個研究，受試者分成兩個組，每組 10 人。你決定在受試者進來的時候擲硬幣：人頭向上就把受試者分到 A 組，背面向上就把受試者分到 B 組。但如果硬幣在全部 20 次中都是人頭向上怎麼辦？

為了在完成隨機分派受試者的過程中能夠保證每一組中有相等數目的受試者，研究者可以採用**區塊隨機化**(block randomization)的方法，這種方法確保每一種實驗條件都隨機分派了一個受試者後才進行第二次分派，而每一「區塊」中用一個隨機化的順序包含了全部研究條件。表 6.1 顯示了這一程序如何透過手工完成；在實務上中，研究者常常倚賴一個簡單的電腦程式來創造一系列符合區塊隨機化要求的條件。

表 6.1　區塊隨機化

　　區塊隨機化是創造等組的一種程序，它形成了一個包含全部研究條件的塊。在每一區塊中，實驗條件是隨機排列的。下面是比較四種呈現速度如何影響詞表記憶，這種方法要怎樣運作。

第 1 步　確定你要測驗多少受試者。如果你希望對每一條件測驗相等數量的受試者，那麼全部受試者數必須是全部條件數（這個例子中是 4）的倍數。假定你需要 80 名受試者，每一種呈現速度需要 20 人。

第 2 步　把四種條件標記為 1, 2, 3 和 4。每一區塊就被定義成這四個數字的某一隨機序列。

第 3 步　看一個隨機數字表，沿著列或者行尋找數字 1 – 4。每個數字都選中一次後，再作第二次的篩選。例如，下面是從隨機數字表中截選的一部分，你從第二行開始橫著讀：

$$2 \quad 2 \quad 1 \quad 7 \quad 6 \quad 8 \quad 6 \quad 5 \quad 8 \quad 4 \quad 6 \quad 8 \quad 9 \quad 5$$
$$\rightarrow \underline{1} \quad 9 \quad \underline{3} \quad 6 \quad 1 \quad 7 \quad 5 \quad 9 \quad \underline{4} \quad 6 \quad \underline{1} \quad \underline{3} \quad 7 \quad 9$$
$$1 \quad 6 \quad 7 \quad 7 \quad \underline{2} \quad 3 \quad 0 \quad \underline{2} \quad 7 \quad 7 \quad 0 \quad 9 \quad 6 \quad \underline{1}$$
$$7 \quad 8 \quad 0 \quad \underline{3} \quad 7 \quad 6 \quad 7 \quad \underline{1} \quad 6 \quad 1 \quad \underline{2} \quad 0 \quad \underline{4} \quad 4$$
$$0 \quad \underline{3} \quad \underline{2} \quad 8 \quad \underline{1} \quad \underline{2} \quad 2 \quad 6 \quad 0 \quad 8 \quad 7 \quad \underline{3} \quad 3 \quad 7$$

我將這個例中你會篩選出的隨機數字序列下面劃了線。因此第一區塊隨機序列就是 1 – 3 – 4 – 2，1、3 和 4 是由隨機表決定的，第四個數

字一定是 2，所以沒有必要在表中找它。第二區塊是 1 – 3 – 2 – 4，第三區塊是 3 – 2 – 1 – 4，依次類推。你需要選出 20 區塊這樣的 4 個數字來囊括全部 80 個受試者。

第 4 步　創造一個包括全部序列的總表★。每當一名受試者完成實驗，便從 80 個數字的總表中劃掉一個數字，當施測了 6 名受試者後，總表的一節就像下面這樣：

> 第 1 區塊　　1——3——4——2—
> 第 2 區塊　　1——3— 2　　4
> 第 3 區塊　　3　　2　　1　　4
> 　　　　　　　．　　　　．
> 　　　　　　　．　　　　．
> 　　　　　　　．　　　　．
> 第 20 區塊　2　　4　　3　　1

配　對

　　當每一實驗條件中只有為數很少的受試者時，隨機分派可能無法創造等組。下面的例子告訴你這種情況是怎樣發生的：讓我們以之前所舉的呈現速度影響記憶的同一研究為例，並且假定你研究的數據是一個有效隨機分派後的結果，即剛好平衡每一組中有五個放鬆型的人和三個焦慮型的人。但是，隨機分派可能會把所有六個焦慮型的人都分在同一組中，這似乎不大可能，但它還是會發生的（正如完全公平地擲一枚硬幣，則擲硬幣 10 次人頭均向上是有微乎其微的可能的）。如果是，可能像這樣：

★ 未建立某種形式的處理每個受試者的總表，就不要測試一個受試者。

受試者序號 S#	2秒速度	受試者序號 S #	4秒速度
S1（R）	15	S9（R）	23
S2（R）	17	S10（R）	20
S3（R）	16	S11（A）	16
S4（R）	18	S12（A）	14
S5（R）	20	S13（A）	16
S6（R）	17	S14（A）	16
S7（R）	18	S15（A）	14
S8（R）	15	S16（A）	17
M	17	M	17
(SD)	(1.69)	(SD)	(3.07)

　　這種結果當然與第一個例子完全不同。在此例子中，不能像第一個例子那樣得出呈現速度較慢時回憶較好的結論，研究者無法拒絕虛無假設，並且對所發生的事莫名其妙。但畢竟，受試者是隨機分派的，且研究者預測呈現速度較慢時回憶較好當然是合理的。那麼，出了什麼錯？

　　事實是隨機分派無意中形成了兩個顯然不相等的組——一組由完全放鬆的人組成，另一組主要是焦慮型的人。4秒鐘的呈現速度可能確實會產生較佳的回憶，但是真正的差別在這個研究中被抹掉了，因為放鬆型受試者的相對高分，2秒組的平均分數被誇大了，4秒組的平均分數則由於焦慮的影響被壓低了。另一種說法是，隨機分派創造等組失敗，導致了第 II 類錯誤（呈現速度確實影響回憶；只是此研究沒有發現這一效應）。

　　為了在這樣的情境中處理等組的問題，可以使用一種配對的程序。在配對(matching)時，將受試者在諸如焦慮水準的特質上配對；然後將每對中一個人隨機分派到一組。這時焦慮水準被稱作**配對變項**(matching variable)。配對常常使用在：

　　　a. 受試者的數目(N)較少，因此隨機分派有一定風險，可能產生不等組。

b. 配對變項以一種可預見的方式影響結果（即，配對變項與依變項有關）。

c. 有合理的方式在配對變項上測試受試者。

這三個標準中，第一個在大部分時候都適用（有時配對會發生在 N 較大的時候），但第二個和第三個標準也是必要的。譬如在記憶研究的情況中，只有當研究者有很好的理由懷疑焦慮會影響回憶，且有合理的方式判斷每一受試者在分配到實驗條件前的焦慮水準，研究者才使用配對。你可能猜想，後一個要求有時使配對不現實。但是，當這一程序可行而且看上去有必要時，執行它的步驟便相當淺顯易懂。為了說明如何配對，請研讀表 6.2 中的例子。

表 6.2　如何使用配對程序

一個關於問題解決的研究需要兩個不同的組，研究者考慮受試者的學習技能可能與實驗中使用的問題有高相關。受試者是大學生，所以研究者決定將兩組在 GPA(Grade Point Average)上配對。即有計畫地採取辦法保證這兩組在由學生們 GPA 所反映出的成績能力上相等，下面就是研究者的作法：

第 1 步　獲得每一受試者在配對變項上的分數，這個例子中它是容易辦到的，就是從學生註冊員那裡拿一個 GPA 的名單。（配對常常需要在配對變項上對受試者作前測；這可能意味著兩次帶受試者進實驗室，因而常使僱用受試者變得困難，這也是研究者為什麼偏愛隨機分派的另一個原因。）我們假定研究中有 10 名受試者，每組 5 個人。下面是 10 個學生的 GPA。

S1:	3.24	S6:	2.45
S2:	3.91	S7:	3.85
S3:	2.71	S8:	3.12
S4:	2.05	S9:	2.91
S5:	2.62	S10:	2.21

第 2 步　以升序排列 GPA

S4:	2.05	S9:	2.91
S10:	2.21	S8:	3.12
S6:	2.45	S1:	3.24
S5:	2.62	S7:	3.85
S3:	2.71	S2:	3.91

第 3 步　建立 5 對分數，每一對都包括相鄰的兩個 GPA 分數。

第 1 對：2.05 和 2.21

第 2 對：2.45 和 2.62

第 3 對：2.71 和 2.91

第 4 對：3.12 和 3.24

第 5 對：3.85 和 3.91

第 4 步　把每一對中的一名受試者隨機分派到第 1 組，另一名分派到第 2 組。

下面是一種可能的結果：

	第 1 組	第 2 組
	2.05	2.21
	2.62	2.45
	2.91	2.71
	3.12	3.24
	3.85	3.91
平均 GPA	2.91	2.90

現在研究可以充滿自信地向下進行，因為兩組就整體成績而言是相等的。（如果有超過兩組，配對程序直到第 2 步都是一樣，但在第 3 步的時候研究者不是建立成績對，而是要創建與所需組數相等的群數。然後到第 4 步，將每一群中的受試者隨機分派到組中）。

在第 4 章中關於分層抽樣的討論中，我指出使用這一程序的研究者面臨使用多少「層次」的問題，為配對者造成一種類似的困境。在記憶研究中，我應該將每組按焦慮水準配對嗎？智力水準怎麼辦？教育水準怎麼

辦？我想你可以明白這裡需要一些的判斷，因為當配對變項超過一個時，配對便難以完成。事實上，配對變項的決策和測量問題通常是心理學研究者為什麼願意花一些氣力僱用足夠的受試者然後隨機分派的原因，即使他們可能懷疑某個變項與依變項相關。譬如，在記憶研究中，研究者很少關注受試者的焦慮水準、智力或者教育水準。他們只是使群體足夠大，使得隨機分派將潛在的混淆因素均等分布在研究條件中。

組內設計

本章一開始就提到，在一個組內設計中，所有受試者都受到獨變項每一水準的處理。在這類研究中每個人都要測量數次，所以有時你會看到這種方法被稱為「重複量數」(repeated – measure)設計（例見第 7 章）。這種設計有一個明顯的實用優勢——幾乎不需要僱用多少受試者。如果你要做一個研究，比較兩種條件，並且想在條件 1 中測量 20 人，那麼對於一個組間設計研究你需要僱用 40 人，但對一個組內設計研究只需要 20 人。

組內設計有時是唯一合理的選擇。在生理心理學、感覺和知覺這些領域的實驗中，實驗者常常對一些需要短暫時間測驗但可能要大量準備（譬如外科手術）的條件之間進行比較。例如，一項知覺研究使用繆萊二氏錯覺，藉由變換線段的方向，看看在豎著呈現時的錯覺是否特別強（見圖 6.1）。這一作業可能包括在一個電腦螢幕上顯現錯覺，然後讓受試者按某一個鍵，變化一條線段的長度。受試者被告知要調整兩條線段，直到它們看來長度相等。任何一次實驗都可能不超過 5 秒鐘，所以把「錯覺方向性」的變項弄成一個組間因素，幾秒鐘就使用一個受試者的行為便是荒唐的。反之，讓方向性變項成為一個組內因素，然後讓每一名參加者完成一個包括了全部變項水準的一系列嘗試（也許每一水準都重複數次），這樣會更有意義。

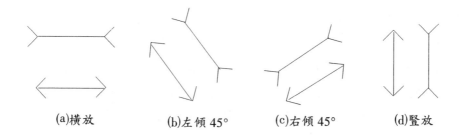

(a)橫放　　　(b)左傾 45°　　　(c)右傾 45°　　　(d)豎放

圖 6.1　　四種方位的繆萊二氏錯覺

當研究的整個對象母群體很小且造成受試者缺乏時,組內設計可能也是必要的,就像對太空人或多重人格疾患患者(multiple personalities)的研究就是兩個例子。當然,即使母群體有限仍需要組間設計的時候也是有的:譬如評估一種新的多重人格治療法的效果,可能需要對那些接受治療者與控制組中不受治療的另一些人作比較。

除了方便外,使用組內設計的優點與發生在組間設計中的等組問題的排除有關。回憶第 4 章,兩組比較推論統計分析要檢驗實驗條件間的變異與每一實驗條件內的變異。條件之間的變異可能是因為:(a)獨變項;(b)由混淆造成的其他系統性變異,或者(c)非系統的誤差變異。在組間設計中,有明顯的一部分誤差變異是由不同組之間受試者的個別差異造成的,但是在組內設計中,任何條件間的個別差異都消失了。讓我們來看一個具體的例子。

假設你正在比較兩種高爾夫球的擊球距離。你僱用 10 位職業高爾夫球手,將把他們隨機分派到兩組中,每組 5 人。在熱身後,每名高爾夫球選手擊的球結果如下:

第1組中的職業 高爾夫選手	高爾夫球 #1	第2組中的職業 高爾夫選手	高爾夫球 #2
選手 1	255	選手　6	269
選手 2	261	選手　7	266

選手 3	248	選手 8	260
選手 4	250	選手 9	270
選手 5	245	選手 10	257
M	253	M	265
(SD)	(5.26)	(SD)	(5.19)

　　這裡有幾個地方需要注意。首先，每組內都有一些變異性，正如兩組的標準差所反映出的，這是每組中的個體差異以及其他隨機因素引起的誤差變異。第二，兩組顯然在母群體上存在差異。第二組中的職業選手比第一組的選手擊球較遠，為什麼？有四種可能性：

　　1. 運氣：也許它不是一個統計上顯著的差異，即使是，仍然有 5% 的可能是第 1 類錯誤。

　　2. 高爾夫球；也許被第二組擊打的那種牌子的高爾夫球行距更遠（當然，這就是研究假設）。

　　3. 某種混淆（譬如，第二組擊球時風向變了）。

　　4. 個別差異；也許第二組中的高爾夫球選手較強壯或者技術較好。

藉由前面介紹的創造等組的程序，第四種可能性的機會被減小了，應用隨機分派或者配對使你能夠合理地相信第二組的高爾夫球選手與第一組選手在能力、力量等方面大致相當。但儘管如此，兩組間的某些差異仍有可能追溯到兩組間的個別差異。此問題在組內設計中就不會發生，假設你重複了前面的研究，但僅僅使用了五名高爾夫球選手，而且每一選手都是先擊球 1，然後再擊球 2。結果表如下：

唯一組中的高爾夫球員	高爾夫球 1	高爾夫球 2
球員 1	255	269
球員 2	261	266

球員 3	248	260
球員 4	250	270
球員 5	245	257
M	253	265
(SD)	(5. 26)	(5. 19)

　　在對第一套數據的四種可能解釋中，第 4 種解釋可以在第二套數據裡排除。第一套數據中，第一行中 255 和 269 可能是因為運氣、球的不同，或是因為一種混淆，或者可能是兩組間的個別差異；在第二套數據中，第二組不存在，所以第四種可能性就沒有了。因此，在一個組內設計中，個別差異從研究條件之間的變異量中排除了。從統計上來說，這意味著在組內設計中，推論分析對平均數之間微小的差異比在組間設計中更為敏感。

　　但是，當第二種情境下兩組數據的差別只能歸因於(a)偶然因素；(b)第二個球的優點，或者(c)一種混淆時，你就完全滿意了嗎？你是否覺得選手 1 在擊第 1 個球和第 2 個球之間作了一些改變？儘管高爾夫球選手在揮桿之間不可能多加 20 磅力氣，但如果某種練習或熱身效應起作用，或者也許選手察覺到在擊第 1 球時揮桿動作有誤，而在擊第 2 球時糾正了這一錯誤。簡而言之，在組內設計中，一個主要的問題是一旦受試者完成了研究的 A 部分，則經驗或改變了的環境可能影響他在研究的 B、C 等部分中的表現。這一問題被稱為**序列效應**(sequence effect)，其運作方式有若干種。

　　一方面，第一次實驗可能以一定方式影響受試者，提高了他在第二次的成績，就像在練習或糾正揮桿動作的例子那樣。另一方面，有時候重複的嘗試所產生疲勞或者厭倦，會使得成績一次次有規律地下滑。這兩種效應都可以稱為**延續效應**(carry – over effect)。另外，一些特殊序列會產生與其他序列不同的效果，這些序列被稱為**次序效應**(order effect)。例如，你做一個認知地圖研究，讓人儘可能正確地指出幾處地理位置。假定當時做這個研究的地點是在芝加哥，需要指認的地方是洛杉磯、舊金山、紐約、聖路易和匹茲堡。如果讓受試者先指認洛杉磯再指認舊金山，他們的

正確性就與先指認紐約再指舊金山時不同。連續指出兩個大致在同一方向的地點可能與連續指出兩個相反方向的地點會產生不同的效果。簡言之，各條件被呈現的次序，獨立於任何練習或疲勞效應，可能影響研究的結果。

序列效應的控制問題

控制序列效應的典型方式是使用一種以上的序列，這種策略被稱爲**交互平衡法**(counterbalancing)。它有兩大類：一類是在每一實驗條件中嘗試一次；另一類是在每次條件中接受一次以上的嘗試。

每種條件嘗試一次

在有些實驗中，受試者在每一條件下都要接受測試，但每一條件只嘗試一次。例如，雷諾士(Reynolds, 1992)做過一個有趣的研究，是關於西洋棋選手判斷其他棋手水準的能力。他從紐約市各處的俱樂部中僱用了15名水準不同的西洋棋選手，然後讓他們觀看六場正在進行的西洋棋比賽（比賽中大約走了20步）。每一次實驗中，棋手要觀察一盤比賽進行中的棋局（他們被告知，假設每場比賽中對弈的棋手實力相當），然後按照一個標準的評分系統估計棋手的技術水準。比賽是刻意設置的，旨在反映出不同水準棋手的棋技。雷諾士發現，15名受試者中棋技較高的受試者對棋盤所反映的棋手能力的估計，比那些棋技稍低的受試者更準確。

你能認出雷諾士的設計中包括了一個組內設計變項，15名受試者全部都要觀察六場棋賽。同樣你可以明白，每場比賽讓每名棋手評判一次就可以了。因此，雷諾士面臨的問題是怎樣控制任何可能出現的序列效應。他當然不想讓15名受試者以完全一樣的順序觀看六場比賽。他怎麼做呢？

□ 完全交互平衡法

當受試者在組內設計中的每次條件中只測試一次時，序列問題的一種

解決辦法是使用**完全交互平衡法**(complete counterbalancing)，這表示每種可能的序列正好被使用一次。全部序列數目可以由計算 X！來決定，其中 X 是實驗條件數，！代表著數學計算階乘。例如，如果研究有三個條件，那麼就會有六種可能的序列被用到：

$$3！= 3 \times 2 \times 1 = 6$$

一個研究使用了三種條件 A，B 和 C，那麼六種序列就是，

ABC	BAC
ACB	CAB
BCA	CBA

　　完全交互平衡法的問題是隨著條件數的增加，可能需要的序列數也呈指數函數增加。三種條件需要六種序列，但只要加上一個第四種條件，就會產生 24 種序列($4 \times 3 \times 2 \times 1$)。你可以猜到，完全交互平衡法在雷諾士研究中是不可能的，除非他能僱用比 15 名棋手更多的受試者。實際上，就六場不同的比賽（即條件）而言，他需要 720(6!)名棋手。顯然，需要另尋策略。

□部分交互平衡法

　　每次用到全部序列數的一個子集時，結果被稱為**部分交互平衡法**(partial counterbalancing)，這就是雷諾士的解決方案；他只不過是從 720 種可能的序列中挑出一個隨機樣本，保證「對每一受試者和呈現順序都隨機化」(Reynolds, 1992, p. 411)。當現有的受試者數少於可能的序列數，或者序列數目較大時，從序列母群體中取樣是一種常見的策略。

　　雷諾士從全部序列中取樣，但是他可以選擇另一種常常用到的取向——平衡的**拉丁格**(Latin square)。這種方法的名字源於古羅馬的一道謎

題，是關於怎樣在矩陣中安排拉丁字母，使得每一字母在每一行和列中只出現一次(Kirk, 1968)。拉丁方格策略比僅僅從總體中選出一個隨機子集更爲高明。有了一個完美平衡的拉丁方格，你就可以確保(a)研究中的每一條件在序列的每一位置都有同樣的機會發生，並且(b)每一條件在另一條件之前及之後出現正好一次。透過讀表 6.3，看看怎樣建立如下的 6×6 拉丁方格。設想每一字母即是雷諾士的棋手觀看的六場比賽之一。

A B F C E D
B C **A** D F E
C D B E **A** F
D E C F B **A**
E F D **A** C B
F **A** E B D C

表 6.3　建立一個平衡的拉丁方格

在一個平衡的拉丁方格中，研究的每一條件在每一序列位置中出現的機會均等，而且每一條件在另一條件之前及之後出現正好一次。下面就是怎樣建立一個 6×6 的方格。

第1步　建立第一行，它是按照下面的一般原則固定的：

A　B　"X"　C　"X-1"　D　"X-2"　E　"X-3"　F......

其中 A 指的是研究的第一種條件，「X」代表最後一個實驗條件的字母。爲了建立一個 6×6 的方格，這一行應替換成

X ＝ 第六個字母 → F

X－1 ＝ 第五個字母 → E

因此，第一行就是

A　B　**F**（替換了"X"）C **E**（替換了 "X－1"）D

第2步　建立第二行，在第一行的每個字母下面，寫下該字母緊跟隨的字母。

唯一的例外是 F，在這個字母下面，返回六個字母的首字母 A。就是

A B F C E D
B C A D F E

第 3 步　按照第 2 步的原則建立剩下的四行。因此最後的 6×6 方格就是

A B F C E D
B C A D F E
C D B E A F
D E C F B A
E F D A C B
F A E B D C

第 4 步　將研究的六種條件隨機分派給字母 A 到 F，決定每一行的實際條件序列。然後對每一行安排相同數目的受試者。

我將條件 A（比賽 A）用粗字體表示，告訴你這個方陣怎樣滿足前段中列出的兩個條件。首先，條件 A 在六個序列位置中的每一個位置都出現了（第一行中第 1 位，第二行中第 3 位，等等）。其次，其他字母都在 A 之前及之後正好出現一次。從最上一行到最底一行，(1) A 後面的字母分別是 B、D、F、無、C 和 E；(2) A 前面的字母分別是無、C、E、B、D 和 F。其他的字母都是同樣的道理。為了使用 6×6 的拉丁方格，研究者要將六種實驗條件的每一種（在雷諾士研究中就是六盤不同的棋）隨機分派給從 A 到 F 的六個字母之一。

在使用拉丁方陣時，受試者的數目需要等於方陣的行數或者是方格行數的倍數，雷諾士研究中有 15 個受試者，說明他們沒有使用拉丁方格。如果他多加 3 名棋手，他就可以在這個六行方格中隨機分給每一行 3 名棋手。

每種條件嘗試一次以上

在雷諾士研究中，讓棋手將六盤棋賽的每盤棋觀看一遍以上是沒有意

義的。同樣，如果讓一個記憶實驗中的受試者學習和回憶四個詞表，四個詞表的學習次序按 4×4 的拉丁方格排序，便沒有必要讓他們對某一個詞表進行第二遍的學習和回憶。但是，在很多研究中，受試者在每種條件中的經歷不只一次，這常常發生在諸如感覺和知覺的研究中。前面的圖 6.1 提供了一個範例。

假設你正做一個研究，想了解當直線縱向呈現時，是否比在橫放或者以傾斜 45°呈現時使受試者較容易受錯覺的影響。研究的四種條件隨機分派給字母 A－D，

A ＝ 橫放
B ＝ 左傾 45°
C ＝ 右傾 45°
D ＝ 縱放

錯覺圖形在電腦螢幕上呈現給受試者看，受試者必須做一些調整直到他們認為平行線是等長的。這四種條件可以按兩種基本程序之一呈現給受試者：

□反向交互平衡

在使用**反向交互平衡**(reverse counterbalancing)時，實驗者單以一種次序呈現條件，然後用相反的次序再呈現一遍。在錯覺例子中，這個次序就是 A－B－C－D－D－C－B－A。如果研究者想讓受試者對每種條件中的作業執行兩次以上，這個序列可以按需要任意重複。

圖 6.2　九點問題。請用四條直線連接全部的點。一旦落筆，四條線要一筆完成。

在受試者對每次條件只能探測一次的組內設計中，反向交互平衡的原則同樣可以以一種略微不同的方式應用。例如，在一個著名的九點問題研究中（見圖 6.2），朗和多米諾斯基(Lung & Dominowski, 1985)想要了解由練習其他點陣問題學會的技能是否能遷移到 9 點問題中。先用圖 6.3 中的六個點陣給受試者一些練習。透過隨機決定，給一半受試者按從 A 至 F 的順序看問題，另一半受試者按 F 至 A 的順序看問題。

順便一提，你注意到我爲你解決了練習中的前三題。爲什麼不抽一點兒時間試試你能否想出剩下三個問題的答案。然後看看練習的問題是否能幫助你解決著名的 9 點問題，如果是，你就複製了朗和多米諾斯基的研究！

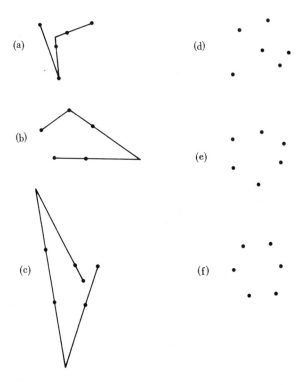

圖 6.3　朗和多米諾斯基(Lung & Dominowski, 1985)研究中的習題，有三個已經解決，三個還沒有。問題是必須用三條直線連接全部的點。

□區塊隨機化

當每種條件出現的次數超過一次時，呈現條件序列的第二個辦法是使用**區塊隨機化**(block randomization)，與前面介紹的如何在組間設計實驗中隨機分派受試者的程序一樣。基本的規則是每一條件必須待其他條件都出現一次後才可以出現第二次。每一區塊中，條件的次序是隨機排列。反向交互平衡法的問題是受試者能成功地預測下次出現的條件，而區塊隨機化排除了這一可能性。

我們再次使用錯覺研究的例子來說明，受試者按一種隨機次序受到四個條件的處理，然後再進行四個條件，但這四次是在一個新的隨機化次序區塊中出現的，如此類推，需要多少區塊就可以使用多少區塊。一個反向交互平衡次序可能像下面這樣排列：

A B C D　　　　D C B A

而一個區塊隨機程序可能產生這樣的次序：

B C D A　　　　C A D B

為了讓你感受區塊隨機化如何在一個真正的需要多次嘗試的組內設計實驗中運作，我們考慮由科萊特和諾曼(Koriat & Norman, 1984)做過的一個心理旋轉系列研究（見第 4 章對這類研究邏輯的介紹）。他們使用四個希伯來字母(此實驗的受試者希伯來文流利)，如圖 6.4 中複製的圖形，然後操縱下面的組內受試者因素。

1. 目標字母的旋轉角度（六個水平：0°，60°，120°，180°，240°和 300°，順時針旋轉）；
2. 目標字母在前一次嘗試中的角度（同樣六個水準 — 他們預測任一次嘗

試中的成績受前一次嘗試成績的影響）；

3. 目標字母是正是反（即，答案分是或否；兩個水準）；

4. 目標字母前一次嘗試中是正是反（兩個水準）。

組合這些全部水平產生了 144 次不同的嘗試（6×6×2×2）。經過練習，科萊特和諾曼讓受試者完成隨機安排的四區塊實驗，這樣一共就是 144 × 4 或者 576 次嘗試。為什麼四區塊？因為使用了四種不同的字母，而科萊特和諾曼想保證「在每個實驗中字母隨機安排，使每個字母以兩種格式（正或反）出現的機會均等，並且在四區塊嘗試的每一區塊中，字母的全部 144 種組合都出現一次」(Koriat & Norman, 1984, p. 423)。

圖 6.4　在科萊特和諾曼(1984)心理旋轉研究中使用的希伯來字母

科萊特和諾曼發現了進一步的證據，證明了受試者在旋轉作業中使用心理旋轉以得出正確結論。他們也發現證據顯示，除了總是旋轉字母到豎直位置外，受試者偶爾會將字母旋轉回上一次嘗試中呈現的位置。

交互平衡法的問題

各種交互平衡程序有助於減小序列效應，但是有些平衡程序無法盡善盡美，因為交互平衡法需要的前提是序列效應為線性的，但這不一定總是真的。要知道為什麼這會成為一個問題，考慮下面這個假設的例子。

有一個迷津學習實驗要比較如圖 6.5 中所示的兩類不同的迷津，一個是(A)序列迷津，需要一連串的左右轉，另一個是(B)更空間化的迷津，就像漢普頓王宮的迷津那樣。在這個迷津研究中，你要蒙上眼睛，在迷津槽之間移動一個探針或一根鉛筆來找到出口。

假定研究中使用了一個受試者間設計。一半的受試者先學習迷津 A

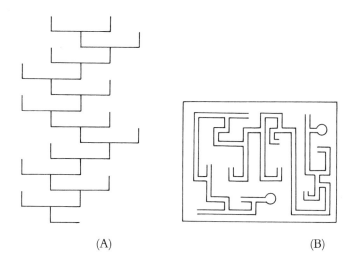

(A)   (B)

圖 6.5　兩類探針迷津：一個序列迷津(A)和一個空間迷津(B)

再學習迷津 B，另一半受試者先 B 後 A，這樣完全平衡。假定全部時間是
一小時，隨著時間的流逝每個受試者都變得疲倦，因而在第二個迷津上的
表現會受影響。但是，我們可以合理地認為隨著時間而增強的疲倦是一個
穩定的或線性的增加，因為交互平衡法使得每一迷津有同樣的次數被先測
及後測，因而平衡了疲倦的效果。讓我們假定疲倦將增加三個錯誤，且迷
津 B（平均產生 15 個錯誤）難於迷津 A（平均產生 10 個錯誤），那麼序
列 A: B 及 B: A 可能產生下面的結果：

	錯誤		
	由難度	由疲倦	總數
先迷津 A	10	0	**10**
後迷津 B	15	+ 3	**18**
先迷津 B	15	0	**15**
後迷津 A	10	+ 3	**13**

當兩個序列組合在一起時，疲倦給迷津 A 和 B 帶來的錯誤數相等，其影響被沖蝕掉。迷津 A 平均的錯誤數是 11.5[(10 + 13)／2]，而更難的迷津 B 的錯誤數是 16.5[(18 + 15)／2]。

另一方面，序列效應有時發生的問題即使交互平衡法也無法解決。譬如，假設解決迷津 A 讓人領悟到迷津的要旨，但是解決迷津 B 卻不會導致同樣的領悟，如果像這樣，那麼在序列 A: B 中，先學習 A 會產生大量向 B 的遷移；但反過來，在序列 B: A 中，先學習 B 不能向 A 產生太多的遷移。這種狀況的另一種陳述方式是，兩個序列產生了**非平衡遷移**（asymmetric transfer，見 Poulton，1982）。這就是說，序列產生一種特殊的結果，是交互平衡法無法應對的。在迷津的例子中，讓我們假定先學習 A 帶來的效果使 B 更容易，具體說就是它使 B 的錯誤數減少了 10；而另一方面，先學習 B 沒有產生任何對 A 的遷移，就像下面這樣：

	錯誤			
	由難度	由遷移	由疲倦	總數
先迷津 A	10	無	0	**10**
後迷津 B	15	− 10	+3	**8**
先迷津 B	15	無	0	**15**
後迷津 A	10	0	+3	**13**

當兩個序列組合在一起時，疲倦的效果就清除掉了，但非平衡的遷移效果卻沒有。最後迷津 A[(10 + 13)/2]和本應當更難的迷津 B[(8 + 15)/2]的錯誤分數平均都是 11.5。遷移問題導致的發現是兩個迷津之間沒有差異，這對研究者無疑是一種不太愉快的意外。當我們懷疑有非平衡的遷移時，組間設計是更爲明智的選擇。

發展研究中的控制問題

之前學過，研究者在決定是使用組間設計還是組內設計時必須權衡

幾種因素。此外在發展心理學研究中，研究者還需另作一些考慮，因為這類研究中有兩種特殊的變化——橫斷設計和縱貫設計。

　　如果你上過發展心理學或兒童心理學的課程，就會在以前見過這樣的術語。這一領域中的研究把年齡視為主要的獨變項——發展心理學的遊戲規則終究是要發現我們如何隨著年齡的增長而變化。**橫斷研究**(cross-sectional study)採用組間設計方法，一個比較 3 歲、4 歲和 5 歲兒童語言能力的橫斷研究要使用三組不同年齡的兒童。反之，**縱貫研究**(longitudinal study)則跨時段地研究一個組，它使用組內設計或重複量數取向。同樣的語言研究要測量一組 3 歲兒童，然後當他們長到 4 歲、5 歲的時候重複研究。

　　橫斷法對語言實驗的明顯優勢是時間，這樣的研究可能只用一個月完成，但如果像縱貫研究那樣做，可能要費時 3 年！不過，某些橫斷研究中的潛在的嚴重困難是，存在著特殊形式的不等組問題，它牽涉到一種被稱為**同輩效應**(cohort effects)的問題。同輩是誕生於同一時間的一群人。如果你研究三個年齡組，他們不僅在實際年齡上有差別，就成長環境而言也有不同。這個問題在比較 3 歲、4 歲和 5 歲兒童的研究中不是特別值得注意，但如果你有興趣了解智力是否隨著年齡而減退，然後決定將一組 20 多歲的人和一組 40 多歲、一組 60 多歲的人作比較會怎樣？可能你確實發現隨著年齡增加而智力衰退，但它是意味著智力隨著年齡而逐漸衰退，還是這些差異可能關係到三組人非常不同的生活史？譬如說，60 多歲的人在「大蕭條」(Great Depression)時期受教育，40 多歲的人可能是在二次大戰後的繁榮期受教育，而 20 多歲的人是在電視中長大的，這些因素都可能引起結果的誤差，事實上，這樣的結果確實發生了。關於年齡如何影響 IQ 的早期研究顯示，IQ 有明顯的衰退，但這些研究是橫斷性的。之後的縱貫研究揭示出一種非常不同的模式(Schaie, 1988)，例如語言能力幾乎沒有明顯地衰退，特別是當一個人始終維持語言使用時（不用就會失去）。

　　同輩效應困擾著橫斷研究，但縱貫研究也有問題，最明顯的就是流失

(attrition)問題。如果大量的受試者從研究中退出，那麼完成研究的群體可能與開始研究的群體非常不同。譬如提到年齡和 IQ 的例子，如果人們身體健康，他們對知性生活就會比一直生病的時候更有興趣。如果長時間生病，他們可能在一個研究沒有完成前就去世，這樣群體裡剩下的人可能比開始研究的人智商更高。

為了想辦法平衡同輩和流失的問題，有些研究者使用一種結合橫斷研究和縱貫研究的辦法。例如，斯蓋(K. Warner Schaie, 1983)做過一個著名的系列研究——西雅圖縱貫研究(Seattle Longitudinal study)，他每七年選一個新的同年齡組（從 1950 年代開始），然後對這些同年齡組成員每七年重測一次。這樣透過使用年齡僅差七歲的受試者組減弱了同輩效應，在規律的間隔期後加入新的受試者從而減少流失的問題。某一個同年齡組可能有高的流失率，但在大量同年齡組的情況下，至少有些組會在很長的一段時期內保持比較完整。

西雅圖計畫的跨越的時間是驚人的，但堅持不懈重複量數研究的世界紀錄應是下面這則可稱得歷史上最著名的縱貫研究。在繼續學習之前，請閱讀專欄 6.1 記述的推孟對天才兒童研究的事跡。

■■■■ 專欄 *6.1*

經典研究—— 重複量數的記錄

1921 年，心理學家推孟(Lewis Terman, 1877 – 1956)開始了心理學史上最曠日持久的重複量數設計。推孟本人是一位早熟(precocious)兒童，他一直對研究所謂的天才兒童感興趣。1905 年在克拉克大學時，他在桑福德(Edmund Sanford)指導下完成的博士論文是他對天賦的第一次慎重研究；他對當地學校中「聰明」和「愚笨」的兒童作了比較，看看哪些測驗可以最好地區分他們(Minton, 1987)。早期這些對天賦和心理測驗的興趣預示了推孟對心理學的兩個主要貢獻。首先，他沿用法國人比奈(Alfred

Binet)所創的智力測驗，把它轉化為至今仍通行的史丹佛——比奈智力 (Sanford－Binet IQ)測驗。第二，他開始了一項對天才兒童的縱貫研究，這項研究在推孟本人去世很久之後仍持續著。

一種信念激勵了推孟，這一信念與那個時代大多數測驗者的信念是共同的，就是美國應該成為一個精英共治的國家，領導者應當是那些最具領導能力的人。這一信念引發了他對 IQ 和天賦的興趣。要帶動賢能政治，必須有辦法了解（即測量）特殊才能並培養它。

不同於只作了 14 名兒童的博士論文，推孟的縱貫研究是一項龐大的工程。他先透過各種程序篩選出 1470 名兒童（824 個男孩，646 個女孩）。樣本大部分由小學生組成，但有 444 人來自初中或高中（樣本數字選自 Minton, 1988）。全部兒童的平均 IQ 分數是 150，這批人應在最高層次的 1% 人口中。每名兒童都要由推孟召集的研究生團隊進行大規模的整套測驗和問卷調查。在初試完成後，每個兒童都有大約 100 頁的檔案 (Minton, 1988)！對該群體第一次分析的結果以「1000 名天才兒童的心理和生理特質」為題發表，刊登了 600 多頁("Mental and Physical Traits of a Thousand Gifted Children, " Terman, 1925)。

推孟本意是只作一個簡要的追蹤研究，但這個計畫逐漸有了自己的生命。樣本在 1920 年代後期作了複試(Burks, Jensen, & Terman, 1930)。推孟在世時還有一些追蹤研究，發表在初試後的 25 年(Terman & Oden, 1947)和 35 年(Terman & Oden, 1959)。推孟去世後，這一計畫由塞爾斯 (Robert Sears)——天才兒童組中的一個成員，他憑自己的能力成為一個著名的心理學家——接手。在 1960 年和 1986 年間，塞爾斯又對天才兒童組做了五次追蹤研究。在 1989 年去世時，他正在準備一卷題為「成年後的天才」（ "The Gifted in Later Maturity", Cronbach, Hastorf, Hilgard & Mac-coby, 1990)的文章。在 35 年追蹤研究的前言中，塞爾斯寫道，「從保險統計(acturaial)的數據來看，有相當大的可能是，最後的推孟天才兒童在 2010 年之前不會得出完結篇報告」(Terman & Oden, 1969, p. ix)。

這一龐大的縱貫研究有兩點值得一提。首先，推孟的工作粉碎了一種

刻板印象，此種印象認為天才兒童極度聰明但卻是社交遲緩而且易於早年天折。相反地，整體上看，他研究的人群既聰明卓絕又適應良好，而且成年後獲得了成功成就。在他們達到成年的時候，「創造了上千篇的科學論文，60 部非小說類的文學作品，33 部小說，375 篇短篇小說，230 項專利，還有難以計數的廣播和電視節目、繪畫及音樂作品」(Hothersall, 1990, p. 353)。其次，推孟的追踪研究從方法學的角度看難以置信，它克服了縱貫研究一道難以逾越的障礙——流失。下面的數字（選自 Minton, 1988）是參加了前三次追踪研究的受試者的比率。

10 年後→92%

25 年後→98%

35 年後→93%

這些數字高得驚人，而且反映出推孟和他研究的群體之間相互的極度忠誠。群體的成員們自稱為「白蟻」(Termites)，甚至有些人還戴著白蟻的首飾(Hothersall, 1990)。推孟與上百個受試者有通信往來，而且對這些特殊的人表現出真正的關愛。畢竟，這些人就是推孟所堅信的掌握著美國未來鑰匙的人。

偏見的問題

心理學研究中的實驗者和受試者通常都是人，所以研究的結果可能會受到某些「偏見」的影響，即對實驗中將發生的事情有一種先入為主的期待。這些偏見可能有幾種形式，但基本上可以分為兩大類：影響實驗者的偏見和影響受試者的偏見。這兩種形式的偏見常常交互作用。

實驗者偏見

聰明的漢斯的例子（專欄 3.3）常常被用來說明**實驗者偏見**(experimenter bias)對研究結果的影響。漢斯的訓練師知道問題「3×3 等於幾？」的答案，所以會給出一些微妙的暗示譬如點點頭。同樣地，檢驗

假設的實驗者有時會不經意地做一些事情，引導受試者沿著證實假設的方向行動。儘管科學家的刻板印象是絕對客觀、不動聲色，甚至機械化，但實際上我們已經看過研究者在情感上對研究難以割捨。我們不難發現，且迫切想證實假設的渴望會導致不夠謹慎的研究者以一種影響研究結果的方式行事。

其一，偏頗的實驗者可能以不同方式對待在不同條件下的研究受試者。羅森陶發展出一種程序說明了此點，他在某些研究中（例如，Rosenthal & Fode, 1963a）給受試者看一套人臉的照片，然後讓他們對照片上的人做一些判斷。譬如，受試者可能要按照片上的人看上去有多成功對每張照片評分，使用一個從 – 10（完全失敗）到 + 10（完全成功）的等距量尺。所有的受試者要看同樣的照片並做同樣的判斷。獨變項是實驗者的預期效應，要使有些實驗者相信，大部分受試者會正面地評價照片；而告訴另一些實驗者，預期會出現負面的評價。有趣的是，實驗者的預期效應在受試者的評分行為中產生了差別，即使給兩個組的圖片是完全一樣的。怎麼會這樣？

根據羅森陶(Rosenthal, 1966)的觀點，實驗者以一些微妙的方式無意地傳達出他們的期待。例如，在這一人臉覺察作業中，實驗者舉著照片等受試者評分。如果實驗者預期的是一個" – 8"而受試者說" + 9"，實驗者會怎樣反應——也許眉頭微皺？受試者會怎樣讀解這個皺眉？也許在下一次試試" – 7"，看看是引起實驗者的微笑還是點頭？大體上說，這一情境下的實驗者，可能在不知情的狀況下，微妙地塑造著受試者的反應？這是不是讓你想起了聰明的漢斯？

羅森陶甚至證明實驗者預期效應可能在動物研究中傳達給動物。例如，當實驗者相信動物是專為迷津能力而培養的時候，他們飼養的白鼠會比那些被看作是「迷津蠢笨」(maze – dull)的白鼠學得更快(Rosenthal & Fode, 1963b)，白鼠當然是隨機分派給實驗者而且在能力上是相等的。這裡主要的因素似乎是，預期「迷津聰明鼠」的實驗者會對待白鼠更好；譬如更多地撫弄牠們，這就是會影響學習的一種行為。

應該注意的是，羅森陶有些研究在統計學基礎上受到了批評，且他將結果只歸結到預期而不顧其他可能的解釋。例如，巴勃(Barber, 1976)對羅森陶的一些研究中統計結論的有效性提出質疑。根據巴勃的觀察，在至少一個研究中，20 名實驗者中的 3 人違反了預期效應，但羅森陶將這些受試者從分析中略去，然後從剩下的 17 名實驗者中獲得一個顯著差異。但是，當全部 20 名實驗者都包括進分析時，這種差異消失了。巴勃還堅信，動物研究中有些結果的發生僅僅是因為實驗者編造了數據（例如誤記了迷津錯誤）。羅森陶研究的另一困難是他的程序與平常所做的實驗不太一致；大部分實驗者對所有受試者在全部實驗條件下進行測量，而不僅僅是對那些只參加一種條件的受試者。因此，羅森陶的結果可能高估了所發生的偏見數量。

儘管有這些保留意見，實驗者預期效應仍不能忽視；它已經被羅森陶及其同事以外的其他人在各種不同情境下複製（例如：Word, Zanna, & Cooper, 1974）。此外，可以證明，實驗者除了預期外還會從其他途徑不經意地影響研究結果。受試者的行為可能受到實驗者的種族、性別以及他的舉止、友好、態度等影響(Adair, 1973)。後者的最近一個例子是由弗雷西等人(Fraysse & Desprels–Fraysse, 1990)做的一項研究，他們發現學齡前兒童在一項認知分類作業上的成績受到實驗者態度的影響，兒童在實驗者「關心」時要比實驗者「冷漠」時表現更好。

□實驗者偏見的控制

完全消除實驗者效應也許是不可能的，實驗者不能變成機器。但是，減少偏見的策略是儘可能地將程序自動化。例如，使一個皺眉的或微笑的實驗者從人臉部知覺作業中消失並不困難，憑著現代的電腦科技，可以讓受試者在一個螢幕上看照片，並由按鍵作出反應，實驗者則完全處於另一個房間中。

同樣地，從 1920 年代就有了自動化測量動物的程序，甚至達到了完全排除人類操控的程度。托曼(E. C. Tolman)在沒有等到電腦的來臨之前

就發明了「一個帶有自動傳送板的自我記錄迷津」(Tolman, Tryon, & Jeffries, 1929)。之所以命名為傳送板,是因為它「自動地將每一隻白鼠送到迷津的入口,並在出口『取回』,而不需要實驗者的處理。記分的客觀性是使用一種自動記錄白鼠通過迷津的設備而獲得確定的」(Tryon, 1929, p. 73),這樣的自動化在今天已是常規。回憶第 4 章中介紹的放射迷津中對白鼠的研究,白鼠的「宏觀選擇」和「微觀選擇」是透過對每隻動物的行為做錄影得到確認的(Brown, 1992)。另外,電腦變得給受試者呈現指導語和刺激都較容易,且同時記錄了數據的變化。

控制實驗者偏見的第二種方法是使用**雙盲**(double blind)程序。這就是說實驗者不能預見到(目盲的)一段測量中受試者會怎樣行動(實驗者和受試者二者都不知道測量的是哪一種條件,因而設計是針對「雙方」而言的)。為達到這一要求,可以由研究的主持人設計實驗,但是由一名同事(通常是一名研究生)從事數據的實際蒐集。當然雙盲並不是全都可行的,例如第 3 章中遇到的達頓和艾倫的研究 (Dutton & Aron, 1974)。我們還記得,實驗者安排與受試者見面的地點是在一座高出水面 230 英呎的吊橋或者是在一座比較牢靠的位於同一條河上高出水面 10 英呎的橋。不讓那些實驗者知道正在測量的是哪種研究條件是有些困難!另一方面,很多研究採用辦法使實驗者不知道正在作用的是哪種條件。在一個比較真正的「迷津聰明」和「迷津愚笨」的白鼠研究中,不讓實驗者知道被測量的是哪些白鼠容易辦到。事實上,在這個例子中,測試白鼠的實驗者甚至可能不知道該研究與白鼠智力有關。

受試者偏見

我們不可能期望參加心理學研究的人像機器一樣反應,他們是人而且知道自己在一個實驗中。也許他們在徵求充份告知的同意書的過程中了解研究大概的性質,但在欺騙研究中,他們也知道自己沒有被告知內情。另外,即使研究中不含欺騙,受試者也可能不信——畢竟,他們是在一個「心理學實驗中」,心理學家不是總要試圖「心理分析人」嗎?簡而言

之，**受試者偏見**（subject bias）可能以幾種方式發生，取決於受試者期待什麼以及他們相信在研究中自己應是怎樣的角色。當行爲受一種觀念左右，即知道自己在實驗中因而對研究的成功重要時，這種現象有時被稱爲**霍桑效應**（Hawthorne effect），它起源於一個著名的研究工人生產力的系列研究。爲了了解這個名詞的起源，在繼續學習之前應先閱讀專欄 6.2。你可能意外地知道，大多數歷史學者相信霍桑效應被錯誤地命名，而且原始的研究數據出於政治原因被嚴重扭曲了。

■■■■ 專欄 **6.2**
_____

起源──西方電器廠的生產力

「霍桑效應」研究發生在從 1924 年到 1933 年的大約十年期間中，因爲研究地點西方電器廠位於伊利諾州的霍桑而得名。按照傳統的記載，這一研究的目的是研究影響工人生產力的因素。爲此作了許多實驗，但最著名的是「繼電器裝配測試室」(Relay Assembly Test Room)研究。

在繼電器裝配實驗中，從工廠的大生產組中選出 6 名女工，她們的工作是爲電話公司裝配繼電器。其中 5 名工人做實際的裝配工作，第 6 人爲她們提供零件。裝配是一種耗時、費力且不斷反覆的工作，每個繼電器需要 35 個零件。西方電器廠一年生產約 700 萬個繼電器(Gillespie, 1988)，自然對於如何使工人達到最大生產力感興趣。

第一系列繼電器研究從 1927 年 5 月持續到 1928 年 9 月(Gillespie, 1988)。這段時間中，有幾個工作場所變項得到研究（實際上這幾個變項彼此混淆），包括在不同的時間變化休息時間安排、總工作小時數以及產量達到某種水準後的獎金。對這個系列標準的記敘是，小組的產量迅速達到了高水準，而且即使在工作條件惡化的時候仍保持這一水準。一個常常提到的例子是在聲名狼藉的「第 12 測試期」中，工人們被通知，每星期

的工作時間要從 42 小時增加到 48 小時，另外中止休息和免費的午餐。實際上所有的教科書都像這樣描述結果：

> ……無論作出什麼變化——不管休息時間是多是少，不管工作日延長或縮短——女工們都生產出越來越多的電話繼電器 (Elmes, Kantowitz, & Roediger, 1992, p. 205)。

表面上看，工人們保持高產量是因爲她們相信自己是一個特殊的小組，是關注的焦點——她們是實驗的一部分。這當然就是霍桑效應這個概念的來源，即人們相信自己正在被研究因而工作績效受到影響。這個效應可能是真的，但它是否在西方電器廠眞正發生過卻是可疑的。

仔細觀察實際的經過會揭示出其他一些有趣的解釋。首先，儘管研究的敍述通常強調女工們如何因爲在這個「特殊」的實驗室中而快樂，但事實上最初的 5 位裝配工人中，有 2 人因爲不服從和低產量而被撤換。其中一個人據說是「前共產黨員」(Bramel & Friend, 1981)。（我們還記得，現在的前蘇聯在 1920 年代剛剛興起，「紅色威脅」對於工業化的美國是一個惡兆，對於工會這類的事物感到恐懼）。在兩個新換的工人中，有一人能力特別強並極爲熱心，很快就成了這個小組的領導者。她顯然是被篩選出的，因爲她「保持著正規部門最快的繼電器裝配工的記錄」(Gillespie, 1988, p. 122)。她的努力爲小組的高生產力做了有力的貢獻。

繼電器數據解釋的第二個問題是統計學上的。在著名的第 12 期中，生產力是按每週產量而不是按每小時產量做記錄的。但與前幾次測試期相比，工人們每週多工作了 6 個小時。因此如果使用更恰當的每小時產量，生產力實際上有所下降(Bramel & Friend, 1981)。另外，女工們顯然對這樣的改變感到憤怒，但是不敢抱怨以免被撤換而失去獎金。

歷史學者認爲事件必須從當時整個政治、經濟、社會制度的背景來理解，霍桑研究也不例外。把工人描繪成不受特定工作條件影響但是更關心受到特殊看待的這樣一種似是而非的形象，引起了工業中的人際關係運

動，並導致企業中強調對僱員「人性的管理」，以創造一個勞資雙方的快樂大家庭。不過，這樣一種形象同樣有助於把權力維繫在管理階層，從而阻撓工會化。一些歷史學者(如 Bramel & Friend, 1981)相信這才是西方電器廠研究的真正動機。

　　大多數研究參與者，在設法幫助實驗者並且貢獻出有意義的結果這種精神之下，扮演著一個好受試者(good subject)的角色，這個名詞最先是由奧恩(Orne, 1962)提出的。雖然也有例外，但基本上受試者往往樂於合作，以至於在心理科學的名義下，他們對那些反覆進行且令人生厭的作業仍能堅持繼續。另外，如果受試者能夠了解，假設，他們可能盡力以一種證實假說的方式行事。奧恩用「需求特徵」(demand characteristics)這個名詞來指研究中能揭示受測假設的那些特徵。如果這些特徵對受試者來講太過明顯，他們便自然不會再行動，因而使結果難於解釋。受試者是按平常的方式行為，還是他們了解假說後做出使假說成真的舉動？

　　為了說明需求特徵如何影響研究的結果，奧恩僱用一些受試者參加一個所謂的感覺剝奪實驗(Orne & Scheibe, 1964)。他假定，被告知參加這個實驗的受試者會預期實驗的體驗是非常緊張的，因而會作出相對應的反應，這種情況確實發生了。受試者在一個小而舒適的房間中坐了 4 個小時，他們只在下述的情境中才顯示出緊張的跡象，即(a)他們簽署一張表格，同意如發生意外，實驗者不負任何責任；(b)房間中有一個「恐慌按鈕」(panic button)，如果受試者覺得感覺剝奪後太緊張，他們可以按這個鈕。控制組的受試者沒有填表也沒有恐慌按鈕，他們無不例外地受到感覺剝奪，但他們並沒有不良的反應。

　　需求特徵的作用影響到我們決定選用組間設計還是組內設計。參加研究的全部實驗條件的受試者有更多的機會了解假設，因此需求特徵在組內設計比在組間設計中潛在的麻煩更多。無論對於哪一類設計而言，如果需求特徵只影響一部分條件而非其他條件因而帶來混淆，這時便尤其有破壞性。

除了成為好的受試者（即，試圖證實假設），實驗參加者還希望被看作是有競爭力、創造性和情感穩定的人。認為自己正在實驗程序中受到評定的信念產生出一種羅森伯格（Rosenberg, 1969）稱為**評定憂慮**(evaluation apprehension)的狀態。受試者希望自己得到正面的評定，所以他們的行為可能是按照理想中的人物那樣去做的。這種對他人看法的關注以及幫助實驗者的渴望，通常在受試者中產生相同的行為，但有時候渴望製造一個良好的印象與渴望成為一個好受試者是相衝突的。譬如，在一個助人行為研究中，敏銳的受試者可能猜到他們所處的實驗條件是要減少提供幫助的機會。另一方面，利他行為是受到尊重甚至是英雄式的行為。成為一個好受試者並支持假說的壓力把受試者推向不助人，而評定憂慮又使受試者想提供幫助。至少有一項研究已經顯示，當面臨證實假設與受到正面評定的選擇時，後者是更強有力的動機源(Rosnow, Goodstadt, Suls, & Gitter, 1973)。

□受試者偏見的控制

控制受試者偏見的主要策略是將需求特徵減少至最小。要做到這一點，透過欺騙當然是一種辦法。就像在第 2 章中看到的，欺騙的主要目的是造成受試者比他在不使用欺騙時能夠更自然地行為。第二種辦法常可以在藥物研究中發現，即使用安慰劑控制組。這一程序使得可以對那些受到一種實驗處理（例如藥物）和那些認為自己受到處理而實際沒有的人作比較。如果從兩組受試者中得到完全一樣的行為，那麼結果可以歸於受試者對處理效應的預期。

第二種檢查需求特徵存在的辦法有時被稱為**操弄檢查**(manipulation check)。它是在研究結束的討論期間要求參加某個欺騙研究的受試者說明他們認為的真正假設是什麼（當然，「好」受試者可能假裝無知）。它也可以在研究期間進行，有時候可以在每種條件中隨機找一些受試者暫停他們的實驗，然後問問他們是否清楚指導語，他們認為自己正在做什麼等等。操弄檢查同樣被用來查看某個程序是否產生它應產生的結果。例如，

如果某個程序應該令人感到焦慮（例如告訴受試者準備接受電擊），我們可以在研究中間暫停一個受試者樣本，然後評定他們的焦慮水準。

避免需求特徵的最後一個方法是進行實地研究。如果受試者不知道他們在研究中，他們便不可能抽出時間思考研究假設。當然，從前面專欄 3.1 中討論的充份告知和侵犯隱私的問題來看，實地研究有它自己的問題。

儘管我前面說過大部分的研究參加者扮演著「好受試者」的角色，但並非一向如此，且那些真正自願和對實驗感興趣的人與那些不太情願和不太感興趣的人是有差別的。例如，真正的自願者往往更聰明，並且對社會贊許有更高的需求(Adair, 1973)。當作為課程要求的一部分，要大學生們作為受試者時他們是自願者和非自願者的區別可能是一個問題。出於倫理上的原因，教師必須對那些不願參加的人提供一些不作受試者的替代方案，從而保證研究受試者至少從技術上說是自願的。但是，有些學生比較熱誠，而且可能會有一種「學期效應」發生作用。那些真正的自願者在學期初報名。因此，如果你作的研究分兩組，第一組在前半學期測驗，第二組在後半學期測驗，那麼兩組的差別可能是因為獨變項，但也可能是因為先報名的真正自願者與那些儘量等待的不情願自願者之間的差異引起。你能不能想出一種方法控制這一問題？如果「區塊隨機化」這個概念出現在腦海中，並且你對自己說「它可以將研究條件均等地分配在一個學期中」，那麼你在這一章已經學有所成，好極了。

請閱讀專欄 6.3，作為這一章的結束。它涉及到那些作為受試者參加心理學研究的人的倫理義務。其中列出的責任是基於研究應是實驗者和參與者共同努力的成果的這種假設。我們已經知道實驗者必須遵守 APA 的倫理準則，在專欄 6.3 中，你將了解到參與者也有應負的責任。

倫理──研究參與者也有責任

　　APA 的倫理準則詳細說明了研究者對那些實驗參與者的責任，受試者有權利期望這些指導準則獲得遵守，如果沒有被遵守就可經由一個明確的程序投訴。但是參與者呢？他們的義務是什麼？

　　科恩(James Korn)在《心理學教學》(Teaching of Psychology)期刊上發表了一篇文章，列出了五種研究自願參加者的基本責任。用他的話說，這些義務就是：

1. 參與者有義務仔細傾聽實驗者並提出問題以了解研究。
2. [參與者應]在約定的時間按時參加實驗。
3. 參與者應認真對待研究並與實驗者合作。
4. 當研究完成後，參與者對發生的事情要分擔了解的責任。
5. 參與者有責任尊重研究者的請求，而不與可能成為受試者的其他人討論研究(Korn, 1988, p.77)。

　　支持這些項目的一個假設是，研究應是實驗者與參與者共同努力的產物。科恩建議參與者應該扮演一個更為主動的角色，使研究更有意義，這是一條令人歡迎的意見。一個僅僅「驅趕受試者」和記錄數據的實驗者會忽略掉重要的訊息。

　　在上兩章中，你已經學過了實驗研究的基本特徵，以及希望做心理學研究的人所必須面臨的特殊控制問題。我們已經為介紹不同類別的用於考驗獨變項效應的實驗設計打下需要的基礎。現在，就讓我們的設計開始吧！

本章複習

詞彙填空

1.在一個味覺測驗中，瓊恩被要求按下面的次序評定健康(diet)飲料：健怡可樂、健怡百事、健怡百事、健怡可樂。研究者使用了 _____ 的控制方法。

2.對 _____ 效應的擔心使得發展心理學家選擇縱貫研究而非橫斷研究。

3.隨機分派和配對是爲了製造 _____ 的目的而採取的兩種程序。

4.儘管似乎並沒有眞的發生在西方電器廠，_____ 效應的概念漸漸被用來說明受試者的行爲受知道自己在實驗中這樣一個簡單的事實影響。

5._____ 程序常常在藥物研究中使用，以避免受試者和實驗者兩者的偏見效應。

6.在一個需要學習 4 個詞表的記憶測驗中，如果使用 _____ 的控制方法，一個想試驗所有詞表序列的研究者將需要 24 種不同的序列。

多項選擇

1.組間設計較之組內設計的主要優點是組間設計：

(a)需要更少的受試者。

(b)從定義上避免了等組的問題。

(c)減少了條件之間誤差變異的量。

(d)從定義上避免了序列效應的問題。

2.區塊隨機化使用在：

(a)作爲一種方法完成隨機分派同時保證相同數目的受試者被分到每一組。

(b)組內設計中當受試者每種條件被測量一次以上是作爲一種交互平衡的辦法。

(c) a 和 b 都是。

(d)以上皆非。

3.什麼時候最有可能用配對建立等組：

(a)有些受試者特徵與依變項相關。

(b)受試者的數目非常大。

(c)交互平衡是不可行的。

(d)以上都是。

4.當非平衡遷移效應發生時，

(a)它意味著必須使用完全交互平衡法。

(b)就必須用配對作為製造等組的方法。

(c)交互平衡法對排除序列效應可能不太有效。

(d)就必須使用部分交互平衡法而不是完全交互平衡法。

5.實驗者預期效應：

(a)出現在以人為受試者的研究中，但沒有在動物研究中發現。

(b)只要受試者不知道被測量的假設就不會發生。

(c)可以透過儘可能自動化程序而減小。

(d)在羅森陶研究之後從未被複製過，所以它們可能不是真正的問題。

應用練習

練習 6.1　組間變項或是組內變項？

對下面每一個假設，設想一個能測量它的研究，特別是要指出你認為獨變項應是組間變項或是組內變項，或者哪一種辦法是合理的。在每個例子中解釋你的決定。

1.一位神經科學家假設，對主視覺皮層的損傷在年老的動物中會更為持久。

2.一位感覺心理學家預測，日光下比螢光下更容易區分輕微不同的灰色陰影。

3.一位臨床心理學家認爲，治療恐慌症最好是讓一個人不斷處在他害怕的物體旁邊，並且不允許那個人逃避，直到他認識到物體其實是無害的。

4.一位社會心理學家相信，人們在群體中比在獨處時更能創造性地解決問題。

5.一位發展心理學家預測道德發展中存在文化的差異。

練習 6.2　建構一個平衡的拉丁方格

一位記憶研究者想比較，初學時使用四個詞表或八個詞表對一個系列詞表的長期記憶效果有何不同。請使用表 6.3 中概括的程序，幫助這個研究者在該課題的計畫階段建構需要的兩個拉丁方格。

練習 6.3　使用區塊隨機化

一名實驗者想考驗假設，受害者的身分會影響人們怎樣判斷強姦犯。先給受試者一段犯罪的描述，然後讓受試者建議罪犯的刑期。受害者的身分受到操弄，即告訴不同組的受試者，這個 21 歲的受害者是妓女、一個懷著兩個嬰兒的母親、一個沒有性經驗的大學生、或者僅僅是一個 21 歲的女性（控制組），每種條件測量 10 個受試者。使用一個區塊隨機程序將受試者分派到 4 個組中，然後就 40 名受試者的每一人會碰到什麼樣的條件提出一個計畫。

練習 6.4　隨機分派和配對

一名研究者正在調查兩種不同的減肥計畫的相對效果。受試者被分到兩個減肥計畫組以及一個等候名單控制組中。爲了確保在開始時一組人的體重不是明顯高於其他組，研究者決定將三個組按他們的起始重量進行配對。下面是 15 名受試者的體重，單位是磅。

```
156   167   183   170   145
143   152   145   181   162
175   159   169   174   161
```

首先，用區塊隨機化程序將受試者隨機分派到三個組中（每一列視爲一區

塊），然後再使用配對程序作一遍。比較這兩套創造等組的方案，分別計算每一方法中三個組的平均體重。把你的結果與班上其他人的結果作比較，你得出什麼樣的結論？

本章複習答案

A. 詞彙填空

1. 反向平衡　2. 同輩　3. 等組　4. 霍桑　5. 雙盲　6. 完全交互平衡法

B. 多重選擇

1. d　　2. c　　3. a　　4. c　　5. c

應用練習

練習 6.1 組間變項還是組內變項？

1. 年老的動物必須與年幼的動物比較，因此獨變項之一是年齡的受試者變項，並且它一定是組間受試者變項。第二個獨變項可能是腦損傷的程度，它是操弄變項，同樣也可以用組間設計測量，因為每個動物在研究開始前都有一個完整的大腦。
2. 組內變項
3. 可能是組間變項
4. 可能是組內變項
5. 組間變項

練習 6.4 隨機分派和配對

因為受試者的數目 N 小，配對程序可能產生三個平均體重非常接近的組。

7

實驗設計

本章概要

❖ **單因子──兩個水準**

最簡單的實驗設計只有單一獨變項，該變項存在兩個水準。這種設計既可以包括組間變項也可以包括組內變項。組間變項可以是直接操弄的，也可以作爲受試者因子選出。單因子設計常常用於將某種實驗處理與一種控制條件作比較。

❖ **單因子──兩個以上的水準**

當只比較某一實驗變項的兩個水準時，結果看上去總是線性的，因爲結果圖上只能有兩個點。但是，有些關係是非線性的，向獨變項中加入兩個以上的水準便可以發現它們。如同兩水準的情況一樣，這些多水準設計可以是組間設計，也可以是組內設計。

❖ **一個以上的因子──多因子設計**

多因子設計是獨變項超過一個的實驗設計。所有的變項可以是組間因子，也可以是組內因子。混合因子設計中每種類型（組間因子與組內因子）至少有一個。多因子設計較之單一獨變項研究的主要優點是它提供了發現因子間交互作用的可能。人與環境的交互作用發生在既包括操弄因子也包括受試者因子的研究中。當人與環境的交互作用發生時，它顯示出刺激情境如何以一種方式影響一類人，以另一種方式影響另一類人。

我喜歡烹調。我不是特別擅長此道,但基本上能遵照食譜上規定的程序去做。我煮的飯菜還算過得去,而且由於時常銘記著自己是一名實驗心理學家,偶爾也會嘗試用兩杓而不是一杓醬油。相反地,我的妻子是一位相當高明的廚子,她很少倚賴食譜。我雖然勉強過得去並能避免嚴重的錯誤,但是一比起來她的手藝簡直就是高超的,而且她看上去有一種就是知道怎樣設計和製作一道菜餚的感覺。

將我的妻子和我當作一位廚子的對比,有點像一名經驗豐富的實驗心理學家與一名新手的比較。對於一名有經驗的研究者來說,應該使用哪種獨變項,每一獨變項應該包括多少個水準(level),它們應該是組間因子還是組內因子,怎樣製造等組和控制序列,怎樣避免混淆,以及需要什麼樣的統計分析,關於這些決策的決定已經成了習慣。它們似乎是很自動地從經驗性的問題中流露出來,學者們將創造性的努力用於發展一些方法上不同尋常的改變,創造一種新的測量工具、形成一套新的假說,或者以一種全新的風格檢驗現存的假說。可是,對於一名新手來說,專家們習慣性作出的所有決策都需要刻意地設想一番。結果,初學者的設計可能在方法上是正確的,但卻不能非常令人振奮(有點像我的菜)。不過,若假以時日因經驗的累積,他們的設計就會漸漸變得精緻,創造力不斷產生,而研究者也會越來越像真正的廚師。

從某種意義上來說,本章就像一本食譜。與前幾章特別是前兩章一起,它為羽翼未豐的心理學研究者總結出一些食譜。你可以在本章中發現最常見的實驗設計的細節,以及用於說明這些設計的許多真實實驗的例子。這裡的訊息應該能讓你設計一個雖然不漂亮但是正確、雖然不精美但富於營養的實驗。

當伴隨著一個經驗性的問題提出一種設計時,第一個要做的決策就是研究中有一個還是一個以上的獨變項。如果答案是「一」,研究就是單因子設計(single–factor design)。它有單一的獨變項,其中包括兩個或兩個以上的水準;它們是本章前兩節的焦點。本章最後也是內容最多的一節是多因子設計,它發生在使用了一個以上的獨變項的時候。

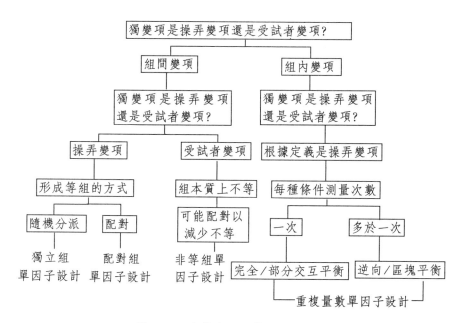

圖 7.1　決策樹──單因子設計

單因子──兩個水準

　　所有實驗設計中最簡單的是使用一個包括兩水準(level)的獨變項。從圖 7.1 的決策樹中你可以看到，有四種可能的設計符合此一定義，它們是在對被研究的獨變項作出一系列決策後得出的。首先，這個變項可以在組間也可以在組內進行測量。如果測量是在組間進行，則該變項可能是操弄變項也可能是受試者變項。如果獨變項是操弄變項且製造等組的方式是隨機分派，該實驗設計便被稱為**獨立組設計**(independent groups)，如果獨變項是操弄變項但需要用配對製造等組，該設計便被稱為**配對組設計**(matched group)。如果獨變項是受試者變項，各組根據定義即是由不同類別的受試者組成（譬如男性和女性），則該設計被稱為**不等組設計**(nonequivalent group)。在這類設計中，由於各組是由不同類的個體組成，使用它們的研究者有時候會用一種配對程序來儘量減少不等，或者就是保

證挑選出的受試者在年齡、大學年級或社會經濟階層等方面儘量相似。

最後一種單因子設計是**重複量數設計**(repeated – measures)，它用於當獨變項是在組內測量的時候。就是說，研究中每名受試者都經歷了獨變項的每個水準(level)（即「重複」地被測量）。

這四種設計的主要特徵摘述在表 7.1。讓我們看一些具體的例子。

表 7.1　四種單因子設計的特徵

設計類別	獨變項的最少水準?	獨變項是組間變項還是組內變項?	獨變項的類型?	創造等組
獨立組	2	組間	操弄變項	隨機分派
配對組	2	組間	操弄變項	配對
不等組	2	組間	受試者變項	配對可能減少不等
重複量數	2	組內	操弄變項	╱

組間單因子設計

僅僅使用兩水準的單因子研究並非如你想的那樣普遍。大多數研究者偏愛使用更複雜的設計，通常能產生更精細的和引人入勝的結果。此外，學術期刊的編輯們也不會被單因子兩水準的設計所打動。不過，簡單之中也有可取之處，沒有什麼能比一個只比較兩種條件的研究更容易了。下面就是這種實驗的 3 個例子。

☐個案研究 1──獨立組

使用單因子兩水準的獨立組設計的一個例子是由布萊克默和古柏做過的一項著名研究(Blakemore & Cooper, 1970)。他們想知道經驗對視覺系統發展的影響，於是安排了一個被稱作「視覺環境」(visual environment)的操弄獨變項，將兩週大的小貓隨機分派到該變項的兩個水準中。小貓處

於兩種被撫養的視覺環境，一種環境主要是橫條紋構成，另一種環境周圍主要是直條紋。我想你能夠理解爲什麼這必須是一個組間設計而不是組內設計；因爲讓一隻小貓先在垂直環境中被撫養再放在水平環境中被撫養是沒有意義的。在像這樣的研究中，經歷了獨變項的一個水準後受試者其實已被「耗盡」；經驗使得它們不可能在實驗的另一條件中「重新開始」。

　　圖 7.2 顯示的是布萊克默和古柏研究中「垂直」條件裝置的略圖。小貓站在一塊樹脂玻璃上，四周圍從上到下都是直條紋。小貓脖子上圍了寬的領巾，使牠的視覺注意力能集中在窩的牆壁上。在幾個月的時間裡，小貓每天都要在充滿直條紋或者橫條紋的世界中待 5 個小時；其他時間則生活在一個暗黑的環境中。

圖 7.2　只有水平環境或垂直環境經歷的影響，布萊克默和古柏實驗
（Blakemore & Cooper, 1970）的裝置

　　到研究結束時，布萊克默和古柏對動物的行爲，以及牠們視覺皮層神經元的活動加以測量。就一般行爲而言，小貓很快地從視覺剝奪中恢復

過來。經過「10 小時的正常視覺活動後……，牠們能夠輕鬆地從椅子跳到地面上」(Blakemore & Cooper, 1970, p. 477)。但是，在垂直環境中養大的小貓顯然無法產生很好地知覺水平活動；而在水平環境中養大的小貓在應對垂直刺激時也產生了問題：

> 差別最為明顯的時候是當兩隻小貓——一隻有著水平經歷另一隻有著垂直經歷——同時接受用一根長的黑或白的棒子做測驗時。如果棒子被垂直拿著並且抖動，一隻小貓就會跟著它並和它玩耍。如果水平拿著，另一隻貓就會被吸引住，另一個同伴卻視之不理(Blakemore & Coop70, p. 478)。

顯然，早期經驗對大腦發育有著深遠的影響。

☐ 個案研究 2──配對組

透過配對建立等組的方法常常用在一些治療或干預計畫的效果評估研究中。有些受試者當成處理組，另一些受試者在控制組，兩組可能要在諸如年齡、智力、療法所針對之問題的嚴重性等等這些變項上配對。在一個佛萊徹和艾金森作的研究(Fletcher & Atkinson, 1972)中，他們評估一項為一年級閱讀教學中加入電腦輔助教學(Computer Assisted Instruction, CAI)的計畫，選了 50 對學生。由於佛萊徹和艾金森相信，(a)閱讀中存有性別差異；(b)不同程度的閱讀能力與依變項（標準化的閱讀測驗）相關，因此他們使用配對來建立等組受試者。受試者按性別與能力（使用標準化的閱讀能力測驗）加以配對。除了在這兩個因子配對外，研究者盡力「保證『每一對中的』兩個人都來自可以比較的班級，他們的老師具有相等的能力」(Fletcher & Atkinson, 1972, p. 598)。

除了正常的教學外，被分派到 CAI 實驗組的受試者也在一年級第二學期時每天接受 8 至 10 分鐘的電腦教學。到學年結束時，CAI 實驗組在閱讀上領先控制組。電腦教學在過去的二十五年中走過了很長的一段路，

但是由佛萊徹和艾金森作的這個早期研究顯示，儘管只應用少量的電腦技術，我們仍可以從中獲益。

□個案研究 3 ——不等組

也許是受推孟對天才兒童所作的宏大的縱貫研究所激勵（見專欄 6.1），多年來大量的研究資料試圖對天才兒童問題有所啓發。由奈波、奧卜祖和科普蘭(Knepper, Obrzut, & Copeland, 1983)作的一項研究提出一個問題，除了平常在認知問題解決上優於一般兒童外，天才兒童是否也善長於解決社會和情感問題。他們的實驗充份地說明了一個不等組設計。獨變項——天才的程度——是受試者變項，它有兩個要比較的水準——天才學生（操作性的定義為 IQ ≥ 130）與一般學生（90 ≤ IQ ≤ 110）。兩組的平均 IQ 分別是 136.9 和 102.9，雖然沒有用到特別的配對程序，但年齡因子被控制在只使用六年級的學生。所有學生都要接受一個「手段—目的問題解決測驗」(Means – Ends Problem Solving Test)，它測量的是解決人際（社會）問題和個人（情感）問題的品質(quality)。天才兒童確實在這些社會和情感問題解決測驗中超越一般兒童，這個發現與推孟的結果一致，即天才兒童不僅有「腦」，還有一些社會技能。

一個重要的警告：第 5 章講過，當涉及到受試者變項時，我們不可能提出因果結論。因此，說天才兒童某種程度地導致了解決社會和情感問題能力的進步是不恰當的。我們能說的就是天才兒童和非天才兒童在順利地解決這類作業上似乎有所差異。

組內單因子設計

你已經知道，組內設計(a)需要更少的受試者，(b)對平均數之間些微的差異更為敏感，並且(c)需要用交互平衡法來控制序列條件。一個有著單一獨變項兩水準的組內設計用兩種方式取得平衡。如果每種條件的受試者只參加一次，就需要使用完全交互平衡法。一半的受試者先經歷條件 A 然後條件 B，另一半的受試者先 B 後 A。如果受試者在每種條件中的測量超

過一次，則需要使用逆向交互平衡法(ABBA)。司初普(J. Ridley Stroop)在 1935 年做的三項研究中前兩項研究即採用了這種辦法，該項研究可以被列入任何一個「最經典 10 項研究」榜的高位。要對它作詳細地了解（並且對卍字符號有一個更為深入的認識），請在繼續學習之前閱讀專欄 7.1。

當研究中只有兩個條件，且每個條件都要多次測量時的另一種平衡法就是順序更替條件(ABAB…)。接下來的個案研究中便採用了這樣一種方法。

■■■■ 專欄 **7.1**

經典研究——重複最多的心理學發現？

逆向平衡法是司初普最初於 1935 年發表的一項研究中使用的方法。這項研究非常出名，以至於由他首次所證明的現象，現在被稱為「司初普效應」(Stroop effect)。在原著最近一次再版時附加的文章中，麥克雷奧(Colin MacLeod)稱司初普效應是測量注意力的「黃金標準」，而且他在文章中以這樣的方式作了開頭：

> 1992 年，我們在認知心理學人士中幾乎找不到一位對司初普效應完全陌生的人。實際上，這種概括甚至可以推廣到所有正在學習心理學入門課程的人，司初普效應是一種不可或缺的演示(MacLeod, 1992, p. 12)。

麥克雷奧繼續論述司初普效應是心理學中複製最多而且引用最多的發現之一。司初普究竟做了什麼？

最初的研究總結了三個實驗，都是司初普為博士論文所做的。我們將

集中討論前兩個實驗，因為這兩個實驗都說明了單一獨變項、兩水準測量並使用逆向平衡法的組內設計。在第一個實驗中，14 名男性和 56 名女性要完成兩個作業，作業都包括念顏色詞。司初普(Stroop, 1992, p. 16)把一種條件叫作 RCNb(Reading Color Names printed in black，念出鉛印的顏色名字)。受試者要盡快並且儘量準確地念出 100 個黑色鉛字印出的顏色詞（譬如「綠色」）。第二個條件組(1992, p. 16)被司初普稱為 RCNd(Reading Color Names where the color of the print and the word are different，字體顏色與顏色名詞不一致，念出顏色名詞)，這時，100 個顏色名詞用彩色字體印出，但是字體的顏色與顏色詞並不一致（例如，「綠色」這個名詞用紅色印出），受試者的作業是念出顏色名詞（正確的回答應是「綠色」）。

作為一個好的研究者，司初普很清楚序列效應的問題，所以他使用了逆平衡的方法(ABBA)來解決這個問題。他將每一種條件的刺激分為兩個包括 50 個名詞的名詞表，然後讓一部分受試者按 RCNb – RCNd – RCNd – RCNb 的次序作實驗，另一部分受試者按 RCNd – RCNb – RCNb – RCNd 的次序作實驗。因此，每一受試者總共要念出 200 個顏色名詞。

司初普的實驗沒有在 RCNb 和 RCNd 兩種條件的成績間發現差異。兩種條件中念出 100 個名詞的平均時間分別是 41.0 秒和 43.3 秒。因此，在 RCNd 條件中念出顏色名詞不受該名詞的字體顏色所影響。

最終使司初普聲名大噪的是他的第二個實驗，他在這個實驗中發現了非常大的差異。與第一個程序的基本設計一樣，但這一次的反應是說出字體的顏色而不是顏色名詞。第一種條件是 NC(Naming Color test，顏色測驗)，給受試者看一些正方形的色塊，要受試者說出色塊的顏色。關鍵的第二個條件是 NCWd(Nameing Color of Word test where the color of the print and the word are different，顏色名詞和字體顏色的不一致，說出字體顏色)，受試者要看與實驗 1 的 RCNd 條件相同的一些材料，但這一次不是念顏色名詞，而是說出該名詞的字體顏色。如果「綠」這個名詞是用紅色的字體印出的，那麼正確的回答應是「紅」而不是「綠」。1935 年的受試者與今天的受試者有著同樣的困難，因為閱讀是一個熟練而且自動化的

過程，它會干擾我們對字體顏色的辨認，從而導致錯誤並減慢我們說出顏色的速度。司初普發現條件 NC 中說出顏色的平均時間是 63.3 秒，而 NCWd 條件的平均時間則異常地長達 110.3 秒。我把司初普用表格報告的四種不同結果用一個柱形圖表示在圖 7.3 中。你可以看到，司初普效應是一個非常明顯的現象。

我之前提到，司初普實際上為他的論文作的三個實驗。第三個實驗證明，如果經過練習，受試者可以在 NCWd（經典的司初普作業）的成績上有所提高。這個最終研究的一個有趣之處是，在 NC 測驗的每個方形色塊位置上，司初普用萬字符卍替換了色塊，這「就使 NC 測驗中的刺激形狀與 NCWd 測驗近乎一致」(Stroop, 1992, p. 18)。萬字符是原始的宗教符號，是把傳統的希臘十字（ + ）彎曲兩臂形成的。具有諷刺意味的是，司初普研究出版的同年(1935)，萬字符被正式採用為納粹德國的標誌。

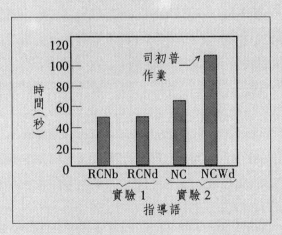

圖 7.3　　司初普(Stroop, 1935)原始研究的前兩個實驗的數據綜合

☐個案研究 4 —— 重複量數

在一項關於運動知覺和平衡的研究中，李和阿倫森(Lee & Aronson, 1974)檢驗根據詹姆士・吉布森(James Gibson)（這個人我們在第一章曾稍微提到，是吉布森的丈夫）的知覺理論提出的一些預測，特別是他們

想知道我們如何在一個移動的環境中保持平衡。有七位 13 到 16 個月大的
嬰兒被安排在圖 7.4 照片的實驗裝置中。當一位嬰兒正面衝向牆時，實驗
者可以將牆壁或天花板向前或向後移動。

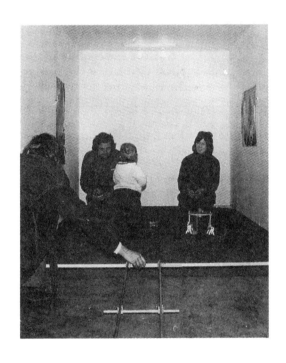

圖 7.4　李和阿倫森(Lee &
Aronson, 1974)「移動房間」
研究中使用的設備效果

　　研究者假設，向前移動屋子（圖 7.5a）會產生與嬰兒頭部向後移動
同樣效果的「視覺流動模式」(optic flow pattern)（圖 7.5b）。相應地，它
應引起嬰兒前仰動作。如果是這樣，那麼房間前移應引起嬰兒身體前傾或
者可能向前跌倒狀況（圖 7.5c），而當房間後移時應出現相反的結果。
　　與研究在垂直環境或水平環境中養大的貓不同，沒有任何理由說李和
阿倫森的嬰兒不能經歷兩種實驗條件——房間前移或後移。因此，可以採
取一種組內設計的方法：單因子重複量數設計。獨變項是房間移動的方向
——或者向前或者向後；而嬰兒身體傾斜或者跌倒則作為依變項測量。每
名受試者要重複做二十次嘗試，每次嘗試中房間移動都要有變化。測量了

七名受試者，但其中有三人因爲顯得痛苦而馬上終止了實驗。剩下四位受試者的反應被三名觀察者記錄下來（爲什麼需要一個以上的觀察者？）。結果，按照預測的方向失去平衡出現在 82% 的嘗試中，觀察者將失去平衡分類爲搖幌(26%)、蹣跚(23%)和跌倒（33%）。

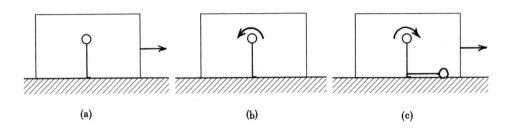

圖 7.5　李和阿倫森(Lee & Aronson, 1974)實驗中，房間前移的預期效果

　　逆向平衡僅僅交替變化條件 A 和 B，這樣做的缺點就是，受試者可以輕易地預測到下面要發生的條件。不過，李和阿倫森作了正確的決定，考慮到受試者的年齡，這個問題不可能影響他們的結果。

分析單因子兩水準設計

　　對於一個兩水準設計，爲了確定所發現的條件間差異是顯著的還是僅由機率造成的，我們需要一定的推論統計。當實驗中用到等距或比率量尺測量時，最常用的方法是使用 t 考驗（第 4 章快結束時提過的一種推論統計過程，在附錄 B 中作了舉例說明）的兩種變式之一。當使用名義量尺或次序量尺測量時，需要其他的一些技術。

　　如果研究中的受試者是隨機分派到各組的，或者研究變項是一個受試者變項（例如，男與女），那麼各組就被認爲是相互獨立的，這時要使用**獨立組 t 考驗**（t test for independent groups）。如果獨變項是一個組內因子，或者兩組人以相互間存在某種關係的方式形成，就要使用**相依組 t 考驗**（t test for dependent groups，有時也被稱爲 t test for correlated group，相關組 t 考驗）。對於剛剛考慮過的四種單因子設計，下面是適當的 t 考驗：

- 獨立組 t 考驗
  - 獨立組設計
  - 不等組設計
- 相依組 t 考驗
  - 配對組設計
  - 重複量數設計

本質上，「t 考驗」檢驗了兩 0 個平均數之間的差異，並確定（帶有某種機率性的）這種差異是否大於單單由機率因素所預示的差別。如果它大於機率因素，而且潛在的混淆可以被排除，那麼研究者可以用一種很高的機率下結論說差異是真實的。閱讀附錄 B 中怎樣進行兩種「t 考驗」的逐步指導。

單因子——兩個以上的水準

當實驗包括單一的獨變項時，使用兩個水準是例外而非慣例。大部分單因子研究使用三個或者更多的水準，因此常被稱作**單因子多水準設計**（single – factor multilevel design）。與兩水準設計一樣，多水準設計也包括組間設計和組內設計，並且可以同樣分為四類：獨立組、配對組、不等組和重複量數。

組間多水準設計

多水準設計的獨特優勢是它們能夠使研究者發現**非線性效應**（nonlinear effects）。舉一個簡單組間設計的例子，你設定一項實驗，比較兩種藥劑量（1 毫克和 3 毫克），得到了如圖 7.6 中的結果，並下結論說咖啡因這種興奮劑加速反應時。隨著劑量的增加，反應時呈直線（即線性）遞減。

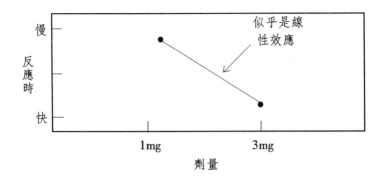

圖 7.6　假定的咖啡因對反應時的影響——兩水準

現在假定另一名研究者也做這項研究，但使用了一個包括四種劑量的多水準設計（1毫克，2毫克，3毫克，4毫克）——這是一個複製（1毫克，3毫克）與延伸（2毫克和4毫克）發現的例子。研究可能產生如圖7.7中的結果。

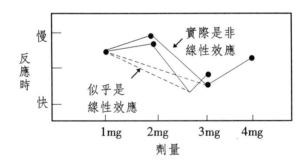

圖 7.7　假定的咖啡因對反應時的影響——四水準

這一結果正確複製了你在1毫克和3毫克條件下所做的結果，但由四種條件所得出的模式令你的結論產生了嚴重的問題。你不能簡單地說咖啡因劑量提高時的反應，現在的結論應該是(a)咖啡因提高了反應時，但僅僅是在劑量達到2毫克之後；(b)咖啡因只能提高反應時到一定點，其後它開始減

緩反應時。這就是說，結果不再是一個單純的線性結果，而是非線性的。一般而言，多水準設計的優勢在於它能比兩水準設計提供更有意思的結果。

多水準設計還可用於考驗某些特別的替代假設，甚至可以排除它。這種方法我們記得在第 3 章中討論否證的價值時曾經提過。布蘭斯福和強森（Bransford & Johnson, 1972）作過的一項研究提供了一個完美的例子。

□個案研究 5——多水準獨立組

想知道人們怎樣理解新資訊的認知心理學家們已經證明，如果新的訊息被置於某個情境下，對它的理解就會較爲容易。譬如，如果已經閱讀過摘要，你能更容易理解課本中的一章內容，這種效果會引起教科書的作者們在每一章內容的前面加入該章的摘要。布蘭斯福和強森（Bransford & Johnson, 1972）的研究說明了這種情境效應（context effect）。在他們的研究中，受試者要理解下面這段文字，請你試讀：

> 如果汽球爆了，聲音就傳不上去，因爲所有東西都與要去的樓層差之甚遠。關閉的窗戶也會阻擋聲音的傳遞，因爲大部分建築物都是隔音的。既然全部操作都要靠穩定的電流，那麼電線斷了也會造成麻煩。當然，這個小伙子可以喊，但是人類的嗓門還沒有大到足以將聲音傳到那麼遠。另一個問題是如果樂器斷弦，那麼訊息的傳遞中就缺少了伴奏。顯然，理想的境況應是在距離越短的時候，那樣便不會有許多潛在的問題。面對面接觸將問題減少至最小（Bransford & Johnson, 1973, p. 392）。

我猜想你對這段文字的反應應該是「嗯？」，最初研究中很多的參加者都有這樣的反應。但是，布蘭斯福和強森發現，加入某種情境可以增進對這段話的理解。下面就是他們的作法。

圖 7.8　布蘭斯福和強森(1972)提供的(a)情境(idea)和(b)部分情境的卡通片

　　他們設計了一個單因子獨立組研究，獨變項包括五個水準。被隨機分派到控制組的受試者就要做我剛剛要求過你的，閱讀這段話，然後儘量回憶該段的觀念，總共有 14 個觀念需要回憶。控制組的結果不太令人滿意，他們平均回憶出 3.6 個觀念。第二組閱讀這個故事兩遍，然後看看他們的回憶是否藉由簡單的重複而有所提高，但並沒有——他們回憶出 3.8 個觀念。第三組看圖 7.8a 中的卡通畫，然後閱讀並試著回憶這段話，他們從 14 個觀念中回憶出 8.0 個。顯然，卡通畫給這些受試者一個大概的發生情境，令他們在這個情境中理解段落的句子。但是不是需要先看卡通畫，再讀段落？是的。研究的第四個條件讓受試者先讀段落，再看卡通畫，然後回憶段落的內容。他們回憶出 3.6 個觀念，就像控制組一樣。最

後，第 5 組受試者接受一個部分情境：在閱讀這段話之前，他們先看圖 7.8b 中的卡通畫，畫中包含了圖 7.8a 中的所有元素，但重新加以安排。這一組中的受試者平均回憶出 4.0 個觀念。用圖表示，結果如下：

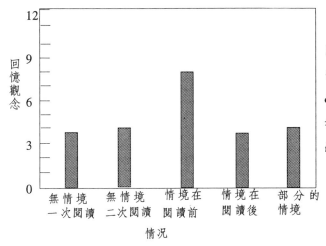

圖 7.9　布蘭斯福和強森研究 (Bransford & Johnson, 1972) 五種條件的數據柱形圖顯示

　　假定只考慮「無情境一次閱讀」和「情境在閱讀前」兩個組，則這個研究頗有其道理。當以卡通的形式加入某種情境時，它顯示出受試者理解能力的一個簡單的（線性）增進。但是，加入另一些條件後，這個研究就變得有意思了，因為它排除了（即否證了）可能被認為是促進回憶的一些替代因子。因此，情境提高了我們對某事的理解，但只是當那種情境第一次發生的時候，因為在閱讀後呈現情境是無濟於事的。我們可以就此推論出，情境不僅促進了隨後的訊息提取，也促進了最初的訊息處理，從而改善了記憶。此外，簡單的重複與提供部分情境都於事無補。

組內多水準設計

　　雖然兩水準的單因子重複量數設計限制了交互平衡法的選擇，但如果變項水準超過兩個，則選擇又重現了。如果受試者每種條件只測量一次，則我們既可以使用完全平衡法也可以使用部分平衡法。如果受試者每種條件測量多次，則逆向平衡法和區塊隨機化程序都可以使用。

就像我前面指出的，重複量數設計屢屢發生在知覺和認知研究中；重複量數設計的一個很好的例子就是由考斯林、波爾和雷瑟(Kosslyn, Ball, Reiser, 1978)等人做的關於認知地圖和使用空間意象的一項有趣的研究。

□個案研究6——多水準重複量數

　　看看圖7.10中的地圖。如果你參加考斯林等人的研究(Kosslyn et al., 1978)，他們會要求你記住這張地圖，特別注意用字母標注的幾個地點（在真實研究中這些地點用紅點作標注）。在你證明能準確地畫出地圖之後，地圖將從你面前移走。研究者要求你建立一個地圖的心理意象，然後想像自己從一個地點移動到另一個地點。譬如，在一次嘗試中可能你要想像自己正在海灘上（F點），5秒鐘之後，研究者呈現「湖」（C點）這個單字，並指示你要在心理上「旅行」到那裡。心理旅行的完成是透過「想像有一個黑點沿最短的直線飛快地從一個目標前進到另一個目標，在仍看得見的時候，這個黑點要作最快速的移動」(Kosslyn et al., 1978, p. 52)。在到達目的地後，你按一個鍵，因此得到一個反應時的量數，就是依變項。共有21對可能的組合，因此研究有一個獨變項（不同地點之

圖7.10　考斯林、波爾和雷瑟(Kosslyn, Ball & Reiser, 1978)認知地圖研究中使用的地圖

間的距離），共 21 個水準。所有受試者都要嘗試 21 對組合，如此就使研究成爲一個重複量數設計。實驗中還加入一些容易上當的問題（非地圖上的地點，譬如「長椅」），以防止受試者因預期目標而過早地反應。對參與的 9 位受試者，都要藉由隨機安排嘗試序列來達到平衡。因此，這是一個部分交互平衡法的例子，其中使用了一個隨機的序列取樣。

如果受試者是透過創建地圖意象，並在每次嘗試中從一個地點到另一個地點作心理掃描的話，那麼研究證實了，增加點距應該增加反應時這一預測。圖7.11 顯示出反應時隨著點距增加而增加的一個幾乎完美的線性增長。

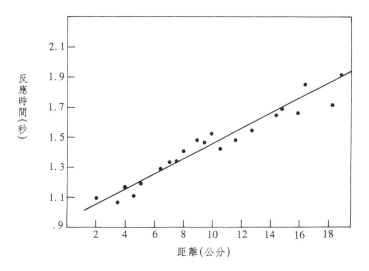

圖 7.11　考斯林等人(Kosslyn et al., 1978)重複量數研究的數據

呈現數據

在報告任何研究結果的時候所要做的決策就是怎樣呈現數據。有三種選擇。第一，以文字句子的形式呈現，這種方法在報告只有兩個水準的實驗研究時是可以的，但是隨著數據量的增加，這種辦法會使閱讀變

得冗長乏味。可能你在閱讀布蘭斯福和強森（Bransford and Johson, 1972）研究的五個條件結果時已經注意到這一點。第二種方法是建立一個結果的數據表。布蘭斯福和強森研究的結果可能如表 7.2 表示：

表 7.2　布蘭福和強森研究數據表(1972)

受不同的學習和回憶情境影響，回憶的平均單位數		
條　件	平均數	標準差
無情境一次閱讀	3.60	.64
無情境兩次閱讀	3.80	.79
情境在閱讀前	8.00	.65
情境在閱讀後	3.60	.75
部分情境	4.00	.60

注：分數最大值是 14

第三種呈現數據的方法是用圖表的形式，你在圖 7.9 中已經看到，布蘭斯福和強森研究中就是用這種辦法來描述這結果。

　　值得注意的是，在一個實驗研究中，圖表總是將依變項置於縱軸，獨變項置於橫軸。不過在用到一個以上的獨變項時，情況便會變得有點兒複雜，後面幾頁中你就會看到。不過，無論獨變項的數目多少，依變項總是在縱軸上。

　　選擇圖或是表乃依研究者的偏好而定，如果要報告的數據差異懸殊或者有交互作用發生（你馬上就會學到這些內容），以圖形表示將會特別醒目。如果要報告的數據太多，而用一張圖形無法詮釋清楚，或者研究者想告訴讀者平均數的精確值，使讀者無需對著圖形作猜測，這時表的形式常常受到偏愛。有個一定適用的原則是，永遠不要同時用表、圖呈現同樣的數據。基本上，你呈現數據的方式應該是讓你辛辛苦苦得來的結果獲得最清晰的顯示。

□圖的種類

你注意到我用柱形圖的形式表現布蘭斯福和強森的結果，而爲何不用線形圖，像圖 7.12 那樣顯示呢？這不是一個好主意。這個問題牽涉到被用來作爲獨變項的建構的實質及其基本向度是否連續。連續變項 (continuous variable) 是一種潛藏著無限數值的變項。就是說，變項存在於一個連續體上，例如：藥品的劑量。在比較某藥品 3 毫克、5 毫克和 7 毫

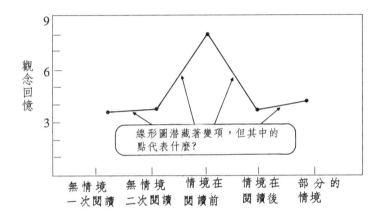

圖 7.12 布蘭斯福和強森 (Bransford & Johnson, 1972) 研究的數據不當地以線形圖表現

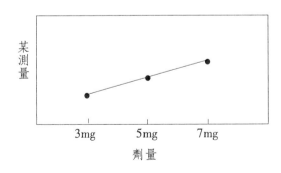

圖 7.13 對於連續變項 (如藥物劑量水準) 線形圖的正確使用

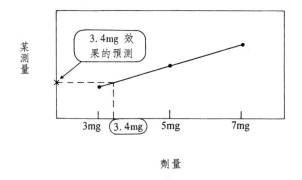

圖 7.14　線形圖的點間插入

克的研究中，藥劑量是一個連續變項，如果需要或許我們還可以使用 4 毫克或 6 毫克的劑量。對於連續獨變項而言，使用一個折線圖來描述結果是恰當的。就是說，我們有合理的理由連結圖上的點，進而猜測中間值會引起什麼樣的效果。因此，從藥品研究中的一張結果圖看上去可能像圖 7.13 那樣，研究者有充份的理由預測藥物的中間劑量可能引起的效果，就像圖 7.14 用星號標注的點所表示的。當然，如果研究使用的獨變項有兩個水準，而兩個水準相距甚遠，則眞正的關係是非線性的，那麼連線便是有問題的。因此，一個比較 2 毫克和 10 毫克劑量的藥物研究中得到如圖 7.15 那樣的實心直線後，從 5 毫克劑量所得到的預測結果會產生較大的誤差，如果眞實的情況是按點的軌跡所繪的曲線那樣：

這一研究是單一獨變項多水準設計的一個很好範例。

　　如果獨變項是一個**間斷變項**(discrete variable)，情況就不同了，這時每種水準代表著一種獨特的類別，不存在中間的點。因此不能在點之間連線，連線則意味著存在中間點而它們實際上並不存在。所以在使用間斷變項時，譬如布蘭斯福和強森的研究（見圖 7.9），我們通常使用柱形圖。基本的規則如下：

　　　　如果連續 →　最好使用線形圖，柱形圖也可以

　　　　如果間斷 →　最好使用柱形圖，線形圖不恰當（不過因子設計中的交互設計是例外）

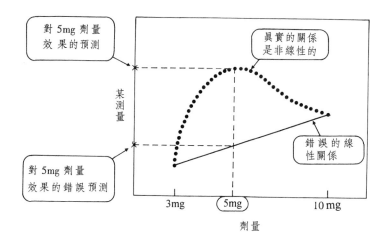

對 5mg 劑量
效果的預測

真實的關係
是非線性的

某測量

錯誤的線
性關係

對 5mg 劑量
效果的錯誤預測

3mg   5mg   10 mg

劑量

圖 7.15　當存在非線性關係以及獨變項不同水準的範圍較大時，連線存在的
　　　　問題

單因子多水準設計分析

　　我們看到，單因子兩水準設計中如果依變項是在等距量尺或比率量尺
上的量尺，這時虛無假設可以透過一種稱為「t 考驗」的推論統計方法得
到檢驗。對於一個多水準設計，譬如布蘭斯福和強森的研究，你可能想
到，對它的分析就是在所有可能的條件對中進行一系列簡單的 t 考驗（例
如，情境在閱讀前與情境在閱讀後兩個條件）。遺憾的是，事情沒有那麼
簡單，困難在於多重 t 考驗增加了第一類錯誤的風險。就是說，你計算的
t 考驗越多，「偶然」產生顯著差異的機會就越大。在布蘭斯福和強森研
究中要檢驗所有的條件對，你必須完成十個不同的 t 考驗。

　　在使用多重 t 考驗時，至少出現一個第一類錯誤的機率可以由過下面
的公式估計：

$$1 - (1 - \text{alpha})^c$$

c = 成對比較的次數

因此，如果在布蘭斯福和強森研究中比較全部十個可能的 t 考驗，至少一個第一類錯誤的機率會非常高（4／10）：

$$1 - (1 - .05)^{10} = 1 - (.95)^{10} = 1 - .60 = .40$$

在單因子設計中為了避免多重 t 考驗的問題，研究者使用一種被稱為「單因子變異數分析」(a one-way analysis of variance)或 ANOVA(ANalysis Of VAriance)的程序。「單因子」意味著一個獨變項，單因子變異數分析實質上考驗的是存在於獨變項不同水準間的「總」差異。因此，在一個包括三水準的研究中，虛無假設是「水準 1 ＝水準 2 ＝水準 3」。拒絕虛無假設並不能恰好證明哪一個「＝」其實是「≠」。為了嚴格確定差異存在於何處，需要一種稱為「事後考驗」(subsequent testing)或「事後分析」(post hoc analysis)的辦法。在有三個水準的研究中，事後考驗要對三對比較中的每一對比較作分析，但只有當全部的 ANOVA 已經指明存在著差異時。如果 ANOVA 沒有發現任何顯著差異，通常不作事後考驗。

　　單因子 ANOVA 產生一個「F 分數」(F score)或「F 比率」(F ratio)。同從 t 考驗得到的分數一樣，F 分數考驗的是獲得的平均數差異在多大程度上可以歸因於機率或其他因素（假定是獨變項）。ANOVA 是一個受到實驗心理學家廣泛應用的基本工具，如果你還沒有從統計學的課程中了解到它的操作，你可以詳讀附錄 B 中的例子。你還應當知道，雖然在獨變項只有兩個水準時，通常是應用「考驗」，但 ANOVA 也可以在這種情況下使用。事實上，t 考驗可以被認為是變異數分析的一個特例，它應用在單一獨變項只有兩個水準的時候。

一個以上的因子——多因子設計

　　假定你對記憶有興趣，並且想知道訓練人們在記憶時使用視覺意象，是否能夠提高回憶。你製造了一個簡單的兩組實驗，讓一組人受意象技術

的訓練，另一組人則未受到這種訓練。假定你還想知道記憶怎樣受一個詞表的呈現速度所影響，你又作了一個簡單的兩組研究，有些受試者以每個詞2秒的速度看詞表，另一些受試者以每個詞4秒的速度看詞表。在一個多因子設計中，這兩個研究可以同時進行。

就定義而言，**多因子設計**(factorial design)是指獨變項數一個以上的實驗。原則上它可以包括很多變項，但實際上多因子設計通常只有兩個或三個因子最多四個。讓我們仍以記憶研究爲例，來介紹描述這一設計的系統。

多因子識別

首先，對多因子的描述，是用一個同時說明獨變項數及每一獨變項的水準數的數字系統作出的。一個2×3（讀作2乘3）的因子設計有兩個獨變項；第一個獨變項有兩個水準，第二個獨變項有三個水準。一個3×4×5的因子設計有三個獨變項，每一變項分別有三、四、五個水準。上述記憶研究是一個2×2的設計，「訓練的類別」這一變項有兩個水準，「呈現速度」變項也有兩個水準。

第二，多因子研究中對被考驗條件的識別，可以藉由檢視每個獨變項不同水準的所有組合來完成。在該記憶研究中，這樣得到的是一個如下的矩陣。

訓練的類別		呈現速度	
		2秒／字	4秒／字
	意象訓練	意象／2秒	意象／4秒
	無意象訓練	無意象／2秒	無意象／4秒

在繼續學習之前，有件事情需要特別注意。至此我一直在使用「實驗條件」(conditions of the experiment)以及「獨變項水準」(levels of the independent variable)的概念，就好像它們有著相同的意義。實際上，這兩個概念在單因子實驗中可以交互使用，但在多因子設計中卻不能互換。

在所有實驗設計中，「水準」(levels)這個名詞指的是獨變項的水準數。而在多因子設計中，「條件」(conditions)相當於你剛剛看到的矩陣中的單元格數目。因此，2×2 的記憶研究有兩個獨變項，每一獨變項有兩個水準，但是該研究有四種不同條件，每一條件對應於一個單元格。任何多因子設計中的條件數可以由簡單計算兩個數字的積而確定。一個 3×4 的設計有 12 個條件；一個 2×2×4 的設計有 16 個條件。

你可以用下面的方式想像一個一般化的 2×2 多因子矩陣。

		因子 B	
		水平 B1	水平 B2
因子 A	水平 A1	條件 A1B1	條件 A1B2
	水平 A2	條件 A2B1	條件 A2B2

弄清楚這一套標記系統是非常重要的，因為如果你正在使用某個統計套裝軟體，它就是你可能遇到的語言。當電腦要你輸入 A2B1 中的數據時，你誤將 A1B2 的數據輸入，此時統計分析仍會進行並產生一個漂亮的輸出格式，但結果卻是完全錯誤的。顯然，將數據輸入到正確的細格中是非常重要的。如果詳讀附錄 B 中二元 ANOVA 的例子，你會再次遇到這一套標記系統。

表 7.3 顯示了如何用這樣一個系統呈現 2×4 或 2×2×2 的設計。暫時不要理會帶陰影的表格，讀完下一節後你就會明白它們的意思。

表 7.3　因子設計舉例

---

1. 2×4 因子設計

	B1	B2	B3	B4
A1	A1B1	A1B2	A1B3	A1B4
A2	A2B1	A2B2	A2B3	A2B4

考驗主要效果 A（即比較 A1 和 A2）

	B1	B2	B3	B4
A1	A1B1	A1B2	A1B3	A1B4
A2	A2B1	A2B2	A2B3	A2B4

考驗主要效果 B（即比較 B1, B2, B3 和 B4）

	B1	B2	B3	B4
A1	A1B1	A1B2	A1B3	A1B4
A2	A2B1	A2B2	A2B3	A2B4

2. 2×2×2 的因子設計

C1			C2		
	B1	B2		B1	B2
A1	A1B1C1	A1B2C1	A1	A1B1C2	A1B2C2
A2	A2B1C1	A2B2C1	A2	A2B1C2	A2B2C2

考驗主要效果 A（即比較 A1 與 A2）

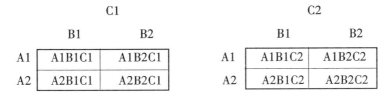

C1			C2		
	B1	B2		B1	B2
A1	A1B1C1	A1B2C1	A1	A1B1C2	A1B2C2
A2	A2B1C1	A2B2C1	A2	A2B1C2	A2B2C2

考驗主要效果 B（即比較 B1 與 B2）

	C1	
	B1	B2
A1	A1B1C1	A1B2C1
A2	A2B1C1	A2B2C1

	C2	
	B1	B2
A1	A1B1C2	A1B2C2
A2	A2B1C2	A2B2C2

檢驗主效應 C（即比較 C1 與 C2）

	C1	
	B1	B2
A1	A1B1C1	A1B2C1
A2	A2B1C1	A2B2C1

	C2	
	B1	B2
A1	A1B1C2	A1B2C2
A2	A2B1C2	A2B2C2

主要效果

在我們作為範例說明的記憶實驗裡，研究者對兩個獨變項（訓練的類別與呈現詞的速度）產生的結果有興趣。在多因子設計中，**主要效果**（main effect）這個名詞被用來說明一個獨變項的總體效應。所以在一個包括兩獨變項的研究中，不會有多於兩個的主要效果。確定一個因子的主要效果包括將數據在其他因子的所有水準上作分解。在記憶研究中，可用下面的表格加以說明。訓練類別的主要效果可以將數據按兩種呈現度分解而得到。因此，在淺陰影部分裡的所有訊息可以結合，並與深陰影部分中的數據作比較。

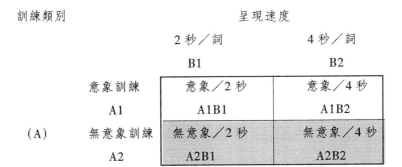

同樣地，呈現速度的主要效果是把數據按兩種訓練類別分解而確定。在下面的表中，呈現速度的效果是藉由將淺陰影格中的所有訊息與深陰影格中的所有數據比較而作評定。

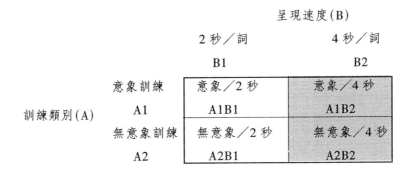

如果你現在看表 7.3 中的各個矩陣，你就能明白在上面的 2×4 和 2×2×2 分析中，我用陰影來指出，在不同種類的主要效果分析中間對那些單元格作組合。

我們假定這樣的一個記憶實驗中可能蒐集了一些數據。假定每種條件中有 25 名受試者，他們要記住一個包括 30 個字詞的名詞表。在四種條件中，每一種條件下平均回憶出的字詞的數目如下：

呈現速度

訓練類別		2 秒／詞	4 秒／詞
	意象訓練	17	23
	無意象訓練	12	18

　　意象訓練是否能夠產生更好的回憶？即訓練類別是否產生了一個主要效果？發現它的方法就是比較所有「意象訓練」數據與所有「無意象訓練」數據。具體而言，要計算所謂的行平均數。「意象訓練」的行平均數是 20 個字詞[（17＋23）／2＝40／2＝20]，而「無意象訓練」的行平均數是 15 個字詞[（12＋18）／2）＝30／2＝15]。關於訓練類別是否產生一個主要效果的問題是「20 是否顯著地大於 15？」

　　以同樣的方式，計算列平均數使我們能夠發現是否有一個呈現速度的主要效果。在每個字詞 2 秒這一列中，平均數是 14.5 個字詞；在每個字詞 4 秒這一列中，平均數是 20.5 個字詞。把所有這些數值放在一起得到：

	2 秒／詞	4 秒／詞	平均
意象訓練	17	23	20.0
無意象訓練	12	18	15.0
平均	14.5	20.5	

從這些數據看，意象提高了記憶(20>15)，並且當單字以較慢的速度呈現時，回憶更好(20.5>14.5)。就是說，這裡似乎有兩個主要效果（當然，需要用 ANOVA 來確定這種差異是眞實的或是歸因於機率）。

交互作用

　　多因子設計較之單因子設計的獨特優勢不在於它們能夠揭示主要效果，而在於它們可能說明交互作用。在一個多因子設計中，當一個獨變項的效應隨著另一個獨變項的水準不同而變化時，我們說有**交互作用**

(interaction)發生。這是一個較難把握的概念，但它無比重要，因爲交互作用常常爲一個多因子研究中提供最有趣的結果。從一個簡單的例子出發，假定我相信，普通心理學教學最好是以學生們自我探索的實驗課形式進行，而不是單純的課堂灌輸，但是我不清楚這種觀念是否普遍正確，或是僅僅對某些學生適用，也許主修理科的學生特別能從實驗的教學方法中受益。爲了檢驗這一想法，我必須比較一種主要以實驗形式進行的普通心理學課與另一種主要以講課形式進行的普通心理學課，同時我也必須比較不同類的學生，例如主修理科和主修文科的學生。這需要一個如下所示的 2×2 設計：

課程類別

		實驗爲重心	講課爲重心
學生的主修	理科	實驗教學的理科學生	講課教學的理科學生
	文科	實驗教學的文科學生	講課教學的文科學生

在像這樣的一個研究中，依變項可以用學習成績作爲量數；我們在期末考試週採用一個百分制的標準化普通心理學知識測驗分數。假定結果如下：

	實驗爲重心	講課爲重心
理科	80	70
文科	70	80

這裡有任何的主要效果嗎？——沒有，所有行與列的平均數都是相同的：75。那麼這個研究什麼都沒發生嗎？不是——顯然有些事情發生。具體而言，理科學生在實驗教學後成績更高，而文科的學生在講課教學後成績更好。或者用交互作用的定義來解釋，一個變項（主修課程）的效應隨著另一個變項（教學形式）的不同水準而變化。因此，即使沒有主要效果發生，交互作用還是發生了。

教學方法的例子亦顯示多因子設計較之於單因子設計的獨特優勢。假定你是用一個單因子兩水準的設計完成的研究，即只比較實驗教學與講課教學的不同，你可能會使用一種配對組設計，即將學生們的 GPA 及主修作為配對變項。事實上，可能你最後是用與多因子設計中同樣的一批人作了研究。但是如果用單因子設計，你可能得到：

實驗教學 → 75　　　　　　　　講課教學 →75

然後你得出結論說普通心理學課無論加不加實驗都無關緊要。但是，從多因子設計中，你了解到實驗確實重要，但只對某些類學生適用。簡言之，多因子設計比單因子設計能夠傳達更多的訊息。為了進一步說明交互作用的概念，我們探討下面這一個案研究的結果。

□個案研究 7——一個交互作用

已經有相當數量的研究指出，如果人們進行回憶的地點與他們第一次學習的地點或情境相同，回憶的效果最好。你可能有過這樣的經歷，你把鑰匙丟了，當你把自己——無論心理上還是身體上——帶回到最後一次記得看到它的地點，你就能找到鑰匙。

在考驗這一情境依賴假設的研究中，獲得最佳創意獎的是高德恩和白德利(Godden & Baddeley, 1975)。他們使用一個 2 × 2 的多因子設計，受試者在一種情境中學習一個包括 36 個字詞的詞表，然後在同一情境或者不同情境中回憶該詞表。使這一實驗富有創造性的是設置情境的選擇。某潛水俱樂部的會員成為受試者並參加了實驗，有人學習詞表是在海灘岸上，有人學習詞表是在水下 20 英呎處！第一個獨變項是學習發生的地點，它有兩個水準「岸上」和「水下」。第二個變項是回憶發生的地點，它也有兩個水準：「岸上」和「水下」。因此研究中就有四種條件：

1. 岸上學習——岸上回憶
2. 岸上學習——水下回憶

3. 水下學習——岸上回憶

4. 水下學習——水下回憶

所有潛水員最後都參加了全部四種條件，使該研究成為一個重複量數的多因子設計。結果用每一詞表中回憶詞的平均數表示就是：

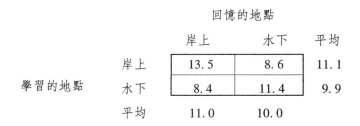

回憶的地點

		岸上	水下	平均
學習的地點	岸上	13.5	8.6	11.1
	水下	8.4	11.4	9.9
	平均	11.0	10.0	

這一結果與前面對文科和理科學生進行普通心理學教學的假想研究例子模式相同。行與列的平均數實際上相等，顯示沒有明顯的主要效果。因此，該實驗就整體而言，詞表是在什麼地方學習的並沒有關係（11.1 與 9.9 沒有顯著差別），它被回憶的地點也同樣無關緊要（11.0 與 10.0 並沒有差別）。但是觀察這四個單元格中的平均數可以發現，交互作用明顯發生了。當潛水員在岸上學習時，他們在岸上回憶的成績好(13.5)，而在水下回憶的成績差(8.6)；當他們在水下學習時，他們在岸上回憶的成績差(8.4)，但在水下回憶的成績好。這就是說，當學習的情境與回憶的情境一致時，學習的效果是最佳的。

　　你可能對這個研究中發展出的一些控制程序有興趣。由於呼吸引起的噪音，潛水員透過「水下溝通」裝置聽錄音頗為困難，所以每次當詞彙以三個一組呈現時，他們不得不在 6 秒鐘的時間內憋住呼吸。然後在每組詞彙的學習之間，他們有 4 秒鐘時間「呼吸」。同樣的程序也在岸上作了模擬。另外，所有的測驗都在潛水員完成了當天的例行潛水工作後進行。因此，「受試者大抵上都以同樣的狀態開始每一次研究——又冷又濕」（Godden & Baddeley，1975，p. 327）。如果你對「冷」有懷疑，或許認為英國研究者一定是在巴哈馬作這項研究。答案是否定的，他們還沒有那麼

有創造性（或者應說是資金充足）。這項研究是在蘇格蘭西海岸完成的。

主要效果和交互作用

　　情境依賴的記憶研究說明了多因子設計的一種結果（有交互作用，無主要效果），但結果的模式有很多種，例如在一個簡單的 2×2 設計中，共有 8 種可能：

　　　1. 只有因子 A 的主要效果。

　　　2. 只有因子 B 的主要效果。

　　　3. 只有 A 和 B 的主要效果。

　　　4. A 的主要效果加交互作用。

　　　5. B 的主要效果加交互作用。

　　　6. A 和 B 的主要效果加交互作用。

　　　7. 只有交互作用。

　　　8. 無主要效果，無交互作用。

讓我們以前面介紹的意象、呈現速度和記憶的實驗為情境，簡要地思考這幾種結果。不過，在繼續學習之前，請你仔細閱讀圖 7.16，它告訴你怎樣將多因子矩陣中的數據轉化為圖。

　　準備好了嗎？好，在從本頁開始的每一個例子中，我假想了一些可能由這一研究（意象指導和呈現速度對記憶一個 30 字詞的詞表的影響）產生的數據，然後將數據轉化為圖，並對結果作一個文字描述。我沒有設法創造上面列出的所有 8 種可能的數據；這些例子說明的是在此類研究中可能發生的結果。

　　下面介紹的是從多因子矩陣構造圖形的一種簡單方法。假定一個迷津學習研究是 2×2 的設計，其中一個變項是遺傳傾向：老鼠可能是迷津聰明（專為快速學習迷津而培養）也可能是迷津笨拙（不太聰明）的。第二個變項是食物強化，在走完迷津後立刻（0 秒延遲）餵食還是經過 5 秒延遲再餵食。依變項

是錯誤分數。

第1步　用矩陣中數據的獨變項作為橫軸的標題，用依變項的名字作為縱軸的標題。

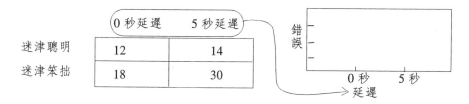

第2步　把矩陣中第一行的數據直接移進圖中。

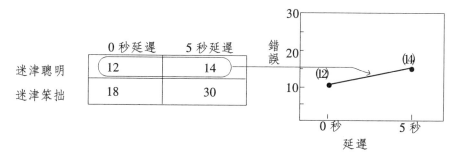

第3步　對矩陣中第二行的數據作同樣的移動。

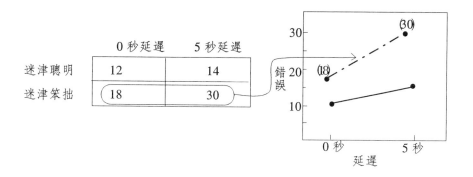

第4步　用矩陣中行數據的第二個獨變項作為圖例的表示。

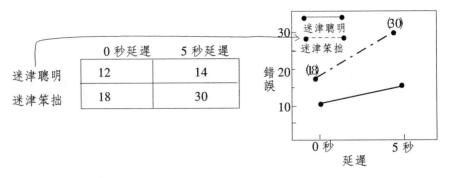

如果強化延遲再加入第三個水準，就成爲一個 2×3 設計，過程如下

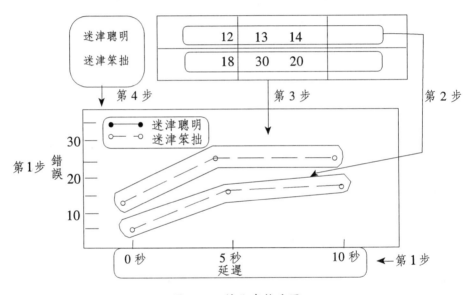

圖 7.16 轉化表格爲圖

1.意象指導提高了回憶，無論呈現速度爲何，呈現速度都不影響回憶。就是說，只有一個因子 A 的主要效果（意象指導）。

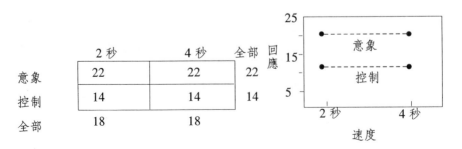

2. 呈現速度較慢時回憶較佳，而意象指導對記憶的提高沒有影響。即只有一個因子 B（呈現速度）的主要效果。

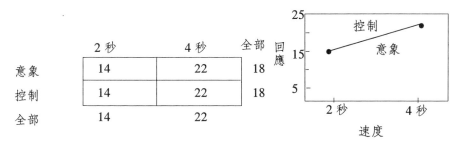

	2 秒	4 秒	全部
意象	14	22	18
控制	14	22	18
全部	14	22	

3. 呈現速度較慢時回憶較佳，此外，意象指導對增進回憶是有效的。在這種情況中，兩個因子都有主要效果。

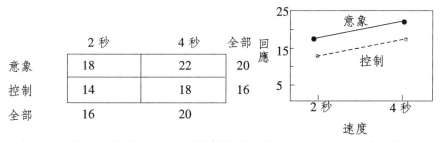

	2 秒	4 秒	全部
意象	18	22	20
控制	14	18	16
全部	16	20	

4. 在 2 秒鐘的呈現速度時，意象訓練明顯提高了回憶；但是，在 4 秒鐘呈現速度時，無論怎樣訓練受試者，他們的回憶都近於滿分。就是說，訓練類別和呈現速度之間有一個交互作用。在這個例子中，交互作用是由一種稱爲上限效應（ceiling effect）的原因造成的，它是因爲不同條件中的分數都太接近最大值（這個例子中 30 個名詞）以致不能產生差異引起的 1。這裡，意象組的受試者回憶出了所有的名詞，無論呈現速度如何。

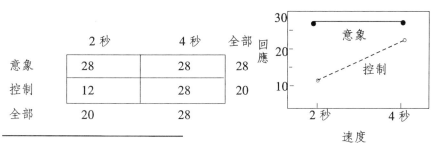

	2 秒	4 秒	全部
意象	28	28	28
控制	12	28	20
全部	20	28	

1 還有一種可能是，兩種條件中的分數相等，因爲它們的得分不能更低，這被稱爲下限效應（floor effects）。

你可能很想知道發生在這個例子中的明顯主要效果。當然，行與列的平均數說明這兩個因子基本上都有影響。用專業的語言講，此分析在本例中可能會產生顯著的主要效果。但是是說明交互作用有時會凌駕於主要效果的好例子。在此特殊的例子中，主要效果並不具意義，意象訓練增進回憶這一論斷不是特別準確，應該是，它似乎是在呈現速度較快時提高回憶。因此，交互作用是這裡的主要發現。在任何多因子研究中，如果主要效果和交互作用同時發生，應該首先解釋交互作用。

5.這並不是說當交互作用存在時主要效果絲毫不重要。請考慮最後這個例子：

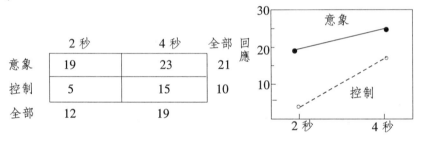

	2 秒	4 秒	全部
意象	19	23	21
控制	5	15	10
全部	12	19	

在這個例子中，意象訓練基本上提高了回憶（即有一個 A 的主要效果；21>10）。另外，呈現速度較慢對兩個組的回憶都有所提高（即也有一個 B 的主要效果；19>12）。這兩個結果都值得報告。交互作用顯示的是，減慢呈現速度一定程度地提高了意象組的回憶（23 比 19 稍大一點），但大幅提高了控制組的回憶（15 比 5 大得多）。描述交互作用的另一種方式是說，當呈現速度快時，意象訓練特別有效（19 比 5 大得多），而當呈現速度較慢時，意象訓練雖然提高了回憶(23 比 15 大)，但沒有呈現速度快時的改變來得多。

從這些圖的觀察看，你可能注意到交互作用的一個標準特徵。基本上，如果圖上的兩條線是互相平行的，則無交互作用存在。而倘若兩條線是不平行的，則交互作用可能存在。當然，平行與不平行的原則僅僅是一個大致的指標。交互作用是否存在（其實就是兩條線是否明顯地不平

行），是一個統計決策問題，需要由變異數分析來確定。

　　透過線形圖觀察兩條線是否平行來判別交互作用，比用柱形圖更為容易。因此，如果主要發現的是交互作用，則前面提過的關於線形圖只用於連續變項的標準應被忽略。例如，凱爾特納、艾爾斯沃思和愛德華(Keltner, Ellsworth & Edwards, 1993)的一項研究顯示，當受試者被要求估計某一不幸事件(譬如車禍)發生的可能性時，受試者當時的心情與肇事原因是人為或環境，兩者存在著一個交互作用。當受試者悲傷時，他們相信事件由環境造成（例如，濕滑的路面）比人為原因（例如駕駛技術太差）更有可能。但是，當受試者憤怒時，相反的結果發生了。你可以從圖 7.17 看到，即使 X 軸使用的是一個非連續變項，仍然使用了線形圖表示。凱爾特納等人希望儘可能清楚地表示交互作用，所以他們忽略了關於非連續變項的使用標準。這裡還是要重複前面提過的一個要點，在呈現任何數據時，最重要的考慮是使辛辛苦苦得來的結果儘可能清楚地傳達給讀者。

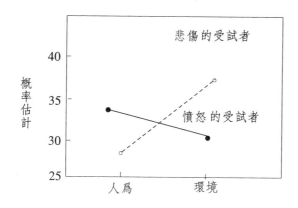

圖 7.17　使用線形圖突出一個交互作用（選自 Keltner, Ellsworth & Edwards. 1993）

多因子設計的變化

　　與圖 7.1 中單因子設計的決策樹相似，圖 7.18 說明了對六種可能的

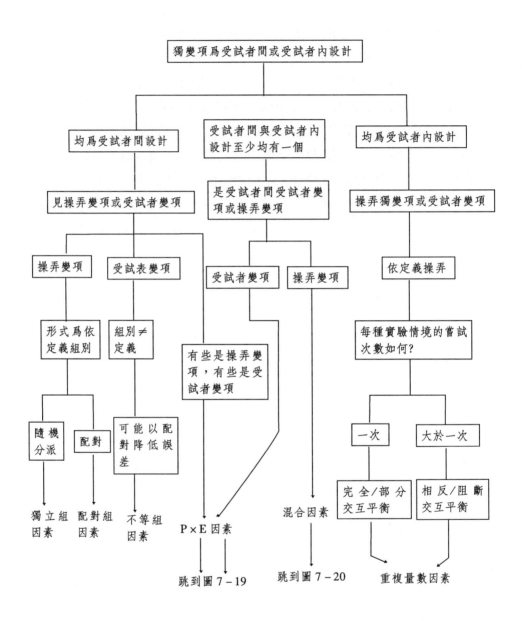

圖 7.18　決策樹——多因子設計

多因子設計作決策的過程。你可能認出，其中的四種設計與圖 7.1 中的一樣，另外有兩個設計是多因子設計所特有的。首先，在一個單因子設計中，獨變項必須或者是一個組間變項，或者是一個組內變項，但是在一個多因子設計中兩類變項可以同時出現，這時它被稱為**混合因子設計**(mixed factorial design)。第二，有些組間多因子設計即包括操弄獨變項，也包括受試者獨變項，因為此類設計可能造成受研究者的類別與研究中創造的情境之間的交互作用，此類設計被稱為 P×E **多因子設計**(P×E factorial design)，或者人(Person)與環境(Environment)設計，其中的環境被廣泛地定義為包括任何操弄獨變項。圖 7.19 和圖 7.20 說明的是在使用混合設計及 P×E 設計時需要作的決策，讓我們舉例來更詳細地考慮每一種設計。

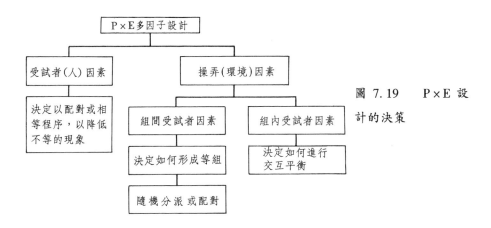

圖 7.19　P×E 設計的決策

個案研究 8——混合多因子設計

對有些混合設計來說，組內變項的序列效應是透過平衡法控制的。而對另一些設計而言，組內因子涉及一系列試驗，研究者特別要找尋從一次嘗試到另一次嘗試的成績變化，在此種設計中，交互平衡法並不起作用。

後一情況的例子發生在記憶研究中，當用到一種被稱為「PI 解除」(release from PI)過程的時候(Wickens, Born & Allen, 1963)。PI，或者說

是順向干擾(proactive interference)，是指新的訊息之學習與回憶受到舊訊息干擾的現象。你可能有此經驗：發現自己很難記住一個新的電話號碼，因爲舊的電話號碼不斷進入你的記憶。如果舊的訊息與新的訊息在某種程度上相似，這種干擾尤其嚴重。PI 的強度隨刺激項目的相似程度而改變，檢驗這種想法的一個方法是讓受試者學習和回憶一個相似的刺激序列，然後轉換到不同類別的另一種刺激。假定是，對於相似的刺激項目，PI 的強度應該一次次逐漸增加，然後當刺激類型變化的時候 PI「解除」。從行爲上講，這意味著受試者的成績應該逐漸退步，而一旦解除試驗開始，成績又會增加。

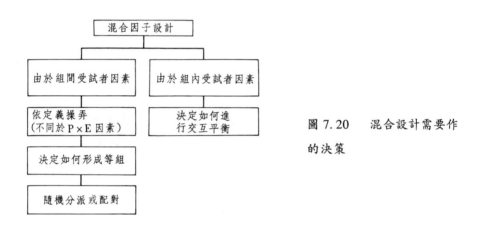

圖 7.20　　混合設計需要作的決策

　　PI 解除的研究通常使用字詞或無意義音節作爲刺激，但由甘特、貝瑞和克里福德(Gunter, Berry & Clifford, 1981)作的一項研究採用了一種略微不同的方法，他們在一系列實驗中使用電視新聞報導作爲刺激。我們這裡討論他們的實驗 1，它充份說明了一個混合因子設計。

　　受試者被告知，他們要看一些電視新聞報導的剪輯片斷，然後會就新聞的內容接受測驗。在每一次嘗試中，他們首先看一個有三篇報導的系列，接著用一分鐘時間進行一個分心作業（縱橫字謎遊戲），然後試著儘量回憶報導的內容。每一受試者共要經歷四次這樣的嘗試。有一半的受試

者被隨機分派到「PI 解除」條件中，他們要先完成三次嘗試，其中的新聞全都是同一類型（譬如國內政治事件），然後再作第四次嘗試（「解除」），其中的新聞來自另一種不同的類別（譬如國外政治事件）。剩下的受試者在控制組，所有四次嘗試都來自同一類型。因此，實驗設計是 2（解除／未解除）×4（試驗次數）的混合因子設計。受試者是否在 PI 解除條件中是組間因子，試驗次數是重複量數或組內因子。

圖 7.21 顯示了結果，從控制組的分數中可以明顯看到 PI 的作用；他們的回憶分數平穩下降。PI 解除也同時發生了，正如實驗組的回憶分數所顯見的。

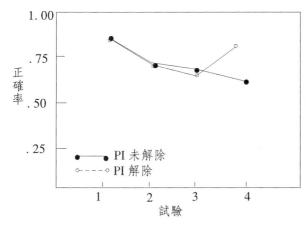

圖 7.21　順向干擾的解除（數據源於 Gunter, Berry & Clifford, 1981）

該研究的一個控制特徵值得注意。一種可能的問題是，PI 解除這一次嘗試成績的上升可能只是因為「國外」問題比「國內」問題更容易回憶。為了消除這種可能性，PI 解除組中的一半受試者先作三次國內問題的嘗試，然後作一次國外問題的嘗試；另一半受試者先作三次國外問題的嘗試，再作一次國內問題的嘗試。同樣地，在控制組中，一半受試者作四次國內問題的嘗試，剩下的一半作四次國外問題的嘗試。這種次序的安排

對結果沒有影響 [2]。

☐ 個案研究 9 ——一個 P×E 的多因子設計

　　在過去二十多年中，對所謂的 A 型行為(Type A behavior pattern)研究引起了相當大的興趣(Friedman & Rosenman, 1974)。屬於 A 型行為的人，爭強好勝求好心切，並且對很多事情有強迫性，包括時間（他們常常早到從不遲到）。他們力求一次做非常多的事情，並且似乎精力充沛。具有這些特徵的 A 型行為者，再結合一種普遍的敵對態度，有發展出冠狀動脈心臟病的傾向。就是說，在某些環境下，A 型行為絕對是有害健康的。

　　A 型行為的研究常常使用 P×E 的多因子設計。P（受試者變項）是行為模式——A 型行為或它的對立面，不太激進的 B 型行為。這兩組中受試者的選擇是根據一些 A 型行為傾向測驗的分數決定的。變項 E 是由實驗者操縱的某個因子。例如，在由霍姆茲、麥吉利和休斯頓(Holmes, McGilley & Houston, 1984)做的一項研究中，區分 A 型和 B 型行為的大學生是按他們在一個廣泛應用於 A 型行為研究的測驗——「詹金斯活動調查」(Jenkins Activity Survey)——學生版的分數確定的。有 394 名學生做了測驗，研究者採用了 30 名高分者和 30 名低分者，兩組中的受試者隨後被隨機分派到三種作業之一，這三種作業按難度不同而有所區別。因此，操弄獨變項是作業的難度，測驗的作業是從 IQ 測驗中借用的「數字廣度」(digit span)，受試者要傾聽一個數字序列（譬如 3 - 4 - 8），然後以相反的順序複誦（8 - 4 - 3）。每一受試者要做的六次嘗試，三種難度水準按念給他們的數字個數 2, 5 或 7 來界定。作業過程中的喚醒水準是依變項，用幾個生理指標操作性地作了定義包括收縮壓。

---

2 稱這一設計為 2×4 強調了兩個重要的變項，但從技術上說，這是一個 2×2×4 的混合設計，第二個 2 指的是第 1 次嘗試中作為組間因子的新聞類別，國外或是國內。

圖 7.22 顯示有人與環境的交互作用發生。A 型行為者與 B 型行為者的喚醒水準在簡單與中等難度的作業上沒有差異，但在非常困難的作業上，A 型行為者的收縮壓繼續上升，而 B 型行為者的收縮壓卻持平。亦即與 B 型行為者相比，A 型行為者顯示出明顯升高的收縮壓，但唯有在具有挑戰性的作業上。人格類型沒有整體的主要效果，但作業難度有一個主要效果，可以看出，隨著作業難度增加，血壓也通常會上升。總之，這一研究顯示了，「A 型行為者與 B 型行為者在喚醒水準上的差異，最有可能出現在高挑戰的時候」(Holmes et al., 1984, p. l326)，這一發現與 A 型行為者爭強好勝、求好心切的特徵是一致的 [3]。

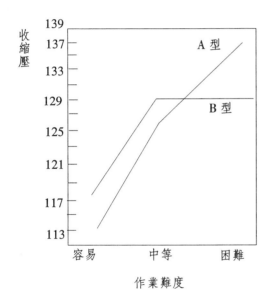

圖 7.22　人與環境的交互作用：A 型人格與作業難度 (Holmes, McGilley, & Houston, 1984)

　　用第 5 章中形成的用語而言，認識到 P×E 的多因子設計是一個「純」的實驗是很重要的，因為受試者變項不可能被直接操弄；已經存在著某些特徵的受試者只能被研究者選擇。因此，說 A 型行為造成困難作業上血壓明顯升高是不恰當的。我們所能說的就是，該兩個類型人們在應對挑戰性作業的反應上有差異。

---

3 從前面關於畫圖的討論看，霍姆茲等人是否應使用柱形圖？

儘管有這一限制，一些研究者還是相信此類設計是研究人類行為的理想設計。在一個單獨的研究中，就可以確定行為上的個別差異（例如 A 型與 B 型）以及環境因素（例如作業難度）的效果。發現 P×E 的交互作用是一個尤其有趣的結果，因為它說明環境如何以不同的方式影響不同類型的人。

那些主張使用 P×E 設計的人，可以將他們的偏愛上溯到一位社會心理學和兒童心理學的先驅者——勒溫 (Kurt Lewin, 1890 – 1947)——的工作。指導勒溫工作的中心主題就是，要對行為充份瞭解，必須既研究人也要研究情境。他用公式表達了這一觀念，B = f (P, E)——行為 ($\underline{B}$ehavior) 是人 ($\underline{P}$erson) 與環境 ($\underline{E}$nvironment) 的共變函數 (Hothersall, 1990)。得名於勒溫公式的 P×E 多因子設計，與勒溫提出的表現人類行為特徵的交互作用關係完全吻合。

多因子設計分析

我們已經看到，多水準單因子設計是採用單因子 ANOVA 分析。同樣地，使用等距量尺或比率量尺的多因子設計是採用 N 因子 ANOVA 分析，其中 N 指的是涉及的獨變項的個數。因此，2×3 的多因子設計要用雙因子 ANOVA 分析，而 2×2×2 設計要用三因子 ANOVA。

在做單因子 ANOVA 的時候，我們只計算一個 F 比率。如果 F 值是顯著的，隨後就可以做後續考驗。但是，對於一個多因子設計而言，需要計算一個以上的 F 比率。特別是，對每一種可能的主要效果和每一種可能的交互作用都需要一個 F 值。例如，在一個研究記憶中意象訓練與呈現速度效應的 2×2 設計中，必須計算一個 F 值來檢查訓練類別造成的主要效果，另一個 F 值考驗呈現速度的主要效果，第三個 F 值考驗兩個變項的潛在交互作用。在一個 A×B×C 的多因子設計中，需要計算 7 個 F 比率：三個主要效果 A、B、C，三個雙向交互作用 A×B、B×C、和 A×C，再加上一個三向的交互作用 A×B×C。

後續的考驗與單因子 ANOVA 同樣也會發生於多因子 ANOVA 中。例

如，在一個 2×3 的 ANOVA 分析中，三水準的因子有一個顯著的 F 值，這會引發後續的分析，即比較水準 1 和水準 2、水準 1 和水準 3、水準 2 和水準 3 之間的差異。此外，一個多因子 ANOVA 有時候會伴隨著一種被稱爲**簡單效果分析**(simple effects analysis)的過程，在比較一種條件和另一種條件時考驗交互作用或者考驗一種特定假設時，它是有用的技術。譬如我們考慮最簡單的多因子分析，一個 2×2 設計：

	因子 B	
	B1	B2
因子 A　A1	A1B1	A1B2
A2	A2B1	A2B2

在這種情況下可以分析下述的簡單效應，取決於交互作用的性質或者原始假設是否需要一種特定的比較：

1.因子 A 在 B1 時的效果：比較單元格 A1B1 與 A2B1。

2.因子 A 在 B2 時的效果：比較單元格 A1B2 與 A2B2。

3.因子 B 在 A1 時的效果：比較單元格 A1B1 與 A1B2。

4.因子 B 在 A2 時的效果：比較單元格 A2B1 與 A2B2。

舉一個更具體的例子，考慮前面介紹過的關於呈現速度和研究方法交互作用的記憶實驗，假定有下面的結果發生：

	2 秒 (B1)	4 秒 (B2)	平均
意象組 (A1)	19 (A1B1)	23 (A1B2)	21.0
控制組 (A2)	5 (A2B1)	15 (A2B2)	10.0
平均	12	19	

一個簡單效果分析包括：

1. 研究方法(A)在 2 秒鐘呈現速度(B1)時的效果：
   - 比較 19 與 5

2. 研究方法(A)在 4 秒鐘呈現速度(B2)時的效果：
   - 比較 23 與 15

3. 呈現速度(B)對使用意象組(A1)的效果：
   - 比較 19 與 23

4. 呈現速度(B)對不使用意象組(A2)的效果：
   - 比較 5 與 15

在結束本章之前，讓我對多因子設計和變異數分析再作最後一點論述。你已經在本章的第二部分中看到了很多多因子矩陣，它們可能令你依稀想起了農場經營。如果是這樣，它並非偶然，從專欄 7.2 的閱讀中你就可以發現為什麼，它講述了變異數分析的發明者費雪爵士(Sir Ronald Fisher)的一些事跡。

專欄 7.2

起源——農場上的多因子

想像你坐在一架小飛機上飛越堪薩斯州的上空，向窗外望去，農場綿延不絕，一片片田野如方塊般展現在你的眼前。這種景象是否讓你想起在多因子設計的例子中遇到的 2×2 和 3×3 的方格。因為多因子設計和用來分析它們的 ANOVA 方法最早是由費雪爵士發明，並且是在農業研究的背景中發展起來的。當時的一個實徵性問題就是：「對於培育農作物 X 而言，最好的可能條件或條件組合是什麼？」

費雪(Ronald Aylmer Fisher, 1890－1962)是英國最知名的統計學家之一，他的地位可與我們今天稱之為皮爾森相關係數（見下一章）的發明

者皮爾森(Karl Pearson)相提並論。費雪因為發展出用於考驗遺傳學預測的統計過程而知名，而最令他聲名大噪的也許是因為他創造了變異數分析，這一分析產生的 F 比率使我們能夠確定實驗研究中的虛無假設。你可以很容易地猜出 F 代表著什麼。

在從 1920 年開始的大約十五年的時間中，費雪在英格蘭羅塞姆斯 (Rothamsted)的一個實驗農場工作，他參與了一項研究調查農作物收成如何受不同的變數所影響，諸如肥料的種類、降雨量、不同的耕種次序以及各種作物的不同遺傳特性。他以「農作物變異研究 VI：馬鈴薯對鉀肥和氮肥的反應」 (Kendall, 1970, p. 447)為題目發表文章。在研究過程中，他發明了變異數分析作為分析數據的方法。他特別強調使用多因子設計的重要性，「因為單獨的『單因子』實驗無法使我們獲得不同成分之間可能存在的任何交互作用」 (Fisher, 1951, p. 95)。在農業實務中，作物的高產量要來自於不同因子的複雜組合，一次研究一個因子無法使我們充份地評估那些交互效應。

費雪的一個實驗用到了一個簡單的 2×2 設計，每一方格代表如何處理一小塊地，如下所示。

	實驗肥料	非實驗肥料
小麥：品種 I	小麥田 A	小麥田 B
小麥：品種 II	小麥田 C	小麥田 D

與任何多因子設計一樣，這一設計使我們可以評定肥料和小麥品種的效應，以及兩者的交互作用。如果我們假定小麥田 A 的小麥產量明顯高於其他三塊田(它們是相等的)，那麼我們說一個交互作用明顯發生了──肥料是有效的，但只對一個小麥品種而言。

以上我們完成了實驗設計的烹調一課。本章(連同第 5 章和第 6 章)一定需要不只一次的閱讀以及大量的設計實務，然後你才會對自己的能力有信心，創造出一個方法學上正確並充份考驗了假設的實驗。我希望你發現這些作為參考資源的訊息是有用的，能使你至少像我的烹飪手藝一樣設計出好的實驗。

本章複習

詞彙填空

1. 布萊克默和古柏關於水平和垂直知覺的研究，需要不同的貓在兩種條件下養育。就是說，這一研究不能用_____設計去做。

2. 一位研究者預測，如果是自己去做而不是面對一位觀眾，內向者在問題解決作業上會完成得更好，而外向者在有一名觀眾的情況下會比獨自一人時成績更好。這名研究者將使用_____設計。

3. 如果一張圖上所有的點都用直線連接起來，則代表橫軸的獨變項最可能是_____變項。

4. 如果一項研究僅有一個獨變項，則在其中加入兩個以上的水準，提供了發現_____效應的機會。

5. 在比較兩個複雜程度不同的智力迷津研究中，研究者擔心參加者的 IQ 可能與依變項相關。對於這樣一個單因子研究，明智的辦法是使用_____設計。

6. 費雪爵士發現加入肥料對小麥有益但對大麥有害，這是一個_____的例子。

多項選擇

1. 為了解閱讀經驗是否影響作業成績，四個不同年齡組(5, 7, 9, 11)的兒童接受司初普(Stroop)作業測驗（僅使用司初普稱為 NCWd 的主要條件）。你如何描述這一設計？
   (a)獨立組單因子多水準設計。

(b)重複測量多因子設計。

(c)不等組單因子多水準設計。

(d)配對組單因子兩水準設計。

2.所有的重複測量設計的共同特徵是什麼？

(a)它們通常是多因子設計。

(b)受試者在研究的每一條件中都要接受測驗，並且在每種條件中的測驗都超過一次。

(c)配對是製造等組的好方法。

(d)每一受試者都要在至少兩種研究條件中接受測驗。

3.一個 $2 \times 3 \times 5$ 設計有：

(a) 3 個不同的獨變項。

(b) 30 個不同的水準。

(c) 30 個不同的獨變項。

(d)分別的 2 水準、3 水準和 5 水準的依變項。

4.一個 2×2 的混合多因子設計包括：

(a)兩個受試者變項。

(b)一個組間受試者因子和一個組內受試者因子。

(c)一個組內被試變項和一個重複量數變項。

(d)一個兩水準的因子和另一個多水準因子。

5.在一個迷津學習實驗中，30 隻白鼠在開著燈的時候接受測驗，另 30 隻白鼠在關著燈的時候接受測驗。此外，在每一個組中，有 10 隻白鼠在達到目標後就受到強化，另 10 隻白鼠在達到目標 5 秒後受強化，剩下的 10 隻在達到 10 秒鐘後才餵食。對這一設計你能說什麼？

(a)兩個獨變項都是受試者因子。

(b)最好用 2×2 獨立組設計來描述。

(c)最好用 2×3 混合設計來描述。

(d)它測驗了六種不同的條件。

應用練習

練習 7.1 *設計識別*

對下面描述的研究，找出其中的獨變項和依變項，依變貢的性質（組間或是組內；操弄變項或是受試者變項），並根據圖 7.1 和圖 7.17 來命名所用的實驗設計。

1. 根據「詹金斯活動調查」的分數，研究者區分出三組受試者：A 型、B 型和中間型。每一組中都有相等數目的受試者去執行兩種作業之一種。一個作業是安靜地坐在一個小房間中，並在沒有鐘錶的情況下估計 2 分鐘過去的時間。第二個作業是作同樣的估計，但受試者是在小房間中玩一個掌中遊戲機。

2. 在一個關於貪食症怎樣影響體型知覺的研究中，給一組貪食症女性與一組同樣年齡同等智商的非貪食症女性看一個分類的圖片系列，圖片上有不同體型的女性，受試者要指出哪種體型看上去與她們的體型最匹配。

3. 在一個認知地圖研究中，要大學生們使用方向儀正確指出三個不同距離的看不見的地點。第一個是位於校園附近的地點，第二個是附近的城市，第三個是遠方的城市。一半的受試者在一個無窗戶的房間中使用指南針執行這一作業，另一半受試者在同樣的房間中但沒有指南針。

4. 在一個觸覺敏感性研究中，對人數相等的目盲成人和正常成人，在 10 個不同的皮膚位置處測量兩點閾限。一半的受試者使用閾限的心理物理學方法，另一半受試者使用常量刺激法。

5. 來自相同社會經濟階層和相同智商水準的三組學齡前兒童，參加了一個變化時間的延遲滿足研究。所有三組兒童都完成一項迷津作業。第一組受試者被告知他們可以現在得到 1 美元或在第二天得到 3 美元，第二組受試者選擇現在得 1 美元或在兩天後拿 3 美元，第三組受試者選擇現在獲得 1 美元或在三天後獲得 3 美元。

（練習 7.2） 主要效果與交互作用

適用下述每一項研究：

- 指出獨變項和每個獨變項的水準以及依變項。
- 將數據輸入一個多因子矩陣的正確單元格中。
- 確定是否有主要效果或交互作用存在。
- 對發生的每一效應作文字描述。
- 畫出結果的圖形。

爲了練習的目的，假定任何行或列之間的差異大於 2 時即視爲顯著差異，不平行就等於交互作用。

1.一名研究者想知道情境的模糊性與旁觀者人數對助人行爲的影響。受試者在一個房間裡和另一些似乎是其他受試者而實際不是的人填問卷，同屋者的人數從 0 到 2 不等。實驗者發下問卷後就走進隔壁的一間屋子。5 分鐘後，隔壁傳來一陣嘈雜的碰撞聲，可能是因爲實驗者跌倒引起的。對一半受試者，實驗者明確地呼叫自己摔倒，受了傷並且需要幫助。對另一半受試者，情境較爲模糊 —— 實驗者在明顯跌倒後什麼也沒說。每種條件中有 20 名受試者接受測驗，進去幫助實驗者的人數如下：

一無旁觀者；情境模糊	14
一2 名旁觀者；情境模糊	8
一無旁觀者；情境明確	18
一2 名旁觀者；情境明確	18

2.一名對迷津學習有興趣的研究者假設，迷津學習受強化物的多少以及強化延遲所影響。動物要在一個迷津中學習 40 次，每次學習中的錯誤次數都作記錄。共有 6 種條件。在迷津完成後是下面的情況之一：

a. 10 毫克食丸，立即餵給動物。

b. 10 毫克食丸，但動物必須在目標箱中等 10 秒鐘才能得到。

c. 10 毫克食丸，但動物必須在目標箱中等 20 秒鐘才能得到。

d. 20 毫克食丸，立即餵給動物。

e. 20 毫克食丸，但動物必須在目標箱中等 10 秒鐘才能得到。

f . 20 毫克食丸，但動物必須在目標箱中等 20 秒鐘才能得到。

六組中動物的平均錯誤次數是

a: 10　　　b: 40　　　c: 60　　　d: 10　　　e: 30　　　f: 50

練習 7.3　需要受試者數估計

對下面的每一項，根據提供的訊息確定需要多少名研究受試者才能完成研究
（提示：其中一題因爲沒有更多的訊息而無法回答）：

1. 3×3 混合多因子設計；A1B1 需要 10 個受試者。

2. 2×3 重複量數多因子設計；A1B1 需要 20 個受試者。

3. 2×2×2 獨立組多因子設計；A1B1 需要 5 個受試者。

4. 2×4 混合多因子設計；A1B1 需要 8 個受試者。

5. 4×4 不等組多因子設計，A1B1 需要 5 個受試者。

本章複習答案

A.　詞彙填空

　　1.重複量數　2.P×E多因子　3.連續　4.非線性　5.配對組　6.交互作用

B.　多重選擇

　　1. c　　　2. d　　　3. a　　　4. b　　　5. d

應用練習

練習 7.1 設計識別

1. IV1：人格類型（受試者變項）（組間變項）

　　IV2：是否利用了間隔的時間（操弄變項）（組間變項）

　　DV：時間估計

　　2×3P×E 多因子設計

2. IV1：有無飲食性疾患（受試者變項）（組間變項）

　　DV：體型配對作業

　　不等組，單因子設計

3. IV1：距離（操弄變項）（組內變項）

　　IV2：有無指南針（操弄變項）（組間變項）

　　2×3 混合多因子設計

練習 7.2 主要效果與交互作用

	情境模糊	情境明確	行平均數
無旁觀者	14	18	16
2 個旁觀者	8	18	13
列平均數	11	18	

　　有兩個主要效果，受試時在沒有旁觀者時比有兩個旁觀者時更可能提供幫助(16 > 13)，在情境明確時比情境模糊時更可能提供幫助(18 > 11)。

　　但是，這裡重要的效應是交互作用。當情境明確時，幫助行為都是一樣的，不論旁觀者的人數多少(18 = 18)。但是當情境模糊時，幫助行為更可能發生在旁觀者少的時候(14 > 8)。

練習 7.3 需要受試者數估計

1. 30　　2. 20　　3. 40　　4. 不知道（必須知道哪一因子是組間變項，哪一因子是組內變項）　　5. 80

8

相關研究

本章概要

❖ **心理學的兩條路線**

與實驗研究一樣，相關研究已經被認為是心理學兩種傳統科學方法之一。實驗直接操弄變項並觀察結果，而相關研究觀察自然發生的變項之間的關係。

❖ **相關與迴歸基礎**

當兩個變項之間存在一個可靠的關係時，就說這兩個變項相關。在正相關中，這一關係是直接的，而在負相關中，這一關係是逆向的。關係的強度可以從一個散點圖(scatterplot)來推測或根據相關係數的大小來確定。知道相關可以使我們透過一種叫作迴歸分析的方法進行預測。

❖ **解釋相關**

變項 A 與 B 之間的相關並不能使我們作出 A 導致 B 的結論。方向性問題指的是因果可以按兩個方向中的任一方向發生，A→B 或 B→A。第三變項問題指很多相關是由一個或幾個未控制變項造成的，它們與對象變項自然地共變。

❖ **使用相關**

當因為實際的或倫理的原因不可能進行實驗時，相關法常常是必要的。這一方法頻繁應用於心理測驗的評估研究，人格和心理病理學中涉及到個體差異的研究，以及雙生子研究和類似的關於遺傳和環境對某種特質相對貢獻的研究。

❖ 多元分析

二元分析研究的是兩個變項之間的關係，多元分析則是觀察兩個以上變項的相互關係。當代電腦的運行速度使多元方法成為可能，我們對像多元迴歸和因素分析這樣的多元方法已是習以為常。多元迴歸根據兩個或更多的預測項預測結果。因素分析識別出大量關係背後的因素群聚。

還記得伍德沃斯(Robert Woodworth)和他那本開實驗心理學教科書先河的《哥倫比亞聖經》(Columbia Bible)嗎（第五章首篇的段落）？這本書對我們今天實驗研究中習以為常的獨變項和依變項作了明確的區分。伍德沃斯所作的第二種區分——實驗法和相關法的區分——也同樣在心理學研究中產生了深遠的影響。實驗法操弄變項，而相關法「測量同一個體的兩個或兩個以上特徵，並計算這些特徵的相關……」(Woodworth, 1938, p. 3)。

伍德沃斯煞費苦心地使讀者相信這兩種研究方法具有同等的價值。相關法「與實驗法雖有區別，但它們在價值上是相等的，而無優劣之分……」(Woodworth, 1938, p. 3)。不過，在提出這一主張後，伍德沃斯請讀者到別處去尋找關於相關研究的訊息，而將該書剩下的 820 頁篇幅致力於實驗法研究的說明。難怪讀者會認為相關研究不如實驗研究重要。

心理學的兩條路線

伍德沃斯教科書開始的這個區分，終於導致克倫巴赫(Lee Cronbach) 1957 年就任美國心理學會主席時的演說，題為「科學心理學的兩條路線」(The Two Disciplines of scientific Psychology) (Cronbach, 1957)。你可能已猜到，這兩條路線就是相關心理學與實驗心理學。根據克倫巴赫的說法，相關心理學所關心的，是研究自然發生的變項間之關係，和個別差異。但是，實驗心理學家通常不對個別差異感興趣，而減少或控制這些差異，以證明有些刺激因素在一定可測量的程度上以某種可預測的方式影響

每一個體感興趣。相關研究學者觀察變項，並說明它們之間的關係；而實驗研究學者操弄變項並觀察結果。相關學者尋找人們彼此不同的方式，實驗學者則尋找適用於每一個人的普遍法則。

克倫巴赫擔心相關心理學在科學心理學中淪為次等地位，因而表達出一種信念，認為應該將二者融為一體，兩種方法都應被它們的提倡者所重視，因此這兩種方法在研究中都應該被包括。正如他所說：

> 單單是一方從另一方借鑑是不夠的。相關心理學研究的僅僅是生物體之間的變異；實驗心理學家研究的僅僅是實驗處理之間的變異。一個統一的路線應對兩方都作研究，並能同時考慮被忽視的*生物體變項與實驗處理變項之間的交互作用*（Cronbach, 1957, p. 681, 斜體是後加的）。

正如斜體字內容所顯示的，克倫巴赫要求增加如你在第七章中學過的 P×E 多因子這樣的設計（P = 人或生物體；E = 環境處理）。他亦要求恢復對相關法的普遍重視，這一成果在過去的三十年中某種程度地實現了。在高速度高效能的電腦輔助下，深奧的相關程序，譬如多元迴歸及因素分析已經獲得廣泛應用。不過，很多實驗心理學教科書仍然持續著伍德沃斯的傳統，對相關法幾乎不予理睬。你會發現，本書是一個例外。不過，在你潛心於研究相關研究的知識領域之前，應該閱讀專欄 8.1，它介紹了相關法的起源，也對高爾頓爵士研究遺傳天才的努力有所著墨。

■■■■■ 專欄 *8.1*

起源——高爾頓的遺傳研究

當你在第 1 章中遇到他的時候，高爾頓爵士(Sir Francis Galton, 1822–1911)被描繪成有點古里古怪的人（例如，數人們打哈欠的次數來衡量倫敦劇院的品質）。但將他看成一個怪人是不對的，他是智力實證研

究的一位先驅者，而且是最先極力地提倡天才是遺傳而非教育結果的人之一。沿著這一思路，他發明了相關法。

　　高爾頓被達爾文的進化論——特別是同一物種的個體間存在極大差異的觀念——深深打動。於生存有益的個體差異受到「自然選擇（天擇）」並傳給後代，高爾頓相信，智力就是一種顯示人們之間差異的特質，它對生存是重要的，而且似乎有很多的遺傳成分——就像身體特徵，譬如眼睛顏色和身高。他開始著手蒐集證據證明智力是遺傳的這一觀念，並且就這一主題出版了兩本著作：《遺傳的天才》（Hereditary Genius, 1869）和《科學的英國人：他們的天性與教養》（English Men of Science: Their Nature and Nurture, 1874），在後面這一本書中首次提出了現在聞名的兩個術語「天性」（nature）和「教養」（nurture）。在書中，高爾頓記錄了天賦和特殊領域技能（譬如化學、法律）在家族中出現的統計趨勢。他對環境的影響不置可否，而宣稱天才是遺傳的結果。他的論據一部分是基於智力在人口中常態分配的觀念。其他已知的受遺傳所影響的特質（譬如身高）也是呈常態分配的，所以高爾頓採用這一統計學事實來說明遺傳的作用（Fancher, 1990）。

　　直到 1888 年，高爾頓才解決了怎樣表示像天賦這樣一個特質呈家族趨勢的強度；他在一篇名為〈相關及其測量〉（Co－relations and their measurement）（引自 Fancher, 1990）的論文中闡述了這一觀念。首先，高爾頓發現他可以將數據組織成如圖 8.1 般行與列安排。每一單元格中的數字說明在該行與列所定義的類別中有多少人。於是，這些格中最大的數字 14 表示樣本中有 14 名兒童的身高在 67 英寸和 68 英寸之間，而且他們父母的身高也是介於 67 英寸和 68 英寸之間。你可以在隨後幾頁中看到，高爾頓的表格就是我們現在所說的「散點圖」的雛型。

　　第二，高爾頓注意到雖然「相關」不夠完美，但某種規律性還是相當穩定的出現了。高於常人的父母有高個子的子女，但子女沒有父母那麼高。低於常人的父母有矮個子的子女，但子女沒有父母那麼矮。也就是說，子女的身高有回移或向著組平均數迴歸的趨勢。這一「趨均數迴歸」（regression to the mean）現象是高爾頓最偉大的發現之一，你已經知道它會威脅一個研究的內部效度。

高爾頓作的第三個觀察是，將散點圖上每一列值的平均數所代表的點連成線，會得到一條大致的直線。實際上這就是「迴歸線」(regression line)的一種類型，它是我們馬上就會遇到的另一個概念。總之，高爾頓發現了迴歸分析的主要特徵。

在讀了高爾頓的著作後，年輕的英國統計學家皮爾森對這一觀念作進一步研究，終於設計出了當代計算相關係數的公式。他命名為「r」，代表「迴歸」(regression)，以紀念高爾頓發現的趨均數迴歸現象。另外，皮爾森信奉著高爾頓的學說，相信相關分析支持了一種觀念，即很多特質是遺傳而來，因為它們在家族中連續。你很快會學到相關分析的一個特徵是，從相關分析得出因果結論——像高爾頓和皮爾森所作的那樣——是一個危險的舉動。

子女的身高 (Mean = 68.0″)

父母的身高	63″	64″	65″	66″	67″	68″	69″	70″	71″	72″	73″
72″						1	2	2	2	1	
71″			2	4	6	5	4	3	1		
70″	1	2	3	5	8	9	9	8	5	3	
69″	2	3	6	10	12	12	2	10	6	3	
68″	3	7	11	13	14	13	10	7	1		
67″	3	6	8	11	11	8	6	3	1		
66″	2	3	4	6	4	3	2				
65″	67.2	67.3	67.4	67.6	67.9	68.2	68.4	68.8	69.1	69.3	

父母的身高 (Mean = 68.1″)　每一列中父母的平均身高

圖 8.1　高爾頓用來計算父母身高與子女身高相關的一張原始散點圖的雛型（選自 Fancher, 1990）

相關與迴歸基礎

每當兩個變項以某種方式結合在一起或發生關聯時，我們就說存在相關。這一意思已經被相關(correlation)這個名詞本身所涵蓋了：「co」

表示二，「relation」當然就是關係。在一個直接相關或**正相關**(positive correlation)中，一個變項的高分與另一變項的高分有關聯；同樣地，一個變項低分與另一變項的低分有關聯。反之，**負相關**(negative correlation)代表一種相反的關係，一個變項的高分與另一變項的低分同時發生，反之亦然。

正相關和負相關

學習時間和學習成績是正相關的簡單例子。如果學習時間——操作性地定義爲每星期用於學習的小時總數——是一個變項，從 0.0 到 4.0 的計點平均成績(GPA)是第二個變項，你可以從下面假想的 8 個學生數據中輕易地看出這兩者之間的正相關。

	學習小時數	GPA
學生 1	42	3.3
學生 2	23	2.9
學生 3	31	3.2
學生 4	35	3.2
學生 5	16	1.9
學生 6	26	2.4
學生 7	39	3.7
學生 8	19	2.5

長的學習時間（譬如 42 小時）與高 GPA(3.3)有關，短的學習時間（譬如 16 小時）與低 GPA 對應(1.9)。負相關的例子之一可能是玩樂的時間與 GPA。玩樂的時間可以操作性地定義爲每週用於做某些特定活動的小時數，可能有打電玩、看連續劇和打高爾夫球（當然，同樣的這些活動也可以稱爲「放鬆」時間）。下面假設是另外 8 個學生的資料。這一次檢視每週玩樂的時間與 GPA 之間的相反關係。

	玩樂小時數	GPA
學生 1	42	1.8
學生 2	23	3.0
學生 3	31	2.2
學生 4	35	2.9
學生 5	16	3.7
學生 6	26	3.0
學生 7	39	2.4
學生 8	19	3.4

注意，在負相關中，變項有相反的走向。長的玩樂時間（譬如 42 小時）伴隨著低 GPA(1.8)；短的玩樂時間（譬如 16 小時）伴隨著高 GPA。

相關的強度是由一個被稱為相關「係數」(coefficient) 的統計值說明的，它介於 −1.00 與 1.00 之間，從表示全負相關的 −1.00，零相關的 0.00，到表示全正相關的 +1.00。最常見的係數是專欄 8.1 中提過的，以地位可與費雪爵士匹敵的英國統計學家皮爾森命名的**皮爾森相關** (Pearson's r)。皮爾森相關既可以對等距量尺計算也可以比率量尺計算。對於用其他量尺測量的數據，可以有其他種類的相關測量。例如，一種叫作斯皮爾曼等級相關 (Spearman's rho) 的係數可以計算次序量尺（排序）數據。附錄 B 中說明了怎樣計算皮爾森相關。

與平均數及標準差一樣，相關係數是一個描述統計數。相關的推論分析要確定某一相關是否顯著的大於（或小於）零。就是說，在相關研究中虛無假設(H_0)是 r 的真實值為 0；對立假設(H_1)是 r≠0。拒絕虛無假設意味著確定兩個變項之間存在顯著關係。附錄 B 說明了怎樣確定一個相關係數在統計上是否「顯著」。

散點圖

相關強度的指數也可以透過圖 8.1 中高爾頓圖的現代版本，現在被稱**散點圖** (scatterplot) 的方式得到認識，它用圖形表現出相關所顯示的關係。

如圖 8.2 中的例子所顯示，完全正相關(1a)和完全負相關(1b)形成的點落在一條直線上，而一個零相關(1c)產生的散點圖上的點似乎隨機地分布在圖上。與相對較弱的相關(1d 和 1e)比較，相對較強的相關圖上的點更趨近於一條直線(1f 和 1g)。

圖 8.3 說明了如何從一套數據製作一個散點圖，圖 8.4 顯示了 GPA 例子中的散點圖。它們顯示出學習時間和 GPA 之間的強正相關以及玩樂時間和 GPA 之間的強負相關，實際的相關分別是 +.88 和 −.89。

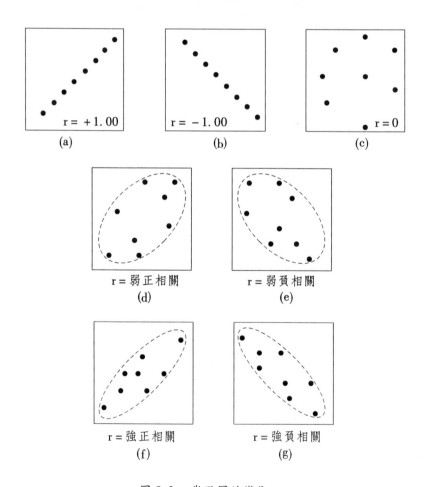

圖 8.2　散點圖的變化

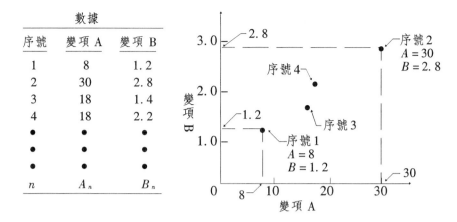

圖 8.3　從一個數據集製作散點圖

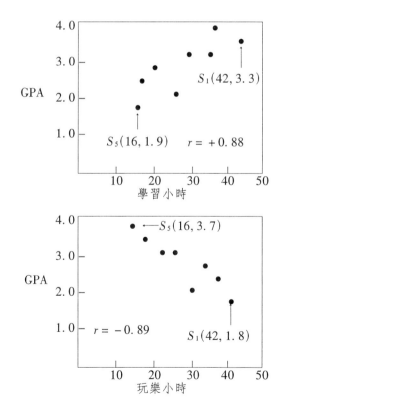

圖 8.4　一些假想的 GPA 分數的散點圖

☐ 線性假設

至此，你看到的散點圖上的點，是圍繞著完全相關為 − 1. 00 或 + 1. 00 的一條直線而變化。但是，有些關係並非線性的，如果對它們應用皮爾森相關，就不能識別關係的實質。圖 8. 5 顯示一個假想的例子，是心理學中最持久的發現之一：喚醒狀態(arousal)和作業表現(performance)的關係。對於一定困難的作業，作業表現在中度喚醒水準時最好，但如果喚醒水準太高或太低就會有害（例如 Anderson, 1990）。在喚醒水準非常低的時候，表示一個人沒有活力來從事作業任務，但強烈的喚醒水準又會妨害完成作業所需的有效訊息處理。你可以從散點圖上看到，圖上的點一致地沿著一條曲線變化，這時應用線性相關程序只會產生一個 0 或接近 0 的皮爾森相關係數。分析圖 8. 5 中的曲線關係，需要超越本教材內容的更專業技術。

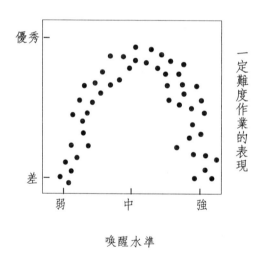

圖 8.5　喚醒水準和作業表現的曲線關係

☐ 範圍限制

在作一個相關研究時，包容範圍廣泛的受試者分數是重要的。對一個（或兩個)變項的分數**限制範圍**(restricting the range)會降低相關，這一效果

你可以從圖 8.6 看出。圖 8.6a 顯示出對於一個 25 人的學生樣本。散點圖可能的型態是相關係數為 + .70。不過。假定你決定只對 SAT 得分至少在 1, 200 分以上的學生研究這一關係,圖 8.6b 突出了散點圖上代表這些學生的點;這些點可以形成自己的散點圖,如圖 8.6c 所示。如果你現在看 8.6a 和 8.6c,顯然相關在右端較低。事實上,相關係數降到了 + .26。

對於那些決定不錄用 SAT 總分在 1200 分以下學生的大學而言,此一例子有一些有趣的涵義。某些研究 (例如 Schrader, 1971) 已經顯示, SAT 分數和大學第一年學業成績一般相關在 + .40 上下,統計上是顯著

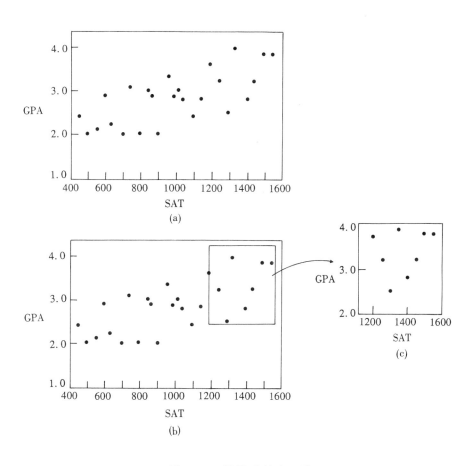

圖 8.6　範圍限制的效果

的，但不太大。然而，這一相關是用全部學生的 SAT 分數計算而來。如果限制 SAT 分數的範圍到只對那些 1, 200 分以上的人，相關就會有相當幅度的下降。雖然存在著「校正」(correcting)程序來解決這一限制問題，但我們必須清楚限制範圍對作預測的能力有著直接的影響。採用「SAT = 1, 200」為切截分數(cutoff)的高篩選標準的學校當然會得到許多好學生，但他們從 SAT 分數作預測的能力就會不如那些未設這樣一個切截分數的學校。在不太設限的學校，SAT 和學業成績的相關就會高於設限較多的學校。

迴歸分析——預測

正如前面的例子所顯示的，相關研究的主要特徵是——當高相關存在時可以對人類的行為作出預測。如果你知道兩個變項相關，則知道其中一個變項的分數能使你預測另一變項的分數。由上述 GPA 的例子可以看到，預測是怎樣做出的。在知道了學習時間和 GPA 之間的高相關後，如果我告訴你有人每星期學習 40 小時，你完全有把握地預測這一學生有相當高的 GPA。同樣地，一個高 GPA 分數也可以令你對學習時間做出預測。從本章後面的內容你會看到，相關研究為使用心理測驗做預測提供了基礎。以相關研究為基礎所做的預測就被稱為迴歸分析(regression analysis)。

圖 8.7 複製了(a)學習時間和 GPA(b)玩樂時間和 GPA 的散點圖，但這一次每張圖上都有一條被稱為**迴歸線**(regression line)的直線。這條直線用來做預測並且被稱為最適合線(best – fitting line)；它提供了總結散點圖上點的最可能方式。

迴歸線的公式與你在高中學過的用 X 座標和 Y 座標在圖上建一條直線的公式一樣：

$$Y = a + bX$$

其中，a是直線穿過Y軸的值（即Y軸的截距），b是斜率，直線的相對傾斜度。X是一個已知的值，Y是你要試圖預測的值。如果知道了(1)相關的大小和(2)相關變項的標準差，可以計算b的值。如果知道了(1) b的值和(2)相關變項的平均數，則可以計算a。從附錄B中可了解計算這些值的詳細過程。

在迴歸分析中，這一公式被用來根據一個給定X（例如學習時間）的值來預測Y（例如GPA）的值。Y有時被稱為**效標變項**(criterion variable)，X被稱為**預測變項**(predictor variable)。但是，為了做出有信心的預測，相關必須顯著地大於0。相關越高，散點圖上的點就越接近迴歸直線，你對自己所做的預測也就有越高的自信心。因此，前面提過的通常會降低相關的範圍限制問題，其後果就是減弱了預測的有效性。

從圖8.7，你還可以看到一條迴歸線如何有助於預測。如果給了學習時間和GPA之間的關係，你要問學習20小時、30小時和40小時的人估計的GPA會是多少。這一過程可以從X軸上畫一條直線與迴歸線相交，然後從相交點左轉90°畫一條直線與Y軸相交，這個Y軸的值就是預測值（記住，你做這一預測的自信心與相關的強度有關）。因此，40小時學習時間預測的GPA大約是3.5，而40小時玩樂時間預測的GPA就在2.1左右。準確的預測值可以用迴歸公式計算得到（見附錄B），分別是3.48和2.13。

可以確定，你從新聞或流行媒體中聽到讀到的很多研究，都有某種形式的迴歸分析發生。例如，一篇關於〈心臟病的危險因素〉報導會介紹關於吸煙和心臟病之間有顯著相關的研究，老煙槍比不吸煙者更可能發展出冠狀動脈問題，也就是說，從吸煙預測心臟病。另一篇記述〈配偶施暴者寫照〉的研究可能含有一種想法，即當施暴者失業時這種行為更可能發生。同樣，它根據了失業和施暴傾向的相關，並透過迴歸分析使我們能從前者預測後者。

關於迴歸分析最後要說的一點既是方法上的，也是倫理上的。一般說來，應該只對在相關所依據的分數範圍內的人進行預測。例如，如果預測

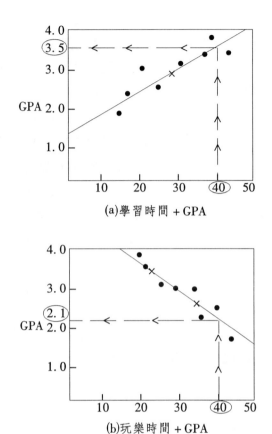

(a)學習時間 + GPA

(b)玩樂時間 + GPA

圖 8.7 迴歸線與散點圖

大學生在社會上成就的一個迴歸公式是根據對中產階級市區白人、分數介於 1,000 到 1,400 的人所作的研究得出的,那就不應該用這個公式預測任何不在這一範圍內的申請者。

解釋相關

因其預測能力,相關研究給了研究者一個強而有力的工具。但是,在

解釋相關研究的結果時，一定要特別小心，尤其是，找出兩個變項的相關並不能使我們得出一個變項導致另一變項發生的結論。遺憾的是，不重視這一根本原則使得相關研究成為最難以被一般大眾理解的研究方法。舉例而言，一項研究指出，某種類型的禿頭可以預測心臟病。我還記得 1993 年冬季第一次報導此一消息時的情況，三大新聞網在同一晚（一個漫長的新聞之夜？）的晚間新聞中都顯著報導了該發現，而且每一家都明確地指出造成這一關係的原因尚不清楚。儘管如此，在幾週內，數百萬美元「讓我們不再禿頭」的產業中開始拋出一些較為直接的暗示，諸如使用他們的新髮再生程序有益健康（加之新髮型具有吸引大批女性的效果）。其中隱含的訊息是禿頭引發心臟病，如果禿頭消失，心臟病也會隨之消失。

如果在讀到這一行時你能看出問題，那麼你已經知道以下會發生什麼事情。回憶第 1 章所說的，我的一個主要目標就是幫助你成為一個更具批判性的訊息應用者。明白怎樣合理地解釋相關研究，會幫助你接近這一目標，因為從相關研究中得出不恰當的結論這種情況，在醫學和心理學研究的一般記錄中常常出現。

相關與因果

在一個操弄獨變項的實驗研究中，我們已經看到，因與果的結論可以從中得出。我們要研究的變項是被操弄的，如果其他因素全部都維持恆定，結果就可以直接歸因於獨變項。但是，在相關研究中，「其他因素全部都維持恆定」這個特徵是缺少的，而控制的欠缺使得不可能得出任何因與果的結論。讓我們考慮相關解釋問題發生的兩種具體方式，它們被稱為可逆性或方向性問題以及第三變項問題(Neale & Liebert, 1973)。

□方向性

如果兩個變項 A 和 B 之間存在相關，那麼原因可能是 A 導致 B 發生(A→B)，但也可能是 B 導致 A 發生(B→A)。因果關係可以以任意方向發生，這就是**方向性問題**(directionality problem)。相關存在的本身並不能讓

我們決定因果的方向。

　　觀看電視節目與兒童攻擊行為之間的關係研究，是方向性問題的典型。這些研究中有些是相關性的，並採取了下面的基本形式：用一個量數（變項 A）表示觀看電視的時間，可能是每週看電視的小時數；對於同樣的受試者，再用一個量數（變項 B）表示攻擊性，可能是採用教師對研究中兒童攻擊性的綜合評分。假定研究得到一個相關為 +.58，並發現它顯著大於 0，那麼可以得出什麼結論？

　　一種可能是大量觀看電視節目使兒童不可避免接觸到很多暴力訊息，而且我們也知道兒童是經由觀察而學習的；因此大量觀看電視導致兒童更具攻擊性，即 A→B。

　　但因果是否以相反的方向作用呢？已經具有攻擊性的兒童是否比不具攻擊性的同伴更喜歡看電視呢？因為知道很多電視節目具有暴力成分，也許有攻擊性的兒童更願意選擇他們確實感興趣的節目。簡言之，也許攻擊性行為引起兒童看更多的電視；即 B→A。

　　所以，單純依靠現存的一種相關，選擇正確的因果方向是不可能的。但是，有一種方式可以某種程度地考慮到方向性問題，它是第 1 章中最先介紹過的確定因果的標準問題。我們還記得，研究心理學家通常滿意於在 A 和 B 之間作出因果的歸因，如果：A 和 B 同時發生，A 先於 B 一定時間出現，A 引起 B 與某種理論一致，以及它們共同發生的其他解釋可以被排除。

　　關於電視與攻擊行為研究，我們所掌握的是：A 和 B 同時發生，以及對觀察學習的認識使我們認為 A 引起 B 更有意義。但是，使用一種稱為**跨時期同樣本相關**（cross－lagged panel correlation）的方法可能增加我們對方向性結論的信心。本質上，這一過程研究了不同時間變項之間的相關，因此它是一種縱貫設計。下面一個著名範例說明了這一方法。

□個案研究 1——電視與攻擊性

　　伊羅恩等學者(Eron, Huesman, Lefkowitz & Walder, 1972)對上述例子

中觀看電視與攻擊性行為間的關係也有興趣。他們特別測量了(a)觀看暴力節目的偏好及(b)夥伴的攻擊性等級。在 1960 年第一次作的研究中，受試者是來自紐約農村地區的 875 名三年級學生；研究中發現一個不高但是顯著的相關 +.21。但使這一研究變得有趣的是伊羅恩研究小組在十年後返回，找到同一批學生中的 427 人（隨意稱作「十三年級學生」），然後重新評估了同樣的兩個變項。透過對兩個變項在不同時刻的測量，可以計算出六個相關。按伊羅恩等人(Eron, et al., 1972)所報告的，這些相關呈現在圖 8.8 中。

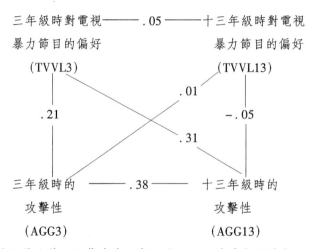

圖 8.8　電視暴力節目影響未來攻擊行為的一個跨時期同樣本相關研究結果

　　（選自 Eron et al., 1972 ）

　　其中特別有趣的是的對角相關或「跨時期相關」(cross－lagged)，因為它們測量的是間隔時間的變項間的關係。如果三年級組攻擊性行為引起後來對觀看暴力電視節目的偏好(B→A)，那麼我們預計時間 1 的攻擊性與時間 2 的偏好會有相當大的相關；事實上，這一相關幾乎為零（＋.01）。另一方面，如果早期觀看暴力電視節目的偏好導致後來攻擊性的行為模式(A→B)，那麼時間 1 的偏好與時間 2 的攻擊性之間的相關應該相當明顯。可以看到，這一相關是 +.31，它並不高，但卻是顯著的。基

於此點和他們研究中的其他一些指標，伊羅恩及其同事們得出結論，早期觀看暴力電視節目的偏好至少部分地引起了後來的攻擊性。

但是，對跨時期同樣本相關的解釋必須謹慎爲之。其一，如果你檢視圖8.8 中相關的總模式，你會注意到 +.31 的相關可以部分地由相關 +.21 和 +.38 所解釋。就是說，從三年級的偏好到十三年級的攻擊性可能不是一條直接的路徑，也許它是三年級時對暴力電視節目的偏好與攻擊性相關，以及兩個時間攻擊性相關的間接結果。兒童在三年級時暴力電視節目偏好上得分高，可能在三年級時的攻擊性也高，並且在十三年級時仍有很高的攻擊性。相反地，也可能是三年級時的攻擊性造成(a)三年級時喜歡看暴力電視節目，及(b)後來的攻擊性。因此，跨時期同樣本相有助於解決兩難的方向性問題，但解釋的問題仍然存在。更加普遍的，解釋的因難是以「第三變項」形式出現。

□第三變項

讓我們從一個完全荒謬的例子開始（選自 Neale & Liebert, 1973 ）。一座城市中的教堂數目和城市中的犯罪率之間存在一個正相關，教堂越多，犯罪率越高。這是否意味著「宗教信仰」會增加引起犯罪增多呢（A→B）？還是犯罪增加使人們更需要信仰宗教呢（B→A）？我想你可以看出方向性在這裡不成爲一個問題：兩種選擇都沒有什麼意義。不過這裡演示了在相關研究中常常發生的一種情境。因爲這樣一種研究並不試圖控制外擾變項，所以這些外擾變項可能提供了發現相關的依據。即不是 A 引起 B 或 B 引起 A，而是某個未知的第三變項 C 可能引起 A 也引起 B 發生，這被稱作第三變項問題(third variable problem)，其實它更適合被稱爲第三變項組問題，因爲常常在一個相關背後隱藏著一個以上的未控制變項。教堂／犯罪率例子背後的第三變項是什麼？是不是「人口數目」？

其他例子沒有這麼荒謬，但會輕易地誤導一個人作出不當的因果相關，而產生戲劇性的效果。在專欄 8.1 你了解到，高爾頓和皮爾森相信父母和子女之間的正相關證明遺傳是智力水準差異的主要原因。兩人對父母

子女關係背後的環境影響（例如，高智力的父母爲他們的子女提供了一個充滿刺激的環境）都不置可否。另外，兩個人都認爲因爲遺傳是智力的原因，所以聰明的人應該受到鼓勵多生育。事實上，高爾頓是優生學運動的發起人之一，他提倡大英帝國應該有計畫地透過有選擇的生育提高人民的整體智力水準。高爾頓的說法相當不明智，例如「透過審愼地挑選可以得到永遠具備特殊奔跑能力的狗種和馬種一樣，……，透過連續幾個世代明智的婚配而孕育出高天賦的人種是非常實際可行的。」(Galton, 1869, 選自 Fancher, 1990, p. 228)不難想像優生學運動的黑暗面是，對被認爲「不強壯」或「不健全」的群體建議不要生育。顯然，錯誤地解釋相關研究會有其深遠的影響。

觀看暴力電視節目和兒童攻擊性的關係提供了第三變項問題的一個更現代的例子。我們已經看到，觀看暴力電視節目可能增加攻擊性（A→B），但因果也可以依相反的方向發生（B→A），即已經有攻擊性的兒童可能追求或者觀看暴力節目。第三種可能是 A 和 B 都是第三個變項 C（C→A ＋ B）造成的結果。例如，也許父母就是暴力人物，兒童模仿父母的攻擊性行爲而變得暴力，而且父母的暴力行爲造成兒童大量地看電視，以「隱匿」(lie low)或者避免與總是懲罰他們的父母接觸。另一個第三變項可能是兒童不善言談，因爲不能與人有效地爭論而變得有攻擊性，所以大量看電視也可以成爲避免與他人言詞接觸的一種方式。

有時候，識別第三變項的嘗試純粹是一種猜測，但在另一些時候，你可能有理由懷疑某一第三變項在起作用。如果是這樣，且第三變項的測量是可能的，則其效果可以透過一種力求從統計上控制第三變項的辦法作評定，它稱爲**淨相關**(partial correlation)。事實上，淨相關程序是一種建立至少半等組的事後回溯(post facto)。例如，假設你知道閱讀速度和閱讀理解有高相關，可能是 ＋.55（例子選自 Sprinthall, 1982），並且你懷疑第三變項 IQ 可能對這一相關有作用。爲了計算淨相關，你求出了 (a) IQ 和閱讀速度的相關；(b) IQ 和閱讀理解的相關，我們假設它們分別爲 ＋.70 和 ＋.72，這些相關高得足以令你懷疑 IQ 的影響力。計算淨相關的過程中包

括此三個相關係數（確切的過程見 Sprinthall 的文章），結果得到的是在 IQ 被「排除」或「控制」後，閱讀速度和閱讀理解的淨相關。這個例子中的淨相關是 +.10，因此，當 IQ 被排除後，閱讀速度和閱讀理解的相關實際上消失了，它意味著 IQ 其實是一個重要的第三變項，閱讀速度和閱讀理解原始相關 +.55 明顯的是由它造成。

表 8.1 　伊羅恩等人(Eron, Huesman, Lefkowitz & Walder, 1972)研究觀看暴力電視節目與攻擊行為的淨相關結果

控制變項	TVVL3 和 AGG13 的淨相關*
無（原始相關）	.31
三年級變項	
同伴評分	.25
父親的職業地位	.31
兒童的智力	.28
父親的攻擊性	.30
母親的攻擊性	.31
施行的懲罰	.31
父母對孩子的期望	.30
父母的流動性傾向	.31
看電視的小時數	.30
十三年級變項	
父親的職業地位	.28
受試者的理想	.28
看電視的小時數	.30

　＊ TVVL3 ＝ 三年級時對電視暴力的偏好

　　 AGG13 ＝ 十三年級時的攻擊性水準

注： 選自 Eron et al. 1972, Table 4.

伊羅恩等人(Eron et al., 1972)在研究中計算了幾個淨相關，了解是否有重要的第三變項引起了三年級時偏好暴力節目與十三年級時攻擊性之間

相對高的相關（＋.31）。表 8.1 中列出了對潛在的十二種不同的第三變項（在表中稱爲「控制變項」）計算淨相關的結果。可以看到，淨相關介於＋.25 和＋.31 之間，說明十二個因素中沒有一個顯著影響了原始相關＋.31。就是說，即使將其他這些因素考慮進來，早期對暴力節目的偏好與後來的攻擊性相關仍接近＋.31。這一分析強化了他們的結論：「早年發展時觀看暴力電視節目，對以後的攻擊性形成可能有因果的影響」（Eron, et al., 1972, p. 263）。

□結構模型

　　近年來，爲了解決幾個變項之間的因果路徑，一種更爲複雜的稱爲「因果模型」（causal modeling）或**結構模型**（structural modeling）的技術逐漸流行（James, Mulaik, & Brett, 1982）。這一方法同時兼顧了方向性問題和第三變項問題。你可以從托姆伯雷（Tremblay et al., 1992）等人最近做的一項少年犯罪研究中體會這一方法的基本特色。

　　跨時期的縱貫研究已經顯示，早年學校期間較差的成績與以後的犯罪行爲相關，但我們知道，在早期的那段學校時期，行爲問題與不好的成績相關。所以，後來的犯罪行爲是不良的學校成績造成，還是行爲問題造成，或者是兩者的結合？這一問題的重要性顯然在於它決定了我們怎樣著手解決它，是藉由提高學習成績還是藉由改進行爲問題，托姆伯雷（Tremblay et al., 1992）等人的研究就是要回答這個問題。他們使用一種「線性結構公式」（linear structural equations），測量一年級時的惡劣行爲及成績，四年級時的成績和八年級時的犯罪行爲。並測量了圖 8.9 中所描繪的三種模型的合理性。在模型 A 中，一年級時的惡劣行爲與不良成績共同造成了四年級時的不良成績，而四年級的不良成績接著又導致了八年級的犯罪行爲。模型 B 提出，犯罪是早期惡劣行爲的直接後果，而且犯罪行爲間接地與一年級而不是四年級的成績相關。但模型 C 提出造成犯罪的兩條線路，早期的惡劣行爲與四年級的不良成績（而它又是由一年級不良成績造成的結果）。基本上，托姆伯雷（Tremblay et al., 1992）發現了支持模

型 B 的證據，至少對男孩而言，它顯示問題的解決應針對早期的惡劣行為而不是學校成績。

▢ 相關與受試者變項

最後，你應該認識到，發生在相關研究中的解釋問題與用受試者變項作為獨變項的研究中所遭遇的問題完全一樣。上一章介紹了三種這樣的設計：

1. 單因子不等組設計
2. 多因子不等組設計
3. 多因子 P×E 設計

就像看電視與攻擊行為之間的顯著相關並不能讓我們作出因果推論一樣，A 型行為受試者與 B 型行為受試者在面對困難問題時的顯著差異也不能讓我們得出因果的結論，A 型和 B 型行為之間的差異仍然使差異的解釋問題懸而未決（譬如，可能 A 型行為者比 B 型行為者更聰明）。

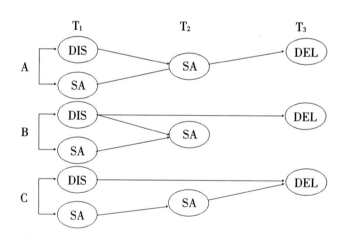

注：DIS = disruptive behavior，破壞行為
　　SA = school achievement。學業成績
　　DEL = deliquenct，犯罪行為

圖 8.9　在托姆伯雷等人(Tremblay et al., 1992)的研究中，以結構模型預測犯罪行為。

使用相關

　　考慮到解釋相關時存在的陷阱，以及透過操弄獨變項從所謂的純實驗研究中得到令人艷羨的因果結論這一事實，爲什麼我們不僅作純實驗研究呢？即，爲什麼一開始就找麻煩去作相關研究呢？

相關研究的需要

　　這個問題的答案關係到實際和倫理兩方面。從實際面考慮，一些重要的研究用純實驗研究去做是不可行的，甚至是根本不可能的，因爲研究性別差異、年齡組差異或人格類型差異是不可能進行隨機分派的主要研究領域。一項關於臨床憂鬱嚴重性和作業毅力（task perseverance）的相關研究，即使受試者不可能被隨機分派到「高憂鬱組」和「低憂鬱組」條件中，該研究也自有其價值。正如克倫巴赫（Cronbach）在其關於心理學兩條路線的演講中所說，相關法「可以研究我們沒有學會如何控制或者永遠不希望控制的事情。」（Cronbach, 1957, p. 672）另外，一些研究乃以預測爲其主要目標，譬如發現某種人格屬性和 X 工作的成功有相關，使人事管理者可以預測誰能成功地做這項工作，而完全不用關心這種關係爲何存在。

　　第二點是基於相當明顯的倫理原因，因爲有一些研究並不能透過操弄變項去做實驗。當十九世紀法國生理學家布洛卡（Paul Broca）無意中洩露後來以他名字命名的大腦語言中樞，是他在注意到某種類型的語言障礙與驗屍中發現的大腦損傷程度有相關時才做出這一發現的（Hothersall, 1990）。證明這一障礙是由大腦損傷引起的實驗證據，需要將人們隨機分派到一個「腦損傷」組，將腦中的一部分區域破壞掉，還有一個安全的「控制」組。實際上，你可能還需要一個可能被稱爲「僞裝腦損傷」（sham brain damage）的第三組，他們要經歷與腦損傷組相同的大部分外科手術過程，除了對腦沒有作眞正的破壞。我想你可以理解，爲這樣一個實驗僱用人類受試者的難處，這是爲什麼在腦與行爲關係的實驗研究中使用動物作受試者的原因。

相關研究的種類

使用相關法的研究在心理學的所有領域中都可以發現,尤其是在三個領域中相關研究特別普遍:(1)關於心理測驗發展的研究;(2)人格心理學和變態心理學中的研究;(3)高爾頓有關天性與教養的問題。這些領域都強調人與人彼此不同的方式。讓我們看看這三個領域研究中的典型例子。

□個案研究 2——心理測驗

在第 4 章中,你知道一個測量要有價值,它必須具備信度和效度。測量可以重複,較不受測量誤差的影響,該測量就是可信的。測量值真正地測量了要測的特質,該測量就是有效的。一種可信且有效的智力測驗在兩個不同的場合會得到同樣的 IQ 分數,且是智力的一個真實量數。正如下面系列研究所顯示的,建立信度和效度的研究頗為依賴相關。

測量兒童 IQ 分數的兩大測驗是史坦福—比奈 IQ 測驗(Stanford – Binet IQ test)和魏氏兒童智力量表(WISC)。但是,近來一種被稱為考夫曼兒童智力綜合評估(Kaufman Assessment Battery for Children, K・ABC)的測驗正在向傳統測驗提出挑戰(Kaufman & Kaufman, 1983)。這一測驗產生一個「心理處理」(mental processing)分數,它是幾個關於「系列處理」(sequential processing)和「同步處理」(simultaneous processing)的分測驗分數的合成。這些都被認為是兒童所具備的最基本心理能力。另外,還有一個分離的「成就」(achievement)分數來反映從學校和別處獲得的知識。

考夫曼使用幾種方式評定了他們測驗的信度。例如,他們使用了一種被稱為**折半信度**(split – half reliability)的方法,將組成某一分測驗的題目一分為二(例如奇數項和偶數項),然後計算這兩半的相關。如果測驗可信,則兩半應有高相關——某人在一半測驗上的得分高,在另一半測驗上的得分也應該高。第二類信度被稱為**再測信度**(test – retest reliability),是關於測驗兩次分別施測的關係。這樣的信度也應該高——一個可信的測驗從一次施測到另一次施測應該產生一致的結果。就 K・ABC 測驗而言,其

折半信度與再測信度都很高。那麼該測驗的效度如何？

測驗效度的一個指標是**預測效度**(predictive validity)，即測驗預測未來事件的能力。這一效度是藉由計算測驗分數與某一「效標」分數的相關得到的。效標通常是另外一個測驗，它與要考驗的測驗在概念上相關。就智力測驗而言，效標量數通常是與學業成績有關的測驗分數，因爲智力測驗就是被設計來預測某人在學術環境中的表現。一個有效測驗的分數應與效標分數呈正相關。

針對 K‧ABC 測驗已經展開了很多效度研究，它們使用了廣泛的學校成就的效標量數(Kaufman & Kaufman, 1983)。一般而言，結果令人注目；例如已經知道，該測驗與一些已經固定下來作爲學校成就指標的測驗諸如愛荷華基本技能測驗(Iowa Tests of Basic Skills)和加州成就測驗(California Achievement Test)都有高相關。

這個 K‧ABC 測驗例子表示使用好（可信的和有效的）測驗的重要性。畢竟，影響人生的決策常常是以這些工具——至少是部分的——爲依據。兒童被安置在天才計畫中，管理人員晉升，大學生進醫學院，以及精神科病人得到正確的診斷，做這些重要的決定都要靠心理測驗的幫助，因此這些工具的信度和效度關係到倫理問題。專欄 8.2 中考慮了其中一些問題，並說明了 APA 關於測驗發展和使用的準則。

■■■■■■■ 專欄 *8.2*

倫理——APA 心理測驗準則

回顧表 2.2，1992 年 APA 倫理準則的修訂版中有一部分被稱作「評估、衡鑑和介入」，列在其中的十條標準與心理測驗的發展、使用與解釋有關，特別是其中的兩條標準關係到心理測驗的研究問題(APA, 1992)：

2.02 評估與介入的能力和適當使用

(a)發展、實施、計分、解釋或使用心理衡鑑技術、面談、測驗
或測量工具的心理學家在從事這項工作時，必須以與該技術用途
和應用適當的證據相一致的方式去進行，並且目的合理。

2.03 測驗編製

從事與測驗及其他衡鑑技術有關研究發展的心理學家應使用科學
的方法和通用的專業知識進行測驗設計、標準化、效度證明、偏
差的減少和排除，以及提出使用建議。

從這些標準以及信度與效度的討論看，我們應明白心理測驗不僅僅是
編一份看似有意義的問卷，它還有更多的內容。但你在流行雜誌中碰到的
大部分偽科學測驗中通常都是以象徵性的方式發展出來。這些測驗似乎是
科學的，因為它們包括了一個分數解答（「如果你得分在 0 和 25 之間，
它意味著……」）。但這些量表本質上是沒有意義的，因為它們沒有任何
確定信度或效度的嘗試，或者將測驗標準化，使你可以將得到的分數與某
一總體數據相比。

這些測驗是無害的，只要你不把它們當真。有了正確的態度，你就能
夠探討下面的問題：

✓ 你有多機靈？[Cosmopolitan, January, 1993]

✓ 你厭煩嗎？[Young and Modern, June/July, 1992]

✓ 自我測驗：你有多生氣？[Self, January, 1993]

✓ 僅僅是心情不好？還是真的憂鬱？接受我們的測驗 [Family
   Circle, April 1, 1992]

若想了解真正的心理測驗是怎樣被研製並生效的，你需要參加測驗或
是選修測驗課，我肯定在你們的心理學系中有開這門課。

☐個案研究 3—— 人格與變態心理學中的研究

信度與效度評估在發展正常和異常人格特質的測量的測驗中同樣重
要。不過，除了在測驗發展期間的用途外，相關法也在人格的個別差異研

究中具有重要性。例如，一項研究可能選出一個大的群體，對他們進行幾種不同特質的測驗，然後計算這些得分的相關。從這類研究中，我們知道內向性和焦慮之間有正相關（內向性格者易於焦慮），或者內向性格與善於交際之間有負相關（內向性格者傾向於迴避社會接觸）。這種特徵的例子就是賽里格曼做的關於解釋風格(explanatory style)與憂鬱的一項研究(Seligman et al., 1988)。

在第 3 章中，我向你介紹了賽里格曼在習得無助感方面所從事的研究，以此為例說明了研究怎樣從理論中產生，以及理論在面對不同的研究結果時如何演變。你可能記得，賽里格曼從基於動物制約學習研究得到的一種習得無助理論開始，修訂了這一理論，然後加入「解釋風格」的內容。憂鬱者經歷過習得無助的過去，由此導致的悲觀解釋風格與憂鬱有相關。賽里格曼等人(Seligman et al., 1988)研究了悲觀的歸因方式和憂鬱傾向之間的關係，他們還希望知道「認知治療法」(cognitive therapy)是否能減輕憂鬱，使解釋風格更為積極。

那些在失敗後，將失敗原因一定程度地歸咎於自己，因而經歷了負面後果的人，都有一種悲觀的解釋風格，他們認定這是自己全面無能的徵兆，並且相信失敗是注定的，將來也不例外(Abramson, Seligman & Teasdale, 1978)。這樣，我們很容易明白，伴隨著這種思考方式為什麼會出現憂鬱感。在賽里格曼的研究中，「歸因風格問卷」(Attributional Style Questionnaire)被用來測量解釋風格；而憂鬱則是用一個稱為「貝克憂鬱量表」(Beck Depression Inventory)的工具測量。簡言之，研究者發現，憂鬱的嚴重程度與悲觀的解釋風格有顯著相關，這一相關在治療前($r = +.56$)、治療後($r = +.57$)以及治療一年後($r = +.63$)都是真實的。隨著病人治療前後的情況改善，這個相關基本保持一致，因為「在認知治療期間，解釋風格與憂鬱的變化從開始到結束一直同步變化著，隨著解釋風格變得更為樂觀，病人的憂鬱程度也更為減輕。」(Seligman et al., 1988, p. 17)。這就是說，隨著病人治療後造成解釋風格分數的改變，他們的憂鬱分數也顯示出相應的變化，結果相關總保持一定。由於認知治療法是要

藉著改變人們思考的方式，從而改變他們對發生事情所作的解釋，因此研究者相信，他們的研究為悲觀的解釋方式至少是為憂鬱起因之一的這種觀念提供了強有力的支持證據，並且治療憂鬱的一種有效方式就是使人們改變他們對生活事件的思考方式。

　　心理學中最著名的一系列研究，為使用相關法研究人格提供了另一例，這個例子中的人格特質被稱為「成就動機」(achievement motivation)。在繼續閱讀之前請先瀏覽專欄 8.3，它介紹了來自成就動機這一傳統的一個經典研究，該研究說明在某種文化下的兒童讀物中，用高成就者作為書中的人物也許是明智之舉。

專欄 **8.3**

經典研究——成就的社會

　　你能否透過分析一個社會中跟兒童講的故事來預測整個社會的成就水準？可以，心理學家麥克蘭德 1961 年的著作《成就的社會》(Achieving Society)對這個問題作了肯定的回答，這本書記敘了將心理學中的成就研究擴展到歷史解釋領域中的一次驚人嘗試。成就動機是迎接挑戰，爭取成功的驅策力(McClelland, Atkinson, Clark, & Lowell, 1953)，麥克蘭德與同事阿特金森一同都是成就動機的先驅者，他們一起發展測量成就動機的方法，完成了無數關於成就相關以及成就需求發展的促成環境（提示：給你的孩子大量機會使他們獨立）的研究，並發展出一個成就動機理論(Atkinson & Feather, 1966)。另外，透過詳細闡述「以人格特徵中的穩定動機與即時的情境影響之間的交互作用，這個成就動機理論代表著向克倫巴赫就任 APA 主席時的著名演說中所號召的『心理科學中的兩條路線』整合邁出了一步。」(Atkinson & Feather, 1966, p. 5)

　　測量成就需求或 nAch 的方法是使用主題統覺測驗(TAT)，讓受試者看一些內容曖昧的圖片，然後說看到了什麼(Murray, 1943)。例如，一個

小男孩凝視一把小提琴，這可能引起他夢想著怎樣成為第一流小提琴家的故事。寫這樣故事的人會比另一個說這個男孩打算拿起這把小提琴打他姐姐的故事，在 nAch 上的得分更高。也許，受試者編出的故事反映了對他們來說潛在的重要動機。

從故事中推測動機的這種思想，使麥克蘭德想知道兒童故事以及文化中的話和寓言，在年輕人的動機形成中所發生的作用。如果這些故事中充滿了成就的主題，那麼小孩子是否漸漸地形成成就重要的想法？一個社會中 nAch 的整體水準是否可以從兒童文學、文化中的神話、音樂和戲劇中推知？如果兒童是在一個強調成就的環境中被撫養的，他們長大後是否會在有高水準的成就？

這些推測導致麥克蘭德關於社會成就的經典研究。他對兒童文學做了類似於 TAT 故事中的分析，然後採用了不同的社會經濟繁榮指數，並對兩者進行了相關比較。他發現的是一個正相關；即隨著成就主題的增長，實際的成就水準也增加。特別有趣的事實是實際的成就水準滯後於文獻中的成就水準大約五十年——正好是受到高成就文獻薰陶的兒童，成長到了足以使他們的高 nAch 水準影響社會的時候。

□個案研究 4—— 天性——教養問題

我們從專欄 8.1 知道，天才在家族中連續出現的傾向，對高爾頓爵士影響至深。對於遺傳與環境如何促成不同特質的這問題——研究各種特質的家族相似性已經成為一種主要的研究方法。典型的程序是測量每一對家族成員中的某種特質，然後計算他們之間的相關。遺傳和環境的因素可以透過對遺傳和家庭環境相似性不同的家庭成員，對之間進行比較而分別評估。例如，一起養育的同卵雙胞胎可以與出生後分離並在不同環境中養大的同卵雙胞胎進行比較，以保持遺傳的恆定而變化環境的相似性。同樣，透過比較在一起養育的同卵雙胞胎（遺傳相同）和異卵雙胞胎（遺傳不同），可以達到環境大致恆定而遺傳不同。這類研究典型地示範天性與教養的共同影響，表 8.2 中用例子作了說明，很多智力起源研究的結果總結

在表中(Bouchard & McGue, 1981)。相關越高,配對者的 IQ 分數就越相似。因此,同卵雙胞胎之間 +. 86 的相關意味著如果一人有高 IQ,則另一人也會有高 IQ。顯然,相關的大小隨著遺傳相似性的減弱而遞減,顯示遺傳對智力的重要性。環境同樣關鍵,正如一起養育的同卵雙胞胎相關(+. 86)與分別養育的同卵雙胞胎相關(+. 72)之間的差異所表明的。

表 8.2 在遺傳和家庭環境相似性上存有差異的親戚對之間 IQ 分數的相關

	研究的數目	配對數	相關
一起撫養的同卵雙胞胎	34	4,672	.86
分別撫養的同卵雙胞胎	3	65	.72
一起撫養的異卵雙胞胎	41	5,546	.60
一起撫養的兄弟或姊妹	69	26,473	.47
分別撫養的兄弟或姊妹	2	203	.24
堂兄弟姊妹或表兄弟姊妹	4	1,176	.15

註:表中報告的數據是 Bouchard 和 McGue 在 1981 年研究中總結研究中的加權平均值。

過去,大多數雙胞胎研究集中於智力問題,但近來有許多研究說明人格及性情特質以及工作、休閒興趣都有遺傳性(Bouchard, Lykken, McGue, Segal, & Tellegen, 1990)。甚至害羞似乎也有一些遺傳基礎。艾姆德等人(Emde et al., 1920)研究了 200 對 14 個月大的同卵及異卵雙胞胎(一起撫養的),就一些人格及認知因素作了研究。一個變項是害羞,用幾種方法作了測量。首先,害羞被認為是「行為抑制」(behavioral inhibition)基本測量的一個要素,它的評定是透過錄影,將嬰兒對進入遊戲室中陌生人反應分析得到,迴避陌生人並緊隨母親的嬰兒得分較高。害羞還透過嬰兒對家訪的實驗者的反應,以及嬰兒進入實驗室的行為作出評定。最後,父母填一份包括害羞量表的問卷。與其他雙胞胎研究一樣,這一研究計算了同卵雙胞胎和異卵雙胞胎的相關。表 8.3 說明,遺傳越近似的雙胞胎相關越高,因此它支持了害羞含有遺傳成分的假設。

表 8.3 　同卵雙胞胎和異卵雙胞胎「害羞分數」的相關

害羞測量	皮爾森相關	
	同卵雙胞胎	異卵雙胞胎
行為抑制	.57	.26
害羞觀察	.70	.45
父母調查	.38	.03

注：改編自 Emde et al. (1992)，表 2。

多元分析

二變項(bivariate)方法研究的是任意兩個變項之間的關係，而多變項(multivariate)方法探查的是兩個以上（常常是遠遠大於兩個）變項的關係。本章至此，除了在淨相關和結構模型的討論中評估了第三變項對兩個其他變項的影響外，我們一直考慮的是二元相關的例子。另外兩種多變項方法是多元迴歸和因素分析。

多元迴歸

二元迴歸的情況中涉及到兩個變項：預測變項(predictor variable)和效標變項(criterion variable)。如果 SAT 分數與大學第一年的 GPA 相關，那麼這一測驗可以作為成績成功(academic success)的預測變項。不過，正如你親身經歷的「大學完成」(success in collage)現象比這要更複雜。SAT 分數可能預測成功，但其他因素像「動機」、「高中成績」或「選擇非腦力專業的能力」的影響是怎樣？

多元迴歸解決了存在一個以上預測變項的問題。在多元迴歸(multiple regression)研究中，有一個效標變項和至少兩個預測變項。這一分析不僅使你確定這兩個或兩個以上變項預測的事實，而且還確定了這些預測的相對強度。這些強度反映在多元迴歸公式中，它是簡單迴歸的擴展：

簡單迴歸：$Y = a + bX$

多元迴歸：$Y = a + b_1X_1 + b_2X_2 + \ldots b_nX_n$

其中 X 是不同的預測變項，Y 是效標，而 b（稱作「beta 加權」）(beta weights)是給每一預測變項的相對加權。

多元迴歸分析的優勢是，透過綜合幾個預測變項的影響（特別是如果預測變項相互之間沒有高相關），預測效果遠遠超過了二元迴歸的情形。高中成績本身可以預測大學的完成，SAT 分數也是一樣。但是，它們在一起時總是比單獨預測要好一些(Sprinthall, 1982)。

為了給你一種觀念說明多元迴歸分析的研究範圍，這裡有兩個最近的例子：

1. 從早期幼年經歷預測同理心(empathy)的一項研究(Barnett & Mc-Coy, 1988)：有同理心的學生更可能經歷過痛苦的幼年事件，使他們對他人的創傷更為敏感。幼年創傷的嚴重性作為預測變項比創傷事件的總數具有更重的加權。

2. 從負面生活事件、知覺的壓力，以及負向的情感來預測易被感染到感冒的一項研究(Cohen, Tyrell, & Smith, 1993)：你可能認為得到感冒只不過是站得離那個在午飯時一直打噴嚏的人太近的結果，但這項研究說明，患感冒可以從與壓力有關的三個變項進行預測。更可能染上感冒的大學生是(a)最近經歷過一些壓力事件的人；(b)覺得目前要求過重的人；(c)對情感狀態作消極解釋的人。

因素分析

第二個廣泛使用的多變項技術稱作因素分析(factor analysis)。在這一程序中，需要測量大量的變項並計算它們的兩兩相關，然後確定這些變項是否成組聚集在一起形成「因素」。舉一個簡單的例子來說明這一觀念，假定你讓一組學齡兒童完成下面的作業：

- 詞彙測驗(VOC)
- 閱讀理解測驗(COM)
- 類比測驗（例如，醫生對病人就像律師對_____。）(ANA)
- 幾何測驗(GEO)
- 迷津完成測驗(PUZ)
- 圖形旋轉測驗(ROT)

然後計算這些測驗分數的相關，得到了一個相關矩陣(correlation matrix)，如下所示：

	VOC	COM	ANA	GEO	PUZ	ROT
VOC	—	+.76	+.65	−.09	+.02	−.08
COM		—	+.55	+.04	+.01	−.02
ANA			—	−.07	−.08	+.09
GEO				—	+.78	+.49
PUZ					—	+.68
ROT						—

注意一些相關係數是怎樣聚集在一起的。詞彙(VOC)、閱讀理解(COM)和類比(ANA)之間都有高相關，同樣幾何(GEO)、迷津(PUZ)和旋轉(ROT)測驗也有高相關。第一個群聚中的測驗與第二個群聚中的測驗，相關基本是零。這一模式說明測驗測量了兩個根本不同的心理能力或心理「因素」，我們也許可以稱之為「語言流暢性」(verbal fluency)和「空間技能」(spatial skills)。

因素分析是從相關組中辨別因素的一種高級統計工具，我們剛剛掃視矩陣所得到的同樣兩個因素，可以由它明確地產生。這一分析還確定了「因素負荷」(factor loading)，本質上就是每一測驗與每一個發現的因素的相關。在上面的例子中，前三個測驗在因素 1（語言流暢性）上有「高負荷」，後三個測驗在因素 2（空間技能）上有高負荷。當然，在實際的研究中，相關很少像我使用的這個例子一樣明顯地聚集在一起，而

且研究者之間常常對所發現的因素與其他因素是否真正分離存在爭議。另外，對於因素是否作了恰當的標定時有分歧。因素分析本身只識別因素，對它們的命名完全取決於研究者的判斷。

因素分析作為工具參與了心理學中最長久的一項辯論——智力是否為單一特質。在 20 世紀初發明了因素分析的斯皮爾曼(Charles Spearman)相信，所有的智力測驗都在單一的一個因素上有顯著負荷，他稱這一因素為一般智力因素，或「g」。此外，每一個個別測驗都在第二個因素——該測驗所涉及的一種特殊技能——上有高負荷。他稱這些第二或「特殊」因素為「s」。根據他的「二因素」理論，IQ 測驗的成績可以由個人的普通智力(g)加上個人的特殊技能(s)來解釋。他相信 g 是遺傳的，而各種不同的 s 因素代表著學習(Fruchter, 1954)。

其他研究者，最著名的是瑟斯頓(Louis Thurstone)，他相信智力由很多不同的因素構成，而無單一的因素 g 存在。同樣基於因素分析，他相信存在七種明顯不同的因素，稱之為「基本心理能力」("primary mental abilities", Thurstone, 1938)。這些因素是詞彙理解、文字通暢、數字技能、空間技能、記憶、知覺速度、推理。

智力是否是單一的問題仍然困惑著那些智力測量的專業人士。就我們的目的而言，重要的一點是因素分析會產生不同的結果。這是因為：(a)因素分析的方法變化多端，對於相關必須多大才足以分離因素，這些方法事實上會做出不同的決策；(b)針對這一問題的不同研究中，使用了不同的智力測驗。結果造成了使用各種選擇技術和測驗的研究者得到了一系列結果。簡言之，與其他統計方法相似，因素分析僅僅是一個工具，它本身不可能解決諸如智力本質這些理論的問題。

你可以從這一簡要的介紹中看出，相關法為當代心理學研究作出了巨大貢獻。當實驗法不可能使用時，它們常常是必須替代的。過去的相關研究本質上都是二變項的，隨著一些高度精密的多變項方法的發展，因與果的問題可以比過去更直接地提出。

很多相關研究發生在實驗室之外，在下一章，我們要更詳細地看一看

應用研究，列出幾種所謂的準實驗設計的細節。我們還要看看應用研究的一個具體例子——計畫評估研究，它對社會服務行業和教育工作正變得日益重要。

本章複習

詞彙填空

1. 在一種稱為＿＿＿＿的圖形中，兩個數軸代表著被測量和相關的兩個變項。

2. 一名研究者發現有攻擊性的兒童常常觀看暴力電視，不斷地受暴力渲染可能導致攻擊性，但也可能是自然有攻擊性的兒童喜歡看能讓他們興奮的節目。這一例子說明在相關解釋中發生了＿＿＿＿問題。

3. 確定再測信度需要對一份測驗做兩次施測；倘若一份測驗只能施測一次，那麼我們可以計算＿＿＿＿信度。

4. 在伊羅恩等人（Eron et al., 1972）的研究中，當其他因素從統計上做了控制時，3 年級學生的電視偏好和 13 年級學生的攻擊性之間的關係並沒有減弱，這裡使用的辦法是計算＿＿＿＿。

5. 在評定一個創造力測驗的＿＿＿＿效度時，效標測量可以採用教師對學生作品品質的評分。

6. 在＿＿＿＿中，對幾個預測變項的綜合影響作了評定。

多項選擇

1. 下面哪一個相關中的關係是最強的？

(a) + . 81

(b) – . 67

(c) – . 86

(d) + 1. 04

2. 在相關研究中，外擾變項未作控制，這樣導致的解釋問題是：

(a)方向性問題。

(b)趨均數回歸問題。

(c)範圍限制問題。

(d)第三變項問題。

3. 某一研究所決定使用一個公式來做錄取決定。在公式中包括了候選人四年來的大學成績、專業的成績以及 GRE 分數。GRE 分數有更多的加權，其次是專業成績。在發展這個公式的過程中使用了什麼方法？

(a)多元迴歸。

(b)二元迴歸。

(c)因素分析。

(d)淨相關。

4. 在 19 世紀，很多人相信智力可以透過確定腦的尺寸進行測量。對這一測量辦法下面哪一陳述是正確的？

(a)它會有強的預測效度。

(b)它可以透過信度考驗。

(c)它既不是可信的也不是有效的。

(d)它可以被認為是有效的，但卻是不可信的。

5. 跨時期同樣本技術有時用來幫助解決————問題。

(a)第三變項。

(b)趨均數回歸。

(c)負相關。

(d)方向性。

===================== 應用練習 =====================

(練習 8.1) 解釋相關

下面的每一句話都記絞了一個假想的二變項相關研究的結果，對每一條至少說出兩種解釋辦法。

1. 母親表現出的支配水準和兒童表現出的害羞水準呈正相關。
2. 每當史密斯至少拿球 20 次，達拉斯牛仔隊就會獲勝。
3. 憂鬱和健身水準之間有負相關。
4. 在學生家中找到的書的數量與學生大學的 GPA 分數呈正相關。
5. 快樂的配偶比不快樂的配偶有更多的（配偶之間的）性愛。
6. 成績和考試焦慮有負相關。

(練習 8.2) 製作散點圖和計算皮爾森相關

為以下的數據建立一個散點圖。透過觀察點的分布來猜測相關如何，之後使用附錄 B 中介紹過的辦法計算實際的皮爾森相關。最後，寫一段話說明它們的關係。

1. 變項 A ＝ 自尊
   • 分數介於 0 到 50 之間，高分數說明自尊的水準高。
2. 變量 B ＝ 解釋風格
   • 分數介於 0 到 75 之間，高分數表示對生活坎坷和挫折的一種消極或悲觀的解釋方式，低分數表示對這些事情的一種積極或樂觀的解釋方式。

受試者號碼	變項 A	變項 B
1	42	32
2	22	34
3	16	65
4	4	73
5	46	10
6	32	28
7	40	29
8	12	57
9	28	50
10	8	40
11	20	50
12	36	40

練習 8.3　了解散點圖

畫出大致能示範下列關係的散點圖，寫一段話總結每一關係。

1. K・ABC 中序列處理分測驗和同時處理分測驗的相關是 + . 48。

2. GPA 和一個「連續劇 IQ」測驗分數的相關為 − . 89。

3. 智力與憂鬱的相關是 − . 02。

4. 患強迫性疾患與喜愛實驗心理學的相關是 + . 90.

本章複習答案

A. 詞彙填空

1.散點圖　2.方向性　3.折半　4.淨相關　5.預測　6.多元迴歸

B. 多重選擇

1. c　　　2. d　　　3. a　　　4. b　　　5. d

應用練習

練習 8.1 解釋相關

1. 支配的母親可能不允許孩子有任何的自決權,因而造成孩子害羞;或者,一個天生害羞的孩子迫使母親變得更有支配性,因為孩子從來不採取主動;或者是因為離婚,母親變得更為武斷,同時孩子因為壓力變得更為退縮。

練習 8.2 製作散點圖和計算皮爾森相關

相關係數是 −.80,自尊的高分數與歸因風格的低分數相關。因為歸因風格分數低意味著一個更為樂觀的解釋方式,所以這一相關意味著高自尊者傾向於有一種樂觀的解釋風格。

練習 8.3 了解散點圖

1. 在 K．ABC 的序列處理分測驗上成績高的兒童,在同時處理分測驗中也傾向於得高分。

2. 通曉連續劇的學生學習成績傾向偏低。

3. 智力與憂鬱無關,高(或低)IQ 分數的人可能憂鬱也可能不憂鬱;無法作預測。

4. 如果你知道某人是一位研究心理學家,有很大的可能此人有強迫性疾患。

Chapter

9

準實驗設計與應用研究

本章概要

❖ **在實驗室之外**

應用研究的目標是揭示現實世界問題的起因和解答,與基礎研究相似,它的結果同樣貢獻於有關行為的基本理論。美國的心理學家一直對應用研究有興趣,部分原因是因為制度上的壓力迫使他們要證明 19 世紀末的「新」科學可以被投入良好的使用。應用研究會遇到倫理問題(例如充份告知的同意書)以及內部效度的問題(例如不等組),但是它的外部效度通常很強。

❖ **準實驗設計**

使用非操弄獨變項作的研究被稱為準實驗研究,不等控制組設計即為一例。它們將一個接受了某種實驗處理的組的前測/後測變化與一個未經隨機分派形成的控制組變化作比較。在一個時間序列設計中,受評估的某項處理在被採用前後要進行多次測量。時間序列分析使研究者能夠評估趨向的效應。有時候一個不等控制組設計和一個時間序列設計會同時發生。

❖ **計畫評估**

計畫評估領域是應用心理學的一個分支,它為各種人類服務和政府項目的有效性提供了實徵性數據。需求評定研究確定了是否應該發展一個新的計畫。一個計畫是否按預計進行是由形成性評估確定的,而計畫結果是通過總結性評估確定的。費用分析有助於確定一個計畫的收益是否值得資金的投入。

我在本書開始的時候說過，我最想看到的是你在透過這門課的學習後，表現出對人類行為知識有所貢獻的渴望，希望成為一名研究心理學家。作為這門課教師的經驗告訴我，你們之中有些人確實會成為研究者，但大部分的人不會。但是，你可能想成為某一類的專業心理學家，也許從事諮商員的工作、成為人事專家或者在其他以傳播心理學服務為中心的領域中工作。如果是這樣，你就會遇到一個應用研究和計畫評估的世界，你發現自己需要能從事下面這樣的事情：

✓ 你的工作機構正在考慮實施一個計畫，你能夠閱讀、理解並批評性地審定對該計畫有效性進行認定的研究文獻。

✓ 協助策劃一個新的計畫，對那些完全無視研究設計的人員，要（機智地）告知他們計畫中的評估部分是否恰當。

✓ 參加一個機構的自我評定，為其準備某種信譽認定；也許正因為該機構的負責人發現你參加過這門課程的學習，才會讓你這樣做。

✓ 設計並負責一項研究，評估某個機構計畫。

換句話說，無論你是否打算再作心理學研究，這一章都是重要的。我們將大體地對應用研究作一番思考，而對計畫評估進行特別論述。前者是一種基本方法，我們曾在第 3 章中初步提起，但將在這裡展開討論。後者是對應用研究的一種形式作的命名，它透過各種方式考驗以助人為宗旨的計畫其有效性如何。這一章還介紹了常常要在計畫評估／應用研究中遇到的幾種所謂的準實驗設計。

在實驗室之外

在第 3 章的第一頁中你第一次遇到基礎研究與應用研究之分。我們回顧一下，心理學中基礎研究(basic research)的根本目標是增加我們對人類

行為的核心知識。這一知識可能最終有其用途，但那種可能的結果並非主要原動力；知識是以其本身為終極目標而受重視的。另一方面，應用研究（applied research）主要是以增加我們對現實世界某個具體問題的認識為目的而設計，視野所在就是要直接解決那個問題。基礎研究和應用研究的第二個區分是，基礎研究通常發生在一所大學校園實驗室的範圍內，而應用研究常常發生在學術環境之外，在診所、社會服務機構、監獄和商業環境中。當然，也有例外。

為了讓你認識到應用研究的多變，思考下面這些文章的題目，它們都出自近期的「應用心理學雜誌」（Journal of Applied Psychology）。

- ✓ 性別以及報酬或晉升的公平感與工作滿意度的關係（Witt & Nye, 1992）。
- ✓ 飛行員的視覺空間能力（Dror, Kosslyn, & Waag, 1993）。
- ✓ 使用通緝者照片尋找嫌疑犯（Lindsey, Nosworthy, Martin, & Martynuck, 1994）。

這些標題說明了應用研究的兩個特徵。首先，遵循前面的定義，應用研究關注的是容易被認可的問題。第二，這些標題說明，雖然應用研究的主要目的是問題解決，但這些研究同時也加深了我們對於基本心理歷程的認識。例如：在社會心理學中，關於人際關係有一個著名理論叫作「公平論」（"equity theory", Adams, 1965）。它的中心假設是，在判斷任何與他人交往的品質時，我們都要權衡自己的相對貢獻與相對收穫。如果代價與收益有些不平衡，我們就把這種情境視為不公平，而產生恢復平衡的動機。譬如婚姻配偶的雙方都是全職，如果家務被不公平地分配，妻子便會覺得不公平，然後她就會以各種辦法（例如談判）來恢復公平。

大多數應用研究都有雙重功能，既直接致力於應用問題，也為基本心理現象提供證據。例如，公平問題屢屢在應用研究中涉及。關於報酬與晉升公平感的性別差異要解決的是產業中的一個重要問題（怎樣提高工作滿

意感），但它還爲與更廣泛的關於公平理論正確性的相關問題提供資料。說明這一點的另一個例子是下面一則關於改進證人辨別方法的個案研究。

☐ 個案研究 1 ── 應用研究

還記得蘇格蘭潛水俱樂部的研究嗎？（第 7 章）這個研究顯示學習與回憶發生在同一地點時（例如水下），回憶的效果是最好的。情境對於回憶的重要性，再加上衆所皆知的證人回憶的不準確性，使得格賽曼(Edward Geiselman)和費施爾(Ronald Fisher)發展出一項被稱爲「認知訪談」(cognitive interview)的技術。這一技術的特徵之一是他們稱爲「事件訪談相似性」(event-interview similarity)的原則，即訪談者力求「在證人心中重現犯罪發生時外在的（例如天氣）、情緒的（例如恐懼感），以及認知的（例如相應的想法）特徵」(Fisher, Geiselman, & Amador, 1989, p. 723)。簡言之，訪談要設法使證人心理上重現目擊事件時的情境。

透過用大學生目擊一個控制環境中的人爲事件，費施爾和他的同事們證明了這項技術的有效性，但他們也對「在實驗室的友好氛圍之外」評估這一技術感興趣(Fisher et al., 1989, p. 724)。在與邁阿密、佛羅里達警察局中負責偵辦搶案部門的合作下，他們用認知訪談技術訓練了七名警官。與控制組中的九名警官相比，受過訓練者在與證人的會談中蒐集了更爲可靠的事實（即，經過其他訊息證實的）。在圖 9.1 中，你可以看到兩組在前測中的表現大致一樣，前測是在四個月的時期內警員與證人訪談時所作的記錄，不同的評審者爲訪談內容打分。在實驗組完成訓練後，兩組又另外作了幾次訪談，並以同樣的方式接受評分。可以看到，那些受到訓練使用認知訪談的警官，能夠從證人那裡蒐集更多的訊息。

簡而言之，費施爾等人(Fisher et al., 1989)的研究是應用研究如何解決現實問題、同時又貢獻我們對於一些基本心理現象的認識的優秀範例。該研究說明了一種特殊的訪談程序如何提高警察工作的效率，同時爲情境對記憶的重要性提供了進一步的證據。

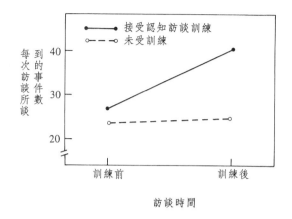

圖 9.1　認知訪談在某個應用情境中的有效性(數據選自 Fisher, Geiselman, Amador, 1989)

歷史背景中的應用心理學

　　由於美國的心理學發展於學術環境之中，你可能認爲心理學研究傳統上偏重於基礎研究。但事實並非如此，從心理學在 19 世紀末被當成一門新的學科來看，美國的心理學家便對應用研究有興趣。其一、二十世紀初時的制度壓力，迫使心理學家們要證明他們的工作如何能使社會進步。當時的心理學實驗室是一些全新的事物，要分得一份充足的學術經費，心理學家必須表明他們的想法能夠被付諸應用。正如唐納(O'Donnell, 1985)所指出的，行爲主義之所以能在當時成爲心理學中的一股主要勢力受到青睞主要原因之一就是它保證和兌現了應用。

　　心理學家的研究者訓練，除了以知識擴充爲其主要重心外，還要屢屢地設法應用各種研究結果，解決諸如教育、心理健康和兒童教養等領域中的問題。有些時候，應用的嘗試似乎是略顯滑稽的，像圖 9.2 所示的。這張照片選自斯克里普徹的《想、覺、做》一書(E. W. Scripture's, Thinking, Feeling, Doing, 1985)，也許該研究是表現基礎實驗室現象，諸如反應時，可以被應用於現實世界情境的最早的有意嘗試吧。

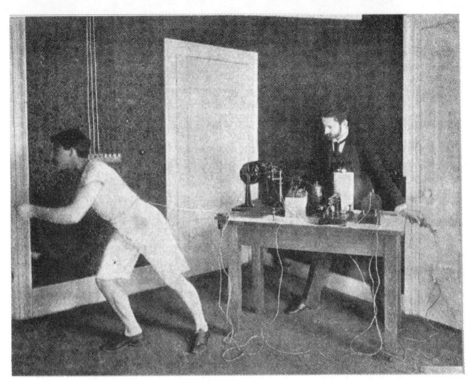

圖 9.2　測量某個短跑運動員的反應時(選自 E. W. Scripture's, 1985, *Thinking, Feeling, Doing*)

　　應用心理學原理的一個更為恆久的嘗試，是由賓系法尼亞大學的魏特墨(Lightner Witmer)建立的第一個用於治療心理問題的診所。魏特墨曾在萊比錫的馮特實驗室中受過的實驗心理學家的訓練，是十九世紀九〇年代一位執著的實驗主義者。他甚至在 1895 年提議實驗主義者應從剛具雛型的 APA 中分離出來，形成自己的組織，因為他覺得 APA 的科學性還不夠(Goodwin, 1985)。但是在 1896 年 3 月，當某位學校教師將一位我們現在稱之為學習障礙的小男孩領進他的實驗室時，標誌了美國第一個心理學診所的誕生。魏特墨盡心盡力地將自己知道的所有關於心理過程的知識，應用於各種心理疾患特別是與學校學習有關的學習障礙的治療上。

　　從心理測驗運動也可以看出心理學對應用的興趣。我在上一章中指出智力和人格測驗是美國的主要產業；其根源可以追溯到最早的心理學家的努力。例如，與魏特墨一樣曾在馮特實驗室中受過訓練的卡泰爾(James

Mckeen Cattell），首創了「心理測驗」(mental test, 1890)一詞，並且在十九世紀八〇年代遵循高爾頓在英國的模式而在哥倫比亞組織了一個大規模的（但有致命錯誤的，見 Sokal, 1987）測驗計畫。在本世紀二〇年代初期，他創建了至今仍為心理測驗界的巨人「心理公司」（Psychological Corporation, 例如它發行了所有的魏氏智力測驗）。

最後請你思考穆斯特博格(Hugo Munsterberg)的一生，這個人可以稱得上是美國應用心理學的鼻祖。他與很多早期的心理學家一樣，受到了研究心理學家的訓練，但卻是作為一位將心理學原理應用於商業、臨床，甚至法院的專家而揚名。他在美國一度也成為較受人憎惡的人物之一，這也是為什麼直到最近他在應用心理學的歷史文獻中還被忽略的原因。要瞭解這位可以享有美國第一位真正的應用心理學家頭銜（儘管他是德國人）的人物，請閱讀專欄 9.1。

專欄 **9.1**

起源──穆斯特博格：傑出的應用心理學家

應用心理學在美國心理學中是一股重要的力量，這並不令人驚訝。畢竟，美國人因其持續的實用主義而出名，「這有什麼好處」是我們自然而然就產生的問題。因此，當穆斯特博格── 一個德國人──被認為是美國最早的應用心理學家之一時，確實有些令人吃驚。1892 年當他剛來到這個國家在哈佛組建心理學實驗室時，他幾乎不會說英文。但是他去世的時候，他已經用英文寫了近二十本著作，並且被認為是工業和司法心理學的先驅者，臨床心理學的貢獻者。

穆斯特博格的著作《心理學與產業效率》(Psychology and Industrial Efficiency)出版於 1913 年，有人認為該書標誌著工業心理學的開端(Hothersall, 1990)。在這本書中包含了對諸如不同工作的人員選拔、影響工人生產力的最嚴重因素，以及市場和廣告等這些問題的建議和研究綜

述。他還在書中融入自己的一些研究，包括雇員遴選測驗的發展，及應用現在已經成爲標準的，使這些工具有效的程序。例如，當新英格蘭電話公司要他發展一套遴選系統時，穆斯特博格分析了接線員工作中包含的認知作業（他找出了十四種不同的作業），然後爲每一類作業都設計了測驗，並透過證明那些得分最高的人會成爲最好的接線員而建立了這些測驗的效度。

　　穆斯特博格還是司法心理學（forensic psychology）──將心理學原理應用於法律──的一位先驅者。他的著作《在證人席上》（On the Witness Stand）於 1908 年出版，書中包括了對證人證詞危險性的非常有趣的描述，從而預示本世紀後期對證人記憶的一些實驗工作。但由於缺少證人記憶有誤的直接實驗證據，他用自己對錯覺的了解來說明人類觀察可以是多麼不可靠。他還認爲各種不同的生理測量可以在測謊中運用。

　　不過，正如當學術人物涉足於公眾注意的鎂光燈下會發生的，穆斯特博格是一個頗有爭議的人物。在引用一項問題解決研究說明群體判斷優於個人判斷，但此研究只對男性適用時，穆斯特博格的結論是陪審團不應包括女性。他的結論在媒體中被廣泛報導，且從這樣的標題可以看出他在公眾中所激起的忿怒：「怒斥穆斯特博格，女權主義者說女性適合當陪審員」（選自 Hothersall, 1990）。

　　更有爭議的是穆斯特博格企圖將自己同胞──德國人描繪得很善良。不幸的是，他選擇這樣做的時間正是第一次世界大戰爆發的前夕，他的努力招來了無數的憎恨郵件並指控是德國間諜。根據郝思紹（Hothersall, 1990）的記述，有人甚至向哈佛大學懸賞一千萬美元，要求解僱穆斯特博格，但後來放棄了這一計畫，因爲穆斯特博格同意辭職──只要這個人願意將一千萬美元中的五百萬給學校，另外五百萬給他！不過在 1916 年就在戰爭結束前穆斯特博格去世的時候，他是美國的惡棍之一。歷來都會爲一個那怕是不太出名的心理學家發佈長篇訃告的「美國心理學雜誌」（The American Journal of Psychology），甚至沒有提到他的去世。結果，他作爲應用心理學的一位早期先驅者和倡導者的重要性，長年以來被人遺忘了（Landy, 1992）。

二十世紀末的心理學家們與二十世紀初的前輩們一樣對應用感興趣。除了將所知的關於人類行為的了解應用於專業心理學家所面臨的問題外，他們還要從事與前面應用研究定義相吻合的研究。也就是說，他們設計並執行研究，以幫助產生解決現實世界問題的辦法，同時貢獻於心理學原理的基礎核心知識。不過，應用研究計畫會遇到實驗室中很少遇到的一些困難。

應用研究中的設計問題

從我們在第 2 章、第 5 章和第 6 章學過的內容中，你應該能夠預見這一節的大部分內容。應用研究中會遇到的問題包括：

✓ 倫理兩難（第 2 章）

實地進行的研究可能產生與充份告知和隱私有關的問題，另外與受試者討論並不是每次皆可能。在企業單位中做的研究可能包括一種強迫的因素，因為雇員認為他們的工作狀況取決於他們是否自願參加研究。

✓ 內部和外部效度的平衡（第 5 章）

因為應用心理學中的研究常常發生在實際情況中，因此研究者對研究中操弄的變項會有不同程度地失去控制，可能的混淆會減弱研究的內部效度。另一方面，應用研究常常有高於外部效度，因為它的情境更接近真實的生活情境，研究所致力的是日常問題。

✓ 組間設計的獨特問題（第 6 章）

在應用研究中，通常不可能使用隨機分派形成等組，所以研究常常要比較不等組。當然，這引來的可能是內部效度受選擇問題的威脅，或者受試者選擇與其他問題諸如成熟的交互作用。當用配對來達到一定程度的相等時，又會發生迴歸問題（第 5 章）

✓ 組內設計的獨特問題

　　在使用受試者間因子的應用研究中，通常不可能做到恰當地平衡。因此，研究可能有未控制的序列效應。另外，對跨越很長一段時期的研究，流失也會成爲一個問題。

在我們深入這一章的學習之前，你應該回顧第 2、5、6 章中的相應內容，並複習我剛剛提到的這些觀念。你還要複習第 5 章中關於從使用操弄變項和受試者變項的研究中得出結論的類別問題。

準實驗設計

　　嚴格說來，「純」實驗研究包括操弄的獨變項，以及組間設計時使用的等組，或者組內設計時使用的平衡組；任何未達到這一要求的研究就是準實驗研究（「幾乎」是實驗研究）。在第 5 章中，關於非操弄變項的討論集中在使用受試者變項作爲獨變項的研究。本章中，這一限制會放寬。一般說來，**準實驗**(quasi – experiment)存在於任何無法作出因果結論的時候，因爲我們對研究中的變項缺少完全控制。到目前，我們已經看到了可以被認爲是準實驗的幾項設計實例。

- 不等組單因子設計，有兩個或兩個以上的水準。
- 不等組多因子設計。
- P×E 多因子設計。
- 所有的相關研究。

　　這一章中，我們要考慮在準實驗設計的教材（例如 Cook & Campbell, 1979）中通常可以發現的兩種設計。它們被稱爲不等控制組設計 (nonequivalent control group design)和中斷時間系列設計 (interrupted time series design)。還有其他的準實驗設計但這兩種是最常遇到的。

不等控制組設計

　　這一類研究的目的是評定一種處理計畫的有效性，即將那些參加計畫的人與那些在控制組中未受處理的人進行比較。當隨機分派因為一種或其他原因不可能使用的時候，這一設計便會被用到。所以除了獨變項外，控制組與處理組還在其他方面存在差異。就是說，兩組在研究施行之初不是互等的，你可以認出這是第 7 章中標名為不等組設計的一個特例，是對參照受試者變項像年齡、性別或某種人格特徵而選出的不等組進行比較的一種設計。在不等控制組設計(nonequivalent control group design)的情況中，兩個組在研究開始時不是互等的；另外，它們在研究本身的歷程中也經歷了不同的事件。所以，內置(built-in)的混淆模糊了對研究的解釋。儘管如此，當隨機分派不可能時，它們仍是評定處理計畫的有效設計。依照坎貝爾和斯坦利(Campbell & Stanley, 1963)最早總結的模式，該研究設計可以用符號表示如下：

$$\begin{array}{llll}\text{實驗組：} & O_1 & T & O_2 \\ \text{不等控制組：} & O_1 & & O_2\end{array}$$

其中 O_1 和 O_2 分別指的是前測和後測，T 指的是受到評定的處理。由於兩個組可能在前測時存在差異，所以重要的不是簡單的後測分數差異的比較，而是兩個組從前測到後測變化量的比較。因此，統計比較針對的是每一組分數的變化（O_1 和 O_2 之差別），讓我們實地來看這一問題。

　　假設一家電鍋公司的管理階層想設置一個新的彈性工作時間表。工人們仍然每週工作四十個小時，但新的時間表允許他們在不同時間開始和結束每一天的工作，而且如果他們希望有三天的週末時間就可以把工作日壓縮為四天。管理階層希望透過這樣提高士氣的辦法促進生產力，於是建立了一個準實驗來看它是否奏效。該公司擁有兩座工廠，一座在匹茲堡市外，另一座鄰近克里夫蘭。透過擲硬幣的辦法，管理者決定將

匹兹堡的工廠作為實驗組，克里夫蘭的工廠作為控制組。因此，該研究是一個準實驗研究，原因很明顯：工人們不可能被隨機分派到兩個工廠（想像人員遷動的費用、工會投訴的法律訴訟金等等）。獨變項是時間表是否彈性，依變項是生產力的某種測量。我們假設最終設計如下：

匹兹堡工廠： 前測 → 設置彈性時間表之前 1 個月的平均生產力

處理 → 採用彈性時間表 6 個月

後測 → 6 個月彈性時間表期間的平均生產力

克里夫蘭工廠： 前測 → 在匹兹堡設置彈性時間表之前 1 個月的平均生產力

處理 → 無

後測 → 在匹兹堡採用彈性時間表的 6 個月中的平均生產力

☐ 結果

圖 9.3 給了你這一準實驗的四種不同結果。所有的圖都顯示出匹兹堡工廠得到生產力的提高，問題是這一提高是因為時間表計畫還是因為其他因素。在繼續閱讀前，試著判斷哪一張圖為引進彈性時間表後為生產力提高提供了最有力的證據支持，並且試著辨別威脅內部效度，使其他結果難於解釋的因素。

我想你不難得出結論，圖 9.3a 中明顯的生產力提高係由彈性時間表以外的某個因素造成。這張圖突顯了控制組的重要性，即使它不是一個非對等控制組。是的，匹兹堡工廠的生產力提高了，但同樣的事情在克里夫蘭也發生了。因此匹兹堡生產力的增長不可能歸因於時間表計畫，但卻可能是由你學過的對內部效度的幾種威脅因素所造成——經歷和成熟都很有可能。也許在前測和後測之間發生了一次全國大選，各處的工人們都感到更為樂觀，致使生產力提高。也許工人們顯示出的進步僅僅是由於經驗的

增長。

　　圖 9.3b 說明克里夫蘭的生產力在研究的自始至終都維持在一個高水準上，在匹茲堡，生產力開始的水準比較低，但因為時間表計畫的實施而提高。不過，這裡有兩個危險。第一，克里夫蘭分數可能反映了一個上限效應（見第 7 章），就是說，它們生產力水準開始就很高，以致進一步的提高無法表現出來。如果一種增長可以從這裡看出（即，如果 Y 軸上的分數可能更高），你可能看到像圖 9.3a 的那樣兩條平行線。第二個問題是，因為匹茲堡分數的起始值太低，所以這裡的增長可能是一個迴歸效應而不是一個真實差異。

　　圖 9.3c 乍看之下似乎是理想的結果。兩組都從同樣的生產力水準開始，但只是採用了時間表計畫的組（匹茲堡）才有增長。這可能是實情，而且這樣的結果一般會令應用研究者開心，但有一個問題仍然存在。由於兩個組不等的本質，我們能夠設想受試者的選擇可能會與某種其他影響交

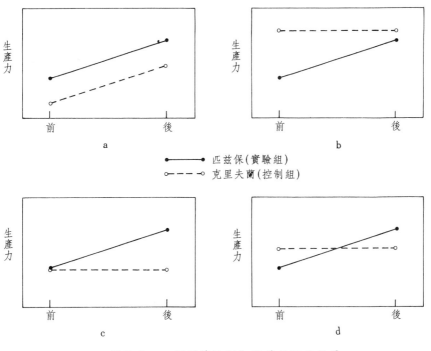

圖 9.3　一個不等控制組設計的假設結果

互作用。即，某個因素諸如經歷或成熟可能影響一個工廠而不影響另一個。例如，我們不難想像受試者選擇與經歷的交互作用，某個事件影響了匹茲堡工廠，但不影響克里夫蘭工廠。也許知覺到自己在參加一項研究激勵了匹茲堡的工人們（還記得霍桑研究嗎？）。也許在前測和後測之間，「鋼人隊」(Steelers)剛剛贏了超級杯，因為匹茲堡工人是一群狂熱的運動迷，球隊贏得勝利後的喜悅感提高了他們的士氣，從而提高了生產力。受試者選擇與成熟的交互作用也會影響差異，儘管這樣需要的是沒有成熟的變化發生在克里夫蘭工廠。

從認知訪談的研究中你可能注意到圖 9.3c 和圖 9.1 的相似性。費施爾等人(Fisher et al., 1989)並沒有隨機地把警官分配到訓練組和未受訓練組，但是仍然相信這兩個組大致相等，主要是基於「從最初晤談和警官上司的推薦蒐集的訊息」建立的配對程序(Fisher et al., 1989, p.724)。於是，他們相信圖 9.1 中所表示的結果代表了一個真實的訓練效果，任何的受試者選擇效應都降至最低。

圖 9.3d 中的結果為時間表計畫的有效性提供了最有力的支持。這裡，處理組開始的時候是低於控制組的，但在研究結束的時候超越了控制組。迴歸可以從引起增長的原因中排除，因為我們預期迴歸只能提高分數到控制組的水準，而不是超過它。當然，受試者選擇問題以及選擇與其他因子的交互作用不可能被完全剔除，但這種交叉效果一般被認為是計畫有效性的良好證據(Cook & Campbell, 1979)。

□ 迴歸與配對

當試圖透過配對程序減少各組的不等性時，會發生威脅不等控制組設計內部效度的一種特殊情況。它沒有出現在我們剛剛討論過的例子中，但在應用研究中時有發生。在第 6 章中配對是作為替代隨機分派的一種方法，如果獨變項是操弄變項，且受試者按配對變項配對後可以隨機分派（回顧第 6 章中關於配對的內容），這一方法便能合理有效地建立等組。但是，配對在不等控制組中是一個問題，因為這時兩個組是從在配對變項

上顯著不同的母群體中抽樣得到的。如果這種情況發生，那麼使用配對程序可能增加了迴歸效應(regression effect)的影響，使得一個成功的計畫看上去好像失敗。讓我們看一個假想的例子。

假定你正在研製一項提高青年閱讀技能困難的計畫。你登廣告招募受試者參加這個創新的閱讀計畫，然後選出那些最需要幫助的人。為了建立控制組，控制受試者的社會經濟階層，你另外從其他城市的相似地區招募了一些自願者。你主要關心的是這兩組的最初閱讀技能相等，所以決定使兩個組在這一變項上配對。你作了一個閱讀技能的前測，並據此形成平均分數相同的兩個組。我們假設測驗分數介於 0 到 50 之間，你將兒童分到兩個組，使得每個組平均分數都是 25。然後對處理組施行了這一計畫，而對控制組沒有；該設計是一個典型的不等控制組設計：

| 第 1 組： | 前測 | 閱讀計畫 | 後測 |
| 第 2 組： | 前測 | — | 後測 |

自然，你對這一研究的前景感到樂觀，因為你確實相信這一閱讀計畫是獨特的而且能夠幫助很多兒童。所以，當產生下面的閱讀分數時，你大吃一驚：

| 第 1 組： | 前測 ＝ 25 | 處理 | 後測 ＝ 25 |
| 第 2 組： | 前測 ＝ 25 | — | 後測 ＝ 29 |

看上去這一計畫不僅不起作用，甚至還妨礙了閱讀技能的發展——控制組進步了！發生了什麼事？

這裡的一種充份可能是，由配對程序導致的迴歸效應壓倒了任何可能的處理效果。記住第 1 組是從那些最需要計畫幫助的人所組成的，因為他們的閱讀技能太差。如果閱讀前測是對落入這一類別（即母群體）中的所有兒童實施的，則平均分數可能非常低，譬如說 17。但是，在使用配對

程序時，你要被迫選出那些得分高於這個「閱讀困難者」母群體平均水準的兒童。至少，有些兒童的得分高過他們在前測中實際應得的分數，因爲沒有測驗是完全可靠的——一定程度的測量誤差是可能發生的。因此在後測時，有些兒童得分偏低僅僅是因爲趨於平均數的迴歸。我們假定這個計畫真的是有效的，應該使閱讀分數平均增加 4 分。但是，如果均數迴歸效應(average regression effece)是使分數減少 4 分，那麼這就能解釋從前測到後測似乎缺少變化的原因：

$$[25] + [+4] + [-4] = [25]$$

對於控制組中的受試者，可能正好發生相反的情況。也許他們整體的分數遠遠高於 25（可能 35），也許他們開始時就是一些相當不錯的閱讀者（即來自於與另一組不同的母群體）。爲了製造配對的前測分數，選擇遠低於整體平均分數的受試者意味著可能導致一種迴歸效應，得到較高的後測分數。對於這些兒童來說，後測分數可能是同樣的 4 分迴歸效應造成的結果。因此，

$$[25] + [0] + [+4] = [29]$$

總之，這一計畫可能確實是一個不錯的想法，但是由配對程序造成的迴歸效應掩蓋了它的有效性。

這種迴歸的人爲情況顯然發生在第一次大規模評定「提前起動計畫」期間。「提前起動計畫」(Head Start)是強森(Lyndon Johnson)總統在 60 年代發起的「大社會」(Great Society)運動的一個基礎計畫(Campbell & Erlebacher, 1970)。該計畫始於 1965 年，是幫助那些窮困無助的學齡前兒童的一次雄心勃勃的嘗試，它透過向這些兒童教授各種與學校有關的技能，並讓他們的父母參與這一過程，使他們先一步爲將來的學校學習作好準備。到 1990 年時，約有 1, 100 萬名兒童已經參加了這個計畫(Horn,

1990)，「提前起動計畫」現在被認為可能是由聯邦政府經管的最成功的社會計畫。但是在 70 年代早期，它因為「不能」產生持久的效果而受攻擊，攻擊主要是依據後來由西希雷利和同事們(Victor Cicirelli, et al., 1969)所做的著名的威斯丁霍斯研究（Westinghouse study，因為該研究受威斯丁霍斯學習公司和俄亥俄大學的資助而得名）。

威斯丁霍斯研究記錄了稱之為「衰退效應」(fade-out effects)的現象——兒童在「提前起動計畫」初期的收穫到了三年級時似乎衰退了。這裡隱含的，當然就是政府的美元可能被浪費在無效的社會計畫上，這一點在尼克森總統向國會的一次講演中指出，它曾明確提到了威斯丁霍斯研究。結果，「提前起動計畫」的資助在尼克森時期受到了攻擊。同時，批評的依據 ——威斯丁霍斯研究——也受到了社會學者的攻擊。

在對它的評估計畫開始前，「提前起動計畫」已經進行很久，所以兒童不可能被隨機分派到處理組和控制組。於是，威斯丁霍斯研究小組從「提前起動計畫」中選出一組兒童，並將他們與那些沒有經歷這一計畫的兒童在認知能力上相配對。但是，為了配對兩組的認知能力，從「提前起動計畫」中選出作這一研究計畫的兒童，是整個母群體中得分遠高於平均分數的兒童；而控制組的兒童是那些得分遠低於平均分數的兒童。這正好是剛剛在閱讀技能提高的例子中說明過的情境。因此，「提前起動計畫」組看上去無法證明兒童在三年級的進步，至少部分原因是配對程序造成的人為迴歸的結果。

應該公平指出的是，威斯丁霍斯小組強烈地反對那些希望削減這一計畫的政客們。西希雷利(Cicirelli, 1984)堅持認為他們的研究「不能得出結論說『提前起動計畫』是失敗的」(p. 915)，還需要更多的研究，並且要採取『精深有力度的方法擴展和豐富這一計畫』」(p. 916)。最近，西希雷利(Cicirelli, 1993)指出威斯丁霍斯研究的一個主要建議「不是撤消『提前起動』，而是要以全年計畫中令人鼓舞的發現為依據，更加努力地使它發揮作用」(p. 32)。

不等控制組設計未必會產生衝擊威斯丁霍斯研究的那種爭論。請思考

下面關於地震和惡夢的個案研究。

□ 個案研究 2—— 一個不等控制組設計

第 3 章介紹了幾種形成研究計畫思路的辦法。有時候一項研究的產生是由於一次罕見的、不可能重複的事件提供了瞭解行為的一個良機。1989 年舊金山地震就是這樣一個事件，它發生在 10 月 17 日上午五點零四分，就在一個世界棒球聯賽開始之前。對於亞利桑那大學的伍德和布提辛來說，該事件激發了一個研究惡夢的想法，這是一個使他們感興趣的話題 (Wood & Bootzin, 1990)。與史丹福大學（位置比舊金山更接近震源）的幾位同事一起，他們立即設計了一項研究，想瞭解這樣一次創傷事件的經歷是否會影響睡夢的內容，特別是惡夢(Wood, Bootzin, Rosenhan, Nolen–Hoeksema, & Jourden, 1992)。根據需要，他們使用了一個不等控制組設計。

實驗組包括來自史丹福和聖約瑟州立大學經歷過地震的學生。控制組受試者也是學生，募集自亞利桑那大學，他們當然並沒有經歷過地震，但卻受到大量媒體報導的影響。兩組的受試者都是在地震後的幾天中被招來開始對每日的睡夢做記錄的。為了控制措施，直到受試者同意參加實驗後，才告訴他們實驗中要進行夢和惡夢的記錄，這樣減少那些有大量惡夢之傾向（即使他們沒有真正作過惡夢）的學生被研究吸引的機會。當然，在研究開始後受試者可以自由地退出。

結果是引人注意的。在為期三週的研究中，大約 40% 曾經歷過地震的受試者至少作過一次惡夢，而只有 5% 的控制組受試者有此經歷。第一組受試者作的惡夢中，大約 1／4 是關於地震的，而控制組受試者作的惡夢中並未與地震有關。另外，惡夢的次數與受試者所報告的地震時刻的焦慮有顯著相關。

持著嚴謹學者應有的一貫作風，伍德等人(Wood et al., 1992)承認在解釋結果中的一些問題。譬如，他們了解到不等控制組比較中原本存在的危險是，也許惡夢的次數是因一組曾經歷餘震，而另一組沒有所引起的。而且，因為缺少受試者惡夢次數的前測（震前）訊息，他們不能「排除加

州居民會比亞利桑那州居民作更多關於地震的惡夢的可能性，即使最近沒有地震發生」(Wood et al., 1992, p. 222)。如果一個人居住在加州，或許關於地震的惡夢會經常發生吧。然而，部分依據他們在惡夢研究這一領域的專業知識，研究者們認爲在加州組發生的惡夢次數出奇的高，有可能是最近發生的創傷經歷的結果。這一研究成功地展示情感痛苦事件的經歷會引起該事件的不良夢境。

中斷時間系列設計

如果伍德和他的同事們能預見到舊金山地震，就會在震前的幾個月著手蒐集受試者的數據，直到震後的幾個月才結束。這樣可以使他們能夠確定：(a)地震是否眞的增加了震區中受試者的惡夢經歷；(b)惡夢次數是否在震後不久達到高峰，然後回復到基線。當然，即使是最具天賦的研究心理學家也還不能預測地震，所以伍德和他的同事們盡了最大努力，設計了一個不等控制組研究。如果他們能夠在關鍵事件發生的一段時間前後採取測量，他們的研究就應該叫做**中斷時間系列設計**(interrupted time series design)。

我們再一次運用坎貝爾和史坦利(Campbell & Stanley, 1963)的系統，基本的時間序列設計可以用符號表示如下：

$$O_1 \quad O_2 \quad O_3 \quad O_4 \quad O_5 \quad T \quad O_6 \quad O_7 \quad O_8 \quad O_9 \quad O_{10}$$

其中所有的 O 表示在 T 發生前後採取的測量，T 即爲某個處理計畫實行或者某個事件（像地震）發生的時刻。T 就是中斷時間系列的「中斷」。當然，在 T 前和 T 後的測量次數，隨研究不同而有所不同的，並不侷限在各五次。

☐結果

時間系列設計(time series design)的主要優勢是它使我們能夠評定**趨**

向（trends），即隨著時間而發生的事件可以預測的變化模式。例如，假定你有興趣瞭解為期兩個月的反吸煙宣傳，對一個社區中十幾歲吸煙者的人數是否有影響，計畫中可能包括一些說服技巧，同儕諮商，一、二個被煙熏黑的肺的展示等等。假定你有一個很好的測量吸煙行為的量表，你可以在引進這一計畫的幾個月前和幾個月後實施測量，也許會得到了圖 9.4 中的結果。

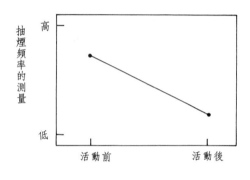

圖 9.4　某次假設的反吸煙宣傳之前及隨後的吸煙行為

　　這個計畫產生效果了嗎？吸煙的次數當然減少了，但是我們難以在缺少控制組的情況下評定這一結果。不過，即使沒有控制組，倘若我們在計畫前和計畫後不是只安排一次測量而是幾次測量，還是可能瞭解這個宣傳是否有效。考慮圖 9.5 中的可能結果，它們是在這一計畫開始的一年前和一年後每三個月就進行一次吸煙行為測量所顯示的反吸煙宣傳效果。

　　圖 9.5a 是中斷時間系列如何識別趨向的一個很好說明。在這種情況中，圖 9.4 中看來很好的遞減模式只不過是吸煙行為總趨向遞減的一部分。這說明了中斷時間系列設計的一個重要特徵 —— 可以用來排除（即證否，還記得嗎？）從前測到後測明顯變化的其他解釋。

　　對計畫有效性提出質疑的其他兩個結果是圖 9.5b 和圖 9.5c。圖 9.5b 中，吸煙行為在宣傳計畫開始前相當穩定，然後下降，但只是曇花一現。換句話說，如果反吸煙計畫有任何效果的話，也是短暫的。圖 9.5c 中，宣傳後吸煙行為的下降是另一個基本趨向的一部分，這一次是高水準和低

水準吸煙次數的週期浮動。理想的結果表示在圖 9.5d 中。這裡，計畫開始前吸煙行為穩定在一個高水準上，它隨著反吸煙計畫付諸實施而下降，並在其後的一段時間都維持在低水準。還有注意圖 9.5d 中，在宣傳計畫開始前，相當穩定的基準線使研究者可以排除迴歸效應。

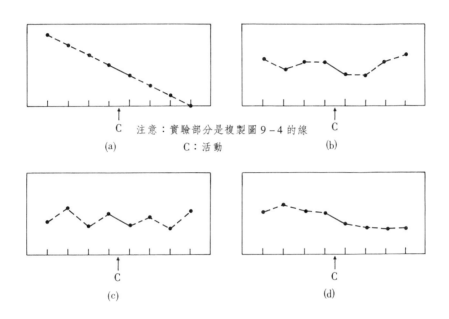

圖 9.5 　用中斷時間系列設計評估一個假設的反吸煙宣傳 —— 幾種結果

□ 個案研究 3 —— 一個中斷時間系列設計

　　最後這個結果的一則實例可以從瓦格納、魯賓和凱勒漢(Wagner, Rubin & Callahan, 1988)在一家鋼鐵廠完成的關於工人生產力的研究中發現。他們想瞭解一項激勵計畫的效果，該計畫的特徵是，不把工人視為一個個的個體，而是將他們視為負責整條生產線的一個小組成員。生產力的數據是經過十年時間整理而成的，其中四年是在激勵計畫前，六年在激勵

計畫後。可以從圖9.6的時間系列圖上看到，在計畫施行前生產力的變化相當平坦並不引人注目，但在計畫實施後生產力穩定增長。

　　這一研究還說明了採用中斷時間系列設計的學者如何力求排除內部效度的威脅因素。當然圖9.6看似顯示出激勵計畫創造了奇蹟，但那些變化也可能是因為受到其他因素影響所致，包括經歷、工具和選擇。不過，研究者們認為經歷不會導致這些變化，因為他們已經在變化前、後的時期中仔細檢查了盡可能多的事件，但找不到理由去懷疑某個不尋常的事件是引起生產力增長原因。實際上，有些預期會有損生產力的事件，並沒有產生影響（譬如汽車業的蕭條可能影響鑄件的銷量）。研究者還排除測量工具的因素，如果記錄工人生產力的方法幾年內發生變化，這倒可能是一個問題，不過這個問題並未發生。第三，儘管我們一般認為，受試者選擇只在兩個或兩個以上不等組的研究中，才會成為一個潛在的混淆因素，但如果在新計畫實施前後的時間，發生明顯的人事變動，該問題也會出現，不過在本研究中並沒有此問題。簡言之，像這樣的設計易受到幾種威脅內部效

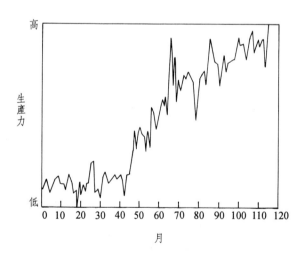

圖9.6　中斷時間系列設計；一項激勵計畫對鋼鐵廠工人生產力的影響
　　　　選自：Wagner, Rubin, & Callahan, 1968。

度的因素侵襲，但危險常常可以透過仔細檢查已有的訊息而排除，正如瓦格納和他的同事們所做的那樣。

有時候如果可以進行控制比較，則從一個中斷時間系列設計得出的結論便能得到強化。本質上，這種程序等於將不等控制組設計（一個控制組）與中斷時間系列設計（長時趨向分析(long－term trend analysis)）的最佳特徵結合起來。該設計的形式如下：

$$O_1 \quad O_2 \quad O_3 \quad O_4 \quad O_5 \quad T \quad O_6 \quad O_7 \quad O_8 \quad O_9 \quad O_{10}$$
$$O_1 \quad O_2 \quad O_3 \quad O_4 \quad O_5 \qquad O_6 \quad O_7 \quad O_8 \quad O_9 \quad O_{10}$$

另外，有時候可能找到第二種實驗條件，使實驗處理插入的時間早於或晚於第一實驗組。這時候，第二實驗組常被稱為「交換複製組」(switching replication)。其總設計形式如下：

$$O_1 \quad O_2 \quad O_3 \quad O_4 \quad O_5 \quad T \quad O_6 \quad O_7 \quad O_8 \quad O_9 \quad O_{10}$$
$$O_1 \quad O_2 \quad O_3 \quad T \quad O_4 \quad O_5 \quad O_6 \quad O_7 \quad O_8 \quad O_9 \quad O_{10}$$
$$O_1 \quad O_2 \quad O_3 \quad O_4 \quad O_5 \qquad O_6 \quad O_7 \quad O_8 \quad O_9 \quad O_{10}$$

交換複製的優勢是，它有助於評估因經歷所帶來的威脅，因為經歷會在同一時刻為兩個組都帶來變化；還可以提高外部效度，因為它顯示出一個計畫在兩個不同時間不同地點都是有效的。下面由威斯特等人(West, Hepworth, McCall & Reich, 1989)做的一個研究即為此策略的一例。

☐ 個案研究 4── 一個控制的中斷時間系列

這一研究評鑑的是為解決酒後駕車這一社會難題而提出的一項計畫。1982 年夏天，亞利桑那州頒佈了一項關於酒後駕車的嚴格法令。「酒醉駕車法」(Driving While Intoxicated, DWI)的懲罰措施包括強制監獄服刑、高額罰金和吊銷駕照，即使是初犯者也不例外。為了了解這項法案是否在

鳳凰城——亞利桑那的主要城市之一——減少了交通死亡或者減少 DWI 傳票的次數，威斯特等人(West et al., 1989)設計了一個中斷時間系列研究。為進行比較使用了兩座（不等）城市，德克薩斯州的厄而巴索(El Paso)和加州的聖地亞哥。兩座城市在氣候和規模上都與鳳凰城相似，而且這三座城市大致都位於同一地理區域（西南）。厄而巴索城是不等控制組；在研究的這段期間酒醉駕車法沒有變更。聖地亞哥被選作交換複製組，因為在亞利桑那法律改變六個月之前加州法律有了改變，因而該城市受到影響。加州的 DWI 法案是在 1982 年 1 月變動的；亞利桑那州是在同年的 7 月修改，兩個城市的立法都趨向於越來越嚴。

交通死亡和 DWI 傳票的資料是在 1976 年至 1984 年間，從三個城市蒐集所得，與法官及其他司法領域專業人士晤談的定性資料也包括在內。圖 9.7 顯示了該結果，圖上每一點代表五個月內的平均死亡人數，法律變更的近似時間用 A（亞利桑那州）和 C（加州）作了標誌。在不受亞利桑那州和加州的變化所影響，與死亡率持平的厄而巴索相比，鳳凰城和聖地亞哥都呈現出死亡人數的明顯下降。但遺憾的是，這兩個城市死亡人數的下降都僅僅是暫時的。不過，威斯特等人(West et al., 1989)仍被此結果所鼓舞，認為「亞利桑那州和加州法律效果衰退的速度遠慢於以前評定過的酒醉駕車的嚴懲措施。」(p. 1233)

另一個要注意的是，如果審閱鳳凰城的數據，你會注意到死亡率的下降似乎在法律實施前就發生了。這可能是和來自新的加州法的宣傳發揮了作用，但更可能的解釋是在鳳凰城媒體報導的增加。在新法案實施的六個月前，媒體中關於酒醉駕車和新亞利桑那州法律將對其嚴懲的報導大幅度上升。

順帶一提的是，媒體報導增加的記錄方式還提示研究生是做什麼工作的。威斯特報告說在幾個月的時間裡，「幾名研究助手『猜猜是誰？』在發行量最高的鳳凰城早報中尋找專對酒醉駕車這一問題而作的報導，並以平方英寸為單位測量了相關版面的全部空間。」(p. 1217)

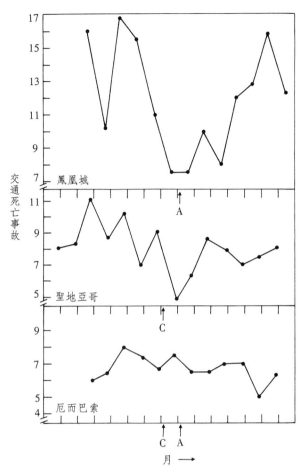

圖 9.7　中斷時間系列組、不等控制組和交換複製組；改變酒醉駕車法
　　　　對交通死亡率的短期效應(West et al., 1989)

計畫評估

　　酒醉駕車法變化的評量只是應用研究的類型之一——計畫評估——
的一個例子。這一研究領域是在六〇年代針對一些社會計畫譬如「提前
起動」計畫的評估而發展起來的，但是它關心的不僅僅是回答「X 計畫
有用嗎？」這樣的問題。更普遍的是，**項目評估**(program evaluation)包括

(a)確定某一計畫是否存在需要,以及誰將從計畫實施中獲益的程序;(b)一個實施完成的計畫是否有按計畫運行的評估,如果沒有,可以做怎樣的改變以促進它的運行;(c)評估計畫結果的方法;(d)成本分析(cost analyses),以確定計畫獲益是否值得資金的投入。讓我們對這些逐一考慮。不過,首先你要閱讀專欄 9.2,它是由坎貝爾所作的一篇論文 (Campbell, 1969)摘出,這篇論文堪稱「計畫評估的年輕歷史中重要文獻」的榜首之作。

專欄 *9.2*
_____

經典研究──改革即實驗

　　坎貝爾在 1969 年寫的題為「改革即實驗」(Reform as Experiments)一文由於三個原因而著稱。首先,它強而有力地論述了我們應該以一種實驗的態度對待社會改革。在文章的一開始,坎貝爾就主張應用科學的思考方式,他寫道:

> （我們）應隨時以一種實驗的方法進行社會改革,透過實驗的方法我們能嘗試新的計畫以治療具體的社會問題,透過實驗的方法我們能了解這些計畫是否奏效,透過實驗的方法我們便能以這些計畫所呈現的效果為依據對其保留、仿效、修改或拋棄 (p. 409)。

　　第二,坎貝爾的文章介紹了幾個已經成為計畫評估領域經典的研究,以及一些設計的原型範例,諸如中斷時間系列和控制時間序列。也許最知名的例子就是他記敘的一篇研究(Campbell & Ross, 1968),評估了在康乃狄克州減慢車速的一項措施。在 1955 年高達創記錄的 324 起交通死亡事故後,州長雷比科夫(Abraham Ribicoff)合乎情理地認定超速與交通死亡相

關，因而在全州推行對超速行車的嚴厲制裁措施。其後一年，死亡的人數下降到 284 人。這一統計數字足以令雷比科夫宣稱「（這一計畫）在 1956 年挽救了 40 條人命，與 1955 年死亡人數相比減少了 12.3%，我們可以說這一計畫絕對是值得的。」（引自 Campbell, 1969, p. 412）真的是這樣嗎？

　　我希望你能告訴自己，死亡人數下降可能有其他的解釋。例如，可能涉及到經歷的因素，也許 1956 年的氣候比較好，路面乾燥。甚至更可能的解釋是迴歸——324 是一個極端分數的典型例子，隨之而至的通常是趨向平均數的迴歸。實際上，坎貝爾認為迴歸導致了康乃狄克州的結果，他指出「迴歸也許是實驗性社會改革的文獻中最具反覆性的自欺形式。」（p. 414）迴歸效應頻繁發生在這些研究中，因為像嚴懲超速這樣的介入，常常是在某件特別糟糕的事情剛剛過後才開始推行的。僅就運氣而言，事情在第二年不會那麼壞。

　　迴歸是這裡涉及的所有因素嗎？也許不。透過應用一個帶不等控制組（鄰近的一個沒有對超速制裁的州）的中斷時間系列設計，坎貝爾得出結論，制裁可能確有效果，即使它沒有州長認為的那麼誇張。你可以從圖 9.8 中自己得出結果。

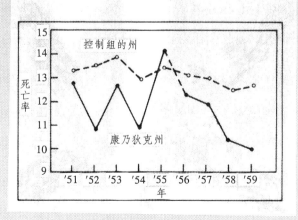

圖 9.8 康乃狄克州的速度制裁；不等控制組中斷時間系列的一個經
　　典例子（選自 Campbell, 1969）。

坎貝爾文章為什麼如此重要的第三個原因是，它洞悉了從事社會問題研究時的政治現實。政治家們常常提出自以為有效的計畫，雖然他們可能表示對充份的評估感興趣，但如果評估是負面的，他們就傾向於不那麼積極了。畢竟，支持一項計畫等於政治家為這項計畫的成功和持續下了賭注，特別是如果這項計畫使政治家本人的州或地區獲益，就更使它們有利害關係。出於這樣的原因，政治家以及被僱用執行計畫的實施者很少推動嚴格的評估，而願意停留在有利的研究結果上，即使它們來自有缺陷的設計。例如，州長雷比科夫寧願止步不前，而不作進一步了解在制裁超速之前及隨後的交通死亡情況。

坎貝爾建議我們應轉變態度，使重心從強調某一個計畫的重要性轉移到對這個問題的重要性的認識。這樣才會導致政治家和實施者將計畫看成一次解決問題的實驗性嘗試；而嘗試不同的計畫直到發現能產生作用的計畫，如坎貝爾在文章的結論中所言：

> 走入歧路的計畫執行者預先將自己束縛於項目的功利之中，以致他們不能承受一項誠實的評估……實驗的計畫執行者依據問題的重要性來替改革辯護，而不是答案的肯定性，並且他們承諾，如果第一次嘗試失敗，會繼續其他的潛在解決方案，因而他們憑藉一種對改革的冷靜分析，而無所畏懼。(1969, p. 428)

計畫策劃

某些機構開始實施某些計畫，是因為實施者相信存在著一種可以由該計畫滿足的需求。這種需求是怎麼確定的？顯然，單是實施者的一個決定不能使該計畫產生意義。在一處退休者社區推行運動計畫聽起來蠻合理，但是如果沒有任何居民參加，大量的時間和金錢就將浪費。在對任何計畫作細節策劃之前，應該先完成某種需求評估。

需求評估(need assessment)這一程序是為了預測是否存在著一個具有足夠規模的群體，解從所提出的計畫中受益，以及這一群體的成員是否確實使用了該計畫。估計需求有幾種系統性的方法，重要的是要倚賴至少其

中的一部分技術，因爲我們容易對需求的估計過高。只要有幾樁廣爲注意的事件，譬如兒童被渡假的父母離棄，就可以引來要採取一些新的計畫來解決這個問題的呼籲。另外，那些因實施某一計畫而處在受益位置（即保住自己的工作）的人也會高估需求。

波索威和凱瑞(Posavac & Carey, 1985)概述了幾種辦法以判別一個計畫的潛在需求。包括：

✓ 人口調查資料

如果你提出的計畫以老年人爲對象，那麼顯而易見，倘若是在幾乎沒有老人居住在社區中，計畫成功的可能性就很小的。人口調查資料可以提供有關各種不同類別特徵者人數的基本人口學訊息。另外，它的訊息細密到足以令你確認些事實，像二十一歲以下單親母親的人數，不同障礙者的人數，或者低收入戶的老年人人數。

除了人口調查資料之外，某些組織可能還使用檔案資料。例如，一家公司考慮在單位裡辦一個日間托兒中心時，便可以查閱自己公司的文件，估計一下有子女的雇員人數。最後，發表過的研究也可以提供重要的與需求相關的訊息。在貧瘠的環境中撫養的兒童，其智商出現長期減退的研究結果，爲豐富環境計畫的需求提供了有力的證據。

✓ 現有計畫的研究

如果一個「外送」(meals on wheels)計畫已經存在社區中，並且運作成功，那麼便沒有理由再來一個「外送」計畫。調查的一部分就是估計有多少人正接受現有的服務。例如，你可能發現現有的外送計畫預算有限，以至它只滿足了不到 10% 的需求。在這種情形下，值得開發第二個計畫以涵蓋鎮上不同的地區。

✓ 居民調查

第三種需求評估策略是在社區中施行調查，可能是針對某個廣泛的

有代表性的樣本，也可能是針對一個人口調查資料標示的目標組。那些參加者可能被問到他們是否相信某個計畫確有必要。更重要的是，調查使策劃者能估計有多少人實際使用了被提議的計畫。

一個充份評估需求的例子，是杜邦(Du Pont)公司在展開一個旨在促進工作場所健康行為的計畫之前完成的一次評估調查(Bertera, 1990)。這個計畫推廣的一系列改變，將影響到一百處工作場所中的十一萬多名員工。將這樣一個野心勃勃的計畫付諸實施，其顯而易見的代價，使得它的需求必須得到清楚地闡述。

杜邦的需求評估對現有資料進行了一個分析，包括員工罹患各種疾病的頻率，雇員死亡的原因，以及雇員在十五年的期間請假或不能工作的原因。沒有預料到的結果之一是，薪水最少以及職位最低的雇員，在所有主要的疾病類別中人數最多。這一發現告訴評估者，這一子群體的員工需要特別的關注。

健康促進計畫存在需求的其他指標來自於：對公司現有的（僅有的幾個）健康增進計畫的一次審核，針對員工進行調查以了解他們對增進健康行為的認識，他們對諸如飲食習慣等行為作出改變的意向，他們對自己的行為是否有利於提高健康的自我評定，以及他們對一系列健康計畫的偏好。根據所有這些訊息，杜邦公司發展出一個以提高員工健康為目的的綜合系列計畫。

當完成了需求評估並作出實施計畫的決策後，便可以安排計畫的細節，進而執行計畫。一旦計畫執行進入正軌，第二類評估活動就開始了。

計畫監督

計畫常常要跨越相當長的一段時期。從嚴格的方法學角度來看，等待一年左右的時間再對計畫的有效性作最終評估是無可挑剔的。但如果在第一個月就很明顯地發現了問題，而且問題可以很容易地被糾正，這時應該怎麼辦？就是說，與其等到計畫完成，為什麼不在計畫進行中仔

細監督計畫的進展呢？這種監督被稱爲**形成性評估**(formative evalua-
tion)，近期的分析顯示它是最常見的評估形式(Sechrest & Figueredo,
1993)。

形成性評估可以包括幾個構成要素。其一，它確定了計畫是否按預
定執行。例如，假設當地的一條危機熱線決定發展一個新的計畫，針對
那些放學後獨自留在家中，而父母仍在工作的年幼兒童的需要。在這個
計畫實施中重要的一部分就是，要使新的電話號碼隨時可以打通，並是
衆人皆知。用形成性評估能夠確定該熱線的廣告是否於恰當的時間見諸
報章，以及是否大量寄出印有該電話號碼的報紙。另外還可以打電話給
一居民樣本，問問他們是否聽說過新的兒童危機熱線。如果人們根本沒
有聽說過，那麼評估這一計畫的得失就毫無意義的。

形成性評估的第二個基本功能，是對計畫實施的情況提供清晰和持
續的資料。借用會計學中的一個名詞，評估者有時稱這一過程爲**計畫審
核**(program audit)。正如某個公司的審核員可能對貨品應被管理的方式與
它們實際被管理的方式之間找出不一致之處，計畫審核員所檢查的是在
該機構文獻中所闡述的計畫是否與其實際實施的情形一致。

評估結果

政治上，形成性評估不如對計畫有效性作整體評估的**總結性評估**
(summative evaluations)有威脅。形成性評估的目標是改進計畫，而不太可
能涉及到計畫本身存在的問題。而另一方面，總結性評估正好做的是這件
事情。如果計畫沒有用，爲什麼還要保留它，引申說，爲什麼還要付錢給
計畫總監和職員呢（明白我說「有威脅」的意思了吧？），這正像賽克萊
斯和費格萊德(Sechrest & Figueredo, 1993)所說的，

> 總結性評估 ——甚至其存在的基礎—— 都使有關組織的存在畫
> 上了問號。相反，形成性評估僅僅是回答「我們怎樣做得更好」
> 的問題，而沒有強烈暗含著「我們」怎麼知道「我們」就行呢？

（p. 661）

　　儘管有這種政治上的難處，總結性評估仍是評估過程的核心，並且是聯邦政府資助的任何計畫的一個基本特徵。任何希望使用納稅者的稅金去發展計畫的機構，都有義務去證明這些錢被有效地使用了。

　　執行總結性評估的實際過程涉及到應用一些你已經知道的技術，特別是那些與準實驗設計有關的技術。不過，包含隨機分派的更嚴格的實驗有時是可能的，特別是當評估這個計畫被更多的人渴望且空間有限時。在這種情況下，以彩票的方式作隨機分派（隨機的贏家接受計畫，其他人列在等候者名單上）不僅從方法學上是理想的，並且是能夠使用的唯一公平的程序。

　　有時候計畫評估者面臨的問題是，實驗組和控制組之間沒有發現顯著性差異，那麼怎樣解釋這一失敗。就是說，統計決策是「不能拒絕 H_0」。這樣一個結果很難解釋，可能是因為本來就沒有任何差異，不過犯第 Ⅱ 類錯誤（見第 4 章）的可能性也是尋常的，特別是如果測量工具不太敏感或者不是很可靠時。計畫可能確實產生了極小卻很重要的效果，但分析並沒有發現這一效果。

　　儘管沒有發現差異可能會造成問題，但大多數研究者仍相信這樣的結果（特別是如果重複的話）為決策制定貢獻了重要的訊息，特別是在應用研究中。例如有人提倡，繼續一個新計畫的前提是，必須說明這個計畫比現有的某個計畫更好，如果在實驗組和控制組之間手法得到顯著的差異，那麼中斷這個新計畫的執行可能是明智之舉（特別是如果它費用昂貴的話）。實際上，正如葉頓和賽克萊斯(Yeaton & Sechrest, 1986)所闡明的，這其中涉及到的問題可能攸關生死。他們引用了一個比較乳癌的不同治療方法的研究，這些方法在手術上的侵入性程度不同。受到侵入性程序最小的治療女性與完全切除乳房的女性在存活率上沒有顯著差異，這種結果就是「不能拒絕 H_0 的例子」。因為沒有發現顯著性差異，是否就應忽略結果呢？當然不行。如果用一個較少痛苦的治療程序便能得到同樣的結果，那

麼為什麼要採用較極端的辦法？當然，我們對於一個建立在「無差異」發現基礎上的決策的自信，直接關係到此一發現被複製的頻率。

「不能拒絕 H_0」的決定還有助於對一些新「奇蹟療法」的擁護者所提出的過分說法進行評估。譬如，有人聲稱用一種「革命性的」新技術治癒某種嚴重的心理患者，那麼此人必須承擔責任，證明接受這一技術的人比那些用常規方法治療的人顯示出明顯的改善。

在這些「不能拒絕 H_0」的例子中所隱含的一點是，因為費用的緣故無差異發現對決策制定有重要的內涵，由此引來最後一種計畫評估活動。

權衡成本

假定某位研究者對工人的健康問題有興趣，他比較了兩個健康促進計畫，其中一個計畫包括在上班時間鍛鍊、開辦關於壓力控制的研討課程，以及禁止吸煙。第二個計畫更具綜合性（且更昂貴的），包括對每一名工人進行評估，並因人而異地制訂健身計畫，以及對血壓和膽固醇降低時的獎勵。先在兩個企業中試行這兩個計畫；並有第三個工廠作為控制組。因此，這個設計是一個不等控制組設計，且有兩個實驗組而不是一個。就工人健康的提高而言，總結性評估並沒發現兩個實驗組之間存在差異，但與控制組相比，兩個組都顯示出進步。也就是說，兩個健康計畫的效果是一樣的。如果兩個計畫產生同樣的結果，其差別只在費用，那我們為什麼要用比較昂貴的計畫呢？

這個企業健身的例子說明了**成本有效性分析**(cost – effectiveness analysis)的類型，即監督一個計畫的實際費用，並聯繫這些花費與計畫結果的有效性。如果相同目標的兩個計畫同樣有效，但第一個的費用只相當於第二個的一半，那麼顯然應當實施第一個計畫。成本分析的第二類發生在一個計畫的策劃階段。在計畫開始的時候估計費用，甚至有助於確定某個計畫是否可行，並且它為預計費用和實際費用的後期比較提供了依據。

由俄伏特等人(Erfurt, Foote & Heirich, 1992)作的一項研究為成本效益分析提供了一例，他們在四個汽車生產廠比較幾個「工作場所健康計畫」，他們的發現之一就是「與健康教育課（A 處）相比，加入健身設備（B 處）並沒有對減少健康風險產生任何增值的福利……」(p. 5)。因為 A 處每名雇員的花費是$17. 68，而 B 處每人的費用是$39. 28，看來健身設施或者不是一個好主意（即不值得錢的投入）或者沒有被恰當地使用。

參考結果估計費用是一個複雜的過程，常常需要會計專業人士的專業知識。因此，對費用與結果聯繫過程的詳細討論超出了本章的討論範圍，這個觀點我的妻子也同意，她恰好就是一個成本會計師而且覺得我的基礎知識很可笑。關於成本分析的基本觀念可以從波索威和凱瑞介紹計畫評估的書中第 11 章(Posavac & Carey, 1985)讀到。不過，即使這些專家也覺得有必要提醒讀者，學習與成本分析有關的技術需要相當的訓練。

在第 5 章對外部效度的討論中首次提到，心理學研究有時受到的批評就是規避現實世界。本章對應用研究的討論應該明確的是，即使批評也並無價值。事實上，對結果應用和推廣的關注並沒有遠離所有心理學家的心靈,甚至這些也是基礎研究的主要任務。心理學的歷史顯示，應用是美國心理學的中心，如果說找不出其他原因那麼事實就是如此，追尋實用就像蘋果派一樣的美國化。

下一章介紹心理學研究中一個略微不同的傳統——對個體深入研究的重視。你會看到，正如應用研究的根源可以在心理學先驅者中找到一樣，N ＝ 1 的實驗也可以追溯到這一學科的發軔之初。

本章複習

詞彙填空

1. 為了確定一項以提高失業成年人的閱讀能力為目的的新計畫是否成功，執行這一計畫的地方機構決定作一個_____評估。

2. 對「提前起動」計畫的早期評估似乎顯示「提前起動」兒童的收穫是短暫的；到了三年級時，那些接受過這一計畫的人與未接受過這一計畫的人之間沒有顯著差異。但是，該結果可能是分組時配對程序引起的_____效應造成的。

3. 因為它的測量要經過這樣長的一段時間，所以中斷時間系列設計能使研究者評估_____的影響。

4. 在兩家企業進行工人生產力的比較，當在其中一家引進一個激勵計畫後，這一比較最可能涉及到_____設計。

5. 對現有的計畫作一調查是計畫評估中重要的一部分，稱作_____。

6. _____設計是評估飲酒年齡對飲酒死亡人數影響的最好方式。

多項選擇

1. 根據其基本原則，應用研究

(a)最可能發生在實驗室外。

(b)是美國心理學史上近期發展的結果。

(c)產生的結果與考驗行為的基本理論無關。

(d)與計畫評估研究同義。

2. 下面哪一個問題不會在應用研究中遇到？

(a)受試者的充份告知的同意書。

(b)結果很少有助於解決基本的心理學現象。

(c)降低內部效度。

(d)創造等組。

3. 在一個不等控制組設計中，

(a)兩個組在前測中的得分相同是必需的。

(b)如果有很多人符合實驗計畫的需要，而實驗計畫只能容納幾個人，這時應隨機分派受試者。

(c)重要的測量指數通常是前測和後測的變化。

(d)選擇 × 經歷的混淆可以被排除。

4. 假定俄亥俄州決定實施一項兒童安全帶的限制法案，並且希望用一個時間系列設計評估其有效性。它將本州與賓西法尼亞州作了比較，因為同樣的法律早於一年前在賓州頒佈。賓西法尼亞的資料被稱為

(a)交換複製。

(b)不等控制。

(c)相等控制。

(d)趨向。

5. 一個家庭服務機構實施了一項新的債務諮詢計畫，一位計畫評估者定期來訪並評估債務諮詢的一個週期進展，進而觀察這個計畫是否被遵守。這是一種什麼類型的計畫評估程序？

(a)需求評估。

(b)總結性評估。

(c)成本分析。

(d)形成性評估。

應用練習

練習 9.1 識別內部效度的威脅因素

對內部效度的威脅因素常見於準實驗研究中，下面列出的是你在本章和第 5 章中遇到的一些因素。對於接著描述的每一個假設實驗，說明列出的這些特質中哪些最有可能發生，因而使實驗結果出現另一種合理的解釋。

對內部效度的一些威脅

- 經歷
- 成熟
- 回歸
- 選擇
- 流失
- 選擇 × 經歷

1. 一所學院的院長對學校學生的流失率 —— 大學一年級學生繼續二年級課程的比率 —— 感到很困擾。歷史上，這一比率保持在 75% 左右，但是新學年開始，去年一年級的學生中只有 60% 返校。院長實施了一項輔導計畫，當隨後一年的流失率達到 71% 後，院長宣布了這項計畫的成功。

2. 兩所鄰近的學院同意合作評估一個新的電腦化的指導系統。A 學院接受了這項計畫，B 學院沒有。研究的中途，B 學院宣佈它已經被列入了破產名單。一年後，A 學院電腦閱讀的成績提高了。

3. 有 12 名女性要求參加一個家庭分娩計畫(home birthing program)，將她們與其他接受正常醫院程序的懷孕婦女的隨機樣本作比較。第一組的女性用了平均約 6 個小時的時間生產，而第二組的女性平均用了 9 個小時的時間。

4. 將控制測驗焦慮的一個 6 週計畫實施於一個一年級大學新生的隨機樣本。他們的焦慮水準在計畫結束的時候明顯低於計畫開始的時候。

5. 某位教師決定使用一項革新的教學技術，所有的學生都依自己的步調學完整個學期。課程有 10 個單元，每一學生在完成單元 N－1 後進入單元 N 的學習。一旦完成所有單元，課程結束並且成績為 A。在最初註冊這個班的

30 名學生中，最後的成績分布如下所示：

$$A \rightarrow 16 \qquad F \rightarrow 2 \qquad W \rightarrow 12$$

教師認為新的課程結構是成功的。

練習 9.2 解釋不等控制組研究

一個輪胎生產製造商有兩個工廠，都在俄亥俄州。她想知道通過實行一項健康計畫是否能減少健康保健上的花費。一個廠(E)被選出進行一項長年的實驗計畫，包括健康審查以及因人而異的健身活動，第二個廠(C)是控制組。因病請假的比率被操作性地定義為每 100 名員工每年患病的天數，在實驗年份開始和結束後測量。接下來的是四組結果。為每一結果建構一張圖，然後確定那一個（如果有的話）提供了計畫有效的證據。對於那些不支持計畫有效性的結果，為實驗組的明顯進步提出一個替代性解釋。

結果 1.　　E：前測 = 125　　後測 = 90

　　　　　　C：前測 = 125　　後測 = 120

結果 2.　　E：前測 = 125　　後測 = 90

　　　　　　C：前測 = 90　　後測 = 90

結果 3.　　E：前測 = 125　　後測 = 90

　　　　　　C：前測 = 110　　後測 = 110

結果 5.　　E：前測 = 125　　後測 = 90

　　　　　　C：前測 = 140　　後測 = 105

練習 9.3 解釋時間系列研究

想像用一個時間系列研究評估一則頭盔法規對於冰球運動員受傷的效果。在法律通過的那一年，受傷的人明顯比前一年減少。建構三個時間系列圖，每一個圖與下面的結果模式相對應。

(a)頭盔法奏效！

(b)頭盔法在初始的時候似乎產生了作用，但它的效果是暫時的。

(c)頭盔法無效；受傷人數的顯著下降可能是迴歸效應。

(d)頭盔法其實沒有產生作用；受傷人數的顯著下降似乎反映了體育暴力（violence in the sport）減少的一般趨勢。

(練習 9.4) 策劃一個需求評估

你是一所文學院中有五位教師的心理系的系主任。一天，院長對你說，「為什麼你不設立一個諮商心理學的碩士計畫？」學院裡已經有了一個 MBA 的計畫以及另一個生物學的碩士計畫。你讀過這一章的內容，所以回答說應該作一個充份的需求評估。院長讓你繼續工作，甚至同意為這一計畫撥出不少的經費。解釋你怎樣進行這個需求評估。

本章複習答案

A. 詞彙填空

1. 總結性　2. 迴歸　3. 趨向　4. 不等控制組　5. 需求評估　6. 中斷時間系列設計

B. 多項選擇

1. a　　　2. b　　　3. c　　　4. a　　　5. d

應用練習

練習 9.1 識別內部效度的威脅因素

a. 迴歸，可能還有經歷

b. 選擇 × 經歷

c. 選擇

d. 成熟，可能還有經歷或迴歸

e. 流失

練習 9.2 解釋不等控制組研究

結果1：如果前測分數的相等不是透過助長迴歸的方式建立的（就像「提前起動」計畫那樣），那麼計畫似乎產生作用。控制組有略微的下降，也許反映出迴歸、經歷或成熟，但實驗組中的下降輻度大得多。

結果2：實驗組中的高分數似乎是一個極端分數，它減少到 90 可能是一個迴歸效應。

結果3：可能是迴歸的作用，或是選擇與某個其他因素的交互作用，但這一結果通常被認為是證明計畫有效的結果。

結果4：兩個組的減少程度相同，顯示由某個共同的因素造成。迴歸、經歷或成熟都是潛在的答案。

10

小樣本設計

本章概要

❖ **心理學研究從小樣本開始**

在高等統計工具產生之前,心理學研究的特徵是使用單一受試者或至多是少數幾名受試者;實驗者常常是研究參加者之一。在包含一個以上的受試者的研究中,追加的受試者用於複製的目的。這就是說,受試者的數據是個別呈現的,很少總結爲一組受試者的「平均」分數。

❖ **小樣本設計的原因**

這類以一個或幾個受試者爲特徵研究的當代提倡者認爲,群體數據可能模糊個人的成績,使研究者對所研究的現象誤入歧途。第二,在研究某些現象時(譬如一種罕見的心理疾患時),可能難於獲得大量的受試者。第三點論據來自於史基納的信念,他深信理解、預測和控制行爲的最佳方式是深入研究單一個體。他認爲如果能充份的控制環境,那麼可以預測的行爲就會發生並能被測量。

❖ **應用行爲研究中的小樣本設計**

應用行爲分析指的是運用行爲原理去改變人類行爲,經常在臨床環境中使用。最常見的方法是使用某種形式的撤消設計(withdraw design),即在一個處理計畫開始之前作行爲的基準線測量,治療一段時間後將治療法移除(撤消),然後再引入。如果行爲改變受這些更替所影響,那麼便可推論治療的效果。其他設計包括在撤消設計不可行時使用的多重基準線設計(multiple baseline designs);在同一個體中比較不同處

理的交替處理設計(alternating treatment designs)；以及逐漸塑造某個目
標行爲的變化標準設計。

❖ 心理物理學

除了操作傳統的研究之外，小樣本研究還有其他變化，最好的例子就
是心理物理學，即物理刺激與知覺反應之間的關係研究。心理物理學
研究考驗的是影響我們覺察刺激呈現的能力以及辨別相似刺激的能力
的因素。心理物理學的研究可以上溯到心理學歷史的早期。

　　我的實驗心理學課程的目標之一，是使學生們獲得經驗，能夠按文獻
所顯示的閱讀並解釋實際研究。每個學期有兩到三次，學生們要找出學術
期刊上的一篇文章，然後寫一份簡短的摘要。爲了給他們一些科學思考的
經驗(課程的另一目標)，我還要求他們爲「下一個研究」提出一些見解。
最近，我的一名學生偶遇一篇關於兒童與防毒面具的文章，其中使用的研
究設計與你到目前爲止讀到的內容迥然不同。

　　這篇文章名爲「父母強制危機干預的效果：兒童拒絕使用防毒面具的
一例眞實緊急事件」。它介紹了對一名以色列學齡前兒童進行行爲改變的
程序，在1991年海灣戰爭中，以色列受伊拉克的「飛毛腿」導彈襲擊期
間，這名兒童拒絕戴防毒面具(Klingman, 1992)。考慮到面具帶來的諸多
不適，兒童的拒絕是可以理解的。但防毒面具又是必須的，因爲出於現實
的恐懼，落在以色列境內捉摸不定的導彈可能裝備有化學武器。

　　這篇文章介紹了如何應用「認知行爲取向」的方法幫助該兒童。首先
是「基準線」階段，當父母提出正常的(但是沒用的)讓兒童戴上面具的要
求後，觀察兒童的行爲。之後干預期開始，它包括：(a)講述一隻熊拒絕
戴防毒面具的故事；(b)和兒童玩一個遊戲，兒童要負責說服一隻玩具熊
在緊急情況下戴上面具；(c)對戴面具的直接增強。這一程序似乎奏效了
──兒童開始按照要求使用面具，並在接下來的評估中繼續該行爲。

　　這一研究最值得注意的事情是，它僅僅使用了一名受試者，並且這名
受試者受了相當深入的研究。在本書中，直到目前爲止，你碰到的典型研
究設計都包含數名或很多受試者，具體的方法學問題，如製造等組或避免

序列效應，計算平均數，完成諸如 ANOVA 這樣的推論統計，然後得到關於獨變項效應(例如主要效果)的基本結論。

在本章，你會遇到很多像防毒面具這樣的研究，它們常被稱為單一受試者設計，因為每一位研究受試者的行為都受到個別考慮，不過它們也被稱為「小樣本設計」(small N designs)，因為研究有時候會使用幾名受試者。這些受試者的資料可能會綜合統計，但更經常的是對每一名追加受試者的資料作個別描述，並且他們被用於複製的目的。

最常與小樣本方法聯想在一起的人物是你在第 1 章首次遇到的史基納 (B. F. Skinner)。不過，你要了解到史基納不是專注於個別受試者研究的第一人，相反的，小樣本設計有一個悠長的歷史；事實上，最早的實驗心理學家們一直都使用這一方法。

心理學研究從小樣本開始

當心理學在十九世紀下半葉興起時，統計分析也正處於萌芽階段，高爾頓剛剛提出相關的概念，而像 ANOVA 這樣的統計技術尚不存在。大樣本設計的普遍應用和推論統計在 1930 年代費施爾開始變異數分析的工作後才出現(見第 7 章，專欄 7.2)。在這之前，小樣本研究佔主導地位。

心理學的先驅者們使用儘可能的小樣本──他們研究自己的行為或單一個體的行為。你在第 1 章學到最著名的一個例子──艾賓浩斯對自己學習和記憶無意義音節的能力作了一番徹底的研究。另一項早期研究的例子是達爾文(Charles Darwin)作的關於兒童發展的研究，透過他對自己兒子的童年進行詳細日記完成的研究以「一個嬰兒的小傳」(A Biographical Sketch of an Infant)為題，發表在 1877 年的英國刊物《心靈》(Mind)上 (Hothersall, 1990)。第三個例子是華生和瑞娜所做的惡名昭彰的小亞伯特實驗(1920；見第 2 章，專欄 2.1)。

小樣本設計在馮特的萊比錫實驗室中也是主要的方法。攻讀博士學位的學生們被分派特定的研究課題，這些課題通常要用一年左右的時間完成。研究通常包括數目非常少的參與者，研究者自己常常是受試者之一，

另外的受試者則是其他的博士生。例如，卡特爾(James Mckeen Cattell)的關於反應時研究的論文僅包括兩個人的資料──卡特爾和他的朋友兼同學博格(Gustav Berger)(Sokal, 1981)。顯然，存在於今天的實驗者(用大寫 E 代表 Experimenter)與受試者(用小寫 s 代表 subject)的角色(及身分)差別在那個時代並不常見。事實上，雖然 1890 年代的研究參與者有時被稱爲受試者，但他們同樣可能被稱爲「觀察者」，這個名詞意味著一種比「受試法」更高的身分和更積極的角色。是否使用受試者這個名詞或是觀察者這個名詞直到 1930 年才成爲一個問題(Danziger, 1985)。

最早的實驗心理學家們有時會粗略地總結幾名觀察者的數據(例如報告平均數)，但他們更常報告的是每一位參與者的數據。對這一點的一個很好的說明是克拉克大學實驗室在 1890 年代早期作的一項研究。研究是關於「面感視覺」(facial vision)──即使看不見也能偵察到身邊物體的能力。人們一度認爲，盲人會發展出這種能力，作爲一種特殊的感覺來補償他們喪失的視覺。但是德萊斯勒(Dressler, 1893)卻證實，這種技能與聽覺更有關而非視覺。

圖 10.1 是一張眞實實驗設置的照片，這張照片是記錄 1892 年克拉克大學研究進展的系列照片之一。可以看到，一位被蒙上眼睛的受試者坐在由四塊一英呎方窗組成的板條旁邊，按從左至右的順序，板條中間的方窗或者是空心的，或者是塡滿了網狀木格、實木板、紗窗。這塊板條從房樑上懸掛下來，可以由實驗者(照片上的人物是德萊斯勒)移動，使每個可以方窗停在受試者臉的側面。實驗作業是要辨別在臉旁的是哪一塊方窗；參與者是德萊斯勒和另兩位研究生同事。

很明顯的，這三名受試者都學會了區辨在成對的方窗，如選自原文的表 10.1 所示。表中的數字表示正確(R)或錯誤(W)反應的次數。例如：在比較網格窗和實板窗時，F. B. D(猜猜是誰)在正確答案是「網格」時答對了 69 次，僅 1 次答錯，而在正確答案是「實板」時，74 次中有 70 次答對。

注意雖然三名受試者的數據均有呈現，但卻沒有綜合性的統計數將三組數據結合起來，這是因爲該方法就是要顯示現象一致地發生在每一名受

試者身上，這不僅僅是對「平均」受試者而言。且在德萊斯勒追加測試了兩名受試者時，其目的就是要兩次複製最初的發現，這種策略在今天的小樣本研究中屢屢被使用。

圖 10.1　德萊斯勒研究面感視覺的設備，1892

表 10.1　德萊斯勒面感視覺研究的數據

受試者	空心與網格				網格與實板				實板與紗窗			
	R.	W.	R.	W.	R.	W.	R.	W.	R.	W.	R.	W.
J. A. B	65	15	59	25	58	2	56	0	45	0	46	2
O. C.	72	47	74	46	33	13	28	14	21	4	14	9
F. B. D	53	24	58	17	69	1	70	4	73	0	77	2

德萊斯勒的研究是否意味著面感視覺作為一種分離的感覺，是真實存在的呢？不是，作為一名良好的研究心理學家，德萊斯勒尋找一種更為簡單的解釋，並且尋找一種方法排除(否證)特殊面部感覺的存在。他的發現是透過對實驗程序作出小的改動而實現的——他將每個人的耳朵塞住，結果是明顯的：「他們區辨(方窗)的能力完全喪失」(Dressler，1893，

p. 349)。因此,面部視覺原來是對反射聲波微小差別的覺察能力。[1]

像德萊斯勒這樣的研究,是從一名或幾名受試者勾勒其資料,貫穿實驗心理學的早期歷史,但是大樣本研究並非完全沒有。例如,有些大樣本研究可以在教育心理學和兒童學習研究中找到(Danziger, 1985)。這些研究可能以實徵性的問題爲特徵,像「小學兒童恐懼什麼?」,並讓他們從幾百名兒童中總結問卷結果(例如 Hall, 1893)。但是正如前面所指出的,直到 1930 年代費施爾爵士的時候,心理學家才開始例行從大量受試者中蒐集數據,以及實行今日普遍使用的描述統計和推論統計。

早期小樣本設計的最後一個例子值得作一番詳細的論述,因爲這項研究是史基納操作制約工作的一個重要的歷史前身,當它於近一百年之前完成時,就預示了行爲主義的來臨,因此它理所當然地被認爲是一項「經典」研究。它還顯示出好的科學可以通過儀器設備的微薄預算(及個人天賦的缺乏)而實現。

專欄 **10.1**

經典研究——迷箱中的貓

在專欄 1.2 中你與桑代克(Edward L. Thorndike, 1874 - 1959)有一次短暫的相遇。透過用書擋在迷津終點的粗糙辦法,他在斯茂改裝漢普頓王宮迷津研究白鼠迷津的同時,也從事小雞的迷津學習研究。但他最爲人們熟知的是對貓如何逃出迷箱的研究(Thorndike, 1898),該研究之所以重要有幾個原因:它顯示出心理學的早期先驅者怎樣依賴於個體的詳細研究,它是如何簡要解釋行爲的一個很好例子,它是爲行爲主義的發展——特別是史基納的體

---

[1] 得到這一結果後,作爲實驗者的你下一步該怎麼做?譬如,如果你變化方窗和受試者間的距離會出現什麼結果呢?

系──鋪設道路的一個早期的典型例子。

研究個體化的貓

　　為了研究貓的學習，桑代克製造了 15 個迷箱(puzzle boxes)，每一個都有自己獨特的逃跑機制。由於很偶然的原因，迷箱的眞實照片被史學家伯恩海姆(John Burnham, 1972)在耶克斯(Robert Yerkes)的論文中發現，其中兩幅被複印在圖 10.2 中。顯然，桑代克並不是很有天賦的器製造者。事實上，他的機械能力太差了，以至於他從來沒能學會開車(Hothersall, 1990)。但從這裡可以吸取一個重要的教訓：不需要精密複雜的設備便能完成因果研究，研究想法的品質比鈴和哨更重要。

圖 10.2　桑代克在他的經典迷箱貓研究中製造和使用的兩個迷箱（C
　　和 D）［選自 Burnham, 1972］

貓是被個別研究的，桑代克一隻貓一隻貓地說明研究結果。貓透過一種嘗試錯誤的過程學會從箱中逃出，並且依照被桑代克稱為「效果率」(Law of Effect)的規律。在開始的時候貓的行為是隨機的，並且僅僅是偶然才獲成功。有效的行為易於被重複使用(桑代克用的詞"stamped in"，被刻印)，而不成功的行為會被逐漸剔除(桑代克用的詞是"stamped out"，被剪除)。從圖10.3中可以看出一隻桑代克貓（C箱中的第10號貓）的進步[2]。

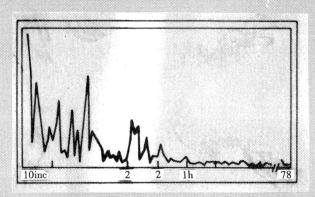

圖 10.3 10 號貓學會從 C 箱逃出的記錄 [選自：Thorndike, 1911]

使用簡要的解釋

桑代克的效果率對盛行的動物思考能力觀點提出了異議，並且提出了一個更為簡要的問題解決能力的解釋。他認為，如果動物的行為可以由一個更簡單的過程(即嘗試錯誤學習)來解釋，就沒有理由歸因為推理。桑代克對不加分析便將動物行為歸結於高級心理歷程的人，沒有絲毫耐心，這種態度可能受摩爾根影響，因為摩爾根著名的節約簡要定律就是在這一時期提出的(見第3章)。桑代克熟悉摩爾根的工作，或許還聽過這位英國

---

2 桑代克並沒有在他的圖上標明 X 軸，除了在連續幾次嘗試之間註明耗費了多久的時間。例如，在圖 10.3 中，一個未標明的豎線代表著 1 天、2 代表 2 天，1h 代表一個小時，78 代表 78 小時。

人在 1896 年應邀訪問哈佛時舉辦的關於動物學習的演講(Joncich, 1968)。

史基納的預見

桑代克迷箱研究最後值得指出的一點是，它代表著學習研究的一種實驗性方法，因而給其他的行為研究者鋪磚設路。並且，它給最後以史基納行為分析定型的學習(你很快就會遇到)提供了一塊模板。史基納承認他受桑代克影響，指出後者的工作是「對行為結果引起的改變進行研究的第一次嘗試」(p. 59)。

小樣本設計的原因

雖然大樣本研究盛行於當代心理學，但使用一名或僅僅幾名受試者的研究將繼續貢獻於我們對行為的認識。很快你就會發現，這些研究從實驗室到實地研究、從基礎研究到應用研究，貫穿了整個心理學領域。

群體數據的誤導結果

從一群個體總結數據的過程有時候得出的結果並非以參加這項研究的單一個體為特徵。這是西德曼(Murray Sidman, 1960)的《科學研究的策略》(Tactics of Scientific Researd)一書中的中心主題，該書被認為是小樣本方法倡導者所著的課本中最經典的一本。因為組平均數受到受試者間的個體差異「污染」，所以西德曼認為，「群體數據可能常常可以說明一個歷程或一種功能性的關係，但這種歷程或關係對任何個體而言都是無效的」(p. 274)。

更重要的是，西德曼擔心平均數據可能在本來不應該有的時候，產生一個支持 X 理論的結果。舉一個以幼兒為受試者所做的概念學習實驗的例子，給兒童看一個長的刺激對序列，然後讓他們猜哪一個正確，作出了正確的選擇便受到獎勵。刺激是採用簡單的幾何圖形，圖 10.4 顯示

了七次嘗試中可能使用的刺激對,加號指的是每一配對中將受到增強(也許是一塊 M&M 是巧克力)的刺激。可以看出,刺激按形狀(三角、方形或圓圈)、顏色(紅色或綠色)或位置(左側或右側)變化。這個例子中正確的概念是「紅色」,爲了贏得大量的 M&M 巧克力,兒童必須學會形狀和位置是無關刺激。用概念學習研究的術語描述,顏色是「相關向度」,而紅色是這一向度上的「相關值」。當兒童達到某個「標準」後(也許是連續 10 次嘗試都作出正確選擇),這個作業便被認爲學會。

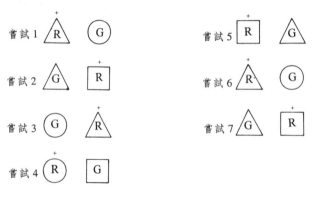

圖 10.4 在兒童辨別學習研究中使用的典型刺激

　　關於這類學習作業被學會的方式,概念學習文獻中存在一個古老的爭論(Manis, 1971)。根據一種「連續性」(continuity)理論,學習是一個習慣積累的漸進過程,每一次增強嘗試都增強了對相關向度反應的「傾向」(tendency),並減弱了對無關向度的反應。此一假設的學習增進過程看上去可能像圖 10.5a。相反地,「非連續性」(noncontinuity)理論認爲在前幾次嘗試中兒童積極地嘗試不同的假設。在他們尋找正確假設時,他們的成績處於機率水準(50%),但一旦發現了正確假設,他們的成績便急遽上升到 100% 的正確率,並維持在這個水準。非連續理論預測受試者的成績像圖 10.5b 那樣。

　　這一問題的歷史漫長而複雜,基本結論有賴於許多的限定條件,但部分決定於數據的處理方式。如果從許多受試者得到的數據被聚集在一起,

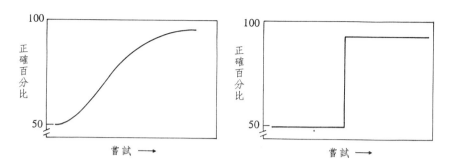

圖 10.5 由(a)連續性理論和(b)非連續理論預測的概念學習數據

結果看上去確實有點像圖 10.5a，因而支持了連續性理論。但是，當我們更仔細地觀察個人成績時，得到的圖形可能更像支持非連續理論的圖 10.5b。在受試者得出解法之前的幾次嘗試顯示，他們的正確率大約在 50%（例如 Trabasso, 1963）。標準之後受試者的表現成績其實是完美的。就是說，受試者一直在機率水準操作，直到他們發現正確解法的那一刻後，成績才戲劇性地提升。那麼，圖 10.5b 展示的個人成績為何最後會以圖 10.5a，即數據被總結時的結果呈現呢？

問題的關鍵是每一名兒童要用多長時間才能得到正確的解法；有些人很快就明白了，而另一些人所需的時間則稍長。這種情況可以用圖 10.6 表示。你能看到，當一系列的個別曲線合併在一起時，很容易地就產生圖 10.5 那樣的平滑曲線。這是一個很明顯的例子，說明群體數據如何製造

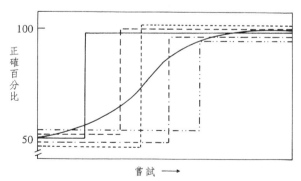

圖 10.6　在一概念學習實驗中從個別兒童得到的群體數據如何產生一條平滑但卻有欺騙性的曲線

出不能被個體參與者數據所證實的印象。根據基本原則，任何研究者在使用大樣本，特別是涉及學習的研究時，至少應該檢查一部分個體的數據，觀察它是否映反映了群體數據。

大樣本的現實問題

小樣本設計有時候是必須的，因為很難找到可能的受試者。譬如以下情況會發生在臨床心理學中，當一名研究者想研究某種特殊疾患患者的時候。假設，某位醫師想考驗一種針對強迫性疾患(OCD)的新療法。最簡單的大樣本設計要比較兩組受試者，或許每組 20 個人。配對如性別、智力和經濟地位這樣的特質幾乎肯定是必須的。為了製造這兩個配對組，需要相當大的由 OCD 患者組成的初始樣本，可能超過百人。但 OCD 是一種罕見疾患，僅僅佔精神疾病患者總人口的 2%。根據一份估計數字，甚至在大的精神病醫院，「也要用多達兩年的時間才能累積一系列供研究用的強迫性疾患病例」(Bergin & Strupp, 1972，摘自 Barlow & Hersen, 1984, p. 15)。

在動物研究中也會發生相關的問題，特別是當其中牽涉到外科手術的時候；外科手術需負擔較昂貴的費用，和過程費時。動物群體本身可能難以維持，在這個積極鼓吹動物權利的時代，還要包括一個安全系統的費用。在某些情況下，被研究的物種可能難以獲得，價格高得讓人望而卻步，或者需要漫長的訓練。例如，教黑猩猩及其他猿類符號語的研究，每隻動物需要數百個小時，研究通常延續多年。在一項教低地大猩猩(lowland gorilla)符號語的研究中(Patterson & Linden, 1981)，猩猩在 10 歲時學會了超過 400 種不同的符號，但此研究是在猩猩剛 1 歲的時候就開始了。

行為的實驗分析

所以，大樣本設計有時不能反映出個體的行為，即便它是理想的方法也可能不可行。不過，偏好小樣本設計還有哲學上的原因，這些原因被小

樣本方法的最著名提倡者史基納作了最好的闡述。回憶第 4 章，在近期一次對心理學史專家和心理系主任作的調查中，史基納被評為當代最著名的心理學家(Korn, Davis, & Davis, 1991)。

史基納十分地相信，如果心理學要達到預測和控制行為的目標，就必須深入研究個體，只有對個別案例作詳盡全面的研究後，才能得出基本的法則。就是說，心理學應該是一門歸納的科學，是從具體個案向行為基本法則的推理。其實史基納曾說過，研究者應該「對一隻白鼠研究一千個小時」而不是「一千隻白鼠每隻一小時」或者「一百隻白鼠每隻十小時」(Skinner, 1966, p. 21)。其目標就是要通過對影響單一受試者的實驗情境獲得精確控制以減小誤差變異。正如史基納所說，「我從巴甫洛夫那裡得到了線索：控制你的條件，你就會看到秩序」(1956, p. 223)。他稱他的系統為「行為的實驗分析」，雖然應從別處尋找更全面論述的相關思想，但他思想的核心這裡還是值得一提，因為它們為應用行為分析中的研究設計提供了哲學依據。

□後果選擇

史基納最知名的是他對操作制約(operant conditioning)的研究，操作制約是「一些行為的發生次數被行為後果更改的過程」(Reynolds, 1968, p. 1)。即，當某個行為發生在某種特殊情境中時，它會伴隨著某種後果。如果後果是積極的，那麼當個體再次處於同一情境時，行為便傾向於重現。另一方面，負面的後果減小了某行為將來發生的可能性。如果一個兒童亂發脾氣的行為產生了作用(即得到玩具)，便傾向於重現，如果無效便不會重現。

因此，展現生命特質的行為受到生活環境的控制。根據史基納的理論，我們經歷的正面後果和負面後果一定程度上「選擇」了顯示我們特質的典型行為。為了預測和控制行為，就需要「確認三件事情：(1)反應發生的情境；(2)反應本身；(3)增強的後果。他們之間的關聯就是『後效增強作用』(contingencies of reinforcement)」(Skinner, 1969, p. 7)。

注意上述操作制約的定義中包含著一個詞是「發生次數」，史基納相信在任何行爲實驗分析中，唯一值得研究的依變項就是反應率(rate of response)。如果心理學的目標是預測和控制行爲(對史基納來說這就是唯一的目標)，那麼我們關心的就是一個行爲發生與否，及在每個時間單位中它發生的頻率。

□ 操作歷程

　　在實驗室中，研究操作制約最經常使用的是一種被稱爲操作室或史基納箱的儀器。圖 10.7 顯示了一個典型的爲白鼠設計的史基納箱。當從牆上突出的槓桿被按下去的時候，一個小食團就會掉入食物杯中。透過一種稱爲行爲塑造(shaping)的程序，白鼠被訓練學會按壓槓桿可以獲得食物的增強。實驗者先強化白鼠走近一個槓桿，最後強化白鼠按槓桿。可以透過中止強化物執行按槓桿行爲的消除，這個過程稱爲消弱(extinction)。

圖 10.7　一個用於白鼠的附有累積記錄儀的操作室

一旦按壓槓桿的行為建立以後，便可以由刺激的環境控制引發，譬如在槓桿上方你可以看到的燈。如果食物團僅僅在燈開的時候才出現，動物就會迅速學會一個簡單的區辨（discrimination）：燈開的時候才按，燈關的時候不用按。用史基納後效強化作用的術語描述，操作室中開燈構成了「反應發生的誘因」，「反應本身」是按槓桿，食物團是「對後果的增強」。

　　按槓桿的頻率是以一種稱為累積記錄儀（cumulative recorder）的儀器進行連續記錄；圖 10.8a 顯示了某個正在運行的記錄儀。當紙帶以恆定的速度傳送而在 X − 軸上產生時間的座標時，每次動物按下槓桿都會有一隻筆從紙張畫下一段固定的距離。當緊隨著強化物出現一個反應時，已經編好的程式能使打印筆產生一個短的對角標記線。當筆走到紙帶的頂端時，就返回基線重新開始。另有一隻筆記錄如開燈關燈這樣的事件，反應率的評定可以非常簡單地透過查看累積記錄的斜率得到。在圖 10.8b 的累積記錄中，白鼠在開始記錄時非常迅速地按槓桿（箱中的提示燈開，這個信號表示按槓桿能夠得到食物），但是牠在第二階段（燈關）幾乎完全不按槓桿。

(a)

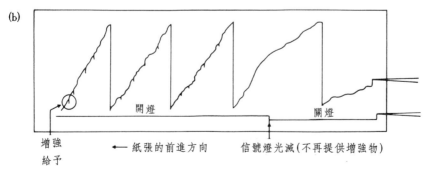

(b)

增強
給予　　　←── 紙張的前進方向　　信號燈光滅（不再提供增強物）

開燈　　　　　　　　　　　關燈

圖 10.8　(a)一個累積記錄儀的基本操作，(b)一個假設的顯示高低反應率的累積記錄

對操作方法的經典說明可以從一本百科全書式的著作《增強的程序》(Schedules of Reinforcement, Ferster & Skinner, 1957)中發現。有關它對行為實驗分析的重要性在專欄 10.2 中有說明。切記在個案研究 1 中討論強化程序之前閱讀它。

專欄 *10.2*

經典研究——增強的程序

　　《增強的程序》(Ferster & Skinner, 1957)不是一本閱讀的書，而是一本放在書架上的書。如果有人問你「固定比率」程序怎樣影響行為，你可以翻到固定比率這一章，然後說「這裡，自己瞧」。就是說，這本 739 頁的著作不僅是一本需要反覆翻閱的書，而且是一本「地圖集」(史基納語)。

　　本書是由史基納和他的學生兼同事佛斯特(Charles Ferster)共同編著，代表著一個非凡的成就，無可爭議的成為史基納最重要的研究貢獻，也許是純歸納科學方法的最高典範。全書是滿滿的描寫和累積記錄的例子，說明了許多不同類型的後效增強作用的例子。史基納工作的倫理可以從他描述這本書的編寫過程看到：

　　　　幾千個小時的數據意味著幾千英呎的累積記錄……我們有條不紊地工作。我們寫下草稿，採用一批記錄，口授實驗的敍述，選出有代表性的記錄，然後剪下並將它們網羅進幾個圖表中。最後我們有了一千多個圖表，其中的 921 個都被收進了這本書 (Skinner, 1984, p. 109)。

　　佛斯特和史基納書中的 921 個(！)累積記錄顯示出行為怎樣受不同的

增強程序影響。「每當環境在有些時候，但並非全部時候增強了個體出現的一個反應時」，該程序便被認為是有效的(Reynolds, 1968, p. 59)。很少有行為在每次發生的時候都受到增強，有些行為(例如賭博)總是不定期地被增強。然而部分增強會產生非常難於削弱的行為(同樣以賭博為例)。

兩類常見的程序被稱為間隔增強和比率增強。在固定間隔時間(fixed interval, FI)程序中，行為只在一段固定的時間過後才受到增強。一個可變間隔(variable interval, VI)程序也在一段時間以後增強行為，但增強物之間的時間間隔是會改變的。比率的增強程序不僅取決於時間而且取決於行為產生的量。固定比率(fixed ratio, FR)程序在個體作出一定次數的反應後才進行增強。類似於 VI 的程序，可變比率(variable ratio, VR)程序增強一定數目的反應，但反應的數目是變化的。比率程序產生了相對而言比較高的反應率，因為受試者獲得的增強量取決於行為發生的頻率。間隔程序常常產生低反應率，雖然在個案研究 1 中你會將看到一個例外。

操作制約領域基礎研究的主要出版物是「行為實驗分析雜誌」(Journal of the Experimental Analysis of Behavior)。近期的一些文章標題可令你對其內容有一番體會：

✓ 固定和變化的比率對人類行為變異性的影響 (Tatham, Wanchisen, & Hineline, 1993)。

✓ 延遲增強對嬰兒發聲速度的影響 (Reeve, Reeve, Brown, Brown, & Poulson, 1992)。

✓ 白鼠的低反應率制約史和固定間隔反應 (LeFrancois & Metzger, 1993)

□ 個案研究 1──一個實驗分析

　　上述的第三個研究是行為實驗分析中遇到的一個基礎研究的卓越範例，勒弗蘭科和梅茨格(LeFrancois & Metzger, 1993)對行為主義的基本問題之一感興趣：先前的學習經歷如何影響目前的行為？所有的行為主義者相信，為了預測目前的行為，知道一個人的學習經歷是必須的，但是今天的行為主要是受到當天的後效增強事件影響，還是受以前的增強事件影響，這一點仍存在分歧。如果行為是適應性的，那麼我們可能預期當天的增強事件具有最大的影響力。但是也可以認為，生命早期所發生的某個特別強有力的增強效果可能一直延宕到今天。

　　勒弗蘭科和梅茨格在一個有六隻白鼠的操作實驗中檢驗了這兩種可能性。所有的白鼠都從一個 DRL－20 的訓練程序開始。「DRL」代表「低比率的區辨增強」(differential reinforcement of low rates)，它的意思是動物只有在按槓桿被增強之前二十秒鐘不按槓桿才受到增強。在 DRL 程序之後，一半的白鼠被安排到固定間隔程序(FI)，另一半被安排到固定比率程序(FR)。最後，再給第二組安排固定間隔程序(FI)。因此，兩組的實驗序列就是：

(1)　DRL　　　　　　→　　FI
(2)　DRL　→　　FR　→　　FI

就是說，所有的白鼠最後都以 FI 結束，但有些大鼠經歷了一種學習(DRL)，另一部分白鼠則經歷了另一種學習(先是 DRL，然後是 FR)。是當前的 FI 控制行為，使組間差異沒有產生，還是先前的經歷影響 FI？答案可以從圖 10.9 得出，它比較了每組中一隻白鼠的累積記錄。非常明顯，當 DRL 之後接著就是 FI 時(圖 10.9a)，FI 期間的反應率低。但是，當 FR 程序介入時，它戲劇性地影響了 FI 中的反應率，產生了更多的反應(圖 10.9b)。因此，FI 的成績受緊接它之前的程序影響最大。DRL 只有

在反映動物最近的經歷時才有作用(第一隻大鼠)。勒弗蘭科和梅茨格得出的結論是,「實驗室動物的反應對當前的經歷敏感,而對隨後就出現高比率條件『FR』的低比率條件經歷『DRL』較不敏感」(1993, p. 543)。

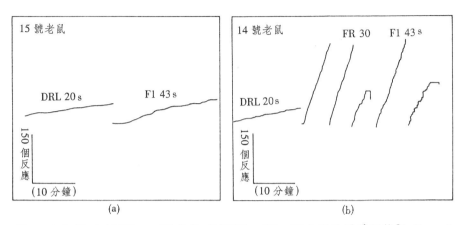

圖 10.9 經歷 (a)DRL → FI 或者 (b)DRL→FR→FI 大鼠的累積記錄[LeFrancois & Metzger, 1993]

　　你可能覺得這個實驗聽起來像前面幾章中遇到的「群體數據」實驗。但是,雖然研究中確實有兩組且每組三隻白鼠,但它沒有呈現總結性數據,而且在文章中找不到推論統計數。相反,六隻動物每隻動物的行為都被作了描述,並且六個累積性記錄都被列出。這種策略當然與德萊斯勒在 1890 年代研究面感視覺所用的方法完全一樣——現象在單一個體得到了驗證,並在其他個體得到了重複。

行為分析應用

　　史學家史密斯(L. Smith, 1992)指出,可以泛泛地將科學家分為兩類。「沉思的理想者」專注於對自然世界事件基本起因的理解;而「技術的理想者」尋找用科學控制和改變世界的方式。史基納堅定地持後一立場,儘管他的大部分研究是純實驗室工作,但他的興趣卻是在於將一

個行爲實驗分析的結果應用到現實世界的問題中，而且他對教育、工業、兒童養育及行爲治療都有重要的貢獻。他的觀念甚至直接幫助了 NASA 的太空計畫，至少有兩次太空飛行上都是用送上太空的黑猩猩完成複雜的操作任務。一位曾參與該計畫的心理學家指出，「我們當時以及後來使用的每種技術、程序和記錄設備，都可以追溯到史基納或他學生們的工作」(Rohles, 1992, p. 1533)。

　　最後，史基納毫不矯情地號召根據操作原則來重構社會，這一建議使他成爲一位具爭議性的人物。對某些人來說，他爲改善世界所開的規定似乎過於悲觀，人們譴責他試圖將每個人都變成史基納箱中的老鼠。專欄 10.3 對這一控制問題作了詳細的闡述，請在學習制約原則如何被用於解決各種應用問題的論述之前仔細閱讀這一問題，看看你是否同意它的結論。

　　　■■■■■■ 專欄 *10.3*

倫理── 控制人類行爲

　　在第 1 章中，心理學的目標被形容爲描述、預測、解釋和控制。你可能對「控制」這一點感到不安，因爲它意味著意操縱行爲的企圖，甚至違反個人「意願」。由於這一涵義，從華生到史基納的行爲主義者都受到譴責，說他們藉由條件制約尋求專橫的控制。「克利夫筆記」(Cliff Notes)總結史基納的《沃爾登第二》時(Walden Two, 這本小說述說了一個依據原則建立的社會)，將其與奧威爾《一九八四》(Nineteen Eight-Four)夢魘般的世界作了類比 (Todd & Morris, 1992)。把行爲主義者看成獨裁者可能言過其實，但當人們在史基納的書中碰到諸如「設計一個文化」這樣的章節標題，或者常常是斷章取義地讀到史基納的某些觀點，這種看法確實被增強了。

　　從行爲主義者關於行爲受環境制約的格言中，我們可以獲得一個人

能夠也許是應該以行動來改變行為的信念。如果不管怎樣環境都將塑造行為，那麼為什麼不保證有益的行為被塑造呢？這種態度明顯反映在兩段著名的語錄中。第一段是華生的聲明：

　　給我一打健康的嬰兒，在一個構成良好的、我自定的世界中將他們撫養長大，並對其中任選出的一個，保證能把他訓練成我想要的任何類型的專家：醫生、律師、藝術家、大商人，甚至是乞丐和小偷……(1924，p. 82)

第二段語錄選自史基納的《沃爾登第二》(Walden Two)，這段話是藉那個社會締造者的聲音說出的，也許仍然記著華生關於一打嬰兒的名言，史基納寫道，

　　「還有什麼沒做？」他說道，眼睛閃爍著光芒，「對了，關於設計人格你說了什麼？你對那有興趣嗎？控制脾氣？給我你的要求，我就把人給你」(1948／1976, p. 274)。

　　對於史基納來說，行為控制不應該成為一個爭論的議題。他相信，決定是否控制行為不是一個問題。行為是受它的後果控制的。以這一基本事實為前提，他相信人們隨後應致力於產生有益行為而非無益行為。批評家們仍然不能被說服，並且提問誰是那個行為塑造的決定者，但史基納認為他的批評者們未抓住要點。

　　行為控制爭議在心理診所中特別明顯，你要學習到的行為程序在那裡相當成功地幫助了人們。一個特別引起爭議的程序是使用包括電擊的懲罰來改變障礙兒童(disturbed children) 的行為。例如，在庫什那(Kushner, 1970)做的一項研究中，一個嚴重遲緩的七歲兒童(心智年齡二歲)因為咬手而接受電擊的治療。他經常將自己的手咬得鮮血直流，並造成嚴重感染，採取給他戴拳擊手套或護肘夾板以抑制行為的嘗試都失敗

了。治療中將電極放在兒童的大腿上，每次他的手一碰到嘴就立即施行電擊，結果這一行爲幾乎立即減退，甚至當電極被移去之後也仍然保持。當像這樣的程序在一個效果評估的研究中使用時，不能傷害研究參與者的倫理原則是否被侵犯了呢？懲罰使用的捍衛者辯解說，其他程序對自咬這樣的行爲常常沒有作用。只要有恰當的防護措施(例如，其他程序，從監護人那裡獲得充份告知的同意書)，法庭支持「在極特殊情況諸如可能造成軀體損傷的自殘行爲」時可使用電擊(Kazdin, 1978, p. 352)。

研究者們還主張必須實證地研究治療程序，即使這意味著爲了獲得最令人滿意的效果必須操弄懲罰的水準和次數。這可能導致研究中有些兒童會在一個後來認爲沒有必要的更高水準上接受懲罰，以改變他們的行爲，但如果不進行研究，理想的治療程序(即仍可解決問題的最輕懲罰)永遠不能爲人所知。以找到最佳方式幫助這些倍受折磨的障礙兒童爲終極目標，懲罰使用的評估研究不僅合情合理而且是必須的。

行爲實驗分析的「應用」方面有時被稱爲應用行爲分析 (applied behavior analysis)。它包括使用行爲，特別是操作原則來解決現實生活問題的任何過程。爲了體會這些原則可以被應用的環境範疇，思考從「應用行爲分析雜誌」(Journal of Applied Behavior Analysis)中選出的下面這些論文標題：

✓ 競賽游泳選手練習行爲的音樂增強 (Hume & Crossman, 1992)。

✓ 一種兒童口吃簡易療法的分析(Wagaman, Miltenberger, & Arndorfer, 1993)。

✓ 漫畫欄中的行爲改變：關於安全帶使用對漫畫家的回饋 (Mathews & Dix, 1992)。

我們將在下一節探討的設計，最常被應用於臨床情境，但是從這裡列出的標題，以及前面提到的史基納的應用工作還有隨後會講到的一些設計

可以看出，操作原則的應用情境五花八門。

應用行為研究中的小樣本設計

在做小亞伯特實驗時，華生和瑞娜(Watson & Rayner, 1920)在恐懼制約的研究報告接近結尾處，說明了幾種消除恐懼的方法。儘管他們從來沒有在小亞伯特身上嘗試任何方法，但利用行為方法減少恐懼的嘗試幾年後在瓊斯(Mary Cover Jones, 1924)所做的一項開拓研究中實現了。一個名叫彼得的 34 個月大的男孩害怕兔子，瓊斯成功地消除了他的恐懼。她的方法是給彼得最喜歡的食物，並把兔子放在離他不遠的地方，然後逐漸挪近，這是一個類似於今天系統系統減敏感法(systematic desensitization)的技術。

在瓊斯成功地治療了彼得後，行為治療法並沒有立即普及，但從 50 年代開始，特別是到了 60 年代，這一方法確實開始盛行。其動力來自於更多的基於行為原則的程序被有效地證明，以及對傳統治療法，特別是對佛洛伊德學派的治療法產生越來越多的懷疑。在 1960 年代，幾種以行為治療法為特質的期刊開始出現，包括「行為研究與治療」(Behavior Research and Therapy, 1963)和「應用行為分析雜誌」(Journal of Applied Behavior Analysis, 1968)。從那時起，證明某一方法對「單一受試者」產生明確行為改變的設計，開始定期地在研究中出現。

單一受試者設計的要素

單一受試者設計的基本邏輯相當簡單。因為在這些研究中通常沒有控制組，所以必須表明單一個體的行為是因為實驗處理的使用而改變，而不是某個混淆因素所造成的。它最少要求三個要素：第一，目標行為必須被操作性地定義。僅僅說要試圖減少兒童的課堂搗亂行為是不夠的，必須用容易記錄的事件來定義行為，譬如在別人講話的時候大聲說話。在本章開始時舉的例子中，主要的目標行為是使以色列兒童戴上防毒面具，但是研

究者還要測量他們所說的「被動破壞」(passive disruptive)行為，其定義是不理睬「戴上面具的」要求，或者裝作沒有聽見(Klingman, 1992, p. 72)。

任何單一受試者設計的第二個特徵是，建立一個反應的基準線(baseline)水準。這意味著問題行為在處理前必須被觀察一段時期，以確定它平時出現的頻率。針對這個反應的基準線水準才能評定處理計畫的效果。第三個要素是開始實施處理並繼續監控行為。如果你已經注意到這聽起來像上一章講過的中斷時間系列的邏輯，那麼恭喜你，這兩種情況的目標都是針對一個確定的基準線評估某種處理。

最簡單的單一受試者設計有時被稱為 A－B 設計(A－B design)，A 代表基準線，B 代表處理。理想的結果是，當 A 變化到 B 時行為改變，你回憶一下這正是在防毒面具研究中所發生的。不過，從你對威脅內部效度因素的了解，我猜你可能認為 A－B 設計在這一點上是薄弱的。對——行為的改變可能是處理的結果，但也可能是各種混淆因素所造成的結果，包括經歷、成熟甚至迴歸。為了減少這種替代解釋的機率，研究者提出了撤消設計的辦法。

撤消設計

如果實施了某種處理，而且也許因為成熟，行為發生了改變，那麼當處理隨後被移除或撤消時，行為就不太可能再變回它原來的樣子。但是，如果處理被撤消後，行為確實返回到它的基準線水準，那麼行為有可能確實是受處理而不是成熟的影響。這就是撤消設計(withdrawal design，有時被稱為「逆向」設計)隱含的邏輯，它最簡單形式是 A－B－A 設計。你可能猜到，這個設計開始的時候正像 A－B 設計，但是在處理實施一段時間後被撤消了，如果行為的改變正好與處理的採用與移除相關，我們對處理造成行為改變的自信就會增加。如果再次採用處理帶來了行為的另一次改變，那麼那種自信就會進一步增強。因為這個原因，研究者對 A－B－A－B 設計的偏愛更勝 A－B－A 設計。事實上，處理計畫被評估了兩次，

A－B－A－B 設計還有著倫理上的優勢，即它以實驗處理結束實驗，它的
理想結果可以用圖 10.10 說明。注意要使處理被認爲成功，行爲必須在撤
消設計後返回基準線（或者接近它），並且當處理被再次引進時必須又一次
產生改變。當這樣的結果發生後，就很難用不同於成功運用了處理計畫的
其他方式來作解釋。作爲這種常見設計怎樣被實際使用的一個例子，考慮
下面關於競賽游泳選手的個案研究。

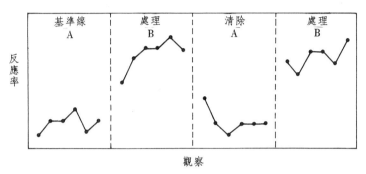

圖 10.10   一個 A－B－A－B 撤消設計的理想結果

□個案研究 2── 一個 A－B－A－B 設計

研究由休謨和克雷斯曼所做（Hume & Crossman, 1992），其目的
是提高一個游泳俱樂部的五名 12 至 16 歲的男會員在「陸上訓練期」
（p. 665）的訓練行爲，陸上訓練期是男孩們不在水中，但仍要做某些
練習來提高游泳成績的階段。「有益」行爲包括如練習（例如仰臥起
坐）或向另一游泳者作技術示範。「無益」行爲包括不適當練習（例如
倒立）、分心活動（諸如偷其他人的泳鏡），以及與游泳無關的聊天（例
如女孩）。你也許已猜到，特別是考慮到男孩們的年齡，無益行爲的
基準線水準會相當高，並且常常使教練們惱羞成怒，教練們顯然忘了
自己一度也曾處於這樣的年齡。

三位訓練有素的觀察者在一個大約包括十二節訓練課程的基準線
水準期(A)記錄行爲。然後在幾節課程中引進增強計畫(B)，在以後的幾

節課程中撤消增強(A)，接著再引進增強(B)。三個男孩被分派到一個
「伴隨增強組」，剩下的兩個男孩在「非伴隨增強組」。增強包括在
訓練時聽音樂，眾所皆知這在男孩中非常受歡迎。為了在隨後的課程
上(五個人)都能聽到音樂，伴隨增強組中的三個男孩每人在池外時間的
有益行為必須達到一定水準。

　　按照操作研究小樣本設計的習慣，每名游泳選手的結果都被個別呈
現。圖 10.11 顯示了在伴隨增強組中一名游泳選手的結果，該增強計畫似
乎對他相當有效。在基準線階段，除了一節訓練課外，幾乎都被無益行為
佔據，但在干預期迅速地發生改變；此時的有益行為更加頻繁。撤消增強
以及隨後的增強再採用，產生的效果與音樂行為伴隨能夠提高訓練課質量
的想法一致。

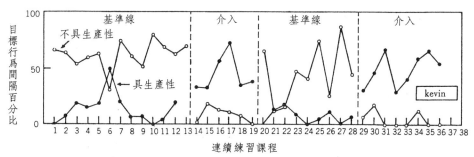

圖 10.11　　休謨和克雷斯曼(Hume & Crossman, 1992)為改善游泳訓練效果使
　　　　　　用的 A－B－A－B 設計的數據

多重基準線設計

　　有時侯撤消設計完全是不可行的，例如，如果處理計畫中包括教導一
種特殊的技能，即使計畫終止那種技能可能仍然「學到了」。就是說，
當處理計畫撤消時，行為不會返回基準線而仍然保持在高的水準。一種撤
消設計可能還會出現倫理的問題，特別是如果被改變的行為是自殘性的。
如果一名自閉症兒童有意地以頭撞牆，我們想用一種操作程序停止他的行
為，透過撤消程序來觀察撞頭行為是否恢復，可能是說不過去的。多重基

準線設計解決了這類實際和倫理的難題。

在多重基準線(multiple baseline)設計中，先建立基準線測量，然後在不同的時間引進處理。它分三種：基準線可以建立自(1)兩個或兩個以上的個體的相同行為；(2)同一個體的兩個或兩個以上的不同行為；(3)同一個體的相同行為，但是在兩個或兩個以上的不同的情境中。所有情況中的邏輯都是相同的。譬如考慮某種情境，目標是改變同一個體的三種不同行為。理想的結果呈現在圖 10.12 中。可以看到，研究是由為三種行為的每一種建立基準線開始的。然後對某種行為開始處理，但不處理其他兩種行為。如果處理是有效的，它應該僅僅改變第 1 種行為。同樣，當處理被擴展到第 2 種行為時，它應該影響那種行為而不是行為 3 。到了第 3 次時，第三種行為應該得到改變。因此，處理計畫的有效性是由事實推理出來的，即

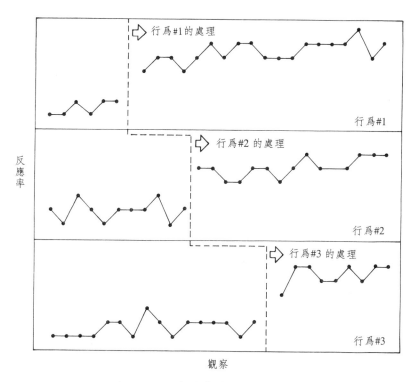

圖 10.12　多重基準線設計的理想結果

在不同的時間引進處理，而行為只在引進處理的時候才反應，而不是在以前。另一方面，如果所有三種、或者三種行為中的兩種行為在第 1 次處理後即發生了改變，那麼就難以將變化歸因於處理了。

多重基準線研究是在文獻中最經常遇到的研究，一個很好的例子就是瓦格曼等人(Wagaman, Miltenberger, & Arndorfer, 1993)用多重基準線設計作一項研究，評估一個幫助口吃問題兒童的計畫。

□個案研究 3 ── 跨受試者多重基準線設計

這一研究說明了上面講過的多重基準線設計的第一種類型；研究的目標是改變幾個人的同一種行為。要改變的行為是口吃，受試者是八名學校兒童（六男二女），年齡從 6 歲到 10 歲。治療計畫是一種被稱為「調整呼吸」的程序的簡化形式，透過讓兒童儘量在呼氣的時候而不是在吸氣的時候多說話，教會兒童減少口吃。兒童是在家中接受教導的，父母也學會了這種技術。計畫還包括（來自父母的）社會增強以及覺察訓練的部分，覺察訓練教導父母和子女能夠迅速識別每一種類的言語問題。

後一特質使得一個問題成為該計畫關注的中心，你可能已想到了：口吃是如何定義的？顯然，一項完全覺察口吃的訓練計畫必須從對現象清楚的行為定義開始。瓦格曼等人(Wagaman et al., 1993)發展了具體的標準來識別四種口吃：(1)整詞重複；(2)部分詞重複；(3)一個發音的拖長；(4)在說完一個詞之前的語塞或猶豫(p. 55)。為了保證測量的信度，他們將所有的課程作了錄音，並讓多名評分者對錄音內容作評估，評分者間的一致性相當高。

圖 10.13 顯示了其中四名兒童的結果（其他四名兒童的曲線實際上是一樣的）。有幾點值得注意：第一，如同所有的單一受試者設計，研究從建立一個成績的基準線水準開始；第二，正是多重基準線研究所特有的，治療計畫在不同的時間開始。基本上，如果發現幾張上下疊在一起的圖形，一條點連線從一條曲線向下一條曲線呈逐漸下降的趨勢，你就能夠辨認出多重基準線研究。第三，每一兒童的口吃行為顯然對治療計畫有反應。

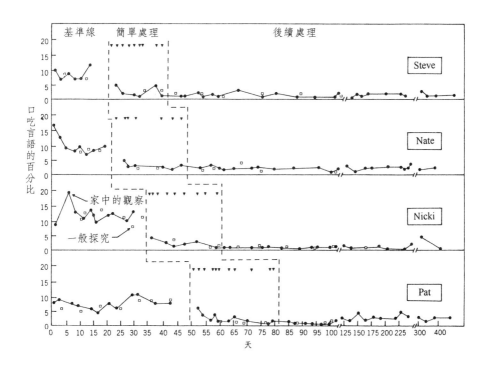

圖 10.13　瓦格曼等人作的一項減少口吃行爲的多重基準線研究（Wagaman et al., 1989）

　　如果你數一數在曲線治療部分上方的小箭頭，你會注意到它們不是平等的。例如，「史蒂夫」有九個療程，而「內特」僅有七個（名字當然是虛構的）。從你在前面幾章中學過的內容，你可能懷疑這裡是否存在控制問題，訓練療程的數目不應該保持一致嗎？不過，記住在小樣本方法哲學觀中的一個基本要素就是對個體的關注。瓦格曼等人（Wagaman et al., 1993）更關心的是保證每名兒童都達到一定的成績標準，而不是保持療程的總數目「得到控制」。因此，對每名兒童的訓練一直繼續，直到每個孩子都「一致地達到了口吃的標準水準（＜3％口吃詞）」（p. 57）。

　　小樣本傳統中的研究有時候受到批評，因爲它的結果不能超越實驗情境而推廣，且缺乏追踪研究。瓦格曼等人（Wagaman et al., 1993）的研究對

這兩個問題都作了探討；首先，注意圖 10.13 一大部分點是實心的圓圈，但也有些是空心的四方形；其中一個標著 ”gen. probe”，意思是類化探測（(generalization probe)。四方形表示研究者在學校環境評量兒童口吃的時候，圓圈(”home obs.”)指的是在家中的療程。顯然，即使訓練發生在家中，結果可以類化到學校。第二，注意研究對每個兒童都作了深入的追蹤研究（ 10－13 個月 ），正如圖 10.13 右側部分所標明的。因此，計畫不僅僅在短期有效，它的效果是持久的。

交替處理設計

第三種主要的單一受試者設計稱為交替處理設計(alternating treatment)（Barlow & Hersen, 1984）。這個程序使用在當對同一個體實施一種以上的處理時，對處理的有效性作比較。因為它在同一研究中評估一種以上處理方法的能力，它已經成為一種廣受歡迎的程序。在建立一般性的基準線後處理被變化數次，這種變化是隨機完成的，以減少任何可能發生的序列效應(你可能認出這是交互平衡的又一個例子)。這個設計成功地示範在錢德勒、福勒和魯貝克(Chandler, Fowler, & Lubek 1992)對發育遲緩的學齡前兒童作的一個社會行為研究中。

□個案研究 4──交替處理

他們的文章介紹了兩個研究，目的都是評估不同變項(每一種變項都被認為是影響學齡前兒童同儕間互動關係的一個重要因素)的各種組合。我們僅僅考慮研究 2。它包括四個在日間託兒中心的 3 到 4 歲的女孩，這些女孩「 被認為有發展遲緩的危險 」(p. 256)。

在同儕之間社會互動的基準線測量之後，實施了三個連續的介入措施，每一措施都比較了兩種交替處理。錢德勒和她的同事們評估了四種不同類型的處理：

1. 標準：這種條件中沒有教師，玩具有限，但已經知道一起的同伴很善於同伴互動。以前的研究證明這三種因素中每一種都可以獨立有效地

鼓勵互動。錢德勒等人(1992)對這些因素的組合效果有興趣。

2. 對比：這是標準條件的對立面。教師在場，屋子中充滿了玩具，同伴互動不太熟練。

3. 標準／社交促進：它與標準條件相似(即有限的玩具，熟練的同伴互動)，除了教師在屋子中，教師還受到指示要促進受試者進行同儕互動。

4. 對比／社交促進：它與對比條件相似(教師在場，許多玩具，不熟練的同儕互動)，除了同處理 3 一樣，教師要鼓勵同儕互動。

「莎朗」的結果可以從圖 10.14 看出。第一個比較是在標準(■)和對比(▲)處理之間進行，第二個比較是在標準和標準／社交促進(□)之間，第三個比較是在對比和對比/社交促進(△)之間。整體而言，莎朗在標準條件下出現的「同儕導向行為」(peer-directed behavion)頻率最高，在介入1 期間尤其如此。介入 2 說明教師促進學生互動可能是不必要的，而且事實上促進似乎還減少了同儕互動。但如果條件是不利於社交(無數的玩具和不熟練的同儕)，如最後一段介入比較期所示，則教師的促進可能是有效的。類似的模式也發生在其他三名兒童身上。

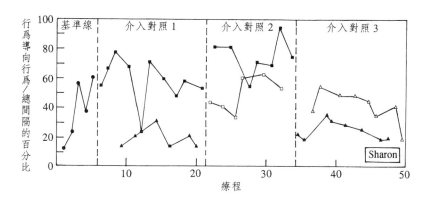

圖 10.14　一個評估同儕互動三種改進方式的交替處理設計的數據(選自 Chandler et al., 1992)

其他設計

　　應用行爲分析中使用的不僅僅是 A－B－A－B 撤消設計、多種基準線設計，以及交替處理設計。根據處理的問題不同，很多研究者將主要設計的要素結合起來，對設計稍加修改或創造一種新的設計。一個修正 A－B－A－B 設計的例子稱爲 A－B－C－B 設計，當處理計畫中含有伴隨增強的使用時，常常使用 A－B－C－B 設計。就是說，在處理(B)過程中，目標行爲發生後立即受到增強，增強不在其他時間出現。在 C 過程中提供增強，但增強不是靠目標行爲決定的。因此，B 和 C 中都受到了增強，但增強取決於行爲表現僅在 B 中發生。這一設計有助於控制安慰劑效應，因爲它證明行爲改變的發生，不僅僅是因爲受試者喜歡得到增強物或者高興參加實驗等原因，而是因爲特定的增強伴隨事件引起的。

　　另一個修正 A－B－A－B 設計的例子是在對單一受試者試作藥物治療有效性評估時使用。研究者已經提出了幾種不同的序列，但常見的一種是 A－A₁－B－A₁－B 設計（例如，Liberman, Davis, Moon, & Moore, 1973）。A 是正常的基準線，A₁ 是第二個基準線，此時受試者得到一個安慰劑，眞正的藥物到 B 時才給。

　　單一受試者設計的最後一個例子被稱爲變化標準(changing criterion)設計，它是受塑造的操作程序啓發而得。在這個設計中，剛開始目標行爲對受試者來說太難完成；它必須通過少量增長逐漸塑造。程序從建立一般的基準線開始，然後實施處理並持續至某個標準被達到。然後標準一步步漸趨嚴格，直到最終的目標行爲被塑造完成。健身計畫是這種策略的一種很好應用(例如：DeLuca & Holborn, 1992)。計畫從增強最小量的身體活動開始，然後逐漸增加每次增強的活動量。

單一受試者設計評價

　　我們現在考慮的這些設計，爲評定行爲改變的操作方法及其他制約方法提供了極大的幫助。它們都來自於史基納／巴甫洛夫所宣稱的，如果條

件得到精確控制，那麼有序的以及可以預測的行爲就會隨之而來。不過，對小樣本行爲設計並非沒有批評。

最常見的抱怨與外部效度(結果能被推廣的程度)有關。如果發現某種形式的行爲治療法在一種特定情境中對單一受試者有效，我們怎麼知道該治療法對其他有同樣障礙的人也普遍有效呢？也許研究中的這個受試者有些異乎尋常，也許一種情形下產生的治療效果不會推廣到另一種情形。

支持者回答說，推廣的問題其實在某些研究中已經直接作了評估；瓦格曼等人(Wagaman et al., 1993)的多重基準線研究就是一個很好的例子。第二，如果結果不能被複製，從單一受試者研究得出的結論自然是無力的，但複製和延伸是這一方法的常見特徵。例如，使用「分化注意」的辦法塑造行爲(譬如父母只對兒童好的行爲給予注意，而對不好的行爲不予理睬)現在已經成爲一套公認的現象，這要歸功於許許多多的小樣本研究證明它對各種行爲的有效性。想想這是一個怎樣的幼兒群體，巴洛與赫森(Barlow & Hersen, 1984)列出了六十五個使用分化注意的研究，所有這些研究發表於 1959 年至 1978 年間。

單一受試者設計還因爲不使用統計分析，而只憑簡單的視覺觀察數據，而受到批評，這在一定程度上反映出大樣本和小樣本的提倡者之間哲學觀的差異。小樣本的捍衛者認爲，只有當效果顯然到足以對任何人都適用的時候才能作出研究結論。不過值得注意的是，有些統計分析也開始在單一受試者設計的研究報告中出現。例如，有些研究使用時間序列分析來分離處理效應與趨勢效應(Junginger & Head, 1991)。時間序列分析還有助於解決基準線相對不穩定的問題(如圖 10.14 所示)，該問題曾使單一受試者圖形的視覺觀察難於解釋。

統計分析已經悄悄地走進了「行爲實驗分析雜誌」(Journal of Experimental Analysis of Behavior)──傳統上是純討論史基納學派刊物。一位操作研究者在調查了 JEAB 1989 年卷的文章後痛心疾首地發現，近三分之一的文章以一種或另一種形式使用了推論統計，而不超過 10% 的文章包含累積記錄(Baron, 1990)。

對單一受試者設計的第三種批評是，它們不可能充份地檢驗交互效應。回憶第 7 章中有關實驗設計的內容，因子設計的一個誘人特徵是：它能發現兩個或更多獨變項之間的交互作用。也有針對小樣本研究的交互設計，但是它們極其麻煩。例如，由雷頓博格等人(Leitenberg et al., 1968, 選自 Barlow & Hersen, 1984)作的一項研究使用 A – B – BC – B – A – B – BC – B 設計來，比較兩種治療技術(B 和 C)加上它們的綜合效應(BC)。不過注意，技術 C 沒有單獨出現。它需要在第二個受試者身上的複製，採用的形式是 A – C – BC – C – A – C – BC – C。

你在第 7 章中學到的一個特別有趣的交互作用來自於 P × E 設計，設計中包括一個受試者變項(P)和一個操弄變項(E)。一種 P × E 交互作用發生在當操弄變項以一種方式影響一些人，而以不同的方式影響另一些人的時候。在 P × E 設計中的受試者變項根據定義當然是受試者間變項，但是除了有些多重基準線研究外，單一受試者設計都是受試者內設計。因此，與此相似的 P × E 交互作用只能在單一受試者設計中透過深入複雜的複製而找到，其中要發現(a)處理一對第 1 類人有效，但對第 2 類人無效，(b)處理兩對第 2 類人有效，但對第 1 類人無效。

對操作傳統中小樣本設計的最後一點批評是，它們獨獨倚賴反應次數作爲依變項。這種方法排斥使用反應時的研究，不考慮一個詞是否被正確地回憶、注視所用的時間(如在習慣化研究)，以及其他很多會給人類行爲帶來啓迪的變量。反應率當然是一個至關重要的變項，但我們很難因而無視其他依變項測量的價值。

小樣本設計決不限於操作研究及應用行爲分析，心理學最早的小樣本研究之一，是使用心理物理學方法研究感覺閾限。

心理物理學

在本書開始的時候，我提到馮特(Wilhelm Wundt)在 1874 年的著作是建立心理學爲一門科學學科的里程碑。不過，實驗心理學可以上溯到馮特

之前，其中最突出的是人物是費希納(Gustav Fechner, 1801 – 1887)，他在1860年的著作《心理物理學綱要》(Elements of Psychophysics)有時被認為是實驗心理學中的第一本教科書。他的研究建立了心理物理學(psychophysics)，即研究物理刺激與心理感覺之間的關係。

透過修習感覺與知覺的課程，你能對心理物理學中的研究有一番通透的認識。這裡我只簡要概述心理物理學中的研究類型，使你了解到這類研究為什麼是小樣本方法的又一例。

閾　限

心理物理學中的研究關係到兩種相關技能：偵測一種刺激呈現的能力和辨別略微不同刺激的能力。覺察問題源於確認費希納所說的絕對閾限(absolute threshold)，即剛剛能夠被感覺意識到的刺激強度。你每次作的聽覺敏感度或視覺敏感度的測驗就是一個有關絕對閾限的實驗。通常，因為人們了解到即使有絕對閾限，也很難為「絕對」做切截點(cut-off poines)，所以偵測研究採取的形式是確定：(a)影響我們偵測刺激能力的因素；(b)決策刺激被偵測到的過程是否受諸如激勵或疲勞的影響。

心理物理學研究的第二類閾限與辨別有關，它稱作差異閾限(difference threshold)，或「最小可覺差異」(just noticeable difference, 簡稱 jnd)。如果你注視兩盞強度略微不同的燈，但它們看上去對你來說完全一樣，那麼你還沒有達到差異閾限。如果一盞燈的強度增加，直到你剛剛能注意到差別，那麼你達到了一個差異閾限。差異閾限可以透過練習，作更精確的調節，正如專業的鋼琴調音師、品酒師(及在19世紀的毛線分類人)和我們其他人顯而易見的差別。

心理物理學方法

費希納介紹了三種基本的心理物理學方法，直至今天它們仍在使用。為了舉例說明每一種方法，想像你正在參加一項聽覺測驗。你戴耳機坐在一間隔音的小屋中，給你的指導語是每次聽到一個聲音就按按

鈕。實驗者發出一個聲音信號，你很容易聽到，接下來的聲音信號漸弱、越來越弱，直到你再也不能聽到。過了一會兒，你開始覺得又能聽到聲音了，然後聲音越來越強，如此下去。在這個例子中的實驗者使用的是極限法(method of limits)，它要交替變化漸增系列和漸減系列。在漸減系列中，第一個刺激遠遠高於閾限；隨後的刺激強度逐漸減弱，直到它們再不能被覺察到。在漸增序列中，第一個刺激低於閾限，而隨後的刺激強度逐漸增加。漸增系列中剛巧能覺察到的聲音強度與漸減系列中剛巧聽不到的聲音強度之間取平均數即得到總閾限值。

建立閾限的其他兩種方式是固定刺激法和調節法。在聽覺測試中使用固定刺激法(method of constant stimuli)時，任何一次測試中的刺激強度是隨機確定的。這種程序避免了在極限法中會發生的猜測和預期。在調節法(method of adjustment)中，受試者直接控制刺激強度，並且被告知調節它直到刺激剛巧能被覺察到，或剛巧覺得與第二個刺激不同。

最後，操作方法被用來研究動物的閾限，譬如使用辨別程序。如果動物要學習聽到聲音 1 就按槓桿，而聽到聲音 2 時不按，那麼它必須能夠在這聲音間進行辨別。如果它不能學會辨別，它就不可能區分聲音之間的差異。

心理物理學和小樣本

如果用一點時間思考這些方法，你就能明白為什麼心理物理學研究幾乎總是使用少量的受試者。首先，大多數心理物理學研究幾乎不需要許多受試者，因為大部分人都有著非常相似的感覺系統。個體差異這麼小，所以透過少數幾個受試者得到的結果便能輕易地推廣至其他人。當然，一如既往的，複製能夠證實我們的判斷。

在心理物理學中使用小樣本設計的第二個原因可以回溯到受試者內因子與受試者間因子的差別。建立閾限需要使用一種受試者內設計，每個人都要接受大量的刺激強度。如果給一個受試者刺激 1，另一個受試者刺激 2 等等，然後對一大組人計算平均閾限，這樣作是沒有意義的。相反地，

閾限需要在單一受試者內建立，而且它們只能由對單一受試者就一系列刺激進行大量實驗中建立。因此，與其對許多受試者作少數的幾次測量，心理物理學研究者寧願對少數幾個人作多次測量。另外，只對每個人呈現一個或幾個刺激而浪費受試者的時間是沒有意義的；一個刺激系列可能僅佔用幾秒鐘時間。如果一項研究需要 5 分鐘時間準備設備，5 分鐘指導受試者，也許再有 10 分鐘與受試者作討論，但只有 30 秒實際蒐集數據，誰願意作這樣的研究？

　　心理物理學研究使用小樣本的第三個相關原因與控制有關。大部分閾限研究是在高控制的實驗室條件中進行的。因此，每一次實驗中獲得的數據與諸如在社會心理學關於幫助的實驗相比，更不受誤差變異的影響。這當然又讓我們想起了史基納：如果條件得到控制，秩序便隨之而來。

　　這一章向你介紹了心理學中根深蒂固並且受到積極擁護的一種研究傳統。它是適合於某些環境的理想方法，如研究伴隨行為的增強效果及確定感覺閾限。它也許不太適於其他可能需要受試者間設計或關心更廣泛的依變項的情境。下一章我們探討主要採用描述性的方法，結束我們的方法學研究。

本章複習 ─────────────────

詞彙填空

1. 任何行為分析中的第一步是建立反應的一個＿＿＿＿＿水準。

2. 在使用心理物理學方法的＿＿＿＿＿作一個聽力測驗中，告訴喬爾透過轉動某

個開關，減弱聲音的音量，當他再也聽不到聲音的時候讓他停下。

3.誘導以色列兒童戴上防毒面具的研究使用了一個_____設計。

4._____設計是與塑造操作程序最相似的應用行為分析方法。

5.在史基納主義的行為實驗分析中受到偏愛的依變項測量是_____。

6.為了改變一個自閉症兒童的自激行為（self-stimulation behavior），將一個增強計畫在三種不同的情境中使用，但將它們交錯安排使得伴隨事件一次只在一種情境中出現。研究者使用的是一個_____設計。

多重選擇

1.關於德萊斯勒的面部視覺研究，下面哪一句話是對的？

(a)它顯示集合幾個受試者的數據產生的結果可能反映不出任何單一受試者的行為。

(b)它是小樣本設計的一個早期例子，研究中追加的受試者用於複製的目的。

(c)它是心理物理學極限法的一個例子。

(d)它例外地沒有使用在心理學早年佔主導的小樣本設計。

2.下面幾句話中除哪一句外，都是典型的支持小樣本設計者的論點：

(a)由於個體差異，所以需要用推論統計來確定獨變項是否導致了依變項的改變。

(b)有時候當從很多受試者得到的數據取平均數時，得出的圖形並不反映任何單一個體行為。

(c)對相當罕見的心理學現象的研究不太可能，除非使用小樣本設計。

(d)如果對條件的準確控制產生了有秩序的行為，那麼應該以對單一個體控制環境條件，而不是以達到統計控制為重點。

3.什麼時候多重基準線設計比 A – B – A – B 設計更受偏愛？

(a)當目標行為不可能一次全部達到時。

(b)當研究目標是對同一受試法比較兩種不同的處理方法時。

(c)當撤消設計因為某個原因不可行時。

(d)當目標是研究一個以上的個體時。

4.一所障礙兒童學校的研究者想發展和評估一項治療計畫，使兒童每天早上能夠好好地整理床舖。學校工作人員建議了兩種辦法，其一是一種代幣制度，兒童可以獲得分數，然後以分數換取其他增強物；第二種靠使用工作人員的關注作爲增強，整理床舖獲得的增強就是兒童受到更多的關注。爲了評估這兩種辦法的有效性，哪一種是最佳設計？

(a)交替處理設計。

(b)撤消設計。

(c)多重基準線設計。

(d) A – A1 – B – A1 – B 設計。

5.爲什麼 A – B – A – B 設計比 A – B – A 設計更受偏愛？

(a)不對；A – B – A 更有效率因爲它用時較少。

(b)因爲它包括撤消一個處理。

(c)因爲它比較了伴隨增強與非伴隨增強。

(d)因爲它評估了處理效應兩次而非一次。

======= 應用練習 =======

練習 10.1 *設計自我──提高計畫*

爲以下的自我改進計畫中的每一項，設計一個變化標準研究。對每一計畫，一定要謹慎地定義目標行爲，確認用什麼來作爲增強物，並且指出每一個連續的標準是什麼。

1.增加有效學習時間。

2.發展一個鍛練計畫。

3.向健康的飲食行爲改變。

4.改進時間管理。

練習 *10.2* 應用行為分析的假想結果

對以下的每一條，草繪出能說明兩個選項中每一結果的假想圖。

1. A－A1－B－A1－B 設計：

(a)藥物發揮了作用。

(b)不可能判斷藥物是否有效；可能是一種安慰劑效應。

2. A－B－C－B 設計：

(a)增強起了作用，但僅僅是當它伴隨特定行為的時候。

(b)增強起了作用，無論是否伴隨特定的行為。

3. 跨三個情境的多重基準線設計

(a)計畫有效。

(b)不可能排除經歷或成熟的效應。

4. A－B－A－B 設計

(a)計畫有效。

(b)很難判斷是否由計畫引起了改變，還是某個其他因素如成熟引起了改變。

練習 *10.3* 描繪應用行為分析結果

對下面的每一段描述和數據組，作一幅能夠準確描繪結果的圖形。

1. 一個總是在課上打岔的兒童擾亂了二年級的課堂秩序，用一個 A－B－A－B 設計減少他的打岔行為次數。在處理期間，告訴老師不要理睬兒童的打岔，而要在兒童表現良好(如作功課)的時候特別給予注意。每 1 小時中記錄的打岔次數如下所示：

  1. 在第一個 A 期間：12, 12, 7, 6, 6, 9, 8, 10, 9, 11

  2. 在第一個 B 期間：9, 8, 9, 4, 3, 2, 2, 1, 4, 2

  3. 在第二個 A 期間：4, 2, 3, 4, 4, 1, 5, 2, 14, 12

  4. 在第二個 B 期間：9, 9, 2, 1, 1, 1, 0, 3, 4, 1

2. 使用一個跨被受試者多重基準線設計來提高三名籃球球員練習中的罰球命中率。採用的一套制度是，投中時對球員計點，這些點數可在後來領取更大的

獎勵。下面的每一數字表示每 50 次罰球命中的次數，最開始的數字是基準線數據。

球員 1.

32，29，38，31，33，44，36，37，44，41，40，38，45，40，44

球員 2.

30，32，28，30，30，40，39，42，43，38，40，45，44，44，42，44

球員 3.

22，28，19，21，26，18，22，26，29，21，23，20，35，39，40，39

本章複習答案

A.　詞彙填空

1.基準線　2.調節法　3.A－B　4.變化標準　5.反應率　6.多重基準線

B.　多重選擇

1. b　　　2. a　　　3. c　　　4. a　　　5. d

應用練習

練習 10.2 應用行為分析的假想結果

1. a

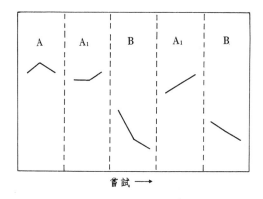

1. b

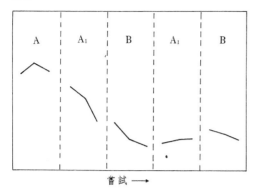

A A₁ B A₁ B

嘗 試 ——→

2. a

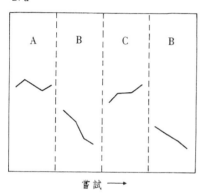

A B C B

嘗 試 ——→

2. b

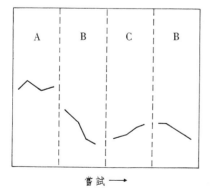

A B C B

嘗 試 ——→

11

其他研究方法

本章概要

❖ 觀察研究

為行為提供準確的定性與定量描述的目標可以透過使用基本的觀察方法進行。在自然觀察中，觀察者與被觀察者是分離的，研究的受試者或者習慣於或者不知道觀察者的存在。在參與觀察中，觀察者成為被觀察群體中的一個積極成員。觀察研究隨著研究者施加的結構性的程度(the amount of structure)而變。缺乏控制、觀察者偏見(observer bias)與受試者反應性(subject reactivity)是觀察研究的三個方法學問題。研究者還必須面對充份告知同意書與侵犯隱私這樣的倫理難題。

❖ 調查研究

調查研究的首要目的是蒐集關於人們的態度、意見和自述行為的描述性訊息。調查可以用面對面的訪談形式進行，可以透過紙筆測驗或者透過電話。構建可靠且有效的調查是一個主要任務，而調查數據會受到受試者的期望與反應偏見影響。如果樣本群體不能反映調查的目標母群體，則從調查研究得出的結論可能無效。

❖ 個案研究

個案研究是對個人或個別事件的深入描述與分析。個人的個案史著重於反映適合所定義類型的人(例如，那些被診斷出患有特殊心理疾患的人)的背景和當前特性，也能提供對一位怪異人士

的詳細剖析。事件個案史的發生，是當研究者有機會蒐集某一重要當前事件的資料(例如地震)，或者對因某種原因而引起人們興趣的某類事件作研究(例如舞臺催眠)時。

❖ 檔案研究

當研究者使用因其他原因已經蒐集到的資料或者使用公眾紀錄中的一部分時，研究被稱為檔案研究。檔案訊息常常是計畫評估研究特別是中斷時間序列研究中必須的一部分。檔案研究計畫可以被設計來回答實徵性的問題，但結果受現有訊息的局限，並且不能保證數據有代表性。

從這本教材整體的章節安排你能看出，實驗法佔據了本書的中心部分，它是第 5 章、第 6 章和第 7 章直接關注的重點，而之前的幾章特別是第 3 章則為它作鋪墊。回想一下，實驗的主角地位是從它能產生因果結論的潛力而來。你在本章之前的三章中碰到的方法，可能被某些傳統人士降級為配角的地位，因為從它們得出的結論，與從實驗得出的結論相比更脆弱。不過我們已經看到，雖然從相關、準實驗和小樣本研究中得出的因果結論可能問題多多，但如果我們要充份地理解人類行為，這些方法又是必須的。你在這一章中將要遇到的方法也是同樣的道理。每種方法都有它的弱點，但它們都是整體中必不可少的一員。

在尾聲之前的這一章中，我們將探討心理學研究中可以統稱為「描述性」的研究方法。即，它們的主要目的是對個體與環境之間的相互關係提供準確的描述。它們常常是環境允許的唯一方法，並且一般說來，可為進一步的研究提供豐富的假設源泉。它們常常倚賴於對被研究現象的定性分析，但同樣可以包括高級的量化分析。

觀察研究

從第 1 章對心理學目的的討論中你了解到，除非先進行準確的描述，否則不可能預測、控制或解釋人類行為。觀察研究的主要目的是提供這種

描述性的訊息；研究對在某個明確場景中自然行為的個體或群體作深入描述。

觀察研究的種類

以描述行為為目的的觀察研究可以根據兩個向度分類。第一，研究因實驗者與受試者的牽扯程度而異。有時候研究者與被研究群體沒有任何實質的交互作用，另一些時候，研究者甚至可能成為被研究群體中的一個成員。這兩種研究分別被稱為自然觀察和參與觀察。第二，觀察研究者對被研究的場景施加不同程度的結構。它可以從「零」(當研究者僅僅是進入環境並觀察行為)變化到「相當多」(當研究創建一種結構化的情境並對其中發生的事情進行觀察)。不同程度的結構可以既存在於自然觀察研究中，也存在於參與觀察研究中。

☐ 自然觀察

在自然觀察(naturalistic observation)研究中，觀察者嘗試的作法是像日常環境一樣觀察人或動物的正常行為。自然觀察研究中場景設置的變化可從幼稚園到非洲雨林，被觀察的受試者包括所有年齡層的人類，以及幾乎任何物種的動物。在有些情況中，半人工的環境對研究者來說「自然」到足以被認為是自然觀察。在當代動物園中研究動物即是一個例子，動物園對動物天然環境的模仿已經達到了非凡的程度。

在有些自然研究中，觀察者隱匿於被觀察對象之中。例如，在一項對學齡前兒童分享行為的研究中，研究者可能在隔壁的屋子中通過單面鏡(觀察者可以透過玻璃觀察兒童，而對兒童來說，它是一面鏡子)注視兒童。在商業區，研究者可以坐在一個有利位置的長椅上研究市郊青少年的戀愛行為。在另一些研究中，觀察者可能根本不在場——越來越多的自然觀察研究是借助於錄影機進行的。影片是在後來被觀看並對研究行為記分的。

在對動物的自然觀察中，研究者常常不可能藏匿其中——動物能夠迅速地感覺到闖入者的存在。在這樣的情形下，觀察者通常不作隱匿的嘗

試，而是希望經過一段時間後，動物能習慣於觀察者，及至正常地行為。這是從人類學領域借鑑的一種策略，實地工作者利用長期的時間居住在偏遠文化的當地居民中。

□參與觀察

有時候，研究者會加入被研究的群體，從而使研究成為一項參與觀察（participant observation）。它的主要優點是能使研究者儘可能地接近觀察行為。作為群體的一個參加成員給了研究者第一手的體驗，這種體驗對於一個距離較遠觀察者是不可得的。

心理學的一個經典研究使用了參與觀察。其中，一小群社會心理學家參加了一個宗教膜拜活動，以了解它的成員的思考方式。特別的，他們檢驗了這個實徵性問題：如果你公開預言世界末日而世界卻沒有終結，那你怎麼解決預言失敗的問題？答案令人驚訝，它對社會心理學中最著名的理論之一──認知先調理論──的發展作出了貢獻。要對這個有關預言失敗的經典研究作更多了解，請看專欄 11.1。

━━━━ 專欄 **11.1** ─────────────────────────

經典研究──當預言失敗時

在 1960 和 1970 年代，一個最突出的社會心理學理論是由費斯廷格（Leon Festinger）提出的認知先調理論（cognitive dissonance）。它的大致意思是，我們在經歷互相矛盾的思想時會覺得不安（即我們經歷了認知的先調），並且我們有慾望透過說服自己一切正常來減少不協調。從這個理論我們得出的預測是，如果我們以某種方式付出巨大努力後，結果卻並非如最初的預期，我們就需要說服自己努力仍然是值得的。在遇到以下面為標題的一則新聞報導後，費斯廷格碰到了檢驗這個預測的機會（Festinger, Riecken, & Schachter, 1956, p. 30）

「來自外星球的預言，從克拉恩吹響的嘹亮號角：逃離那
場洪水，它會在 12 月 21 日將我們淹沒，外太空告訴郊區居民
們。」

這則報導說的是某位凱奇夫人 (Mrs. Keetch) 預言 12 月底將發生一場
洪水毀滅大部分北美地區。她怎麼知道的？她和一個叫克拉恩 (Clarion) 的
星球的外星人有直接聯絡，這些外星人剛剛乘坐飛碟訪問了地球，看到就
要裂開的斷層將打開洪水的閘門。凱奇夫人領導了一小群追隨者，實際是
一個宗教組織，他們一心一意地想說服世界在為時太晚之前，懺悔自己的
罪行 (時間所剩不多；這則報導出現在離預言災難僅有四個月之前)。

費斯廷格猜測洪水不會發生，所以他有興趣想知道凱奇夫人和她的組
織在預測失敗的餘波後如何反應，他決定作一次親身體驗。在接下來的幾
個星期中，他和兩位同事及所聘僱的五位觀察者一起，以參與觀察者的身
分加入了組織。事實被揭露在一本與本欄標題同名且饒有趣味的著作中
(Festinger et al., 1956)。從方法學的立場來看，有幾點值得注意。

首先，記錄資料產生了許多問題。觀察者不想揭示自己的真實意圖，
所以在凱奇家中聚會的時候幾乎不能作筆記。於是他們發現需要更多地倚
賴記憶，儘管並不情願。問題得到了一定程度的克服：他們靈機一動想到
可以利用洗手間這個地方作儘可能多的記述。第二個問題是反應性
(reactivity)。儘管他們相信自己的真實意圖絕沒有被組織覺察，但他們非
常關注自己的出現肯定增強了團體的信念。因為在短期內有這麼多新來的
人加入，凱奇夫人相信 (因此組織也相信) 大眾的加入是「上蒼的一個信
號」，說明洪水預言是正確的。兩位觀察者被該組織認為是由居住在克拉
恩星球的「守護神『派來的』」(p. 242)，並且某位觀察者被認為就是從
克拉恩來的。因此，參與觀察者的出現可能加深了該組織的信念，其效果
難於估量。這種反應性還提出了一個倫理的難題。透過強化組織的信念，
可能會有認為費斯廷格和他的同事促成了團體的「病態」的看法。

現在你還在閱讀本書，所以你知道世界並沒有在 12 月 21 日那天終

結。它不是唯一一條失敗的預言，凱奇夫人還告訴組織說，守護神會派一艘宇宙飛船在那天下午降落在後院，將他們載到一個安全的地方。當然，飛船並沒有抵達，而世界也沒有在四天後終結。那麼團體成員是否變得沮喪、不抱希望甚至稱凱奇夫人愚蠢，然後返回自己的正常生活中呢？不，事實上他們其中的大多數對自己的信仰更為虔誠。顯然，為了使自己的付出合理化，他們使自己相信是他們的作為防止了災難的發生——組織「傳播了這麼多光明，以致上帝使世界免遭破壞」(p. 169)。因此，一個人在預言失敗後不是退出，事實上反而更增強了忠誠度。

觀察法評價

使用觀察法的研究者必須準備防範幾個問題，包括控制缺乏、觀察者偏見和受試者的反應性，以及與侵犯隱私和充份告知同意書有關的問題。

□控制缺乏

一定程度的控制會在結構化的控制研究中發生(見個案研究 2)，但一般來說，觀察研究者必須接受任何給定的情境。因為這種控制的缺乏，所以對從觀察研究中得出的結論必須非常小心。如果一名觀察者記錄道，兒童 A 撿起一個玩具，不久之後兒童 B 撿起了同樣玩具，這是不是意味著 B 模仿 A 呢？也許是，但也是可能有其他解釋，最明顯的就是那個玩具是一個非常誘人的玩具。在閱讀觀察研究的敘述時，你不會遇到像「X 引起 Y 發生」這樣的句子。

另一方面，觀察研究常常用於否證的目的，它是理論檢驗的一種重要策略。與理論預期一致的一次觀察提供了有用的歸納性支持，但是與理論相悖的一次觀察甚至含有更多的訊息。從第 3 章你知道，一次牴觸不會否定一個理論，但它自然提出了質疑。例如，一種在 1960 年代頗有影響力的動物攻擊性理論(Lorenz, 1966)認為，(除人類以外)同一物種成員之間的打鬥很少對對方造成致命的傷害。多年以來，攻擊性的研究者就為什麼人類的攻擊性與動物的攻擊性如此不同，甚至更惡於動物的原因展開辯

論。不過，解釋人與動物差異的前提之一是這種差異真的存在；但觀察研究對據稱動物攻擊非致命性這一點提出了嚴重質疑。例如，黑猩猩之間因領地發生衝突時，研究者觀察到一種類似於「邊境戰爭」的衝突（Goodall, 1978）。如果一隻離群的黑猩猩遇上了來自另一群體的幾隻黑猩猩，這隻獨行的黑猩猩幾乎肯定會受到攻擊並被殺死。這樣的發現對勞倫茲所稱的非人類物種的攻擊性即使有也很少致命的斷言，提出了嚴重的質疑。

在一個更近期的例子中，博希奇－埃克曼與博希奇（Boesch－Achermann & Boesch, 1993）觀察了母猩猩如何教後代使用工具（一把錘子或鐵砧）成功打開幾種堅果的幾個實例（見圖 11.1），這是對以往信念提出疑問的一個重要發現。正如研究者所說：

近期關於動物學習過程的評論都否認動物有模仿能力，但是如果動物沒有模仿能力，我們觀察到的教學實例便不會有任何功能性的作用。很多人仍然認為教學法是唯人類獨有的特徵，但我們對黑猩猩的觀察卻作出了不同的結論（p. 20）。

圖 11.1 使用工具的黑猩猩：一隻成年雌性正在吃一個她剛剛用石錘砸開的堅果，她的兒子正在檢查果殼。母黑猩猩與牠們的子女分享碎裂的堅果，透過這種分享，母黑猩猩教會牠們的後代怎樣使用工具打開堅果（選自 Boesch－Achermann & Boesch, 1993）。

無論控制的困難有多大，觀察研究還是能提供重要的訊息。它可以使某些想法受到懷疑，並且是產生進一步研究假設的豐富泉源。因此博希奇—埃克曼與博希奇的研究質疑了以往關於黑猩猩教學能力的斷言；它還引發了對非人類靈長目動物教學能力的進一步研究。被圈起來的黑猩猩學會了一種操作性作業，牠們是不是能把這個技能教給牠們的後代？

☐觀察者偏見

作觀察性研究的人所面對的第二個問題，是以實驗者偏見的形式出現的。在第 6 章你知道，當實驗者預期某種結果發生時，他們可能按會導致這種結果發生的方式行動。在觀察研究中，觀察者偏見(observer bias)意味著對被觀察對象有了先入爲主的觀念，並使這些觀念影響了自己的觀察。例如，某人研究學齡前兒童的攻擊性，並且從一開始就相信小男孩比小女孩更具有攻擊性，你想想可能發生什麼事。對那名觀察者來說，完全相同的模稜兩可的行爲，如果是一個小男孩做的，就可能在記分中歸爲攻擊性行爲，如果是一個小女孩做的，可能就不歸爲攻擊性行爲。類似的情形，在一個動物研究中，對動物是否有利他主義持有不同信念的觀察者，可能對某些模稜兩可的行爲進行不同的解釋。可能發生偏見的另一原因是，觀察研究可能潛在地蒐集大量訊息。決定觀察什麼總是包括減少訊息到一個易處理的量，而選擇什麼可能受先入爲主的觀念的影響。

如果對被觀察行爲的定義足夠精確，並且如果觀察者受過一些辨別目標行爲的訓練，便可以顯著減小偏見效應。在實際作觀察時，常常使用行爲檢核表(behavior checklists)，表中對訓練觀察者要找的行爲作了預先的定義。例如，在對學齡前兒童怎樣玩耍的研究中，貝克曼和布朗利(Bakeman & Brownlee, 1980)區分了幾種類型的玩耍。包括「獨自」玩耍，即兒童自己一人玩其他小朋友不能玩的玩具，並且不理會其他小朋友；另一種是「平行」玩耍，即兒童和鄰近的小朋友玩同樣的玩具，但相互間沒有互動。根據對兒童的錄影紀錄，觀察者便可按觀察到的玩耍類型對行爲記分。

得到一個清楚定義的目標行爲並不總是如上述那麼簡單。思考關於打斷別人說話傾向的性別差異的研究，誰更可能打岔，男性還是女性？[1] 定義「打岔」看起來不太困難，但片刻思考後你便會發現事實並非如此。究竟是什麼構成了一個打岔的事件？它是否僅發生在當 B 正在說話的時候 A 開始講話？那麼當 B 說完一句話，卻還有更多話要講時，這種情況該怎麼辦？如果 A 在那一刻講話，他算不算打岔？如果是，那麼 B 的兩句話之間至少要隔多久的時間，A 的插話才被認爲不算打岔？操作性定義常常是可能得到的，但要了解到這些定義是人爲的。無法成功複製某項研究，可能正是由於在定義被觀察行爲時的微小差異造成的。

控制觀察者偏見的第二種方式是找幾個人作觀察者，看看他們的紀錄是否一致。你可能會發現這是信度的一種形式；這裡它被稱爲觀察者間信度(interobserver reliability)，常常是以觀察者間相互一致的比率來測量的。當然，兩個觀察者的偏見可能正好相同，但將檢核表、觀察者訓練以及幾名觀察者間取得一致這些辦法結合起來，通常就能控制偏見。偏見可以隨著程序的機械化而減少，我們已經看到錄影能增加客觀性。

最後，可以透過引進不同的取樣程序，系統系地選擇觀察與分析訊息中的一個子集而減少偏見。例如，一種稱爲時間抽樣(time sampling)的程序常常在觀察研究中使用，它不是對發生的一切事情保持連續記錄，而是在預先定義的時間中而且僅在那段時間中作行爲抽樣。這些時段可以按照一定的規則選取，也可以隨機選擇。類似的程序，事件抽樣(event sampling)僅僅選擇特定的一組觀察事件而忽略其他事件。這些程序使用在個案研究 1 中會使用這些程序。

◻受試者的反應性

想想自己在平常一天中所做的一切，如果你知道自己正受到觀察，你是否還會以完全同樣的方式來做那些事情？可能不會。非常有可能你會表

---

1 答案——男性，這個結果是所有女性熟知的，但可能令大多數男性感到驚訝，他們常常對自己打岔的傾向沒有深刻認識。

現出反應性(reactivity)；即你的行為受自己正被記錄的意識所影響。顯然，這個問題會發生在觀察研究中，並且是為什麼雙面鏡(two-way mirrors)這樣的設備受到歡迎的原因之一。當觀察對象是動物而且觀察者不可能隱匿的時候，同樣的問題也存在。正如前面提到的，研究者假定在經過一段時期後動物會習慣於闖入者的存在，但難以評估習慣性實際發生的程度。

反應性可以通過使用無干擾測量(unobtrusive measures)減小，這是在受試者不知道測量正在進行的時候，採取的直接或間接的行為測量。直接的無干擾測量包括隱藏的錄影機、錄音機，或者由隱匿觀察者蒐集的行為樣本。間接的無干擾測量記錄了一個人假定從某些行為能導致的事件和結果，儘管行為本身沒有被觀察到。韋伯等人(Webb et al., 1981)介紹了許多這樣的間接測量，而這些測量可能非常有創造性。下面僅為一例：

✓　垃圾裡的東西，研究飲食行為。

✓　博物館展覽品玻璃上有污漬，測量展覽品的受歡迎程度(而從污漬的位置高度可以推測觀看展覽品者的年齡)。

✓　根據一個重要場所地板覆蓋物的損耗程度，研究足跡的流向模式。

☐倫理

我肯定你已經認識到，減少受試者的反應性不可避免地提出了侵犯隱私以及缺少充份告知同意表的倫理問題。發現研究者藏在你宿舍的床底下，記錄你說的一切和做的一切，你是不是覺得有點不安？信不信由你，這種研究真的有人做過(Henle & Hubbell, 1938)，儘管它在今天顯然不可能獲得 IR B 的許可。

在專欄 3.1 中，你看到有些研究者因為擔心潛在的受試者的隱私問題，而對做實地研究猶豫不決。但是，只要有一定的防範措施，觀察研究通常能為美國心理學會的倫理準則(APA, 1992)諒解。例如，如果是在公共環境中研究行為(與在一個人宿舍中的私人環境相對)，則受試者的充份告

知的同意書並不認為是必須的。與觀察研究相關的標準再現於表 11.1 中。

表 11.1　APA 倫理準則與觀察研究

除了研究總則外，下面選自美國心理學會 1992 年的倫理準則特別與
觀察研究有關：

- 標準 1.14 避免傷害

  心理學家應採取合理的步驟避免傷害他們的研究參與者，在能預見到傷害
  且傷害不可避免時應使傷害最小化。

- 標準 5.30 侵犯隱私最小化

  (a)為了使侵犯隱私的情況減至最小，心理學家在書面及口頭報告、諮商等
  此類情境中，僅僅附上與溝通目的有關的訊息。

  (b)心理學家僅僅為了適當的科學或職業目的，才討論到與受試者有關的機
  密訊息或評估與研究與受試者相關的資料，並且只與顯然與事件有關的
  人士討論。

- 標準 5.08 因教學或其他目的使用機密訊息

  (a)心理學家不能在他們的著作、講堂或其他公眾媒體中洩露與他們研究受
  試者有關的、機密的及能被認出的個人訊息，除非取得(他們)書面形式
  的同意或其他倫理司法機構的授權。

  (b)通常，在科學或專業示範時，心理學家應隱瞞與這些人有關的機密訊
  息，使這些人不能被認出。

- 標準 6.12 充份告知同意書許在

  有計畫的研究(諸如僅僅含匿名問卷、自然觀察的研究或一些檔案研究)不
  需要取得研究受試者的充份告知同意表這一點被明確之前，心理學家應考
  慮適用的規定和學院評審委員會的要求，並適當地與同事協商。

- 標準 6.13 在研究攝影或錄影中的充份告知

  以任何形式攝影或錄影之前，心理學家應從研究參與者那裡獲得充份告知
  同意書，除非研究僅僅包括在公開場合的自然觀察，而且錄影不能以某種
  會導致受試者被認出或傷害的的方式使用。

來源：APA, 1992

我們以下面兩項觀察研究結束本節，這兩項研究舉例說明了本節開始時所介紹的第二種向度——研究者製造的結構化程度。第一個是更純粹的觀察研究，沒有任何來自研究者的干預；第二個研究更爲結構化。

☐ 個案研究 1——「觸摸」觀察

常常可以觀察到男人與女人一起在公共場所時互相觸摸對方。誰比較可能開始觸摸對方，男性還是女性？發生的觸摸種類是否有性別差異？觸摸是否有年齡差異？赫爾和維齊(Hall & Veccia, 1990)透過對公共場所中情侶的自然觀察研究了上述問題。他們的工作是說明進行一個自然觀察研究的複雜性的良好例子。

赫爾和維齊訓練了五名觀察者，在從飛機場到地鐵到商業區的各種公共場所中(都在波士頓地區)，詳細但是無干擾地記錄異性和同性夥伴間的觸摸行爲。就像在任何觀察研究中那樣，他們首先面臨定義的問題。究竟是什麼構成了觸摸？記錄何時開始何時結束？在每次觀察中究竟應該記錄什麼？

觀察者準備一個便於攜帶的錄音機以便作描述，並有一個小的計時設備每隔 10 秒鐘就會發出嘟嘟聲，爲了防止其他人聽到他們的訊號(即保持無干擾)，觀察者透過耳機聽訊號。嘟嘟聲的間隔時間被認爲是一次記錄，此時要對視線中的某一對情侶觀察幾件事情。首先，要指出他們的年齡(以十年爲計)；然後指出他們的觸摸是在間隔時間開始時發生、在間隔中發生、或者根本就沒有發生。如果觸摸發生了，則要說明涉及身體的哪一部位，以及觸摸的形式(例如牽手)。最後，確認是誰引發觸摸的。對於異性夥伴，觸摸是按由男性引發(MF)還是由女性引發(FM)作編碼的。這並非總有可能，特別是對記錄開始時觸摸已經在進行中的情況，但觀察者間信度還是相當高的(91% 一致)。

當被觀察的受試者在移動中時(例如穿過一片商業區)，觀察者使用一種時間抽樣技術選擇受試者對。在選出第一對並且在 10 秒鐘內對他們的行爲作記錄後，等待 10 秒鐘再選擇第二對。研究還使用了一種事件取樣

的形式；10 秒過後選擇與某個預先界定的地面標誌最近的一對夥伴。

根據以前的一些研究，赫爾和維齊認為，在異性伴侶中，男性比女性更可能開始觸摸對方，也許是因為權力或控制需求中的性別差異。令他們驚訝的是，他們沒有發現差異：整體而言，MF 觸摸與 FM 觸摸是相等的。不過，更進一步的分析產生了一些有趣的結果。例如，表 11.2 顯示出一種較大的年齡效應。對於年輕的伴侶，特別是那些 30 歲以下的，MF觸摸確實更為頻繁。但是在老年伴侶中，女性較可能引發觸摸。這種效應有幾種開放性的解釋，但是赫爾和維齊提出的一種可能是，男性在關係的早期階段可能覺得有更大的權力支配與控制需要；而老年伴侶較可能是已經建立了一段相當長的關係。(當然，可能在老年伴侶中，FM 觸摸就是女方用肘捅男方一下，因為男方正貪婪地注視著周圍年輕情侶親密的身體接觸)。

赫爾和維齊發現的另一種有趣的差異與觸摸的形式有關。儘管用手發動的觸摸沒有顯著的性別差異，但在所謂的「胳臂摟著」與「胳臂挎著」這兩種形式的觸摸間卻存在差別。你可能猜到了，男性較可能使用前者，女性則較可能使用後者。

表 11.2 異性伴侶觸摸的年齡差異

伴侶年齡	觸摸次數		觸摸的百分比	
	MF	FM	MF	FM
10 – 19 歲	16	6	73	27
20 – 29 歲	58	46	56	44
30 – 39 歲	28	29	49	51
40 歲以上	7	26	21	79

注：MF = 男性引發的觸摸；FM = 女性引發的觸摸。

來源：採自 Hall & Veccia, 1990, 表 6。

□個案研究 2 ——觀察兒童的利他行為

　　皮特森、瑞德利–約翰遜和卡特 (Peterson, Ridley–Johnson, & Carter, 1984) 作的一個研究，是在自然觀察中加入結構化因素 (structured element) 的一例有趣的觀察研究。他們研究學童的幫助行為，從以往的觀察，估計自發產生這種現象的頻率，每小時不會超過一兩次。因為它不經常發生，所以研究者決定製造一種使幫助行為 (helping behavior) 更可能發生的情境。所以，在觀察研究中引進更強結構化的原因是增加罕有事件的次數。

　　研究中的結構化安排是，告訴兒童他們每個人都會輪流穿一件「超人服」——「藍色的外罩，胸前正中央印著一個紅星」(p. 237)。這件衣服是在脖子後面用一個大鈕扣繫緊的：預測顯示扣扣子需要第二個人的幫助。在自由玩耍期間，兒童輪流穿這件衣服，順序是按照從一個罐子裡名字抽籤確定的。每個兒童大約有 4 分鐘的時間穿這件衣服。

　　觀察被作了錄影，並且有兩位觀察者分別對錄影帶上的幫助行為評分。觀察者之間的信度較高：在他們的一致性高達 90% 以上。根據操作性定義行為的記分方案將行為分為兩大類：由可能幫助者表現出的「施助者」行為，和由穿著服裝者表現的「受助者」行為。受助者行為的例子之一是「*自發幫助——沒有受到任何直接的言語或身體提示，施助者用言語或身體表示願意幫忙繫緊超人服的扣子*」(Peterson et al., 1984, p. 237, 斜體出自原文)。受助者行為的例子之一是「*請求幫助——受助者言語上要求幫助……，或者接近施助者，轉過身，以便將後面的扣子向著可能的施助者，然後指著那裡作個手勢*」(Peterson et al., 1984, p. 238，斜體出自原文)。

　　結果呢？在五十六個幫助機會中，自發性幫助發生了三十二次，而提示後的幫助發生了十二次。不過，更有趣的是受助者對受到幫助的反應方式。令人納悶的是，皮特森等人 (1984) 發現兒童很少對其他人的幫助給予增強。事實上，「更多兒童對幫助實際上給的是負增強 (像說「走開」，

然後推開另一個試圖幫忙繫衣服的小朋友)而不是正增強」(p. 238)！另外，很少觀察到相互幫助(兒童 A 幫助 B，之後 B 幫助 A)。

皮特森等人(1984)還讓每名兒童評定同班其他同學的社交能力，發現大多數幫助行為是由最擅於社交的兒童做出的。這個評分程序是在觀察研究中如何加入其他方法要素的例子之一，其中包括了一種調查研究，這就是我們接下來要講的課題。

調查研究

調查研究是基於一種簡單的理念，如果你想發現人們對某個問題怎麼想，那麼就提出問題。就是說，調查(survey)是為了測量某群人的態度、信念、價值或行動傾向，而給他們的一套結構化的問題或陳述。多年以來，人們已經對各式各樣的調查作出反應，範圍從一個人的政治偏好到最喜歡的性活動類型。

與這本教材中介紹的大多數方法不同，調查法通常需要仔細注意抽樣過程。回憶第 4 章「快速複習一遍關於抽樣的那一節內容是個好主意」，研究者有時試圖根據從數目較少的某些人(樣本)蒐集到的數據，估計一大群人(母群體)的某個明確特性(譬如政治偏好)，這正是調查研究的目標。為了使研究結果有效，樣本必須反映與母群體同樣的屬性，即樣本必須「有代表性」。於是，透過研究方法，作出結論的正確性部分取決於抽樣過程的品質。

調查方法種類

蒐集調查資料有三種主要技術，從取樣和從其他方面來看，每一種技術都有其長處和弱點。

☐ 訪談

無疑地你曾聽說過金賽報告，他也許是有史以來最著名的性調查了。

該調查完成於第二次世界大戰後的幾年，是從與數千名男女面對面的詳細訪談中產生的，並且有兩本關於美國性行為的大作問世，一本是寫男性的（Kinsey, Pomeroy, & Martin, 1948），一本是寫女性的（Kinsey, Pomeroy, Martin, & Gebhard, 1953）。儘管你可能認為金賽的訪談調查（interview survey）格式限制了受試者描述他們性態度和性行為的個人細節，特別是考慮到研究進行的歷史時期，但這似乎並沒有發生。事實上，戰後保守的美國被報告中所披露的婚前性行為、手淫以及通姦的事實震驚了。儘管這兩本著作是用枯燥的學術文體寫成，並且充斥了圖表和柱狀圖，但仍是最暢銷的書籍，並使金賽成為一個具爭議性的人物。有些人譴責他造成了道德的淪喪，甚至有人指控他是共產黨，但其他人仍然認為他是在人類行為一個重要層面從事科學研究的一位重要先驅者。

調查訪談格式的優勢是全面而且能產生高度細節化的訊息。即使訪談者通常會詢問一套標準化的問題，但是有技巧的訪談者還是能夠透過後繼問題，或研究探查到大量的訊息。一位訪談者在場可減少不明確的問題；訪談者可以當場澄清。抽樣很少是一個主要問題，儘管有些時候可能無法包括母群體的某些部分，或者是因為受試者拒絕受訪，或者找不到他們的地址，或者他們居住在訪談者不願去的某個地區，例如在全國調查中的樣本中貧窮的和無家可歸的人其代表性常常不足。

訪談法的主要問題是費用、後勤以及訪談者偏見。需要僱用和訓練訪談者，差旅費用可能相當可觀，並且因為遠途派出訪談者的後勤困難，訪談可能侷限在一片非常小的地理區域中。儘管受過訓練，在面對面情境中反應受訪談者偏見影響的可能性還是常常存在的。譬如可能有種族偏見，導致與自己同一族群的成員，和與其他種族成員，在訪談時可能發生系統性差異。

□書面調查

第二類調查格式是紙筆測驗或書面調查（written survey）。它們可以以多種格式存在，但通常是問受試者他們對一系列的陳述或問題是否同意。

提出的問題既可以是開放式的也可以是封閉式的。開放式問題(open－ended question)要求的反應必須不只是或否的回答，封閉式問題(closed question)可以透過是或否回答，或者從幾個選項中選出一個回答。為說明其差別，我們思考兩種關於學校資助問題的提問方式。

開放式：你認為我們應該怎樣資助公眾教育？
封閉式：你認為財產稅應該用來資助公共教育嗎？

使用封閉式問題的書面調查常常使用等距量尺測量反應。回憶第 4 章，等距量尺沒有絕對零點，但量尺上點與點之間的間距假定是相等的。在調查中最常見的等距量尺類型即是所謂的利克特量表(是依它的發明者 Rensis Likert 而命名的)。一種典型的利克特量表有 5 到 9 個不同點，每一點反映了連續量上某個分數。例如，在一項對電視新聞報導的態度調查中，可能要受試法根據一個五點量表指出他們對一系列陳述的同意程度。一個樣題的形式如下：

一個新聞節目的主持者至少應該有 5 年專業記者的經驗
SD　　D　　U　　A　　SA

受試者要在量表上圈出他們同意的點。SD 表示「非常不同意」(strongly disagree)，D 表示「不同意」(disagree)，U 表示「不知道」(undecided)以此類推。其後將這些點轉化為一個 5 點量表(SD = 1，D = 2，等等)，而且可以將幾個針對同一問題的調查題綜合在一起。

書面調查可以透過郵件的形式送出，你可能做過一些這樣的調查，所以有所了解，調查還可以在一個團體情境中實施。顯然，回收率，即填寫完成並交回調查表的人數的百分比，在後一種程序中更高。這是透過郵寄調查的問題，郵件調查的回收率多少才是可以接受的，對此點儘管沒有一個普遍公認的標準，但那些在聯邦規定下的調查常常以至少 75% 為目標

（Fowler, 1993）。這可能是一個相當難以達到的標準；發表過的調查據報告回收率低於 20％。顯然，低回收率使得我們難以作出結論，因為這樣一種結果幾乎肯定意味著最終樣本不是一個代表性的樣本。

要使郵件調查的回收率令人滿意，最好是(a)調查簡潔且容易填寫，並且主要由封閉式問題組成，而開放式問題僅作為選擇回答；(b)對沒有回應的人再寄一份郵件甚至是電話請求受試者填寫調查表；(c)整個包裹在外觀上顯得職業化；(d)受測者沒有理由認為調查僅僅是兜售推銷的第一步。另外還可以透過附加小禮物或與金錢等值的代幣券等形式提高回收率（Fowler, 1993）。有了足夠的回收率和一份設計良好的書面調查，這種方法可以更有效率並且沒有訪談那樣昂貴，同時仍提供有價值的資料。

☐ 電話調查

進行調查的第三種方法是拿起電話筒給受試者打電話。你可能還記得第 4 章中《文學摘要》從電話簿抽樣，預測 1936 年總統大選帶來的問題；當時不是每個人都能裝得起電話。但是在今天，電話可以在超過 90％ 的美國家庭中見到。那麼電話簿中沒有列出的號碼怎麼辦？沒有問題：在電話調查中一種常用的程序被稱為「隨機數字撥號」，它使撥打任何電話號碼都成為可能。

電話調查在費用上較訪談和書面調查有明顯的優勢，它還結合了郵件調查的效率與訪談調查中的人與人接觸。它比訪談的另一個明顯優勢是後勤方面；它在每個單元時間中可以完成更多的訪談。另外，電話訪談者不太可能受到攻擊，而這個問題有時會在實地訪談者冒風險進入高犯罪區時發生。電話訪談不利的一面是調查必須簡短，因為受試者可能失去耐心，這種限制還促使對開放式問題的刪減。一個相關問題是反應率，儘管你可能認為電話調查的反應率會相當高，但事實並非如此。其一，漸增的雙收入家庭意味著在白天電話調查電話留言比受試者接聽電話的機率高。因此，很多電話沒有回音，包括重複打給同一個號碼。這就使研究者的活動多集中在傍晚。遺憾的是，這也是電話推銷商打電話提供新信用卡或奧蘭

多「免費」假期等令人難以置信的交易時候。使問題更糟糕的是，很多電話推銷商置倫理於不顧，他們動聽的宣傳是以如在作電話調查般的形式開始。尚不清楚有多少人對合法的調查掛斷電話，因爲認爲他們聽到的只不過是又一椿動聽的推銷。

訪談、書面調查和電話調查這三種技術並非互斥，當然每一種技巧都可以單獨使用，但它們常常是被合在一起使用。訪談者可能會口頭問一些開放式的問題，然後讓受試者塡一份書面問卷；在開始電話調查之前，可能先寄出一份書面通知及對調查的準備性描述。每份特定的研究計畫都對研究者提出了不同的要求，爲達到研究的目標常常需要一定的創造性。

調查研究評價

調查已經成爲蒐集資料的一種固定方式，並且因爲能夠產生有關人類行爲的寶貴訊息而贏得很好的聲譽，儘管如此，還是有四個主要問題發生。第一個問題正如前面所說與抽樣有關。顯然，一個有偏差的樣本可能產生引入歧途的結果。第二個問題與反應偏誤有關，其中最常見的叫社會期許(social desirability)偏誤。有時候，人們對一個調查問題的回答反映的不是他們眞正感覺或眞正相信的，而是以他們認爲自己應該怎樣反應的方式來回答。就是說，他們試圖爲自己建立一個正面形象——一個爲社會所贊許的自我。在社會心理學文獻中，顯示人們所表達之態度並非總是與他們的行爲相關的研究有著漫長的歷史。因此，調查研究的結果在解釋時，必須銘記著反應偏誤，而當其他研究提供了聚斂性結果時，結論便可以得到加強。

調查研究中的第三個主要問題與調查中包括的題目內容有關。問題可能是歧義的，譬如在問到是否同意這樣一句陳述時：

Visiting relatives can be fun.
(譯者注：此句話旣可理解爲「訪問親戚是有趣的」，亦可理解爲「親戚來訪是有趣的」)。

問題也可能採用一種被律師稱為誘導性問題的形式，下面是兩個幾乎肯定會產生不同反應模式的例子。

考慮到保護環境對後代的重要性，你認為「清潔空氣法案」應該被加強、削弱還是擱置？

考慮在通用化工廠安裝滌氣器會使電費增加 25% 的事實，你認為「清潔空氣法案」應該被加強、削弱還是擱置？

另一些問題欲傳達的意思較嚴肅，以至它們將意思嚴重地誤傳為某種看法。如果有很多人不同意下面這句話，甚至那些相信女性有墮胎權利的人，你是不是感到驚訝？

你相信弒嬰嗎？

有時候調查問卷的編製者試圖包括太多內容，導致所擬的問題實際一次問了兩個問題。例如問受試者是否同意這樣一句話：

我不介意酒吧的女顧客是不是說髒話，並跟那些不認識的男性買酒。

回答者可能同意說髒話的部分但不同意買酒的部分，如果被迫要在一個利克特量表上作出回答的話，可能發現自己無法作出回答。

這些僅僅是在編製調查題目時可能發生的幾個有問題的例子，要更詳細地了解調查編製規則，可以參考幾本非常好的參考書（如 Converse & Presser, 1986; Fowler, 1993）。

調查的最後一個問題不是方法學上的而是倫理學上的。影響人們生活的決策常常是借助於調查數據作出的，如果調查因某種方式而存在缺陷，人們便會受到傷害。儘管在倫理準則的約束下行事的專業心理學家不太可能不恰當地使用調查，但還是可能發生濫用。被司法制度也承認這個問

題，它建立了一套在法庭中使用調查數據的標準 (Morgan, 1990)。標準相當於說：如果你打算蒐集和使用調查數據，那麼照專業心理學家那樣去做。即，對抽樣、調查量表的編製和數據分析要小心謹慎。專欄 11.2 是調查方法如何被誤用的一個有趣且相當令人困擾的例子，它分析了女記者被解除新聞播音工作的一椿事件，一部分原因就是根據了一份作過手腳的調查。

专欄 *11.2*

倫理──使用和濫用調查

1981 年初，堪薩斯市的 KMBC 電臺僱用了克拉芙(Christine Craft)，一個從加州來的新聞記者，主持晚間新聞。不到一年後她被解僱了，電臺宣稱她工作不力，但克拉芙提出訴訟，聲稱自己是因為新聞才能而被僱用的，並不是年輕漂亮的外表，但電臺卻因為後一原因解僱了她；她勝訴了。

表面上看來，電臺的行動似乎非常謹慎，不是心血來潮而是依據對觀眾進行的一次專業調查作出的決策。但是，這椿事件說明的不是調查研究的使用，而是它的誤用。根據貝塞克(Beisecker, 1988)的觀點，這一研究有幾個主要缺點。

首先，儘管使用「調查」給人一種客觀性的印象，但研究從一開始就是根本錯誤的。主要的問題之一是進行研究的顧問公司受僱於電臺，而且那些作研究的人已經知道電臺想要做什麼決策。結果偏差反映在一次電話調查的用詞上。調查的目的之一是對克拉芙女士與其他當地的新聞播音員進行比較，但問題被作了不利於她的手腳。例如，與其他播音員相比，她在一個關於哪一位新聞播音員「最了解堪薩斯」(p. 23)的問題上受到了

不佳的評定，這並不奇怪，因爲(a)在調查的時候，克拉芙才來到電臺六個月，而其他播音員已經到電臺至少一年；(b)在她剛來到 KMBC 的幾個月中，克拉芙被精心包裝爲「來自加州的一個新面孔」(p. 23)。另外，很多調查問題針對的是魅力及外表，很少內容與新聞有關。

除了調查開始時的偏誤之外，統計學上的嚴重問題也足以到使貝塞克(Beisecker, 1988)得出結論，「研究公司沒有應用任何受到承認的統計考驗或統計推論原則來說明它類推樣本數據的作法是合理的」(p. 25)。換句話說，當顧問公司報告簡單的描述性統計數總結調查結果時，他們並沒有進行恰當的推論性統計使得結論能夠說明結果的顯著性。例如報告中說，在調查的 25 歲到 34 歲年齡層的觀眾中，當問及哪個頻道的新聞品質下降的時候，30% 的人說 KMBC，16% 的人說是它的一個競爭對手 KCMO。但是，在此之前一年(1980 年)，當克拉芙仍在加州的時候，同一家公司在調查中問過同樣的問題，產生的結果是 KMBC－26%， KCMO－15%，推論統計分析肯定會顯示出這兩年間的數字沒有差異。顧問／研究者不僅沒有作這個分析，還省事地將 1980 年的數據從 1981 年的結果中忽略了。

顯然，調查研究可以很完美地完成，而且也可以根據它的結果作出有意義的解釋。但在克拉芙的事件中，研究沒有按照 APA 倫理準則中標準 1.06 的精神執行(APA, 1992)：

> 心理學家在作科學專業決斷時，或者在從事學術或專業貢獻時，應依賴科學且專業化得來的知識。

調查方法在近年已經變得相當複雜，隨著電腦和複雜的多變項統計程序如多元迴歸與因素分析(第 8 章)等的出現，一次大型調查的結果可以提供大量的訊息。以一項部分取自大型調查的研究爲例，並且爲了說明良好調查的特性，考慮下面一則預測老年夫妻婚姻幸福的個案研究。

☐ 個案研究 3── 婚姻幸福

關於促成快樂美滿的婚姻的因素的，研究已經有了一段很長的歷史。沃德(Ward, 1993)的研究略微不同處在於，他專門關注晚年的婚姻狀況，當孩子離家而且退休變成生活的主要一部分時的婚姻。沃德特別對於婚姻快樂與家務分配的公平感間的相關問題感興趣。例如，當配偶中一方退休且整日在家中無所事事時，對婚姻關係會有何影響？

分析的數據來自於一項大型調查，在 1987 年到 1988 年間進行的以 19 歲及 19 歲以上的 9, 643 名美國人為樣本的「全國家庭與家務調查」(National Survey of Families and Households) (Sweet, Bumpass, & Call, 1988, 引自 Ward, 1993)。在這個龐大群體中，沃德選擇了 1, 353 對已婚夫婦，所有受試者的年齡至少都 50 歲(介於 50 歲到 95 歲之間)，80% 的夫婦都已結婚三十年或更長的時間。

資料蒐集的方式既有訪談也有書面形式。測量的變項包括對婚姻的滿意程度、每一方對家務的參與程度，以及對這些家務分配方式的公平感。實際調查題目包括(p. 430)：

1.「如果考慮所有的層面，你如何描述你們的婚姻」
　(7 點利克特量表從 1 ＝ 非常不幸福，到 7 ＝ 非常幸福)。
2.「去年你們對家務意見分歧的頻率如何」
　(6 點量表，從 1 ＝ 從來沒有，到 6 ＝ 幾乎每天)。
3. 如果丈夫和妻子都全職，他們應該平等分配家務」
　(5 點量表，從 1 ＝ 非常同意，到 5 ＝ 非常不同意)。

還要求夫婦對婚姻中家務實際分配方式的公平感作答。結果是複雜的，但大致上沃德發現：

a. 整體快樂水平是非常高的。在第 1 題 1，57% 的人選 7，另有 23% 的人回答 6。幾乎沒有人報告意見分歧的情形。這些結果並不令人吃驚，彼此感到不幸的夫婦很少能持續三十年。

b. 夫婦們還強烈同意家務雜活應該公平分配，但是如果讓每一方估

計家務貢獻的實際時間，猜猜誰多？女方說她們每個星期大約花 37 個小時，而男方報告說 15 個小時。女方比男方更覺得實際差異是不平等的。

c. 關於公平感與婚姻幸福，沃德報告說「家務勞動的公平感與婚姻幸福有關，但僅僅是對妻子而言」(p. 427)。就是說，如果不公平地分配家務，則會降低妻子的婚姻滿意度。一個不公平的分配，如果是丈夫們認為不公平，則不會影響他們對婚姻的看法——這是可以理解的，因為丈夫們在家務不公平分配時通常是最後獲勝的一方。

個案研究

我在上一章開頭指出心理學是從小樣本設計開始，當時簡要提到了達爾文對自己兒子早年的詳細分析，它可以被認為是一例個案研究(case study)，個案研究可以大致定義為對單一事例的深入調查。「事例」通常是一個人，此時該方法或可稱為「個案史」法，因為它包括著對一個人的生活經歷或其間主要部分的細緻分析。這種方法在臨床工作中常見，用罹患某種疾患的病例來說明導致並影響此障礙的因素。這種個案研究最著名的實踐者是佛洛伊德(Sigmund Freud)，他根據自己病人的詳細案例建立了自己的理論。

不過，個案史研究也由實驗心理學家完成，最著名的例子之一就是魯利亞(Alexander Luria)對一個似乎什麼也不能忘記的人進行的一次引人入勝的記錄。這則研究在專欄 11.3 中作了詳細闡述，如果你認為一個近乎完美的記憶將解決自己很多的問題時，在讀完魯利亞的 S. 後你很快會另作思考。

經典研究——記憶大師的心靈

個案史通常記載的是個別心理類型的典範。例如，在變態心理學中，個案史方法常常用來理解特殊疾患的機制，其方式就是詳盡記述個案實例。不過，個案史在實驗心理學中也有它的用途，使我們能夠對基本心理現象有新的了解。個案史的經典範例之一是由俄國生理學家/心理學家魯利亞(A. R. Luria, 1902 – 1977)所蒐集的生活史，魯利亞因其對第二次世界大戰中腦部受傷的俄國士兵的研究，以及對語言與思考的關係所作之研究而著名(Brennan, 1991)。

這則案例牽涉的是一個叫謝拉謝維斯基(S. V. Sherashevsky)的人，魯利亞稱此人為 S.，他非凡的記憶能力使他獲得了一份在舞臺上表演記憶的工作(是的，人們實際上付錢來觀看他的記憶)，但也給他造成了極大的痛苦。這則案例總結在魯利亞的著作《記憶大師的心靈》(The Mind of Mnemonist, 1968)一書中，魯利亞研究 S. 二十多年，記錄了 S. 的記憶廣度，以及因他幾乎不能忘記一切而伴隨而來的問題。

魯利亞首先發現 S. 能夠記憶的訊息似乎沒有上限；更令人吃驚的是，訊息似乎並沒有隨著時間的流逝而消退。他能夠輕易地記住多達 70 個的數字序列，並且能夠以順序或逆序的方式回憶它們。另外，「他能夠毫不費力地重複任何長序列……，無論它們是在一周前、一年前，還是許多年前呈現的」(Luria, 1968, p. 12)。

這是難以置信的成績，特別是考慮到大多數人在這類作業上不可能記住七、八個以上的項目，並且遺忘是普遍規則而無例外。作為一個學生，你可能想知道它不利的一面會是什麼。畢竟，這看起來簡直是一種絕妙的「問題」，特別是在最後的考試週時。

遺憾的是，伴隨著 S. 的超凡記憶技能的是其他認知領域的嚴重缺

陷。例如，他發現自己幾乎不可能理解性地閱讀，這是因爲每個詞都喚起了強烈的視覺意象，干擾了對句子所傳達概念的整體組織。同樣，他是一位無能的問題解決者，難於計畫和組織自己的生活，並且無法做抽象思考，引起他超凡記憶的意象干擾了其他所有的事情。

　　S. 是不是除了是一位逍遙的異人、百年不遇的奇客之外再也不能給我們啓發了？不，事實上這則案例使我們對正常記憶有了新的認識。特別是，它對短期記憶能力有限的功能性作用提供了一絲線索。我們有時詛咒自己的無能，甚至記不住幾分鐘之前還在想的事情，但 S. 的案例顯示，遺忘使我們在心理上將可能無用的訊息淸理(譬如，沒有理由記住我們查過的電話號碼)，使我們能夠集中能量在更高的認知作業上。因爲 S. 不可能記不住，所以他在更高級的認知水準上的心理功能就無法良好運轉。

　　最後一點：原來 S. 還不是百年不遇的一位，另一個具有同樣超凡記憶能力的人(叫"VP")被美國心理學家亨特和洛弗(Hunt & Love, 1972)作了研究。說也奇怪，VP 成長在今天地處拉脫維亞(Latvia)的一個城市，與魯利亞的 S. 的出生地相距甚近。

　　不過，個案研究不限於對單一個人的研究。在對能說明特別現象的單一事件或單一類事件的分析中也常常使用這個詞。例如，儘管費斯廷格對宗敎團體的研究在專欄 11.1 作爲參與研究的一個著名事例作了說明，但該研究也可以被認爲是一個宗敎團體的個案研究。當某椿罕見的事件或者一椿具有歷史意義的事件發生時，常常進行事件的個案研究。例如，1979年賓州的三英里島(Three Mile Island)發生核事故時(Aronson, 1992)，研究者對附近居民的反應作了個案研究；另外，人們是否能似「閃光燈」一樣準確地重現甘迺迪總統遇刺時自己在那裡以及做了些什麼，也有人作了個案研究。

□個案研究 4──在臺上被催眠

　　除了將罕見及反常事件的結果載入史冊外，個案研究還可以用來研究常見但富有趣味的事件，像上臺演示催眠時，普通人似乎願意做一些非同尋常的事情。以此類事件為中心，克勞福特等人做了一項個案研究（Crawford, Kitner–Triolo, Clarke, & Olesko, 1992）。他們訪談了在一次催眠師作校園表演時，上臺參加節目的二十二名大學生，以了解這種經歷的後效。對大部分學生來說，被催眠是令人愉快的，但少數幾個學生發現它是討厭、令人難堪甚至害怕。有點令人吃驚的是，這個群體中有相當部分人都經歷了催眠後失憶。在二十二人中有八人同意這句話，「在下臺後，我記不起來我做過的某些事。」，且六個人同意「在第二天我記不起來我做過的某些事。」一個特別被失憶所困擾的受試者將失憶比作酒後失憶。同樣令人吃驚的是二十二人中有五人聲稱，相信催眠師對完全控制他們的行動。但這些失憶水準和控制認知，在隨後實驗室中接受催眠研究的受試者中並未發現。因此，這則個案研究產生了從控制較嚴的研究中所無法得到的，關於催眠後果的重要訊息。

　　根據他們的分析，克勞福特等人（Crawford et al., 1992）對校園催眠表演提出了幾點建議，包括「排除正在接受治療或諮商的受試者參加，在催眠開始前糾正受試者中關於催眠的誤解……，移除所有的失憶暗示，並在催眠經歷結束時對發生的事件作回顧，保證以後的聯繫辦法以解答進一步的問題」（p. 666）。

　　最後，個案研究這個詞可以用來指某種現象的一個極好範例，自第 4 章開始我就以這種方式使用它，從那裡直至你剛剛讀到的催眠例子，你已經遇到了許許多多的個案研究──對我所選擇的研究做相對深入的描述，之所以選擇它們是因為它們似乎可以很好地說明了某種方法或實驗設計。

個案研究評價

　　乍看之下，單一個案的研究描述不能提供很多訊息。外部效度是它最

明顯的弱點——從一個例子又可以類推多少呢？當然，在所有研究中對外部效度的信心都是隨著發現被複製而逐漸積累的，在個案研究中的情形正如發生在其他研究中一樣。雖然複製一個像 1989 年舊金山地震這樣的慘劇可能有困難，但我們不難從其他種類的自然災難了解同樣的效應是否會發生。

　　個案研究的第二個難題是，影響案例描述的研究者偏見太多。在佛洛伊德撰寫的個案史中，對未解決的伊底帕斯情結(Oedipal complexes)，以及其他各種基於性的問題沒完沒了的討論，這奇怪嗎？舉例說明，在近期一次使用心理學文獻(PsychLit)為本章蒐集研究例子時，我看到一篇名為〈博士忌妒症：一個心理分析的個案研究〉的文章(Ph. D. Envy: A Psychoanalytic Case Study, Behr, 1992)。它介紹了一位女性案例，這位女士「因不能完成她的博士論文而患有極度嚴重的焦慮……，她對沒有博士學位者的鄙視和對擁有博士學位者的強烈忌妒，導致了生理上與陰莖忌妒相同的症狀」(p. 99)。非佛洛伊德者對她的例子是否會作出不同的描述？幾乎肯定會。

　　第三個問題與記憶有關。因為個案史中的受試者常常被要求回憶過去的事件，這時便會冒出一連串的記憶問題。正像羅芙托思(Elizabeth Loftus)這樣的研究者已經反反覆覆說明過的，我們對生活事件的記憶，常常被目標事件和後來回憶之間所發生的干涉情境歪曲。例如，一位經歷過 1992 年毀滅性的安德魯颶風(Hurricane Andrew)的佛羅里達人，如果一年後作為個案研究的一部分讓他描述自己的體驗，有些訊息無疑是正確的。畢竟，一個人不可能忘記房頂被掀飛的情景。但是，在這一年中，這個人(a)經歷了這一事件；(b)觀看了事件的錄影、新聞報導、電視重現和照片；(c)從朋友和鄰居那裡聽來了無數的颶風故事；(d)可能幾次夢到了這個事件。正如羅芙托思所闡明的(Loftus & Hoffman, 1989)，我們隨後的記憶常常是事件本身和這些後來發生事情的「合成」。就是說，我們現在有一個合併了許多因素的記憶，其中僅有一個才是真實的事件本身。

　　儘管有這些困難，個案史還是能夠提供豐富的訊息。首先，因為分析

的深入程度，他們對行為能作出深入的洞見，而這在對每名受試者蒐集有限資料的大樣本研究中是不可能發生的。魯利亞的研究不僅詳細闡述了S. 的超凡記憶才能，而且說明了它如何影響這個可憐人生活的其他方面。魯利亞的研究還說明了第二點：有些人太罕見以至於個案研究法的是唯一可行的方法。第三，與所有的描述性研究相似，個案研究是為將來的研究提出實徵性問題的有用來源。你已經看到，克勞福特等人(Crawford et. al., 1992)驚訝地發現，參加催眠表演的大學生中，大約三分之一的人經歷了某種程度的失憶(對臺上發生的事情)，並且幾乎同樣數目的人相信被催眠師完全控制。是否有些重要的人格或認知因素使這些學生與其他人有所區別？催眠後失憶與酒後失憶在哪些方面是相似的，哪些方面是不同的？另外那些相信被催眠師控制的人是否比其他學生更有可能形成習得無助感？

除了為將來的研究提供假設之外，個案研究和觀察研究一樣，有時候適用於否證的目的。即，如果對某種心理現象作出強烈的斷言，那麼一個否定的個案就能給它提出嚴重的問題。你已經知道一個著名的例子(見專欄 3.3)，聰明的漢斯在經過心理學家馮斯特的一番研究後，有關牠數學技能的說法便被有效地否定了。

第二個例子來自於超心理學(parapsychology)，它研究如超感覺知覺這類的現象。你肯定聽說過自稱有特異功能的「通靈者」，他們能藉由心靈力量看透心理、預測未來或影響事件(譬如使一個杓彎曲)。對這些說法可以用個案研究的描述提出疑問，一個人，通常是一位專業的魔術師，能夠重複通靈者展示的每一種現象，這清楚地說明其中涉及的只不過是專業魔術師的尋常騙術(Randi, 1982)。超心理學的捍衛者可能辯解說，通靈者從心理上產生結果，而魔術師從物理上產生結果，但更為簡要的解釋是兩種結果以同樣的方式發生(即物理原理)。

總之，個案研究易受偏見的侵襲，並且它們的結果可能無法被輕易類推，但是與觀察研究相似，它們可以用來產生新的研究，可以幫助否定薄弱的理論，而且有時是記錄一位異人或一件異事的唯一辦法。

檔案研究

　　爲了考驗假設，研究者有時會利用已有的訊息，這時候的方法稱爲檔案研究(archival research)，其中「檔案」即指紀錄本身，也指紀錄被存儲的位址。檔案資料的範圍從公開的資料諸如人口普查數據、法庭紀錄、基因訊息、公司年度報告、專利辦公室紀錄到更爲個人化的訊息如信用卡紀錄、病歷資料、教育背景、個人信函以及日記。作爲位址的「檔案」指的是像大學圖書館、政府辦公室和電腦資料庫這樣的地方。從下面的研究論文的題目，你能體會到可以使用檔案資料研究的課題。

　　　　✓　高級聯賽協會棒球賽中的公平感、動機與最終仲裁（Bretz & Thomas, 1992）。
　　　　✓　婚前同居的制度化：從 1970 年和 1980 年結婚證書申請的估計（Gwaltney–Gibbs, 1986）。
　　　　✓　意見欄中的歸因：演員與觀衆，結果與原因（Schoeneman & Rubanowitz, 1985）。

檔案研究的多樣性

　　檔案研究常常是一個包括了其他方法的大型研究中的一部分。計畫評估研究是一個很好的例子。回憶第 9 章，計畫評估研究包括需求評估研究(needs assessment studies)、形成性(formative evaluation)和總結性評估(summative evaluation)，以及成本分析，所有這些都可以包含檔案訊息。需求評估通常考查的是人口普查資料，而來自其他計畫的機構紀錄和統計數據都有助於評估和成本分析。此外，你在第 9 章中至少遇到的一個方法——中斷時間系列設計——總是包括檔案訊息，譬如依據交通事故資料作圖以示意趨勢。

　　有時候，檔案研究需要的不僅是紀錄的選擇和統計分析，還需要內容

分析（content analysis），內容分析可以定義爲系統性地檢查資料，用以前定義過的類別組織定性訊息。任何類型的紀錄都可以被內容分析，雖然大多數內容分析探究的是文字材料諸如文本或訪談資料，但非文字材料也可以被分析。例如，在由布蘭悌斯和博馬（Brantjes & Bouma, 1991）作的一項研究中，對患有阿茲海默症（Alzheimer's disease）的病人的繪畫作了內容分析，將其與心理衰弱的程度作相關，並且與同年齡的非阿茲海默症患者的繪畫作了比較。

與觀察研究中預先制定目標行爲的清單一樣，在內容分析開始之前，對要分析的內容種類作清楚地定義是重要的。另外由不止一人進行分析以利於檢查分析的信度也是一個好辦法。爲了避免偏見效應，如果可能，記分者應對被考驗的假設一無所知。

文字材料內容分析的有效應用在勞爾和羅塞爾（Lau & Russell, 1980）作的一項研究得到了說明。爲了研究人們怎樣解釋他們在體育中的成功與失敗，他們查詢了報紙上主要體育競賽事件的記述，對運動員、教練和體育作家就他們（或者他們寫的運動隊伍）爲什麼贏或輸的評論作了調查。依據一場勝利或失敗是被歸因爲內部因素（完全是我們自己的原因）還是外部因素（某種藉口），解釋被分爲兩大類。基本上他們發現，勝利者一般更有可能對自己的成功作內在歸因；而失敗後，內在歸因與外在歸因解釋的比率基本上相等。

儘管本質上檔案研究不允許對獨變項的直接操弄，但它們常常牽涉到對潛在混淆因素縝密控制的嘗試。烏爾里希作的一個研究（Ulrich, 1984）即爲聰明的一例，他的研究顯示術後的復原受到一個能欣賞到宜人景色的房間所影響。

□ 個案研究 5 —— 欣賞風景的房間

在過去十五年心理學開始發展起來的一個比較有趣的領域涉及心身健康的關係。健康心理學家研究諸如壓力與疾病的關係、醫生—病患關係這樣的問題，或者如烏爾里希那樣對一個乍看之下微不足道的因素——醫院

建築——是否影響病人的健康進行研究。

　　烏爾里希(Ulrich, 1984)查閱了賓州一座郊區醫院十年中的病人紀錄，他感興趣的是手術後的康復程度是否受病人在手術後期所住的房間類型影響。具體的說，他比較了窗戶朝向磚頭牆的房間與窗外有片風景宜人的小樹林的房間(見圖 11.2 的平面圖)。所有的房間都是同樣大小，每個房間中床位的擺設都使病人能夠輕易地觀望窗外。

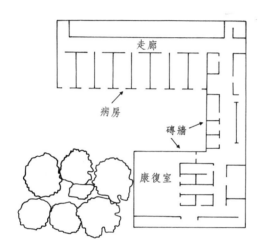

圖 11.2　術後康復檔案研究中醫院的平面圖，圖示的房間或者朝著一片小樹林或者朝著磚牆(選自 Ulrich, 1984)

　　因為研究是檔案性的，烏爾里希不可能將受試者隨機分派到房間中，但他盡可能使兩組病人可以比較。首先，他僅僅採用某種常見膽囊手術後康復的病人，並且略去那些 20 歲以下和 69 歲以上的人。第二，他使用包括年齡、性別、吸煙史以及體重的各種配對變項，製造了兩個類似組。因此，他檢查了兩組大致相等的病人的紀錄；唯一主要的差別就是窗外的風景——磚還是樹。

　　從檔案紀錄中，烏爾里希檢查了病人手術後住院的時間，是否要求以及要求多少藥物治療來減輕痛苦或焦慮，是否有輕微的併發症狀如頭疼或

噁心，以及護士對病人作的紀錄。他發現那些在有風景的房間中療養的病人有明顯的優勢，他們在手術後住院的時間平均要少一天(7.96天與8.70天)，他們更少要求止痛藥，而當他們確實提出要求的時候，他們比注視磚頭的受試者要求的劑量較少。從對護士記錄的內容分析可以確定，那些望著公園般景色的人更可能引來護士的正面評語而不是負面評語(也許護士也受到了樹的影響！)。兩組受試者在抗焦慮劑的要求上並沒有差異；在術後輕微併發症上也沒有差別。

烏爾里希研究顯示越來越多身體健康受無數非醫學因素影響的研究中的一例。研究還說明了健康心理學如何成為一個多學科的領域；在研究發表時，烏爾里希正在特拉華大學的地理系教書。

檔案研究評價

檔案研究有幾個固有的優勢，最明顯的一個是，二十世紀末的資訊量幾乎源源不絕，檔案研究的可能性只受研究者本人的創造性所侷限。第二個強勢是，檔案研究可以覆蓋實驗室研究的結果，從而增加了外部效度。麥克蘭德(McClelland)關於成就動機的研究即為一例，你在專欄8.3中讀到的研究使用了諸如兒童文學、不同歷史時期等檔案訊息，以說明文學中的成就主題預測了後來的成就。結果與其他與個體成就需求與成就行為有關的實驗室研究一致。第三個優勢是檔案訊息是非反應性的，因為訊息已經存在，所以它的蒐集排除了受試者反應性的可能。

檔案資料已經存在的事實也給研究者提出了問題。儘管有著數量龐大的訊息，但有些對研究者很重要的訊息可能缺失，或者現有資料不是一個代表性樣本。例如，在前面列出的一篇分析意見欄內容的研究中，斯科恩曼和魯賓維茨(Schoeneman & Rubanowitz, 1985)必須替這樣一個事實辯白，即最終在意見欄中登出的僅僅是給專欄編者來信的人中很小比率的一部分。誰知道來信發表的選擇是由什麼因素確定的？

檔案研究的最後一個問題也是本章中介紹的所有方法的通病── 實

驗者偏見。在檔案研究中，它的形式是選擇那些支持自己假設的紀錄，或者以一種受個人期望偏見影響的方式來解釋內容。這個問題可能難以完全避免，因為作檔案研究的人通常面對的訊息比能用到的訊息多得多，而且訊息常常是開放可做多種解釋的。

當然，明智的研究者能夠透過預先形成一個清楚的計畫而減少偏見效應，計畫中包括一個謹慎制定的程序、對所有相關變項的操作性定義、材料選擇的標準等等。例如，在烏爾里希(Ulrich)的醫院康復研究中，只對某一年份從 5 月 1 日到 10 月 20 日住院的病人的病歷才作審查。為什麼只選擇那些月份？因為在一年的其他時間樹上沒有葉子，而他的目的是將看磚牆的病人，與那些看著茂盛繁密賞心悅目的樹木的病人作比較。

總之，檔案研究是運用已發生事件的訊息的一種有效方式，並且當變項的直接實驗操弄不可行時，能夠使研究者考驗假設。考慮到訊息量的龐大，以及訊息的獲得逐漸容易 (例如，透過 Internet)，檔案研究在未來幾年很有可能是一種更受重視的方法。

在講過描述性方法的這一章後，被稱為「心理學研究」的這一套節目就全部完成了。接下來我們要返回到第 1 章中介紹的一個主題──心理學研究的快感，這是最後的一個短章。

本章複習

詞彙填空

1.如果一個觀察性研究僅僅使用一位觀察者來記錄行為，那麼就不能確定

　　　　　。

2.當人們知道自己正在受到觀察且行為被記錄時，_____ 就可能發生。

3.「你認為統計學課程應該是心理學專業的要求嗎？」是_____ 式問題的一個
　例子。

4.來自電話推銷的競爭是_____的一個主要問題。

5.為了確定訪談紀錄中是否包含了大量的自我指稱（"I"，"me"等），有人會作
　　　　　。

6.佛洛伊德偏愛的蒐集資料的方法是_____。

多重選擇

1.在下面的哪一種研究中，研究者太深入捲入了被研究群體，以致更可能失去
　客觀性？
　(a)研究者加入一個宗教團體。
　(b)在野外觀察黑猩猩的行為。
　(c)觀察十幾歲年輕人的觸摸模式。
　(d)在一個結構化的學齡前情境中，觀察分享行為。

2.在一個自然觀察中，如何解決反應性的問題？
　(a)受試者從來不知道他們正受到觀察。
　(b)受試者總是知道他們受到觀察，並且給予了充份告知的同意書。
　(c)研究者藏匿起來，或者受試者習慣於觀察者的存在。
　(d)研究者成為團體的成員之一。

3.訪談較書面調查和電話調查的主要優勢是訪談：
　(a)產生了更全面的訊息。
　(b)不那麼昂貴。
　(c)從來不會有取樣問題。
　(d)避免了偏見的問題。

4.以下哪一個實徵性問題可以透過使用檔案研究得到最好的回答？

(a)哪一種熱帶魚最積極地保衛牠的領地？

(b)大多數美國人是如何了解全國健康保險的概念的？

(c)如果自然災難發生在一個受歡迎的旅遊區，是否會受到更大多的新聞報導？

(d)在電影院，是不是體重超重的顧客較可能買「一桶」爆米花，而正常體重的顧客較可能買「一杯」爆米花？

5.關於個案研究法，下面哪一句話是正確的？

(a)事件的個案研究更容易被複製。

(b)它可以是對不尋常發生事件的深入分析。

(c)當需要一個代表性樣本時它是一種選擇。

(d)外部效度很少是一個問題。

═══ 應用練習 ═══

練習 11.1　改進劣質調查問題

下面是可以在調查中出現的幾個例題。有些是以封閉式問題的形式，另一些以同意/不同意陳述的形式。對每一問題，(a)找出是什麼錯誤，(b)重寫問題以解決這個問題。

(a) 你最近是不是胃痛？

(b) 高度偏見的人通常是有敵意的，且不是非常聰明。

(c) 你是否同意大多數人的意見，認為不繫安全帶應受嚴懲？

(d) 大部分醫生都有一種優越感。

(e) 體重超重的人意志薄弱，且常常不開心。

(f) 根據你的看法，普通職業高爾夫球手的身高應是多少？

練習 11.2 定義觀察研究的行為

想像你正在進行一個觀察研究的開始階段，必須為將觀察的行為作出清楚的操作性定義。你如何定義在以下假設的研究中需要記錄的行為？

(a) 男性打斷女性的談話比女性打斷男性的談話更多。

(b) 男大學生與女大學生拿書的方式不同。

(c) 在一個自由遊戲的情境中，大孩子會合作遊戲，而小孩子則玩平行遊戲。

(d) 在大學圖書館裡，大多數學生僅有不到一半的時間是在學習。

(e) 十幾歲的青少年在逛街時，總是沿著固定的，定期重複的路線。

練習 11.3 決定描述性方法

為下面列出的每個假設，從隨後的選擇中找出最好的方法，並為你的選擇說明原因。

- 自然觀察
- 個案研究
- 書面調查
- 電話調查
- 參與觀察
- 檔案調查
- 訪談調查

(a)兄弟會與姊妹會代表了秩序良好的文化，它們獎賞對不成文行為規則的遵守。

(b)當應答者獲得機會和鼓勵來解釋他們在有爭議問題上的意見時，他們的想法通常是以軼事為依據的。

(c)選擇一個全國樣本(2,000人)作一個零食偏好的消費者調查。

(d)在一樁廣為報導的自殺事件後的一個月中，司機獨自駕車死亡的次數增加，而事故並沒有牽涉到其他司機。

(e)在一次因著陸裝置發生故障而乘客必須被緊急疏散的近乎災難性的著陸事故後，大部分乘坐304航班的人都經歷了影響到睡眠的輕微或嚴重的焦慮。

(f)在大學生們進入餐廳時，男性比女性更可能沒有人陪伴，在晚飯的時間尤其如此。

本章複習答案

A. 詞彙填空

1. 觀察者間信度　2. 反應性　3. 封閉　4. 電話調查　5. 內容分析　6. 個案研究

B. 多重選擇

1. a　　　2. c　　　3. a　　　4. c　　　5. b

應用練習

練習 11.1 改進劣質調查問題

(a)胃痛這個概念可以被更精確地定義，但是主要的問題是「最近」，這一問題的更好問法是列出胃痛的一些結果，然後要求受試者提供發生的次數。

例如：對以下每一種健康問題，指出在過去兩週中發生的頻率。

- 噁心但沒有嘔吐
- 嘔吐
- 腹瀉
- 腹內作嘔導致食慾喪失

(b)這句話問到了兩種不同的屬性，敵意和智力。解決的辦法是將它們分為兩個不同的問題。

(c)這是一個對答案有暗示性的問題，解決的辦法是去掉「你是否同意大多數人的意見」。不過，「嚴懲」也可以被更精確的定義，或許可以用一種多重選擇的格式問這個問題。另外，這一問題可細分為一個以上的問題，從而對幾種安全帶違規情況的回答作評定(例如，一個不繫安全帶的成人與一個未給兒童繫安全帶的成人)。

練習 11.3 決定描述性方法

(a)這裡參與觀察較自然觀察略有優勢；兄弟會和姊妹會傾向於排斥外人，可能難以冷眼旁觀。

(b)訪談調查可能是誘發回答的好辦法，儘管書面調查也可以奏效。

(c)因為涉及的受試者的人數，電話調查也許是最有效的方法。

(d)對從幾個城市取樣的警局報告作一番檔案研究。

(e)對乘客經歷作個案研究分析，也許採用訪談調查的格式。

(f)作一個自然觀察。

12

尾聲：做心理學研究

本章概要

❖ **心理科學與僞科學**

區分眞正的科學探索與僞科學是一件重要的事情。僞科學的特徵是試圖有意地將自己與眞科學聯繫起來，其手法是通過依賴不能被充份檢驗的軼事證據和理論，精心修飾以挫敗合理的否證，以及用過分簡化的概念去解釋複雜現象。

❖ **心理學研究的快感**

心理學研究者的生活是不斷有挑戰性且非常有價值的，優秀的研究者對他們的工作富有熱情。對那些受到激發，憧憬對人類行爲作出發現的人來說，有無限的機會等待著他們。

談一件鍥而不捨獻身研究的事情。1893 年 7 月 14 日，魏特墨 (Lightner Witmer) [1]，賓州大學的一位年輕的實驗心理學家，給他在哈佛的同事穆斯特博格(Hugo Münsterberg)寫了封信。這封信基本是「我在暑假做了什麼」的作文練習，但它展現出某些心理學家不遺餘力研究人類行爲

---

[1] 魏特墨接受的是實驗心理學家的訓練，但卻對應用有着濃厚興趣的一個很好的例子。第 9 章提到在 1890 年代末他建立了美國心理學第一個臨床診所的事實。

的恆心。魏特墨顯然是對痛苦的心理體驗感興趣，在給穆斯特博格的信中，他用了小說的筆法：

> ……，我被一匹馬從背上扔了下來，腦袋朝下一頭栽到地上。我是喪失意識的一個最佳的例子。我不僅想不起來曾上馬奔行，也忘記了發生的一切……。從我早上起床到 11 點鐘左右恢復知覺，我無法形成任何連續的事件序列。我的頭疼了一會兒，現在好了，但我的胳臂仍然在作著許多實驗，因為它還不時隱隱作痛………. 我所承受的心理折磨將至少構成下學期中三堂課的內容（Witmer, 1983）。

我不知道你是否會如魏特墨這般「全身心投入」研究，但是我希望在你到達研究方法這門課的終點時，能夠欣賞做心理學研究的價值。在最後一章，你將看到另外一些證據，證明心理學研究是有價值、令人興奮而且好玩的。不過，首先我們要區別真正的科學心理學研究，與自稱是應用科學方法並且似乎是增加了我們對人類行為理解(但兩個目的其實都沒有達到)的工作。

心理科學與偽科學

因為每個人都對人類行為有興趣，所以關於它的起因與內在機制提出很多說法不足為奇。當然，那些說法中有很多是基於真正的科學探索，遵循了你在這本教材中學到的遊戲規則。就是說，我們對於人類行為的諸多了解，有賴於前面學到的思考方式和具體方法。但是，有很多說法是打著心理科學的名義，卻運用非真正科學的方法與思考方式，僅僅是偽科學得到的。一般說來，偽科學(pseudoscience)這個名詞指的是任何似乎是使用了科學的方法，並盡力給人那種印象，但實際上是基於不恰當的或非科學的方法，並產生無效結果的探索領域。這門研究方法課程的重要目標之一，是使你能夠區分真正的科學活動與偽科學。

圖 12.1　僞科學的流行

識別僞科學

如果你生活在 1880 年代初期，你寄 10 分給紐約的福勒和韋爾斯公司 (Fowler and Wells)便可以獲得一份「腦與顱相圖譜」(Symbolic Head and Phrenological Map)。再加 1.25 美元，隨同腦和顱相圖譜還會寄來一本 《怎樣讀解性格：顱相學與相面術最新圖解手冊》的讀物(How to Read Character: A New Illustrated Handbook of Phrenology and Physiognomy) (Anonymous Advertisement, 1881)。經過這些裝備後，你就具有能夠透過 分析顱骨的形狀而「科學」地測量性格的身分。

如果你生活在 1980 年代初期，你可以寄 11.50 美元給艾德蒙德科學 公司(Edmund Scientific Company)訂購一套「生物節律組」(Biorhythm Kit)

(Gardner, 1981)，全套中還包括一個精密的「拔圖計算盤」(Dialgraf Cal-culator)(Gardner, 1981)。爲了幫助解釋這些生物節律，你可以添加一本書《生物節律：個人的科學》(Gittelson, 1975)。經過這些裝備後，你便能夠「科學地」分析生物節律對你生活的影響。

正如這些例子所暗示的，人們願意付錢購買自我了解(self-knowledge)，特別是當方法看來的科學的，並且容易實施和理解的時候。十九世紀的顱相學和二十世紀的生物節律理論現在都被認爲是僞科學；兩者間有重要的區別，但基本上它們都展示了僞科學探索知識的的主要特徵。

□與眞科學聯結

僞科學採取一切可能的方式，使自己與眞正的科學建立聯繫。在有些情況下，可以從眞科學中發現僞科學的起源；而在某些時候，僞科學的概念混淆於眞正的科學概念。顱相學說明的是前者，而生物節律說明的是後者。

顱相學源於證明不同腦部位對應著不同功能的合理嘗試，它可以被認爲是腦功能定位的最早的系統理論之一(Bakan, 1966)。它是在十八世紀末由一位倍受尊重的維也納醫生高爾(Franz Joseph Gall, 1758－1828)所創，高爾將自己終生信仰的人格與身體結構 2 之間的關係，在他所稱的「頭骨測量學」(craniometry)中推到了頂峰，該學說斷言(a)不同的人格與智力屬性與不同的腦部位相關聯；(b)屬性特別突出的結果是造成了更大的腦區；(c)顱骨測量產生了不同腦區域的大小估計。因此，透過測量顱骨我們能夠得知人格和智力。高爾用畢生的大部分時間想設法累積案例支持他的偉大思想。到了十九世紀中葉，這一理論已經聞名歐洲和美國，並且被稱爲「顱相學」。

好理論的一個標準是它應該產生研究，顱相學當然如此。它的侷限得到了正統的科學研究的檢驗，而且在此過程中形成了重要的研究程序。從

---

2 在專欄 4.2 中你讀到了關於這種想法的一個最近的例子。

任何理性的科學標準判斷，該理論都是不成功的。例如，在一個傑出的動物系列研究中，法國生理學家弗路朗斯(P. Flourens)證明，由顱相學家所稱的腦中某些具有 X 功能的部分實際上的作用功能 Y(Hothersall, 1990)。在弗路朗斯之後，正統的科學家中幾乎沒有人繼續相信顱相學；對他們來說，該理論被否定了。

儘管有弗路朗斯的駁斥，顱相學仍未銷聲匿跡，部分原因是如前面提到的以福勒和韋爾斯爲首的公司的宣傳攻勢。到了十九世紀下半葉，顱相學作爲一個大企業已經是生意興隆了：成立了顱相學社，創建了受歡迎的刊物，並且顱相學分析被用在從選擇職業到篩選一個誠實奴僕的每一件事情上。用顱相學分類作的性格刻劃可以從許多著名的十九世紀作家的作品中找到(例如，Edgar Allen Poe)。即使一個理論在科學界已經名聲掃地，但它仍能受到大衆的青睞。這爲作爲一門科學的心理學造成了特殊的問題，因爲幾乎任何種類的關於人性的理論都很容易受到歡迎。

顱相學的歷史是從眞正科學到僞科學蛻變的過程，而生物節律理論的效度從一開始就令人懷疑。它是在近十九世紀末時隨著「生命週期」(vital periodicity)的概念發展起來的。這個概念由弗雷斯提出(Wilhelm Fleiss, 1858－1928)，他是一個歷史有點模糊的人物，一度曾是佛洛伊德的親密朋友。弗雷斯相信所有人都是兩性的：每個人都有男性的一面也有女性的一面。另外，兩性與兩個不同的週期有關，一個週期爲男性，一個週期爲女性。女性週期有 28 天，而男性週期據說有 23 天。爲什麼是 28 天和 23 天？28 天是女性月經期的平均時間，而 23 天是一次月經期結束到另一次月經期開始的時間(尚不清楚後者是怎樣被解釋成「男性週期」的)。

弗雷斯試圖與眞科學沾邊，將這些週期與 28 天的月亮週期拴在一起並援引了達爾文的進化論。他論證說：(a)達爾文證實，一些生活在海岸邊的物種受海浪潮汐節律影響，因爲月球影響潮汐，所以物種受月球所影響；(b)人類的進化史說明人的祖先來自於海洋；(c)因此埋藏在我們基因深處的是與月亮週期有關的節律影響(Sulloway, 1979)。弗雷斯相信 28 和

23 幾乎是魔術般的數字，這些數字的各種不同數學組合使我們能夠預測未來。例如，他證明幾個著名人物死在「危險」日── 23、28 的倍數或者其他數字與 23、28 相加後的總和。佛洛伊德曾一度沉迷於弗雷斯的算術操練中，他似乎相信自己死時的年齡是 51 歲，兩個危險數字的和 (Palmer, 1982)。

現代節律理論發展於 1930 年代，當時一位名叫特萊切 (Alfred Teltscher) 的瑞士工程教授相信他的學生表現出 33 天的智力週期。顯然帶著一些性別刻板印象，他將弗雷斯的男性與女性週期分別重命名為「情感」與「軀體」週期，並製造了一個理論稱智力、情感和軀體這三個基本週期可以解釋生命中發生的很多事情。

根據瑞士模型，所有三個週期都在出生時開始，此時他們處在某個基準線水準。日復一日，每個週期都是上升達到高潮，然後降落達到低潮，然後再上升，如此循環。因為週期長度通常不同，它們會不時地交叉並且在不同的日期達到高潮與低潮。好事發生在一個週期的高潮，壞事發生在週期的低潮，特別糟糕的事情發生在週期經過基準線的點，這些點被稱為「危險日」(critical days)，因為在那些日子週期「不穩定」，所以才會發生問題。特別危險的是「雙危險」日，即兩個週期同時達到基準線的時候；甚至更不吉利的是偶爾還會出現「三重危險」日，那時你就應該明智地躺在床上盼著一切都過去。根據這個理論，知道一個人的生物節律有助於解釋過去的事件，並預測將來，使我們能夠妥當地計畫。例如，加德納 (Gardner, 1981) 報告說在有些瑞士醫院中，醫生在安排手術前，一定要查看病人的生物節律表，看看他們的軀體週期是否處於高潮 (關於醫生是否查看自己的節律表卻隻字未提)。

在 1970 和 1980 年代流行的生物節律理論有意地將自己與真正的生物學研究做連結。例如，一些作者們 (例如 Gittelson, 1975) 常常引用真正的生物學週期性研究，譬如生理節律 (circadian rhythms)──生物活動眾所周知的日常週期 (例如體溫的週期性浮動)。他們還設法透過數學化來製造科學的假象，用看似複雜的計算機來追蹤一個人的日常節律。但是與前面

的顱相學一樣，生物節律理論雖沒有通過所有真正科學的考驗，但至少流行了一段時間。

☐ 以軼事為據

偽科學的第二個特徵，也是顱相學和生物節律理論為什麼盛行的一個解釋原因，是它過度依賴並不加批判地接受軼事證據（anecdotal evidence）。高爾的證據中主要包括一連串支持他理論的例子：小偷有一大塊「獲得性」腦區，牧師有著過度發達的「崇敬」突起，妓女有過多的「色情」部分。生物節律的提倡者使用同樣的方法，他們的文獻中充斥了好事和壞事按週期預測發生的例子，這些證據會立即吸引不具批判性的讀者。有幾位總統死於危險日，而甘迺迪總統作出那個不太聰明的決定，坐在達拉斯的敞篷轎車中巡視時，他的智力週期正好在一個危險點，看到這樣的報導，讀者都要禁不住會作出「哦，哇！」的反應了。

歸納累積支持一項理論的證據沒有錯誤；即使像上面提到的軼事證據也並非必然不合理。問題出在一個人非軼事而不用，或做出過度的解釋。困難在於，軼事證據是帶選擇性的，不合適的例子便不予考慮。是的，也許是有一些小偷具有某種特殊的顱骨形狀，但為了評價顱骨構造 X 和盜竊之間的特定關係，我們還必須知道：(a)有多少小偷沒有 X 構造；(b)有多少具有構造 X 的不是小偷。不知道這兩個訊息，便無法確定某個具有 X 顱骨形狀的小偷是否異於尋常。

完全相同的問題也發生在生物節律中。當帕爾默（Arnold Palmer）贏得 1962 年英國公開賽時，他的所有三個週期都處於高潮。但是如果我們看看帕爾默的整個高爾夫職業生涯，他的成功與失敗是否能由生物節律預測呢？如果用任何類似的關於生物節律預測真實性的研究作為指標，答案肯定是否。已經發現，生物節律不能預測事故率、棒球平均擊球數、心情的起伏、測驗成績以及其他許多行為（Hines, 1979）。一些聲稱生物節律分析準確預測了事件的研究，已經被證明是方法上有缺陷或統計錯誤的（Hines, 1979）。

僅僅注意證實性主題在現代有另一種變形，一些人自稱有超感知覺(ESP)，因為有兩次「我正在想媽媽的時候，她的電話就來了！」當然，他們從來不會記錄下這樣的時候，「我正在想媽媽，但她的電話沒來！」以及(b)「我沒在想媽媽的時候，她的電話來了！」他們也不能了解到如果每二週與母親談話一次，那麼在第二週末的時刻他們「想媽媽」的次數便會增加，因而增加了「擊中」的機會。你可能了解到對這種巧合，後一解釋是比 ESP 解釋更簡要的替代性解釋。

□排斥否證

回憶第 3 章，真正科學理論的印記之一是它足夠精確，能經得起所有考驗中最嚴格的一關——否證考驗。就是說，理論要被接受，必須結構化到能作出明確的預測，並且實驗可以產生與預測相反的結果。當然，我們知道單一錯誤不會導致一個理論被完全摒棄，但理論必須至少在原則上能夠否證的事實依然存在。這不發生在偽科學中，即使表面上看起來顱相學和生物節律都容易被否證。但事實上，人們普遍認為否證確實發生在科學界中。

像顱相學和生物節律這些偽科學的提倡者不得不面對否證的要求，以及真正科學所伴隨著的懷疑主義。並非所有的小偷都在恰好的位置有一塊突起，並非所有的危險日都造成了災難。這些護法者們相當有創造性地對這些威脅作出了回應，他們不允許一個明顯的反駁損害了理論，而是對理論作出略微「重置」(rearrange)，或者追加一些要素，以與異例相容。於是，明顯的駁斥反倒被說成是理論強固的進一步證據！例如，如果某位著名的反戰主義者有一大片破壞性腦區，聰明的顱相學者甚至會發現更大面積的謹慎、仁愛和尊敬區，這些便被說成是抵銷了此人的明顯暴力傾向。同樣，如果在一個危險日什麼問題都沒出，那麼就證明危險是被一個勢力正強的週期平衡了。因此，對偽科學來說，任何可能的結果都可以被解釋(或更準確的說，是搪塞)。但我們知道，一個解釋了所有可能結果的理論，作為理論是失敗的，因為它不可能作出明確的預測。如果它不可能被考驗，它就

不可能被否證。如果它不可能被否證，作為它就是無用的理論。

☐ 化繁為簡

　　偽科學值得注意的最後一點特徵是，把實際上一些非常複雜的現象化解為一些過於簡單的概念。這當然對用戶有極大的吸引力，特別是在心理學中。設法弄清人類行為是一種普遍的人類活動，如果這個過程可以被簡化，通過量量某人的頭顱，讀讀生物節律表，確定某人的星座，或者解釋一個人的筆跡，那麼許多人將被解釋的顯而易見迷戀不已。

　　總之，偽科學的特徵是它與真實科學相混，依賴軼事濫用證據，迴避真正的否證考驗，並將複雜的過程過分簡化。也許是因為對人類行為的巨大興趣，我們在任何歷史時期都不難找到偽科學方法的心理學，而且很多人似乎難以看清偽科學學說中的本質缺陷。但作為一名科學的思想者，你已經在發展著區分有效心理科學與偽心理科學的技能。更普遍地，你現在的地位應是在聽到以下的議論時會持懷疑的態度：

- 「好，雖然有證據說吸煙是有害的，但我的叔叔從 13 歲起就每天抽三包煙，他活了 89 歲。」
　　——結論：所以吸煙沒有問題，
　　——問題：軼事證據；僅僅強調支持性的證據(你的嬸嬸怎麼樣，她 40 歲就死於肺癌，是不是因為吸二手煙？)
- 「這是我最近第三次讀到飛機失事的報導；它說明真是禍不單行。」
　　——結論：這是一個使我們能更好理解世界的已被證明的理論。
　　——問題：軼事證據；對包括這三個事件的時間跨度沒有預先定義，因此否證不可能產生，因為任何結果都可以用來適應「理論」，化繁為簡。

心理科學和人類偏見

　　前面所分析的是否意味著「真」心理學家／科學家不受偽科學思維特

有的缺陷侵染呢？科學家是否就是客觀的訊息處理者，純粹依據數據更正理論，以完全不偏不倚的方式作學問呢？他們是否從來不會因不屑一顧與自己思想相悖的證據而內疚呢？他們是否從來不會矯飾理論以包容例外的案便呢？所有這些問題的答案當然是否；畢竟，心理學家／科學家都是人，他們想讓自己的實驗以某種方式產生，並在結果不如預期時變得憤怒或憂鬱。他們對理論 X 有著強烈的依戀，試圖發現支持它的證據，並且當研究者史密斯作出質疑 X 的研究時怒不可遏，然後他們會設法證明史密斯作錯了，或者史密斯的研究是投機取巧，史密斯對此可能反應不當，結果就是圍繞著某個研究問題的持續爭論。

　　這不好嗎？它當然是非建設性的，正如鮑德溫(James Mark Baldwin)和鐵欽納(E. B. Titchener)在 1890 年代末陷入了關於適當使用內省作為方法的一場爭論，其細節不是我們所關心的，但這樁事件有趣的是，儘管它是以理性開始的，但卻沒有以理性結束。正如史學家克倫茨(David Krantz)在圖 12.1 中所顯示的，在發表論文中進行爭辯的內容開始是集中

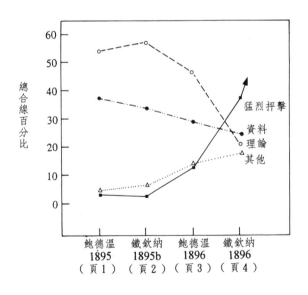

圖 12.2　鮑德溫－鐵欽納爭論的內容分析顯示出實質討論逐漸減少而個人攻擊卻逐漸增加（選自 Krantz, 1969）

在理論和數據，但不久以後，人身攻擊成了討論的特質。質疑一項研究或某人關於它的理解是不錯的，但科學很少能在鮑德溫這樣的評論下得到進步：「我禁不住想，鐵欽納教授有時是讓儀器中的塵土迷住了自己的眼睛」(選自 Krantz, 1969, p. 11)。

　　幸運的是，心理學中的大部分辯論並不像鮑德溫、鐵欽納這樣(至少沒有在筆頭上)。一般來說，研究者之間分歧的結果是科學的進步。如果一個人持長遠的眼光，認為被許多在不同實驗室工作的研究者活躍應用的科學方法，最終會產生關於人類行為的有效的及有用的訊息，那麼個人不情願放棄一個寵愛的思想未必就是壞事。其一，它意味著思想不會被草率地丟棄。理論要被充份檢驗，就需要有堅定倔強、固執己見、自以為是和不動感情的提倡者。正如科學史專家科恩(Thomas Kuhn)所主張的，依附於自己寵愛的理論，確保了理論不會因為一兩次實驗的不成功而被放棄。用他的話說，

　　……在成熟的科學發展中，成見和抗爭是規則而非例外……它們是深植於科學家所受職業訓練過程中的共同特徵。堅定持有的信念似乎常常是科學中成功的前提(Kuhn, 1970, p. 357)。

具有諷刺意義的是，絕對客觀、無情、唯數據是從，並且對研究沒有任何情感，在我們人類中間不僅不可能，而且這樣一種方法對於心理科學的進展也並非最佳途徑。相反的，熱情的倡導理論保證了理論被推向它的極限。

心理學研究的快感——(第 2 部分)

　　在第 1 章中，你曾遇到了兩個熱情提倡自己思想的人物，吉布森和史基納，並且你了解到透過心理學研究作出重要科學發現後的喜悅。我想說明一點，作研究的最佳原因也許因為它是非常快樂的，儘管時而會

有失敗、挫折和漫長的時刻。這一經驗已經透過當代心理學研究者中幾位領袖人物的事跡被反覆說明過了。兩個很好的例子是耶魯大學的斯騰伯格(Robert Sternberg)和華盛頓大學的羅芙托思。

斯騰伯格

對有些人來說，早期生活中的經歷爲以後的生活確定了基調，斯騰伯格(R. Sternberg，見圖 12.3)就是這樣一個例子，他的興趣包括了愛情心理學和創造心理學，但最著名的還是他對人類智力活動多樣性的研究。他將自己的這一興趣追溯到小學，那時他的「IQ 測驗分數眞是臭極了」(Trotter, 1986, p. 56)，主要是因爲嚴重的測驗焦慮。他克服了這個問題，發明了自己的心理測驗作爲七年級的科學學科計畫，而剩下的，他們說，就是歷史了。

斯騰伯格(Sternberg, 1988)創造了一個他稱爲「三元」(triarchic)的智力理論，提出人類智力中存在三個不同層面。第一個類似於傳統的 IQ 概念，強調分析思考中涉及的認知技能；斯騰伯格稱之爲成分性(componential)智力。第二種智力斯騰伯格稱爲經驗性(experiential)智力，與創造性思考有關。善長經驗性思考的人能產生大量新奇和有效的想法。第三，有些人特別長於適應各種環境，他們具備一種實踐的智力，斯騰伯格稱爲情境性(contextual)智力。

斯騰伯格作爲研究心理學家的工作，是對第 3 章中述說的許多研究來自於日常觀察的

圖 12.3　斯騰伯格

想法的很好說明。對斯騰伯格而言，那些觀察是他靈感的主要源泉：

> 所有我的想法(幾乎)都來自於觀察人——我自己、與我一起工作
> 的學生、我的孩子、我與他人的關係、其他人的關係等等……
> 關鍵是在心理學中，沒有比你身邊的人是更好的資料來源者，我
> 從來沒有發現書本、課堂或者實驗室，能爲我思想的啓發提供同
> 樣好的經驗……我總是發現在作令自己激動的問題時做得最好，
> 所以我試著處理這樣的問題，無論它們是否流行(R. J. Stern-
> berg, 個人通信，5 月 18 日，1993)

　　同每位有主要研究課題的心理學家一樣，斯騰伯格吸引了一群具有獻
身精神的學生到他的研究小組中。我們不難理解爲什麼學生們想爲他工
作，與一些由導師決定研究課題，然後分派給學生的實驗室相反，斯騰伯
格力求給他的學生們有工作的自主權，使他們有機會產生自己對某個課題
的研究熱情：

　　最重要的事是*幫助學生們找到能眞正令他們激動的課題*，因此，我不
僅是讓學生們作我的研究——我還要試著幫助他們找到眞正令自己傾心
的題目和方法，然後追隨他們……追隨學生比讓學生們追隨你更好(R. J.
Sternberg, 個人通信，5 月 18 日，1993 年，斜體是後加的)。

羅芙托思

　　羅芙托思(Elizabeth Loftus)(見圖 12.4)的工作是第 3 章中所說的基礎
研究與應用研究的完美結合。她爲我們對人類記憶基礎過程的了解作了諸
多貢獻，同時示範了這些原則可以如何地應用在眞實世界的記憶現象，諸
如證人記憶中。羅芙托思自認爲這種結合是她作研究心理學家的工作中最
有意思的方面：「我開始作出有趣的科學發現，同時將這些以及其他心理
學發現應用到人們的眞實生活中」(個人通信，5 月 18 日，1993)。

　　羅芙托思無可爭議是當世證人記憶現象的權威，她對影響長期記憶的

圖 12.4　羅芙托思

因素有廣泛的興趣，證人記憶是其興趣的一部分。由於公認的權威，她出席了一百多樁以證人記憶為關鍵要素的法庭訴訟(Loftus, 1986)。回憶一下，她的研究曾在上一章中作為對倚賴個案史訊息的警告而簡略提及。羅芙托思和她的同事們及研究小組，對過去記憶被事件發生與事件回憶之間的訊息所歪曲的方式作了許多研究。

這一研究大部分集中於直接的證人記憶，但近期她也著手探討一些實徵性的問題，是有關兒童期受到的性虐待在多年後的回憶是否準確，她認為嚴重的歪曲能夠而且確實發生了。

羅芙托思對記憶研究的的熱情，是她在史丹佛研究所的學業接近結束時被點燃的，她的博士論文是一項基礎研究：「在一個電腦控制的電傳打字電報機上，確定問題解決難度的結構變項分析」。如果你在讀到這個題目時，目光變得呆滯，對羅芙托思不會造成冒犯。在課題接近尾聲的時候，她也對「整個課題有點厭煩」(Loftus & Ketcham, 1991 p. 5)。幸運的是，她修了弗雷德曼(Jon Freedman)的一門社會心理學課，激起了她對記憶中一些實際層面的興趣。正如羅芙托思所說：

在我研究所生涯的最後六個月中，我所有的閒暇時間都在弗雷德曼的實驗室中渡過，建立實驗設計、找受試者作實驗、把數據列表並分析結果。當課題成型的時候，我們意識到就要作出點什麼了，意識到確實正在對大腦的運作發現了某些新的東西，我開始把自己想成是一個研究心理學家了。哦！這是個多麼可愛的詞呀──我能夠設計一個實驗、開始它並從頭至尾的追隨它。我第一

次覺得我是一名科學家了,而且我再清楚不過地知道它正是我一生想作的事情(Loftus & Ketcham, 1991, p. 6,第一處斜體是原文所附,第二處斜體是後加的)。

有一個共同的線索將吉布森、史基納(見第1章)以及斯騰伯格、羅芙托思和其他心理學研究者——包括我們最喜歡的痛苦研究者魏特墨(L. Witmer)——的工作編織在一起。很難爲這種共同特徵定一個標籤,但它是帶有感情的,而「激情」就是一個不錯的描述,如果你仔細閱讀第1章和我在這裡選擇的引文,便能對此有所覺察。例如,在引用吉布森、史基納和魏特墨的話中,美這個概念在每一處都出現了。對於吉布森,視覺懸崖研究的第一次嘗試研究「效果美極了」。當史基納回到阻塞的食物箱時,他發現「一條優美的曲線」。魏特墨描述自己的痛苦歷險,是「喪失意識的一個美妙的例子」。同樣,當斯騰伯格述說他渴望幫助自己的學生找到「真正令他們激動」的研究項目,以及當羅芙托思稱研究心理學家是「可愛的詞」並與這一身分認同時,那種同樣強烈的感情都被表達了出來。

我們對人類行爲的知識還存在著巨大的缺口。因此,有充份的空間供像吉布森、史基納、斯騰伯格、羅芙托思以及無數其他人那樣,具有激情的人發揮。還有什麼比得到一份不斷令人激動,且令人獲益的職業更好的事情?邀請已向你發出了。

本章複習

詞彙填空

1.與眞正的科學相比，_____誤用了證據。

2.弗雷德聲稱自己有超感知覺，因爲有時候就在他想到媽媽的時候媽媽就打電話來了。弗雷德的證據被稱爲 _____證據。

多重選擇

1.顧相學和生物節律的主要區別是：

(a)顧相學是更近期的事物。

(b)顧相學被否定了；而生物節律發現了強大的實證支持。

(c)顧相學源於眞正的科學。

(d)顧相學經受了時間的考驗，並且仍然被我們使用；而生物節律則曇花一現，只持續了兩三年。

2.所有僞科學的共同特徵是什麼？

(a)它們都是始於眞的科學，但很快就退化了。

(b)爲了更容易爲大眾所接受，它們試圖將自己與眞正的科學區別開來。

(c)那些推崇者僅僅對欺騙大眾有興趣。

(d)理論不可能被否證。

3.根據科恩的說法，研究者不願意放棄一個理論的結果是什麼？

(a)研究者很快就會被識破爲一個騙子。

(b)直到理論被充份檢驗後才會被摒棄。

(c) 研究者的工作被認爲是僞科學。

(d)研究者的持之以恆會得到好報，其他人會被說服。

應用練習

(練習 12.1) 筆跡學

你可能看見過一整頁的有關筆跡分析「科學」的宣傳廣告。你送上一份自己的書寫筆跡樣品，及一定的費用，便會收到一段人格的描述。筆跡學的基本理念是，你在書寫過程中構成字母的方式，是你人格類型的反映。

a. 思考僞科學的每一個主要方面，它們可以怎樣被運用在筆跡學的例子中？

b. 設計一個能眞正檢驗筆跡學說法的實驗。

本章複習答案

A.　詞彙填空

1. 僞科學　2. 軼事

B.　多重選擇

1. c　　2. d　　3. b

A

心理學研究結果的交流

在這個附錄中，你將學會如何：

- 準備和撰寫一份 APA 格式的實驗報告：
- 將你的研究專業性地呈現為：
  - 宣讀的論文。
  - 經過組織的文字壁報。

研究報告，APA 格式

　　你要進入的是一個強迫性的世界。在你開始學習 APA 格式的實驗報告時，每個被忽略的逗號、每個沒有使用大寫打印的詞、每個沒有劃底線的 F 或 t，對這些問題的苦惱好像顯示你的老師有嚴重的毛病。這一套格式似乎不可能掌握，但是要鼓起勇氣。這些規則有重要的目的，而準備一份實驗報告的程序是可以學會的；另外 APA(1994)出版了一份簡單易行的《出版手冊》(Publication Manual, PM)，它回答了你任何有關格式的問題。有 *PM* 在你身旁，真的不需要記憶關於逗號和劃底線的規則了。

　　如果你還未擁有一本 *PM*，並且期望學習一些額外的心理學課程，你應該馬上找一本來。本附錄會幫助你學習怎樣交流結果；但僅僅三百多頁的手冊才是你避免一篇蹩腳報告的終極武器。

強行規定一種一致的格式，報告心理學中的實證研究結果，主要原因有兩個。第一，當在不同實驗室中、使用不同的受試者也許還有稍微變化的程序重複研究結果時，它就爲研究積累了外部效度。爲了精確地複製一個研究，或者在某個程序中作出一種系統性改變，讀者必須準確地知道在原始研究中究竟作了些什麼。透過閱讀一份使用已知的，並且是可預測的格式撰寫的研究結果，複製過程才變得容易。第二，一種一致的格式，使得評審過程更有效率。每年都有數千篇研究文章遞交給好幾種心理學研究刊物，通常每篇文章都由一位編輯審查，然後被送到其他兩位或三位對文章主題具有專業掌握的研究者那裡。這些「同行評審人」閱讀文章，然後向編輯提交書面批評意見，包括文章是否應被發表的建議(大部分刊物拒絕 70% – 80% 呈交的論文)。如果缺少一種得到共識的格式，編輯和評審人的工作將錯綜複雜得令人絕望。就這門你正在學的方法學課程的目的而言，一個有規律的格式更易於你的老師公正地給你的報告打分。

一般原則

我的信念之一是，學習如何作心理學研究的唯一方法，就是實際去做一些研究。同樣的原則適用於寫作。它是一種類似於其他任何東西的技能，如果一個人的努力能夠得到某種形式的回報，那麼它是隨著實踐而提高的。因此，我可以給的最基本建議就是，不管在什麼時候能寫就寫，並且讓其他人讀你寫過的東西。在寫一份實驗報告的時候，我建議你找到某個已經完成研究方法課，*並且*獲得適當學位的人。在你寫報告的時候，讓這個人閱讀你的作品並提出批評意見。

寫作格式

實驗報告不是「優秀美國小說」，因此，有些可能提高創意的文學手法，諸如爲了保持讀者的注意力有意地製造模稜兩可，或者省略細節以喚起人們的好奇心，在科學寫作中是不可以的。相反，我們總是要力爭務使

表達能清晰與簡潔。當然，說起來容易做起來難，儘管圖 A.1 透出了一絲事實，但學術寫作不一定就是乏味和難以掌握的。

加爾文和霍布絲　　　　　　　　　　　　　　作者：比爾・沃特松

圖 A.1　　學術寫作？

　　所有良好的寫作都從正確使用語法開始。語法錯誤自然就產生了歧義與笨拙，所以在學習寫一份實驗報告時，第一步就是確保自己知道句子結構的基本規則。我們周圍有大量的英語用法指南，*PM* 中也有一些指導專門針對科學寫作中會遇到的句子類型。

　　除了語法錯誤，APA 實驗報告的初學者常常不當地使用常用語。例如，儘管「顯著」(significant)這個詞通常意味著重要或有意義的，在實驗報告中以這種方式使用這個詞的作者，可能會誤導讀者。這是因爲在實驗報告中，顯著的意思是「統計顯著」(statistically significant)，它有著一個與拒絕 H_0 有關的專業定義。在實驗報告中遇到這個詞的讀者，可能以爲文章中使用的是專業定義，即使作者並沒有那個方面的涵義。爲了消除歧義，在實驗報告中不要使用這個詞，除非它明確指的就是統計顯著性。

　　與詞語使用有關的兩個其他常見問題涉及到「影響」(affect)和「效果」(effect)這兩個詞的混淆，以及有些詞如「數據」(data)的複數形式。這些問題在表 A.1 和表 A.2 中作了詳細的論述。

表 A.1　有效地使用影響和效果

在學生的實驗報告中，最常發現的錯誤之一，是不能正確區分影響（affect）和效果（effect）這兩個詞的涵義。

affect 用作名詞，意思是一種情緒狀態；

— Because of the pressure of a rapid presentation rate, subjects showed increased *affect*.

affect 用作動詞，意思是影響；

— Increasing the presentation rate *affected* recall.

effect 用作名詞，意思是某個事件的結果；

— The *effect* of increasing the presentation rate was a decline in recall.

effect 用作動詞，意思是引起或完成某個事件；

— We *effected* a change in recall by increasing presentation rate.

一種常見錯誤是在該用 affect 的時候將 effect 作動詞使用；

錯誤：Changing to a fixed ratio schedule *effected* the rat's behavior.

正確：Changing to a fixed ratio schedule *affected* the rat's behavior.

第二個常見錯誤是該用 effect 的時候將 affect 作名詞使用；

錯誤：Changing to a fixed ratio schedule had a major *affect* on the rat's behavior.

正確：Changing to a fixed ratio schedule had a major *effect* on the rat's behavior.

□ 文字處理工具

可能你已經發現，文字處理工具能夠顯著地提高你的寫作品質。這主要是因為它令你很容易做出改動，但是高品質的文字處理軟體，還包括另一些特性使你的寫作生活變得輕鬆。最明顯的例子是拼字檢查，它幫助你避免將「心理學」拼成"psycology"的尷尬。不過，拼字檢查不能替代謹慎的校對，譬如它們無法發現這樣一句話的錯誤：

The too subjects where asked two respond of the light was read.

表 A. 2　源自拉丁語或希臘語的詞的複數

在科學寫作中遇到的很多詞的複數，是源自於拉丁語或希臘語。無法認識複數形式可能導致名詞和動詞不一致的語法錯誤。最常見的例子是 data 這個詞，它指的是一條以上的訊息，並且是 datum 的複數。儘管這個詞在常見用法中，有時也會以單數形式遇到，但 *PM*(p. 37) 建議它僅僅以複數形式使用。

錯誤：The data was subjected to a content analysis.

正確：The data were subjected to a content analysis.

其他例子：

單數	複數
analysis	analyses
criterion	criteria
hypothesis	hypotheses
phenomenon	phenomena
stimulus	stimuli

　　不過，這些錯誤能被好的語法檢查偵測到，語法檢查是一些文字處理軟體的另一個特性。除了識別語法上的缺陷，語法檢查還能偵測到太過冗長和笨拙的句子，並且讓你知道你的句子中是不是有太多成分採用被動語態而不是主動語態。一般說，使用主動語態會增加清晰度，使句子簡化。舉例說明，

被動：An investigation of sleep deprivation was done by Smith (1992).

主動：Smith (1992) investigated sleep deprivation.

　　文字處理軟體提高寫作的第三個特性是尋找功能，它能從草稿的檢索中，尋找特殊詞或短語。使讀者能確定是否過度使用有些術語或概念——初稿中的常見問題。一旦發現重複詞，或者有時候作者希望以一種不同的方式表達一個概念，就可以求助於文字處理軟體的另一個附加特性——同

義詞詞典。當然，這一工具在文字處理軟體產生之前很久，就以書本的形式存在了，要換一種說法代替 " indispensable " (必不可少)這個詞，必不可少地作者要從詞典中尋找(我的電子詞典中給出了以下選項：necessary, essential, imperative, required, requisite)。

最後一個文字處理工具是格表，它是使部分文件自動格式化的一套指令。這些可能對有著一套固定格式的文件非常有用；實驗報告即為明顯的一例。

性別中性語言

多年以來，語言學家及對語言應用有興趣的心理學家，一直在研究語言與思考之間的關聯。儘管這一關係的本質存在很大分歧，但一種共識是，透過一定方式使用語言，可以強化並永遠地樹立某些觀念，包括對人們的刻板印象。在 *PM* 中特別提到的一個例子，是被認為有性別偏見的語言，因為它暗含著男女之間的不平等。APA 在 1977 年首次提出了無性別偏見，或「性別中性」(qender-neutral)的語言的指南，向 APA 刊物遞交論文文稿的作者，必須使用無性別偏見的語言。

性別中性的語言要避免兩種問題。第一個是稱謂問題，即在本應該既指男性又指女性的時候，使用了僅含陽性意義的詞彙。最常見的例子是在想用 " person " 的時候使用 " man "，例如在這個句子 " Man has long been interested in the causes of mental illness "(人們一直就對心理疾病的病因有興趣)。有些研究顯示，即使使用這類語言的意圖並非真的存有性別偏見，讀者還是常常以排除女性的方式理解語言。例如，由基德(Kidd, 1971)作的一項研究發現，當受試者讀到本以無性別偏見方式使用的有 " man "或" his "的句子時，有 86% 的時候他們會認為句子指的是男性。

下面是稱謂有問題的一些例句，以及建議的糾正意見。可以看到，透過重新措辭、使用複數或完全省略性別稱謂的方法，可以相當容易地解決問題。這些例子直接摘自 PM 的表 1(pp. 54 – 60)。

1. The client is usually the best judge of the value of his counseling.

   改正：Clients are usually the best judge of the value of the counseling they receive.

2. Man's search for knowledge.

   改正：The search for knowledge.

3. Research scientists often neglect their wives and children.

   改正：Research scientists often neglect their spouses and children.

　　除了稱謂的問題之外，有些性別偏見的語言顯示的是評價問題，即為男性和女性選用的語彙暗含著不平等。例如，一位作者在介紹高中籃球隊時分別使用了 men's basketball team 和 girl's basketball team（women's team 更佳）。另外，使用「典型男性」（typically male）或「典型女性」（typically female）的表達，可能產生刻板印象的思考，譬如對男女可能完全一樣的行為使用刻板印象的描述（例如，男性雄心勃勃[ambitious men]，但是同樣的女性卻被說成是有野心[agressive women]；男性謹慎[cautious men]，而女性膽小[timid women]）。

　　儘管性別中性語言的指南，是以糾正傷害女性的問題為基本宗旨的，但至少在一個例子中它提出了傷害男性的一種不平等。這就是用"mothering"來指父母與子女之間任何帶有扶助互動的行為。使用 mothering 指女性，但用"fathering"來指男性的同樣行為卻未產生作用，因為 fathering 有一個完全不同的涵義。因此，APA 建議在這裡使用性別中性的詞語如"nurturing"或"parenting"，以承認男性也能作同樣扶助行為的事實。

學術誠實

　　在第 2 章科學欺騙一節中，我們以捏造數據為中心作了討論，但也提

到剽竊(plagiarism)¹ 是應該避免的嚴重問題之一，可能你在那一章結束時還作了有關剽竊的習題。1992 年倫理準則的標準 6. 22 特別講到了剽竊問題，規定作者不能把「其他人作品中的重要部分或原理據為己有……」(APA，1992)。

最明顯的剽竊形式，是直接複製某個來源的訊息，而不使用引號且不指明出處。這裡有一個明確的原則：任何時候都不能這樣做。第二種剽竊形式更為隱蔽，而且學生們可能經常知覺不到他們正在剽竊，知覺不到需要注明出處。這就是學生們在使用自己的話陳述顯然屬於他人的概念的時候，所犯的錯誤。例如，儘管我在第 12 章中用自己寫的一段話，說明了斯騰伯格的智力理論，但還是提到參考了他 1988 年的著作，因為像智力成分、經驗和情境方面的概念都是他的創造，並且屬於他。無論何時你使用一種「屬於」另一個人的思想、詞語、理論或者研究發現，就一定要引用那個人的研究。為了避免剽竊，可以直接使用引述，然後清楚說明原出處，或者再一次透過恰當的引用，感謝該思想的創始人。(馬上你就會碰到 APA 關於正確引用來源的指南)。

其 他

以下的 APA 格式規則的目的，是創造一份視覺上容易閱讀的文件，儘管你的老師可能對下面單子中列出的條目，視實際情況而增減。

　　√ 文章從頭至尾要使用雙倍行距
　　√ 所有頁邊距(上、下及兩側)至少 1 英寸寬
　　√ 使用別針而不是釘書針裝訂各頁

---

1 這個詞源自於拉丁語，plaga 的意思是圈套或羅網。這個詞後來表示抓捕、誘獲或綁架兒童；因此 plagiarism 就像是「綁架」某人的思想(Webster's Word Histories，1989)。

√ 避免改變列印字體

√ 不要用粗體或斜體列印(將在刊物上使用斜體的詞,在文稿中用底線表示;見樣文)。

√ 作一份論文文稿的複印稿,然後呈交原稿;如果你用文字處理軟體,儲存你的文件。

實驗報告的主要部分

用來說明一項實徵研究結果的 APA 格式的實驗報告,包括以下幾個要素,順序依次為:

* 題目頁
* 摘要
* 引言
* 方法
* 結果
* 討論
* 參考文獻

參考文獻之後,報告中通常會有單獨的幾頁,包括作者的註釋、注腳(如果有的話)、表格、圖目錄以及圖本身。有些情況中還可能包括附錄(譬如列出實際的刺激材料)。接下來的內容是如何準備實驗報告的每一部分。在閱讀過程中你可以參考: (a)表 A. 3,它列出了在報告中會發生的(依我本人經驗)最常見的格式錯誤;(b)在附錄結尾包括的實驗報告實例。

表 A.3　最常見的二十種格式錯誤

- 在題目頁部分
  1. 短標題和頁碼沒有向右對齊。
  2. 標題沒有向左對齊。
  3. 標題中的所有字母沒有大寫。
  4. 題目中的所有字母均大寫。
  5. 大寫" Running head "中的" h "。
- 在摘要部分
  6. " abstract "中所有字母大寫。
  7. 像正文段落般第一行縮排。
  8. 使用一段以上。
  9. 字數超過 120 字。
- 在引言部分
  10. 沒有用文章的題目作為這一節的標題。
  11. 把這一節標名為「引言」。
  12. 文獻索引錯誤。
- 在方法部分
  13. 沒有正確標題(「方法」兩個字居中對齊)。
  14. 沒有對副標題劃底線(例如「材料」)。
  15. 從新的一頁開始這一節,而沒有緊接引言繼續。
- 在結果部分
  16. 沒有正確標題。
  17. 沒有適當地使用諸如平均數等統計概念的簡寫。
  18. 沒有適當報告推論統計分析。
- 在討論部分
  19. 沒有正確標題。
  20. 文獻索引錯誤。

題目頁

題目頁有一個非常明確的格式，從實例中便能看出。它包括下面幾個成分：

☐ 短標題／頁碼

位於每頁的右上角，短標題(short title)是題目全稱的前兩個或前三個詞。間隔雙倍行距在下面緊接的是數字 1，它把文稿的題目頁標為第 1 頁 [2]。短標題和頁號都向右對齊(即與右邊界齊平)。除了有圖形(例如坐標圖、示意圖、流程圖)的頁面之外，文稿的每一頁都要包括短標題和頁碼，這有助於在文稿因某種原因分散時，能夠辨認文稿。

☐ 題頭

如果你檢查任何 APA 期刊中的一篇文章，便會發現在第一頁之後，每頁的頂端都有一個「頁首」(header)，它或者是作者的名字(偶數頁)，或者是題目全稱的簡寫(奇數頁)。後者被稱為「題頭」(running head)，它在每頁的頁首中連續出現。

為了適合其規定位置，題頭必須簡短，但訊息又要充份到足以傳達出題目的意義。因此，題頭與短標題不一樣，它們唯一可能完全一樣的時候，就是當題目的前兩三個詞(即短標題)，恰好對研究的內容作了一個良好說明。

題頭列印在題目頁的上部，就在短標題和頁碼的下面，並且與左邊界對齊。第 11 章中的個案研究 4 中介紹的階段催眠研究，它的題頭有 39 個字母，呈交的文稿題目頁的上部如下所示：

---

2 有些文字處理軟體難以容納超過一行的頁首，APA 格式允許此種情形：可以接受短標題與頁碼位於同一行，短標題在頁碼左邊五個空格位置處。

題頭: EXPERIENCES ACCOMPANYING STAGE HYPNOSIS

□題目／作者／單位

文章的題目、這篇論文作者的名字，以及作者的學校或單位都位於題頭下面的位置，在左右邊界之間居中對齊，題目中主要詞的首字母大寫。因此，催眠研究的題目按如下格式：

Transient Positive and Negative Experience

Accompanying Stage Hypnosis

對文章題目的措辭要作一番考量，它應該介於 10 到 12 個詞之間。它應該給讀者一個關於文章內容的清楚觀念，並且預示被研究的變項。例如，在實驗研究中，一種常見的題目格式是「X 對 Y 的效果」(The effect of X on Y)，它使讀者能夠認出獨變項和依變項。因此，一個以「界標與北方定向對方向定位的效果」為題的文章，告訴讀者，受試者要執行某個尋找方向的作業，有兩個獨變項受到操弄：是否存在界標，以及受試者是否被告知北向。

第二種類型的格式，是寫一個陳述性的句子，總結主要結果。一個例子是：「幫助行為決定於情境的模糊性和旁觀者的同理心水準」。這個題目告訴讀者，研究包括一個操弄獨變項(情境是否明確呼喚幫助)，一個受試者變項(旁觀者是否為有同理心的人)。

摘　要

這是在實驗報告閱讀中的第一個正文部分，卻是寫作中最後完成的一部分。它也是唯一被很多讀者閱覽的文字，面對著大量的訊息，讀者不得不先從閱讀摘要開始，以確定是否值得對整篇文章作詳細閱覽。它在《心

理學摘要 》(Psychological Abstracts)中以全文刊登。

摘要包含了後面四節內容中每一節的要素，而且因為它在一個段落中不能超過 960 個字母(約 120 字)，所以必須慎重準備——字字重要。摘要的開場白也許是訊息最豐富的，它通常包括一句問題陳述，並且通常會告訴讀者受測的受試者訊息以及／或者被研究的變項。下面是摘要開場白的一些例子，選自第 11 章中用到的三個個案研究。

- 為了說明人際觸摸中的性別差異，對公共場所中十幾歲以上的 4,500 對伴侶作了觀察(Hall & Veccia, 1990, p. 1155)。
- 在大學主辦的催眠演示後，對 22 名大學生受試者就臺上催眠所伴隨的正向體驗和負向體驗透過追踪訪談進行評定 (Crawford et al., 1992, p. 663)。
- 在對賓州一所郊區醫院 1972 年至 1981 年間膽囊切除的術後病人的康復記錄調查中，了解將病人分派到一個窗外有自然風景的房間，對他們的康復是否有影響(Ulrich, 1984, p. 420).

除了內容豐富的開場白之外，摘要還會提到方法，簡要總結主要的研究結果(第二個最重要的句子)，並且通常以一個簡短的結論作結束。

摘要位於且僅位於實驗報告的第 2 頁，你應該從新的一頁開始引言。

引　言

引言深入描述了被研究的問題，並且透過回顧相關的研究文獻，清楚說明了問題的已知與未知的部分。未知的或不明確的內容，為一種或多種預測提供了基礎，這些預測形成了研究的假設。因此，引言應按順序包括：問題的陳述，文獻的回顧，以及在研究中檢驗的一個或多個假設。在優秀的引言中，可以在文章的最後一段中找到假設，並且從前面對問題的描述，以及相關研究的回顧中自然地流露出來；在劣質的引言中，假設在結尾處出乎意料地突現，而且似乎沒有任何合理的依據。

引言從文稿的第三頁開始，並且是實驗報告中唯一不以相應標題命名的主要部分，這一部分是以文章題目爲標題的。

☐ APA 索引格式

在回顧以往與手頭問題有關的文獻時，你需要爲提到的研究提供索引；*PM* 爲此提出了一套具體的格式。有時候作者的名字在你寫的句子中，這時出版日期在作者的名字之後，並且用括號括起。例如：

No such effect was found in a study by Smith（1990）。

如果作者的名字沒有在句子中出現，則將名字、逗號和日期放在括號中。例如：

No such effect was found in the above – mentioned study（Smith, 1990）

如果直接引用原文，必須注明頁碼。例如：

The results were that "neither males nor females were affected by the instructional manipulation"（Smith, 1990, p. 23）。
或者
The results of the study by Smith（1990）were that "neither males nor females were affected by the instructional manipulation"（p. 23）。

　　在引言(或文稿中其他部分)中引用的所有作品，在論文結尾處一定要全部列出，你將在下面說明的「參考文獻」部分中，了解到如何執行這一點。

　　PM 對索引作了大量的指導，透過它你可以查詢任何問題。另外還會發現，在大部分心理學教科書中均應用了 APA 格式，包括本書；所以你有幾個範本可以參照。

方　法

方法部分的指導原則是，它必須詳盡到足以使其他研究者能夠閱讀，並能夠在自己的實驗室中複製研究。注意我用的是「其他研究者」，而不是「其他人」，因此有些方法學的專業知識可以想當然地認爲其他研究者能夠理解。說受試者按變項 X，Y 和 Z 配對就可以了；一步步地解釋是不必要的。同樣，說明使用的交互平衡法類型(例如 4 × 4)，而不解釋爲什麼需要這樣一種控制程序的原因也是可以的。

方法部分通常分爲幾節，依實際的研究而變化。不過，有一節常常出現，它的標題是「受試者」(participants)。通常是方法部分的第一節，包括對研究中人或動物樣本的描述。這一節應該使讀者能夠確定有多少受試者參加研究，每一條件中有多少人，以及他們如何被選擇。

研究受試者的描述之後，通常是標題爲「儀器」(如果使用了儀器設備)或者「材料」(如果研究者使用了紙筆材料，諸如問卷或人格測驗)的一節。標準設備通常可以參考生產商和型號作說明。特別爲研究製造的儀器，應該更詳細地作描述，甚至是畫出來(見實例)。取得版權的調查或人格問卷，可以以適當的索引形式列出。

第三小節稱爲「程序」，或有時被稱爲「程序與實驗設計」。它是方法部分中最長的部分，列出並操作性地定義了所有變項，確認了研究的設計以及所有的控制特質，並精確說明對研究受試者作了些什麼。

與引言不同，方法部分並不是從新的一頁開始，它緊隨在引言的結尾處，並以中間對齊的「方法」爲標題(關於小節的格式規則參考實例)，接前繼續的原則，同樣適用於結果和討論部分。

結　果

報告的這一部分，簡要但完整地用文字說明了結果以及描述和推論統計數。典型的結果段落包括對某個發現所作的文字敍述，以及支持文字敍述的相應描述和推論統計數。不要試圖解釋爲什麼有些預測成功，或有些

預測失敗：這種解釋屬於討論部分。

　　組織結果部分的一種良好方式，是參照引言中的假設順序。例如，如果引言結尾有三條假設，則結果部分中針對每條預測都應有一段文字，並以與引言中同樣的順序呈現。

☐ 報告數據：統計數

　　回憶第 4 章，描述統計數總結數據，而推論統計則確定是否能慎重地拒絕虛無假設。報告中最常見的描述性統計數是平均數、標準差和相關係數。通常的推論統計包括 t 考驗，ANOVA 的 F 比率，以及卡方檢定。所有這些程序的計算在附錄 B 中作了說明。目前你要清楚三件事情：(1)統計術語如樣本平均數(M)及標準差(SD)，都有標準化的簡寫；(2)在報告推論統計數之前的某個時候，確認 α 水準(通常在 .05 或 .01)；(3)報告統計數的一般規則是，在任何段落中描述統計數都要放在推論統計數之前。典型的結果部分中可能有如下的連續幾句話：

　　　　…… 接受視覺意象指導語的受試者平均回憶出 16.5 個詞 ($SD = 2.3$)，那些僅被要求重複的受試者平均回憶出 12.3 個詞 ($SD = 3.1$)。差異是顯著的，$F(1, 18) = 12.8$，$p < .01$。

　　報告推論統計數的速記方法，對所有類型的分析基本上一樣。要說明考驗的名稱(如 F)，列出自由度(1 和 18)，報告考驗的計算結果(12.8)，及說明結果歸因於機率的概率(小於 .01)。

☐ 描繪數據：表格與圖形

　　描述性統計(特別是在因子設計中)常常太過複雜，以致用一大段話來對它們進行描述是不可能的。為了避免這一問題，常常要用表格或圖形呈現數據。表格以行列安排，通常顯示平均數、標準差或相關組。圖形可以是坐標圖、示意圖、流程圖、儀器設備的草圖或照片。每一種方法都有明

確的格式規則，可以從實例中看到。

　　有時候我們難以決定要用表格還是圖形來呈現數據。一般說來，如果看起來精確報告平均數較重要(在圖形上精確分數需要猜測)，或者數據太多以至用圖表示顯得亂七八糟，這時表格更受偏愛。另一方面，圖形常常能夠深刻地說明一點，並且在因子設計中顯示交互作用時尤其有用。有一點是肯定的，不能用兩種方式呈現同一數據——既用表格也用圖形。如果使用圖形，可以採用幾種形式，但最常見的是直線圖和柱狀圖。如第七章所述，當 X 軸的變項是一個連續變項時使用直線圖；對於間斷變項(如性別)，應該使用柱狀圖。

　　在使用表格或圖形的時候，僅僅將它們擺出來是不夠的。在結果部分的文字中，你必須向讀者說明圖表，並且指出它們的重要特性。這裡涉及某些技巧，因為你不想用詳細的敘述指出圖表的每一個層面。因此，對於一個記憶實驗中顯示序列位置曲線的坐標圖，你可能會遇到這樣一句話：

　　…… 如圖 1 所示，對詞表前幾個詞的回憶成績相當高，中間的詞回憶差，對最後三個詞的回憶幾乎是完美的。

　　在實例中你會看到，並未將表格和圖形插入在正文描述的中間，而是放在報告的結尾部分，但在正文中的相應位置，要標出它的插入區。

　　從實例中還能注意到，表格的標題與表格在同一頁，但圖形標題卻列印在與圖形本身不同的另一頁中。這不是一個武斷的專門用來降低你成績的規則，而是為了使文稿最終能被轉化成刊物文章的目的而設計的。表格的設置與其他正文部分一樣，圖形標題也是如此。但是呈交的圖形本身可能是高品質的圖片，必須變化尺寸以符合相應的空間(這就是為什麼圖形頁不包括短標題和頁號)。因此，圖形和它們的標題在呈交的文稿中是分開的。如果你有不只一個圖形，則不需要為每張圖都作一個標題頁，只需要在單一頁中列出所有的圖形標題就可以了。

討 論

　　正文最後一部分的目的，是將整篇報告聯結起來。它從參照最初假設總結主要結果開始，然後進行主要的任務——解釋。這個評估包括建立結果與引言中提出的任何理論觀點之間的聯繫，然後力求解釋失敗的預測(學生研究者面臨的一種常見問題)。討論還提出結果的替代假設問題。作為文章的作者，你要決定一種顯然最合理的假設，但有時也要考慮其他解釋。你應該提到這些其他選擇，然後解釋為什麼你不認為它們符合你的解釋標準。

　　最後，討論中包括任何研究計畫都會有的重要要素：對「下一個是什麼」的問題的思考。就是說，以剛完成的這個研究的結果為基礎，作者常常建議下一步研究該做什麼，因為研究常常回答某些問題但也提出某些問題。

參考文獻

　　與方法、結果和討論部分不同，這一節從新的一頁開始，並且列出在實驗報告中索引的所有條目。PM 幾乎針對所有類型的引語提供了一套完整的規則；下面就是最常見的一些例子。

1. 有一個作者的一篇刊物論文

　　Loftus, E. F. (1986). Ten years in the life of an expert witness. Law and Human Behavior, 10, 241 – 263.

2. 有一個以上作者的一篇刊物論文

　　Hall, J. A., & Veccia, E. M. (1990). More 'touching' observations: New insights on men, women, and interpersonal touch. Journal of Personality and Social Psychology, 59, 1155 – 1162.

3. 一本書

Sternberg, R. J. (1988). The triarchic mind: A new theory of human intelligence. New York: Viking Penguin, Inc.

4. 非第一版的書籍

Hothersall, D. (1990). History of psychology (2nd ed.). New York: McGraw – Hill.

5. 從一本編纂書籍中選出的一章

Kuhn, T. S. (1970). The function of dogma in scientific research. In B. A. Brody (Ed.), Readings in the philosophy of science (pp. 356 – 373). Englewood Cliffs, NJ: Prentice – Hall.

最後一點：在交實驗報告之前，你應該檢查：(a)實驗報告正文中提到的所有來源，都在論文的文獻部分列了出來；(b)文獻部分中列出的所有參考文獻，都曾在文章正文中被提到。

發表與壁報

如果幸運的話，你可能有公開發表自己研究結果的機會。這種機會可能是作為課程要求的一部分，向其他心理學學生作的報告，也可能是更正式的在一個專業會議上的發表。例如，在 APA 和 APS(American Psychological Society，美國心理學協會)的全國會議上，以及一些地區會議(例如 MPA，中西部心理學會)上，有些議程就是為大學生研究而安排的。近來，有許多會議都是專為給大學生研究作發表的目的而舉辦的。

在這些會議上的發表將採取兩種形式：論文或壁報。論文是比較傳統

的形式，在通常是一小時的會議時段中(其實是 50 分鐘)，幾位研究者每人宣讀一篇論文，說明他們的研究。如果這發生在你身上，以下有一些建議：

1. 你將受到嚴格的時間限制——遵守它。通常的時限是 12 分鐘，這樣每一議程可以允許報告四篇論文。如果你用了 20 分鐘，那麼被安排在時段最後的那個人將永遠痛恨你。

2. 準備一頁的講義，在你介紹的時候，可以將它散發給觀眾。講義上應該包括你的假設和設計的簡短說明，以及以表格或圖形呈現的結果。觀眾中的很多人正在思考下一小時中將參加什麼議程，計畫怎麼吃飯，或者排練自己的報告，因此可能不會仔細聽你說，所以你的講義對他們來說，可能是獲取有用訊息的一種有效方式。

3. 利用已有的視聽設備。例如，如果作發表的地點有投影機，你可以準備與講義中相同圖表的投影片。然後在你演講的恰當時刻，將其呈現，並指出其中的重要特性。

4. 準備一份一般的實驗報告，然後改編它使其格式適宜口頭發表。這意味著你要注重基本要點，避免過分講究細節。例如，儘管你在實驗報告中，應包括某個儀器的型號名稱，但在發表中使用普通名稱(如操作箱)就可以了。聽眾應該清楚你的研究的目的、設計與控制的基本要點、結果，以及你的整體結論是什麼。你的發表風格應該比正規的實驗報告更具有對話性。

5. 在某些朋友面前排練你的報告；最理想地是將它錄影並作更多練習。

　　發表的第二種，而且也是變得越來越流行的形式，是壁報會議。這類似於高中的科學展覽，可能就是源自於那裡。如果你作一份壁報，你將身處一個大房間中，其中充滿了一行接一行 4′×4′ 的告示板。在告示板上你要安排一份展覽(見圖 A.2)，使某個人能夠理解你在研究中發現了什麼。你還要為論文的簡寫版準備多份的影印本(通常是五十份)，以發給那些願意拿取的人。

　　壁報會議的優勢是，它比一般的論文會議能夠展示更多的研究計畫，

並且消除了伴隨著論文發表所產生的一切當眾發言的焦慮(這也可能是一個缺點,因為學會當眾發言是一項重要技能)。它們還增加了你和與自己興趣相投的人見面的機會。在一個有效的壁報會議中,你將經歷半打良好的交談,也許得到對結果作不同解釋的一些思路,並為「下一個是什麼」的問題提出一些解答。如果你和遇到的人都有電子郵件地址,誰知道會怎樣?你們有一天也許會成為共同作者。

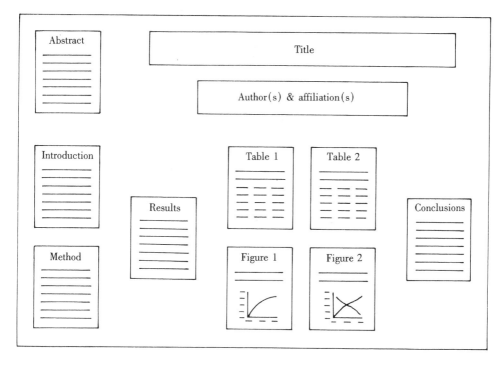

圖 A.2　壁報展示舉例

一篇研究報告實例

下面的報告實例是經過修訂後的,是我的三名學生作的,並遞交到一個大學生研究會議上的論文。與你在大部分刊物中讀到的文章相比,這篇報告比較短,而且沒有那麼高深莫測,但它與你在學 APA 格式時要準備的研究報告的形式非常接近,所以它應該對你有所幫助。

1. 短標題和頁碼要向右對齊；題目頁是第 1 頁。另一種選擇是，短標題和頁碼可以放在同一行中，中間間隔五個空格，頁碼向右對齊。

2. 短標題：文章題目的前 2 個或 3 個詞。

3. 向左對齊。

4. 此處不需大寫。

5. 全部大寫：包括空格不超過 50 個字母；與短標題不同，題頭應該為研究中的變項提供更多的訊息。

6. 題目、作者和單位居中對齊(你的老師可能讓你加上日期，儘管它不是 APA 的格式；對於寄給 APA 刊物的論文，日期應該在由作者寫給編者的附信上註明)。

7. 題目應該以告訴讀者在研究中將遇到的變項為開始。

8. 居中。

9. 雙倍行距(全部文稿從頭至尾)。

10. 此處沒有段落縮排。

11. 最多 960 個字母與空格；約 120 個詞。

Running head: ORIENTATION, DISTANCE, AND POINTING ACCURACY

4   5

The Effects of North Orientation and Target Distance on Accuracy   7

in Pointing to Geographic Locations

6   Aimee Faso, Theresa Yuncke, and Teresa Kottman

Wheeling Jesuit College

8   Abstract

10   The ability to point accurately toward fixed geographical targets was investigated in

a 2 × 2 × 6 factorial design. Seventy-two subjects (36 male and 36 female) tried to

locate six different targets; three of these targets were within walking distance of

the laboratory and the remaining three were at least 70 miles from campus.

11   Half the subjects were oriented to the compass direction of noth; half were not. A

north orientation facilitated performance for the three distant targets, but did not

significantly improve performance for the three nearby targets. No gender

differences occurred.

12. 短標題和頁碼繼續向右對齊，但不要向右對齊文章的正文。

13. 不要以「引言」作爲標題，而是完全重複首頁上的文章題目。

14. 引言要從新的一頁開始。

15. 開場白一句介紹了研究課題的領域並定義術語(認知地圖)。

16. 引言要介紹以往的研究，但只介紹與你的研究有關的內容。這裡提到 Evans 和 Pezdek 的研究，是因爲它介紹了兩種形成認知地圖的不同方式。

17. 像這樣參考文獻出現在括號中時，要使用「&」符號；當參考文獻出現在正文某句話當中時，使用" and "這個字。

18. 引言的最後一部分要說明研究的假設及其依據。僅僅說你預期 X 會發生是不夠的，你必須爲 X 提出論據。本段話以一個明確的假設爲結束；前面鋪陳的話爲該假設提供了論據。

19. 如果在括號中引用兩篇以上的論文，則用分號將它們分隔，並按字母排序(在有多位作者的文章中使用第一作者的名字)。

20. 不要從新的一頁開始方法部分；繼續用雙倍行距貫穿始終。

21. 居中。

22. 方法應該寫得使另一位研究者能夠閱讀並重複該研究。

23. 子標題要劃底線，並與右邊界對齊；其後的敘述遵守段落的格式。

24. 如果以數字開始一段話，則必須用字母完整拼寫數字。這句話不能像這樣開始：" 72 undergraduate… "。

25. "Figures"通常是坐標圖，但它們也可以是照片、地圖或如本例中是儀器的簡圖。

13   The Effects of North Orientation and Target Distance on Accuracy   14
in Pointing to Geographic Locations

15   Cognitive maps are mental representations of spatial information (Ormrod,   17
Ormrod, Wagner, & McCallin, 1988). They enable us to know where we are in the
geographic environment and they help us navigate through the environment in
order to move efficiently from point A to point B. Researchers interested in cognitive
mapping have studied such topics as how the elements of these maps develop (e.g.,
Cohen, 1985), how they are structured (e.g., Sholl, 1987), how they are used for
navigation (e.g., Kaplan, 1976), and how accurate we are when using them for
making decisions about where things are located. This last topic was the focus of the
experiment described here.

16   Evans and Pezdek (1980) demonstrated that people rely on two methods of
developing cognitive maps. First, they use the results of direct experience in
navigating through the environment. Thus students become familiar with a campus
by moving around in it. They know for instance that to get to the library from the
gym, one takes a left at the campus shop and goes about 200 yards. A second type of
cognitive map knowledge is cartographic: people study maps. Even if we have never
visited Europe, we know that France is just to the south of England and separated
from it by the English Channel. Of course some cognitive map knowledge can result
both from direct experience and from studying maps.

Evans and Pezdek (1980) asked subjects to decide as quickly as possible if sets of
three target locations were in the correct spatial positions with reference to each
other. When the locations were states, subjects used cartographic information when
making their decisions. When the target locations were nearby on-campus locations,
however, subjects apparently relied on their direct experience.

18   Our study had two purposes. First, it was designed to measure how accurately
subjects could point toward locations that were either nearby or distant. If distant
targets (e.g., cities) are learned and thought of with reference to actual maps,

then accuracy in pointing to these targets should be improved if subjects receive some specific cartographic information such as the direction of "North." If nearby targets are learned by moving through the local environment, however, rather than by using maps, then a north orientation might not be very helpful when pointing to them. On this basis, we hypothesized that when pointing at distant geographic targets, accuracy would be improved by giving subjects a north orientation. When pointing at local targets, however, north orientation was not expected to help.

The second purpose of the study was to explore possible gender differences in using cognitive maps. Some studies (e.g., Kozlowski & Bryant, 1977) have failed to find differences between males and females on a cognitive mapping task, but several

19 (e.g., Herman, Kail, & Siegel, 1979; Ward, Newcombe, & Overton, 1986) have found that males use spatial information more efficiently than females. On this basis, we expected that males might point more accurately to geographic targets than females.

20 Method   21

23 <u>Participants</u>

24   Seventy-two undergraduate volunteers (36 males and 36 females) from a small   22 private college took part in the study. Experimenters visited freshman and sophomore level classes, described the general procedure, and asked for volunteers. No course credit was given. None of the subjects were residents of the three distant target cities, but all were familiar with the cities. Participation required approximately 10 minutes. Subjects were tested individually.

<u>Apparatus</u>

    Subjects pointed towards a series of targets by means of a goniometer (see   25 Figure 1), a device used by physical therapists for measuring angles (e.g., at the elbow). One arm of the goniometer was fixed to a board and the second was free to rotate through 360°. This second arm served as a pointer.

26. 實際的圖形自成一頁，並附在報告的結尾。插入像這樣一個注釋，指明圖形在刊物發表時的位置。插入注釋應該在第一次提到圖形的段落末處。

27. 注意描述變項的順序在方法和結果部分，應該始終保持一致。首先說明性別 nder‧(g)，然後是定向(orientation)，最後是位置(location)。

28. 結果討論(debriefing)通常會提到，但沒有必要介紹你是如何遵守倫理準則的所有層面的；通常假定是你作了。對向 APA 期刊呈交論文的作者的要求，是在他們給主編的附信中，確認遵守了準則。

29. 不要從新的一頁開始結果部分；繼續用雙倍行距貫穿始終。

30. 居中。

31. 報告描述性統計數；在本例中有些平均數是在正文中呈現的，另一些則在表 1 中，還有一些則以圖形的形式呈現(圖 2)。

32. 報告推論統計數，在本例中即 ANOVA 的結果；注意報告 ANOVA 的格式中包含這些要素：

— 考驗的名稱劃底線：F

— 在括號中表示自由度(1, 68)

— F 比率的計算值：24.87

— 犯第 I 類錯誤的機會，p 用劃底線表示：$p < .01$

— 注意，如果 F 值小於 1，如實報告，並忽略 p 值。

33. 永遠不要在報告正文中列印表格。同圖形一樣，在第一次提到某個表格的段落結尾處，加入插入標注。表格本身要在後文出現。

26

Insert Figure 1 about here

The experiment took place in a small classroom that had blackout curtains drawn to prevent subjects from seeing anything outside of the building. Subjects stood at a lab table with the goniometer lined up so that its fixed arm was pointing either (a) directly toward north or (b) approximately east/northeast. This latter direction was the result of lining up the goniometer so that the board on which it was fixed was flush with the edge of the lab table.

Procedure

27   The study used a 2 × 2 × 6 factorial design. The first factor was the subject variable of gender. The second factor was whether or not subjects performed the task while knowing the direction of north. The 36 males and 36 females were randomly assigned to the two levels of this north orientation factor, with the restriction that an equal number of males and females were assigned to each group. Thus 18 males and 18 females were given a north orientation; the remaining 18 males and 18 females were not.

The third factor was the within-subjects variable of target location. Six different targets were used. Three were locations that were either on or within walking distance of the campus: the college's front entrance, a local bar, and a money machine. The remaining locations were distant geographic targets that were at least 70 miles from Wheeling: Pittsburgh, Cleveland, and Washington (DC). Target sequence was counterbalanced through the use of a 6 × 6 Latin square. Subjects were randomly assigned to a row of the square, with the restriction that equal numbers of males and females were assigned to each row.

Subjects were told they would be given a series of locations, some near and some far, and that they were to move the free arm of the goniometer so that it was pointing directly at each location. Subjects in the north orientation condition were told that the fixed arm of the goniometer was pointed toward north and they could use it as a reference point. Subjects in the control condition were told nothing about the orientation of the goniometer.

The primary dependent measure was accuracy of pointing. Experimeters determined the correct answers for each location with reference to reliable maps. This made it possible to determine the degree of error for each of the subject's responses. Whether the error was to the "left" or to the "right" of the target was ignored. Thus the error scores ranged from 0° to 180°. Subjects were also asked to describe any strategies they used when performing the task.

After completing all six trials and describing any strategies they used, subjects
28 were debriefed. Those requesting final results were sent a brief summary at the conclusion of the study.

29   Results   30

The data were analyzed with a 2 (gender) × 2 (orientation) × 6 (target location) analysis of variance, with the level of alpha set at .05. The mean error across all
31 conditions for males was 52.1° and for females it was 46.9°; the difference was not significant, $F(1, 68) < 1$. A main effect for orientation was found, however,
32 ($F(1, 68) = 24.87$, $p < .01$). The average error for those given the north orientation was 33.2°; it was 65.9° for those in the control group. As shown in Table 1, the overall advantage for those given a north orientation occurred both for males and for females.

----

33   Insert Table 1 about here

----

34. 不要從新的一頁開始討論部分；繼續用雙倍行距貫穿始終。

35. 居中。

36. 回憶第 7 章，當主要效果和交互作用都發生時，應該先解釋交互作用，而且有時候交互作用比主要效果更為重要(本研究即為一例)。

37. 結果並不總如你所想像般出現；略微的一絲含糊，將引起進一步研究，以確定結果是否可靠。

38. 專注於主要發現，並力求將它與引言中介紹過的內容相互聯繫，來解釋它的意思。

39. 這是顯示「下一步是什麼」思考的一處很好位置。

40. 沒有必要對某個預測為什麼失敗作深入解釋，特別是當沒有一目瞭然的方式來解釋結果的時候。但應該對每一個假設都進行一些說明，不管它是否如預期般發生。

41. 總結你的結論但要避免重複。

There was no overall effect for target location (F(5, 350) < 1), but there was a significant interaction between north orientation and target location, F(5, 340) = 7.91, p < .01. A simple effects analysis of the effect of north orientation for each location found that those given the orientation had less error for all three distant locations (p < .01). For the closer targets, there were no differences between those given and those not given a north orientation (p < .05) for the first two locations (front entrance and bar), but the north orientation did facilitate performance for the third close location, a money machine just off campus (p < .05). This effect can be seen in Figure 2.

_____

Insert Figure 2 about here
_____

Neither the 2-way interaction between gender and location (F(5, 350) < 1) nor the 3-way interaction between gender, orientation, and location (F(5, 350) < 1) was significant.

34   Discussion   35

36   A significant main effect for north orientation occurred in the study, but the more important result is the interaction between north orientation and location. When pointing to distant targets, subjects clearly were aided by being told the direction of north; when the targets were nearby, a north orientation was not as helpful. However, the fact that the north orientation did provide an advantage for one of the three local targets suggests a need for some replication before the

37   interaction can be considered a reliable finding.

This outcome is consistent with the research of Evans and Pezdek (1980) in finding that cognitive mapping includes two types of knowledge. One type of

38   spatial knowledge results from the direct experience of moving to and from nearby locations. Such knowledge is perhaps organized in terms of local landmarks and direction changes with reference to those landmarks ("take a right at the

mailroom"). Hence pointing accurately to such targets is not as likely to be aided by reference to compass points. Indeed, when explaining their strategies, several subjects visualized the trip from the building where they were being tested to the location in question.

The second type of spatial knowledge is more oriented to the compass and results from our experience with maps, which are always oriented to north. When pointing to these locations, we apparently rely on images of the maps we have studied, an idea supported by subjects' comments. More than half said they tried to visualize a map when trying to decide about Pittsburgh, Cleveland, or Washington; no subject mentioned maps when referring to the close locations.

In addition to replicating our results, future research might extend the findings by examining the effects of local landmarks on pointing accurately toward nearby targets. Just as the current study found that cartographic information improved performance for distant targets more than for close ones, perhaps the opposite result would occur if subjects were given local landmarks instead of a north orientation. If navigating to nearby targets involves using these landmarks, then pointing accuracy might be improved for them but not for distant targets.

No gender differences were found, perhaps due to the nature of the task. Although several studies have found a slight advantage for males, one study that failed to find a difference between males and females (Kozlowski & Bryant, 1977) also used a "point to X" procedure.

In summary, our knowledge of geographic locations results from direct experience in traveling to those places and from a more abstract map knowledge. When asked to point to geographic targets, giving subjects a north orientation enhances their performance when pointing at targets learned with reference to maps; however, a north orientation does not help subjects point more accurately to nearby targets that are learned by the experience of visiting them.

42. 從新的一頁開始參考文獻部分。

43. 居中；如果你只有一篇參考文獻，則將報告的這一頁稱爲 " Reference "。

44. 注意格式的正確：什麼要劃底線；句號和逗號在什麼地方；什麼地方要大寫。

45. 參考文獻的第一行要以正常的段落起首距離縮排。當文章在刊物上印刷時，它被轉化成「懸掛縮排」格式，使第一行與左邊界對齊且後面幾行縮進 2 – 3 個空格。

46. 注意，參考文獻中的每一項都應在論文中提到；同樣，論文中引用的每篇文章，都能在參考文獻部分中找到。

47. 如果不只一個表，則每張表格均使用單獨的一頁。

48. 在表格頁中繼續呈現短標題和頁碼。

49. 注意劃底線和使用水平線來製作表格；永遠不要使用垂直線。

50. 統計符號(如 <u>M</u>, <u>SD</u>, <u>t</u>, <u>r</u>, <u>F</u>)均需畫底線。

51. 澄清依變項；注意畫底線。

52. 如果報告中只有一張圖形，則這一部分的名稱爲 " Figure Caption "。

53. 居中。

54. 注意劃底線。

55. 第二行與左邊界對齊。

56. 如果你的論文獲許在刊物上發表，這些就是圖形下方所附的說明。

42

43   References

45   Cohen, R. (1985). <u>The development of spatial cognition.</u> Hillsdale, NJ: Lawrence   44
Erlbaum Associates.

        Evans, G. W., & Pezdek, K. (1980). Cognitive mapping: Knowledge of real world
distance and location information. <u>Journal of Experimental Psychology: Human
Learning and Memory, 6,</u> 13-24.

        Herman, J. F., Kail, R. V., & Siegel, A. W. (1979). Cognitive maps of a college
campus: A new look at freshman orientation. <u>Bulletin of the Psychonomic Society, 13,</u>
183-186.

46   Kaplan, R. (1976). Way-finding in the natural environment. In G. T. Moore & R. G.
Golledge (Eds.), <u>Environmental knowing</u> (pp. 46-57). Stroudsburg, PA: Dowden,
Hutchinson, and Ross.

        Kozlowski, L. T., & Bryant, K. J. (1977). Sense of direction, spatial orientation, and
cognitive maps. <u>Journal of Experimental Psychology: Human Perception and
Performance, 3,</u> 590-598.

        Ormrod, J. E., Ormrod, R. K., Wagner, E. D., & McCallin, R. C. (1988).
Reconceptualizing map learning. <u>American Journal of Psychology, 101,</u> 425-433.

        Sholl, J. (1987). Cognitive maps as orienting schemata. <u>Journal of Experimental
Psychology: Learning, Memory, and Cognition, 13,</u> 615-628.

        Ward, S. L., Newcombe, N., & Overton, W. F. (1986). Turn left at the church, or
three miles north: A study of direction giving and sex differences. <u>Environment and
Behavior, 18,</u> 192-313.

47

Table 1
<u>Error Scores as a Function of Gender and Whether North</u>
<u>Orientation Was Given</u>

49

		Orientation	
Gender		With North	Without North
Male			
	<u>M</u>	30.7	63.2
	<u>SD</u>	(30.5)	(42.9)
Female			
	<u>M</u>	35.7	68.5
	<u>SD</u>	(29.1)	(42.8)

50

51

<u>Note.</u> The error score is measured as the difference in degrees
between the correct response and the subject's actual response.

52   Figure Captions   53

54   <u>Figure 1.</u> A goniometer. The fixed arm pointed toward north for half the subjects; the   56
55   arm free to rotate was used for pointing toward geographic targets.
<u>Figure 2.</u> Amount of error in pointing toward three nearby and three distant targets,
both for those given a north orientation and those given no orientation.

57. 在圖形頁上不要呈現短標題和頁碼(在這一頁的背面左上角用鉛筆寫下 "top", "Figure 1"以及短標題)。下一頁中的圖 2 同樣處理。

58. 如果有不只一個圖形,則每張圖均使用單獨的一頁(但是所有的圖形標題可以放在同一頁)。

59. 仔細標注 X 軸和 Y 軸。

60. 圖標的位置要放在 Y 軸最高點之下並在 X 軸最極點的左側。

61. 如果某個數值軸不以零開始,則用平行斜線來表明中斷。

62. 為什麼這是一個柱狀圖而不是線形圖?

57

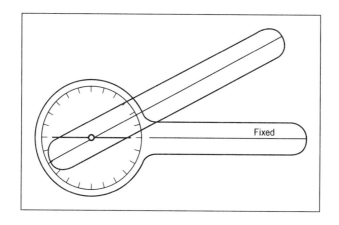

Fixed

58

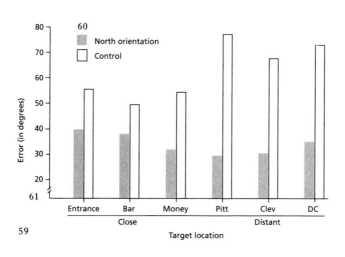

60

North orientation

Control

Error (in degrees)

80
70
60
50
40
30
20

61

Entrance   Bar   Money   Pitt   Clev   DC
Close   Distant

59

Target location

62

附　錄

B

統計學應用

在本附錄中，你將學到如何：

- 透過對最常用的相關係數──皮爾森相關係數──的計算來評估兩個變項之間的關係。

- 執行簡單的迴歸分析。

- 對名義量數數據作推論考驗──計算兩變項的 χ^2 或卡方檢定(χ 讀作 "chi"，與 "pie" 同韻)。

- 對等距和比率數據作最常用的推論分析：

    - t 考驗。

    - 變異數分析。

明智使用統計數

決定正確的統計分析是心理學研究者的一項必須技能，從第 4、7、8 章的描述中，你已經知道了部分程序。第 4 章介紹了不同的測量量尺(名義量尺、次序量尺、等距量尺和比率量尺)，以及描述統計和推論統計的基本區別。它還向你展示了如何計算一些基本的描述統計數，諸如平均數和標準差，並且介紹了假設考驗的邏輯。第 4 章與第 7 章介紹了用 t 考驗和變異數分析(ANOVA)來進行實驗的推論分析。第 8 章中對相關係數作了說明。

這裡你將學到如何爲你自己的數據和研究設計，在不同種類的分析中作決策，如何執行一些最常用的分析，並且如何透過參照統計表來解釋結果。理想情況下，你會使用某一統計軟體，如 SPSS(Statistical Package for the Social Sciences)，由它爲你的計畫進行分析；不過，貫穿學習本附錄中的例子，可以令你更好地理解這些分析是如何實際完成的。

執行哪一種統計分析的決策取決於幾個因素，包括(a)研究目的是調查相關還是進行比較；(b)使用的測量量尺；(c)研究設計的某些方面，譬如獨變項是在組間還是組內被考驗的，以及在有些情況下(d)樣本的大小。

當分析的目的是確定任意兩個測量變項的關係程度時，便要計算某種形式的相關係數。最常見的是皮爾森相關係數(Pearson's r)，它用在每當數據是以等距量尺或比率量尺測量的時候。如果使用的是一種次序量尺，則必須計算斯皮爾曼相關，符號表示爲 r_s，它給你的是兩組等級次序之間關係的量數。相關測量也存在於名義數據中(列聯相關係數(contingency coefficient)，C)。下面提供的是計算皮爾森相關係數的一個例子，關於怎樣計算 r_s 和 C，請查閱統計學課本。

當分析的目的是要比較一項研究的兩種或兩種以上的條件，看看它們之間是否存在差異時，有一些推論程序可以使用。下面的例子說明了三種最常見的考驗：卡方檢定(χ^2)，t 考驗和變異數分析(ANOVA)。後兩種考驗都需要以等距或比率量尺上測量數據，而 χ^2 則用於名義量數數據。請查閱統計學課本，了解測量次序量數數據差異考驗(例如 Mann–Whitney U 考驗)的細節。

評估相關

☐ 例 1. 皮爾森相關係數

當兩個變項都是以等距量尺或比率量尺測量時，它們之間的關係可以用皮爾森相關係數計算。例如，假定一位研究者有興趣想知道學生荒廢

學業的時間，與學生的平均成績(G. P. A.)之間的關係。GPA 範圍在 0. 0 到 4. 0 之間，學業荒廢的時間是學生每週用在幾項特定活動(例如觀看連續劇)上的小時數。8 名學生的數據如下：

學生	荒廢時間 變項 X	X^2	G. P. A. 變貢 Y	Y^2	$X，Y$
1	42	1764	1.8	3.24	75.6
2	23	529	3.0	9.00	69.0
3	31	961	2.2	4.84	68.2
4	35	1225	2.9	8.41	101.5
5	16	256	3.7	13.69	59.2
6	26	676	3.0	9.00	78.0
7	39	1521	2.4	5.76	93.6
8	19	361	3.4	11.56	64.6
總和	231	7293	22.4	65.50	609.7

皮爾森相關係數的計算公式：

$$r = \frac{N\sum XY - \sum X \sum Y}{\sqrt{[N\sum X^2 - \sum(X)^2][N\sum Y^2 - (\sum Y)^2]}}$$

第 1 步：計算每一成分

$$N\sum XY = (8)(609.7) = 4877.6$$
$$\sum X \sum Y = (231)(22.4) = 5174.4$$
$$N\sum X^2 = (8)(7293) = 58344$$
$$(\sum X)^2 = (231)(231) = 53361$$
$$N\sum Y^2 = (8)(65.5) = 524$$
$$(\sum Y)^2 = (22.4)(22.4) = 501.76$$

第 2 步：將各成分代入 r 的公式

$$r = \frac{4877.6 - 5174.4}{\sqrt{[58344 - 53361][524 - 501.76]}}$$

$$r = \frac{-296.8}{\sqrt{[4983][22.24]}}$$

$$r = \frac{-296.8}{\sqrt{[110821.9]}} = \frac{-296.8}{332.9} = -.89$$

第 3 步：確定相關係數 r 是否顯著(即，不同於零)

這是透過查看附錄 C 中的表 C.2 完成的，它列出了 r 的「臨界值」 (critical values; CN.)。要使用這張表，首先確定自由度(df)。在皮爾森相關 r 中，$df = N - 2$，其中 N 指的是分數對的個數。在我們的例子中，$df = 8 - 2 = 6$。在表中 $df = 6$ 的這一行，你會找到兩個臨界值，一個值的顯著水準是 .05($cv = .707$)，另一個值的顯著水準是 .01($cv = .834$)。如果計算得到的值等於或大於臨界值，則拒絕虛無假設 $r = 0$。就是說，你可以得出結論說，相關是統計上顯著的。在我們的例子中，$-.89$ 在 .01 水準上顯著，因為它超出了 .834 這個臨界值。因此，相關 .89 隨機發生的機率是非常小的 .01(百分之一)。當然，相關是正是負無關緊要，相關係數的絕對值才是有用的。

如果你仔細觀察表 C.2，你會注意到相關的一個基本事實。如果你僅用幾對數值(如上述例子中那樣)，則相關必須非常高，才能被認為是顯著的。當僅有幾對數值時，純粹憑運氣得到一個相當高的相關，是非常容易的。相反的，如果有大量的分數對，即使相關看起來很低，但仍然是顯著的。

☐ 例 2. 迴歸分析

在第 8 章中你學到，相關使我們可以透過一種稱為迴歸分析的程序進行預測。這個分析產生了一條迴歸線，為預測提供了基礎。下面就用剛剛

完成的關於學業荒廢時間與 GPA 之間關係的例子，來說明如何進行迴歸分析。

迴歸線的公式：

$$Y = a + bX$$

$$a = Y - 截距$$

$$b = 回歸線的斜率$$

$$X = 一個已知值$$

$$Y = 試圖預測的值$$

第 1 步：計算每一成分

$$b = r\frac{S_Y}{S_X}$$

$r = $ 皮爾森相關係數 $= -.89$

$s = $ 標準差(見表 4.4 中的計算過程)

$s_y = 0.63$

$s_x = 9.43$

$$b = -.89\frac{.63}{9.43} = (-.89)(.07) = -.06$$

$$a = \bar{Y} - b\bar{X}$$

$\bar{Y} = Y$ 的平均數 $= 2.80$

$\bar{X} = X$ 的平均數 $= 28.88$

$$a = 2.80 - (-.06)(28.88) = 4.53$$

第 2 步： 將 Y 軸截距和斜率的值代入迴歸公式

$$Y = a + bX = 4.53 + (-.06)X$$

$$Y = 4.53 - .06X$$

第 3 步： 使用公式作預測

如果帕特荒廢學業的時間是 40 小時，他的 GPA 預測值是多少？

$$Y = 4.53 - .06\,X$$
$$Y = 4.53 - (.06)(40)$$
$$Y = 4.53 - 2.40$$
$$Y = 2.13$$

如果帕特荒廢學業的時間是 20 小時，他的 GPA 預測值是多少？

$$Y = 4.53 - .06\,X$$
$$Y = 4.53 - (.06)(20)$$
$$Y = 4.53 - 1.20$$
$$Y = 3.33$$

評估差異

□ 例 3. χ^2——適合度

　　當數據是以歸入明確定義種類中的事件次數的方式報告時，要使用名義測量量尺。為了確定這些事件的次數是否顯示一種規律性的模式，還是僅僅為機遇的結果，需要一個適用於名義量數數據的推論考驗。卡方檢定 (χ^2) 就是這樣一種考驗，它無疑是針對名義量數數據最常用的統計程序。χ^2 考驗有兩種，取決於使用一個還是多個樣本。單一樣本的情況有時被稱為 χ^2 適合度 (goodness of fit)，因為它評定了一個研究中獲得的次數，是否偏離於憑機遇或根據某種預測模型期望得到的次數。

　　作為一個例子，假定學生們懷疑他們教授的多重選擇測驗存在誤差，因為五個選項中每一項作為答案的次數不等。就是說，在他們看來，似乎正確答案是 b，c 和 d 的時候比答案是 a 或 e 的時候更多。教授對這個問

題給予了關注，然後決定評估所有以前學期的多重選擇測驗，對每一項被選中作爲答案的次數作了清點。如果沒有誤差作用，每一選項被選爲正確答案的次數應該是大致一樣的。因此，虛無假設是所有的期望次數相同。在樣本中有 400 個多重選擇題；於是每一選項的期望次數(E)就等於400∕5 或 80。實際的次數是：

$$
\begin{array}{ll}
選項\ a: & 62 \\
選項\ b: & 85 \\
選項\ c: & 78 \\
選項\ d: & 111 \\
選項\ e: & 64 \\
[\ 總計 & 400\ ]
\end{array}
$$

$\chi 2$ 的公式——適合度

$$\chi^2 = \sum \frac{(O-E)^2}{E}$$

第 1 步： 計算每一成分

$$
\begin{array}{ll}
O - E: & 62 - 80 = -18 \\
& 85 - 80 = +5 \\
& 78 - 80 = -2 \\
& 111 - 80 = +31 \\
& 64 - 80 = -16 \\
(O-E)^2: & (-18)^2 = 324 \\
& (+5)^2 = 25 \\
& (-2)^2 = 4 \\
& (+31)^2 = 961 \\
& (-16)^2 = 256
\end{array}
$$

第 2 步：將各成分代入 χ^2 的公式得到

$$\chi^2 = \sum \frac{(O-E)^2}{E}$$

$$\chi^2 = \frac{324}{80} + \frac{25}{80} + \frac{4}{80} + \frac{961}{80} + \frac{256}{80}$$

$$\chi^2 = 4.05 \ + \ .31 \ + \ .05 \ + 12.01 \ + \ 3.20$$

$$\chi^2 = 19.62$$

第 3 步：確定計得的 χ^2 是否顯著

附錄 C 中的表 C.3 列出了 χ^2 的「臨界值」。單一樣本 χ^2 的自由度等於類別數目減 1，本例中是 4(5 − 1 = 4)。在表中 $df = 4$ 這一行，你會發現兩個臨界值，一個的顯著水準是 .05($cv = 9.49$)，另一個的顯著水準是 .01 ($cv = 13.28$)。計算得的分數超過這兩個值；因此 χ^2 在 .01 水準上顯著。教授得出結論，在多重選擇測驗的分布中，確實存在著一些偏差，選項 a 和選項 e 似乎未被充份利用。

例 4. χ^2——兩樣本

在心理學研究中，當一個以上的計數樣本存在時，最常使用 χ^2 考驗。最常見的例子是，當使用兩個不同的受試組，且根據探討的問題的不同，每一組被安置到兩個或兩個以上的類別中的時候。例如，假定一位研究者想知道在某些專業的選擇中，是否存在著性別差異，他對未來學生的申請表作了調查(即用一種檔案程序)，以確定選擇心理學、生物學和數學的男生與女生的人數，以下面的表格稱為列聯表(contingency table)，呈現其結果：

	心理學(p)	生物學(b)	數學(m)	行總和
男(m)性	13	17	20	50
女(f)性	24	16	10	50
列總和	37	33	30	100

虛無假設是在專業的選擇上無性別差異存在。爲了檢驗這些計數數據的虛無假設，χ^2 計算如下：

χ^2 的公式——兩樣本：

$$\chi^2 = \sum \frac{(O-E)^2}{E}$$

第1步：計算期望次數(E)

$$E = [(行總和)(列總和)] / 全部總和$$

• 「偏好心理學的男生」這個單元格(m, p)：

$$E_{m, p} = [(50)(37)] / 100 = 1850 / 100 = 18.5$$

• 餘下的單元格：

$$E_{m, b} = [(50)(33)] / 100 = 1650 / 100 = 16.5$$
$$E_{m, m} = [(50)(30)] / 100 = 1500 / 100 = 15.0$$
$$E_{f, p} = [(50)(37)] / 100 = 1850 / 100 = 18.5$$
$$E_{f, b} = [(50)(33)] / 100 = 1650 / 100 = 16.5$$
$$E_{f, m} = [(50)(30)] / 100 = 1500 / 100 = 15.0$$

第2步：對每一單元格計算：

$$(O - E)^2: \quad \begin{aligned} &\text{m, p} \rightarrow (13 - 18.5)^2 = 30.25 \\ &\text{m, b} \rightarrow (17 - 16.5)^2 = .25 \\ &\text{m, m} \rightarrow (20 - 15.0)^2 = 25.00 \\ &\text{f, p} \rightarrow (24 - 18.5)^2 = 30.25 \\ &\text{f, b} \rightarrow (16 - 16.5)^2 = .25 \\ &\text{f, m} \rightarrow (10 - 15.0)^2 = 25.00 \end{aligned}$$

第 3 步：將各部分代入 χ^2 的公式

$$\chi^2 = \sum \frac{(O - E)^2}{E}$$

$$\chi^2 = \frac{30.25}{18.5} + \frac{.25}{16.5} + \frac{25.00}{15.0} + \frac{30.25}{18.5} + \frac{.25}{16.5} + \frac{25.00}{15.0}$$

$$\chi^2 = 1.64 + .02 + 1.67 + 1.64 + .02 + 1.67$$

$$\chi^2 = 6.66$$

第 4 步：確定計得的 χ^2 是否顯著

兩樣本的 χ^2 的自由度等於：(行數 − 1)(列數 − 1) = (3 − 1)(2 − 1) = 2

在表 C. 3 中 $df = 2$ 這條線，臨界值是 5. 99(. 05 顯著水準)和 9. 21(. 01 水準)。算出的值 6. 66 大於第一個值但不大於第二個值，因此 χ^2 在 . 05 水準上顯著，而在 . 01 水準上不顯著。性別差異似乎出現在專業選擇中：女生比男生表示出較高的主修心理學的興趣，數學的結果相反，對生物學而言，男生和女生則表示出大致相同的偏好。

☐ 例 5. t 考驗──獨立組

在單一獨變項僅有兩水準的研究中，兩組分數的差異常常用 t 考驗 [1] 作評估。回憶第 7 章，它有兩種基本的類型，依這兩組分數是否來自於獨立

的受試組而定。獨立組是當受試者被隨機分派，或者當使用一個受試者變項諸如性別或年齡時發生的，這樣的設計需要獨立組 t 考驗。當同樣的受試者經歷兩種條件，或者當兩個不同受試組以某種方式相關聯的時候，這時要進行相依組 t 檢驗，或者通過一種配對程序，或者透過某種自然配對，如父母與子女作比較時那樣(見例6)。下面是一個簡單的計算獨立組 t 考驗的方法，它用到了變異數，回憶第4章，你應記得變異數是一組分數變異性的重要量數；對它取平方根產生了標準差。複習表4.4參閱細節。

假定一位研究者正在作一個簡單的記憶實驗，其中用隨機分派形成了兩組受試者。一組學習一個包括25個單詞的詞表，呈現速度是2秒一個詞；另一組的呈現速度是4秒一個詞。下面是每一組中的5個受試者回憶出的單詞數目：

受試者#	2秒／詞(X_1)	受試者#	4秒／詞(X_2)
1	14	6	18
2	11	7	23
3	12	8	19
4	17	9	17
5	13	10	22
總和	67		99
n	5		5
平均數	13.4		19.8
標準差	2.3		2.6
變異數	5.3		6.7

t 考驗將研究中得到的兩個平均數之間的差異除以「差異的標準

---

1 它有時被稱為「student's」t，不是因為向你表示敬意而這樣叫的，而是因為考驗的發明者葛賽特(W. S. Gosset)選用它作為筆名，在1908年第一次發表了對該考驗的說明。

誤」，它是平均數基於機遇或誤差應該有多少變化的估計值。研究者希望分子大分母小，從而獲得一個大的 t 值；這時平均數之間的實際差異，可能比由機率所預期的值要大。

獨立組 t 考驗的公式是：

$$t = \frac{\overline{X_1} - \overline{X_2}}{\sqrt{\left[\dfrac{(n_1 - 1)s_1^2 + (n_2 - 1)s_2^2}{n_1 + n_2 - 2}\right]\left[\dfrac{1}{n_1} + \dfrac{1}{n_2}\right]}}$$

第 1 步：計算每一成分

$$\overline{X_1} = \sum X_1 / n_1 = 67/5 = 13.4$$

$$\overline{X_2} = \sum X_2 / n_2 = 99/5 = 19.8$$

$$S_1^2 = \frac{\sum X_1^2 - [(\sum X_1)^2 / n_1]}{n_1 - 1} = 5.3$$

$$S_2^2 = 6.7$$

第 2 步：將各成分代入 t 的公式

$$t = \frac{\overline{X_1} - \overline{X_2}}{\sqrt{\left[\dfrac{(n_1 - 1)s_1^2 + (n_2 - 1)s_2^2}{n_1 + n_2 - 2}\right]\left[\dfrac{1}{n_1} + \dfrac{1}{n_2}\right]}}$$

$$t = \frac{13.4 - 19.8}{\sqrt{\left[\dfrac{(5 - 1)5.3 + (5 - 1)6.7}{5 + 5 - 2}\right]\left[\dfrac{1}{5} + \dfrac{1}{5}\right]}}$$

$$t = \frac{-6.4}{\sqrt{\left[\dfrac{21.2 + 26.8}{8}\right][.2 + .2]}}$$

$$t = \frac{-6.4}{\sqrt{[(6)(.4)]}} = -\frac{6.4}{1.55}$$

$$t = -4.13$$

第 3 步：確定計得的 t 是否顯著

獨立組 t 考驗的自由度等於：$(n_1 + n_2 - 2) = (5 + 5 - 2) = 8$

表 C.4 列出了評估 t 考驗結果的臨界值。在 $df = 8$ 這一行，臨界值是 2.31(.05 顯著水準)和 3.36(.01 顯著水準)。計得的 4.13 超出了這兩個值(負號沒有作用)；因此 t 在 .01 水準上顯著。對研究者而言，可以合理地拒絕虛無假設，並得出結論說，不同呈現速度的受試者的回憶成績是不同的。

☐例 6. t 考驗──相依組

正如上面所述的，相依組 t 考驗用於有兩水準獨變項的配對組和重複量數設計。每對成績都有一定程度的相關，因為每一對都來自於(a)以某種方式互相類似的受試者，或(b)同樣的受試者。與獨立組 t 考驗相似，相依組 t 考驗將平均數之間實際的差異，與機率所預期的差異(就是說，差異的標準誤)相聯繫。這包括計算兩組分數的相關，並將它融入 t 考驗的公式。下面的例子用一個可以直接計算 t，而不用先計算皮爾森相關係數的簡單公式，完成同樣的運算。

假定一位研究者使用一個配對組設計來比較兩種電腦教學的方法：自定進度法與直接授課法。根據以前的 GPA 和語文智商，每一組中的 10 名受試者被作了配對。依變項量數是最高為 35 分的一個測驗分數。下面就是數據，以及對每對分數初步運算的 D 和 D²。

受試對	自定進度	直接授課	D	D²
1	26	18	8	64
2	31	22	9	81
3	26	21	5	25
4	28	20	8	64
5	22	17	5	25
6	22	15	7	49
7	23	21	2	4
8	29	20	9	81
9	24	19	5	25
10	24	23	1	1
總和	255	196	59	419
N = 10				
平均數	25.5	19.6		

相依組 t 考驗的公式是：

$$t = \frac{\sum D}{\sqrt{\left[\frac{N\sum D^2 - (\sum D)^2}{N-1}\right]}}$$

第 1 步：計算每一成分

$$\sum D = 8 + 9 + \cdots + 1 = 59$$
$$(\sum D)^2 = (59)^2 = 3481$$
$$\sum D^2 = 64 + 81 + \cdots + 1 = 419$$

第 2 步：將各成分代入 t 的公式

$$t = \frac{\sum D}{\sqrt{\left[\dfrac{N\sum D^2 - (\sum D)^2}{N-1}\right]}}$$

$$t = \frac{59}{\sqrt{\left[\dfrac{(10)(419) - 3481}{9}\right]}}$$

$$t = \frac{59}{\sqrt{\left[\dfrac{709}{9}\right]}} = \frac{59}{\sqrt{78.8}} = \frac{59}{8.9}$$

$$t = 6.63$$

第 3 步：確定計得的 t 是否顯著

　　相依組 t 考驗的自由度等於分數對的數目減 1；在這個例子中 $df =$ 10 － 1 = 9。再次使用表 C4，在 df = 9 這一行，臨界值是 2.26(.05 顯著水準)和 3.25(.01 顯著水準)。計得的值 6.63 超過了這兩個值，因此 t 在 .01 水準上顯著。看來自定進度的方法比傳統的授課方法更奏效。

□例 7.單因子 ANOVA——獨立組

　　當比較兩種條件時，t 考驗是可以的，但大部分實驗要比較兩種以上的條件[2]，可能包括有兩種以上水準的單一獨變項，或者包括一個以上的獨變項(即因子設計)。我們首先考慮單一獨變項多水準的情況，如果數據是用一個等距量尺或比率量尺測量的，則選擇單因子 ANOVA 分析(1 – way ANOVA，注意 1 – way = 1 個獨變項，2 – way = 2 個這樣的變項，等等)。

　　舉一個例子，思考一項研究將動物分爲三組敎迷津。獨變項是動物達到目標箱時增強延遲的時間。第一組大鼠在達到目標後，立即受到增強，第二組白鼠在達到目標 5 秒後受到增強，對於第三組中的白鼠，增強延遲了 10 秒。依變項是動物學會迷津所經過的嘗試次數，學會的定義是連續

---

2 如果單一獨變項有兩個水準，則單因子 ANOVA 會產生與 t 考驗同樣的結　果。事實上，t 考驗可以被認爲是變異數分析的一個特例。

兩次不出錯地走完迷津。

每一種條件中被隨機分派了五隻白鼠，因此有三個不同組，正確的分析是單因子 ANOVA。下面是結果及幾個基本的總結統計數。

X₁ 組		X₂ 組		X₃ 組	
受試者#	無延遲	受試者#	5 秒延遲	受試者#	10 秒延遲
1	12	6	19	11	21
2	15	7	17	12	25
3	13	8	22	13	20
4	10	9	24	14	19
5	16	10	20	15	23
$\sum X$	66		102		108
$(\sum X)^2$	4356		10404		11664
n	5		5		5
$\overline{X}$	13. 2		20. 4		21. 6
$\sum X^2$	894		2110		2356

變異數分析計算了一個稱爲 F 比率的統計數。在獨立組單因子 ANO-VA 分析中，F 的基本公式是用「組間均方」(mean square between groups)除以「組內均方」(mean square within groups 也稱爲「誤差均方」mean square error)。本質上，這種將條件間變異與每種條件內變異的比較，與 t 考驗中作的比較是相同的。ANOVA 的公式可能乍之下很嚇人，但是你會發現它們有一定的規律，而且你會很快地理解(眞的)。

獨立組單因子 ANOVA 中 F 比率的公式是

$$F = \frac{MS_{BG}}{MS_{WG}} \text{ 或 } F = \frac{MS_{BG}}{MS_e}$$

第 1 步：計算平方和

$$SS總和 = (\sum X_1^2 + \sum X_2^2 + \sum X_3^2) - \frac{(\sum X_1 + \sum X_2 + \sum X_3)^2}{N}$$

$$= 894 + 2110 + 2356 - \frac{(66 + 102 + 108)^2}{15}$$

$$= 5360 - 5078.4 = 281.6$$

$$SS_{BG} = \frac{(\sum X_1)^2}{n_1} + \frac{(\sum X_2)^2}{n_2} + \frac{(\sum X_3)^2}{n_3} - \frac{(\sum X_1 + \sum X_2 + \sum X_3)^2}{N}$$

$$= \frac{4356}{5} + \frac{10404}{5} + \frac{11664}{5} - \frac{(66 + 102 + 108)^2}{15}$$

$$= [871.2 + 2080.8 + 2332.8] - 5078.4$$

$$= 5284.8 - 5078.4 = 206.4$$

$$SS總和 = SS_{BG} + SS_{WG}$$

$$281.6 = 206.4 + SS_{WG}$$

$$SS_{WG} = 281.6 - 206.4 = 75.2$$

第 2 步：計算自由度

$$總\ df = (N-1) = (15-1) = 14$$

$$df_{BG} = (條件數) - 1 = 3 - 1 = 2$$

$$df_{WG} = (n_1 - 1) + (n_2 - 1) + (n_3 - 1)$$

$$= (5-1) + (5-1) + (5-1) = 12$$

第 3 步：計算平方

$$MS_{BG} = SS_{BG} / df_{BG}$$

$$= 206.4 / 2 = 103.2$$

$$MS_{WG} = SS_{WG} / df_{WG}$$

$$= 75.2 / 12 = 6.3$$

（注意：MS_{WG} 即是「誤差項(error term)」或 MS_e

第 4 步：將均方代入 F 的公式

$$F = \frac{MS_{BG}}{MS_{WG}}$$

$$F = \frac{103.2}{6.3} = 16.5$$

第 5 步：製作一個變異來源表(ANOVA Source Table)

變異數分析的基本成分可以總結於一個被稱爲變異來源表的表格中。它列出了研究中發現的所有變異數的來源，並且對每一來源，列出了平方和、自由度及均方的值；F 值也包括在其中。迷津研究中的變異來源表如下所示：

變異來源	SS	df	MS	F
延遲量	206.4	2	103.2	16.5
誤差	75.2	12	6.3	

第 6 步：確定計得的 F 值是否顯著

表 C.5 列出了評估 F 考驗結果的臨界值，該表是先沿著表的頂行閱讀，直至找到 F 比率中分子的 df 值(在我們的例子中是 2)，然後向下查，直至達到 F 比率分母的 df 值(即，直到 $df = 12$ 這一行)，得到臨界值是 3.89(.05 顯著水準)和 6.93(.01 顯著水準)。計得的值 16.5 超過了這兩個數值，所以 F 是在 .01 水準上顯著。研究者可以合理拒絕虛無假設，並得出結論，三個組之間存在一些差異。

第 7 步：進行事後分析

回憶第 7 章中的討論，當剛剛完成的單因子分析產生顯著效果的時候，該效果精確位置的問題仍然未得到解決。爲解決這個問題需要對每一對平均數(13.2 與 20.4，13.2 與 21.6，20.4 與 21.6)追加檢驗，爲這一

目的而發展的檢驗有幾種。例如，使用一種稱爲 Tukey HSD(HSD 表示 honestly significant difference，眞正顯著差異)的檢驗得到的是，13.2 顯著 低於另兩個平均數，而另兩個平均數之間沒有差異。這些結果使研究者得 出結論，延遲增強顯著地阻礙了學習，但無論延遲是 5 秒還是 10 秒似乎 並不重要。參考統計學課本學習 Tukey HSD 或其它方法的計算過程，包 括 Scheff'e's、Newman – Keuls 等考驗。

□例 8. 單因子 ANOVA——重複量數

儘管基本計算過程相似，但組內設計(也稱爲重複量數設計)的 ANO-VA 還是略有不同。因爲每個受試者經歷了研究的所有條件，所以各條件 之間的變異量減少。如果你用一點時間回到第 6 章開始時，對組間設計與 組內設計因素的討論，你就能明白爲什麼。在高爾夫球的例子中，你知道 在使用組內設計因素時，高爾夫球 1 與高爾夫球 2 在距離上的差異不可能 歸因於個人差異，因爲同一個人要擊兩個球。正如你從下面的計算中可以 看到的，誤差項的均方減少了，因爲它不包含因個體差異產生的變異量。 這種變異被稱爲「受試者變異量」(subject variance)，它是與誤差項分別 計算的。

儘管重複量數 ANOVA 是爲組內設計而設計的，但它也可以適用於以 配對製造相關受試組的組間設計中。這時因爲在配對組設計中，配對程序 減少了被分配到不同條件中的個體的變異量。當然，變異量並沒有像重複 量數設計中減少得那樣多，但它低到了足以保證可以使用重複量數 ANO-VA。

舉一個重複量數 ANOVA 的例子，思考一項假想的探究年齡影響邏輯 思考的縱貫研究。使用一項分數介於 0(差)到 50(好)的邏輯測驗，研究者 比較了七個人在三個不同時間的成績，第一次評估是在他們 30 歲時，之 後在 45 歲和 60 歲時，又對他們的能力作了再評估。下面就是結果及一些 基本的總結統計數(包括行總和)。

受試者#	X_1 30 歲	X_2 45 歲	X_3 60 歲	$\sum Ss$	$\sum Ss^2$
1	32	27	25	84	7056
2	43	44	40	127	16129
3	23	27	18	68	4624
4	30	25	20	75	5625
5	45	41	37	123	15129
6	29	31	23	83	6889
7	19	23	15	57	3249
$\sum x$	221	218	178		
n	7	7	7		
$\overline{X}$	31.6	31.1	25.4		
$\sum x^2$	7529	7190	5072		
$\sum \sum Ss^2$					58701

重複量數單因子 ANOVA 的 F 比率的公式是

$$F = \frac{MS_{BC}}{MS_e} \quad , \quad \text{其中 } MS_{BC} \text{ 指的是「條件間」的均方}$$

第 1 步：計算平方和

$$SS總和 = \left(\sum X_1^2 + \sum X_2^2 + \sum X_3^2 \right) - \frac{\left(\sum X_1 + \sum X_2 + \sum X_3 \right)^2}{N}$$

$$= (7529 + 7190 + 5072) - \frac{(221 + 218 + 178)^2}{21}$$

$$= 19791 - 18128 = 1663$$

$$SS_{BG} = \frac{\left(\sum X_2\right)^2}{n_2} + \frac{\left(\sum X_2\right)^2}{n_2} + \frac{\left(\sum X_3\right)^2}{n_3} - \frac{\left(\sum X_1 + \sum X_2 + \sum X_3\right)^2}{N}$$

$$= \frac{(221)^2}{7} + \frac{(218)^2}{7} + \frac{(178)^2}{7} - \frac{(221 + 218 + 178)^2}{7}$$

$$= [6977.3 + 6789.1 + 4526.3] - 18128$$

$$= 18292.7 - 1812.8 = 164.7$$

$$SS_{subjects} = \frac{\sum \sum S_s^2}{條件數} - \frac{(\sum X_1 + \sum X_2 + \sum X_3)^2}{N}$$

$$= \frac{58701}{3} - 18128$$

$$= 19567 - 18128 = 1439$$

$$SS\ 總和 = SS_{BC} + SS_{subjects} + SS_e$$

$$1663 = 164.7 + 1439 + SS_e$$

$$SS_e = 1663 - 164.7 - 1439 = 59.3$$

第 2 步：計算自由度

$$總\ df = (N - 1) = (21 - 1) = 20$$

$$df_{BC} = (條件數) - 1 = 3 - 1 = 2$$

$$df_{subjects} = (受試者數) - 1 = 7 - 1 = 6$$

$$df_e = (df_{BC})(df_{subjects})$$

$$= (2)(6) = 12$$

第 3 步：計算均方的值

$$MS_{BC} = SS_{BC} / df_{BC}$$

$$= 164.7 / 2 = 82.4$$

$$MS_e = SSe / df_e$$

$$= 59.3 / 12 = 4.9$$

（注：受試者 " subjects " 的 MS 和 F 比率通常不作計算）

第 4 步：將各成分代入 F 的公式

$$F = \frac{MS_{BC}}{MS_e}$$

$$F = \frac{82.4}{4.9} = 16.8$$

第 5 步：製作變異來源表

重複量數 ANOVA 分析的變異來源表中加入「受試者」這一行，對於年齡與邏輯的研究，其變異來源表如下所示：

變異來源	SS	df	MS	F
年齡	164.7	2	82.4	16.8
受試者	1439	6	—	—
誤差	59.3	12	4.9	

第 6 步：確定計得的 F 是否顯著

參照表 C.5 尋找評估 F 考驗結果的臨界值。因為它的自由度恰好與獨立組單因子 ANOVA 的自由度一樣，臨界值也一樣：3.89(.05 顯著水準)與 6.93(.01 顯著水準)，而計得的值 16.8 超過了這兩個數值，因此 F 在 .01 水準上顯著。無年齡差異的虛無假設可以被拒絕。

第 7 步：進行事後分析

正如前面的例子那樣，找到一個顯著的 F 本身，並不能告訴我們真正的差異存在那裡。這裡又一次需要事後考驗；通過探查平均數(31.6, 31.1 和 25.4)你可以猜出這個假想的邏輯能力性別差異研究的結果。

☐例 9. 雙因子 ANOVA——獨立組

雙因子 ANOVA 用於有兩個獨變項的多因子設計。如果兩個獨變項都是間變項並且受試者被隨機分派到各條件中，則恰當的分析是獨立組 ANOA。如果兩個變項都是在組內檢驗的，則要完成一種類似於重複量數單因子 ANOVA 的分析。最後，如果是混合設計，既包括組內因子也包括組因子，則分析要結合一個獨立組 ANOVA 和一個重複量數 ANOVA 的要素。下面的例子是最簡單的情況，一個 2×2 的獨立組多因子設計。要詳細了解其它多因子 ANOVA，請參考統計學課本。

為了評估節目內容和憤怒水準對攻擊性行為的影響，一位研究者使用 2×2 獨立組多因子設計，並隨機分派了 5 個三年級男孩到下面的每一種

條件中：

1. 暴力內容／受試者激怒
2. 暴力內容／受試者未激怒
3. 非暴力內容／受試者激怒
4. 非暴力內容／受試者未激怒

在經歷四種條件之一後，給予每名受試者有表現攻擊性的機會。假定使用了一個可靠的和有效的量數，並且它產生了一個 0—25 的分數範圍，分數越高顯示攻擊性越高。對於下面的數據，影片的內容是因子 A，其中暴力影片的水準是 A_1，非暴力影片的水準是 A_2。因子 B 是受試者是否被激怒；水準 B_1 受試者被激怒，B_2 是受試者未被激怒。

	B_1（激怒）	B_2（未激怒）	
	22	16	
	23	18	
A_1	12	19	
（暴力）	19	19	
	<u>22</u>	<u>13</u>	
	$\sum X_{A1B1} = 98$	$\sum X_{A1B2} = 8.5$	$\sum X_{A1} = 183$
	$n_{A1B1} = 5$	$n_{A1B2} = 5$	$n_{A1} = 10$
	$\overline{X}_{A1B1} = 19.6$	$\overline{X}_{A1B2} = 17.0$	$\overline{X}_{A1} = 18.3$
	$\sum X^2_{A1B1} = 2002$	$\sum X^2_{A1B2} = 1471$	$\sum X^2_{A1} = 3437$
	14	10	
	13	12	
A_2	20	15	
（非暴力）	15	11	
	<u>17</u>	<u>9</u>	
	$\sum X_{A2B1} = 79$	$\sum X_{A2B2} = 57$	$\sum X_{A2} = 136$
	$n_{A2B1} = 5$	$n_{A2B2} = 5$	$n_{A2} = 10$
	$\overline{X}_{A2B1} = 15.8$	$\overline{X}_{A2B2} = 11.4$	$\overline{X}_{A2} = 13.6$
	$\sum X^2_{A2B1} = 1279$	$\sum X^2_{A2B2} = 671$	$\sum X^2_{A2} = 1950$

$$\sum X_{B1} = 177 \qquad \sum X_{B2} = 142 \qquad \sum X_T = 319$$

$$n_{B1} = 10 \qquad\qquad n_{B2} = 10 \qquad\qquad N = 40$$

$$\overline{X}_{B1} = 17.1 \qquad\qquad \overline{X}_{B2} = 14.2$$

$$\sum X_{B1}^2 = 3281 \qquad \sum X_{B2}^2 = 2142 \qquad \sum X_T^2 = 5423$$

在雙因子 ANOVA 中，要分別計算三個 F 比率值，兩個是對主要效果，一個是對交互作用。

因素 A 的主要效果　因素 B 的主要效果　　交互作用的主要效果

$$F = \frac{MS_A}{MS_e} \qquad\qquad F = \frac{MS_B}{MS_e} \qquad\qquad F = \frac{MS_{A \times B}}{MS_e}$$

第 1 步：計算平方和

$$SS\ 總和 = \sum X_T^2 - \frac{(\sum X_T)^2}{N}$$

$$= 5423 - \frac{(319)^2}{20}$$

$$= 5423 - 5088.1 = 334.9$$

$$SS_A = \frac{(\sum X_{A1})^2}{n_{A1}} + \frac{(\sum X_{A2})^2}{n_{A2}} - \frac{(\sum X_T)^2}{N}$$

$$= \frac{(183)^2}{10} + \frac{(136)^2}{10} - 5088.1$$

$$= [3348.9 + 1849.6] - 5088.1$$

$$= 110.4$$

$$SS_B = \frac{(\sum X_{B1})^2}{n_{B1}} + \frac{(\sum X_{B2})^2}{n_{B2}} - \frac{(\sum X_T)^2}{N}$$

$$= \frac{(177)^2}{10} + \frac{(142)^2}{10} - 5088.1$$

$$= [3132.9 + 2016.4] - 5088.1$$

$$= 61.2$$

$$SS_{A \times B} = \frac{(\sum X_{A1B1})^2}{n_{A1B1}} + \frac{(\sum X_{A1B2})^2}{n_{A1B2}} + \frac{(\sum X_{A2B1})^2}{n_{A2B1}} + \frac{(\sum X_{A2B2})^2}{n_{A2B2}} - \frac{(\sum X_T)^2}{N}$$

$$- SS_A - SS_B$$

$$= \frac{(98)^2}{5} + \frac{(85)^2}{5} + \frac{(79)^2}{5} + \frac{(57)^2}{5} - 5088.1 - 110.4 - 61.2$$

$$= [1920.8 + 1445.0 + 1248.2 + 649.8] - 5088.1 - 110.4 - 61.2$$

$$= 4.1$$

$$SS\ 總和 = SS_A + SS_B + SS_{A \times B} + SS_e$$

$$334.9 = 110.4 + 61.2 + 4.1 + SS_e$$

$$SS_e = 334.9 - (110.4 + 61.2 + 4.1)$$

$$= 159.2$$

第 2 步：計算自由度

$$總\ df = (N - 1) = (20 - 1) = 19$$

$$df_A = (A\ 的水準數) - 1 = 2 - 1 = 1$$

$$df_B = (B\ 的水準數) - 1 = 2 - 1 = 1$$

$$df_{A \times B} = (df_A)(df_B) = (1)(1) = 1$$

$$df_e = (n_{A1B1} - 1) + (n_{A1B2} - 1) + (n_{A2B1} - 1) + (n_{A2B2} - 1)$$

$$= (5 - 1) + (5 - 1) + (5 - 1) + (5 - 1) = 16$$

第 3 步：計算均方的值

$$MS_A = SS_A / df_A$$

$$= 110.4 / 1 = 110.4$$

$$MS_B = SS_B / df_B$$

$$= 61.2 / 1 = 61.2$$

$$MS_{A \times B} = SS_{A \times B} \diagup df_{A \times B}$$
$$= 4.1 \diagup 1 = 4.1$$
$$MS_e = SS_e \diagup df_e$$
$$= 159.2 \diagup 16 = 9.9$$

第 4 步：將均方代入 F 比率的公式

因素 A 的主要效果　　因素 B 的主要效果　　交互作用的主要效果

$$F = \frac{110.4}{9.9} \qquad F = \frac{61.2}{9.9} \qquad F = \frac{4.1}{9.9}$$

$$= 11.2 \qquad\qquad = 6.2 \qquad\qquad = .41$$

第 5 步：製作變異來源表

　　關於節目內容與憤怒影響攻擊性的研究，其獨立組雙因子 ANOVA 的變異來源表就像下面這樣：

變異來源	SS	df	MS	F
節目內容(A)	110.4	1	110.4	11.2
憤怒(B)	61.2	1	61.2	6.2
交互作用(A×B)	4.1	1	4.1	.4
誤差	159.2	16	9.9	

第 6 步：確定計得的 F 值是否顯著

　　再次參考表 C.5，這一次所有三個 F 值的分子的自由度都是 1，分母的自由度是 16。臨界值是 4.49(.05 顯著水準)和 8.53(.01 顯著水準)。從計得的 F 值看，可以得出結論，研究發現了兩個主要效果，無交互作用。因子 A 的主要效果是顯著的(p<.01 水準)，B 的主要效果同樣是顯著的(p<.05 水準)。A 的主要效果意味著看到暴力影片($\overline{X}_{A1} = 18.3$)比未看到

暴力影片後 $(\overline{X}_{A2} = 13.6)$整體攻擊水準更高，B 的主要效果意味著受試者
受激怒$(\overline{X}_{B1} = 17.7)$比未受激怒$(\overline{X}_{B2} = 14.2)$時的攻擊性更高。

第 7 步：進行事後分析

正如第 7 章中說明的，在多因子 ANOVA 的事後考驗可以採取兩種形
式。如果一個有兩個以上水準的因子有顯著的主要效果，則可以在整體平
均數之間進行配對比較，可能會再次用到 Tukey's HSD 考驗。如果有一個
顯著的交互作用發生，可以進行簡單的效果考驗。在攻擊性研究的例子
中，這兩種情況都沒有發生，所以不需要事後考驗。

附 錄

C

統計表

在本附錄中，你可以看到以下的統計決策表：

TABLE C.1 *Random Numbers*

03	47	43	73	86	36	96	47	36	61	46	98	63	71	62	.33	26	16	80	45	60	11	14	10	95
97	74	24	67	62	42	81	14	57	20	42	53	32	37	32	27	07	36	07	51	24	51	79	89	73
16	76	62	27	66	56	50	26	71	07	32	90	79	78	53	13	55	38	58	59	88	97	54	14	10
12	56	85	99	26	96	96	68	27	31	05	03	72	93	15	57	12	10	14	21	88	26	49	81	76
55	59	56	35	64	38	54	82	46	22	31	62	43	09	90	06	18	44	32	53	23	83	01	30	30
16	22	77	94	39	49	54	43	54	82	17	37	93	23	78	87	35	20	96	43	84	26	34	91	64
84	42	17	53	31	57	24	55	06	88	77	04	74	47	67	21	76	33	50	25	83	92	12	06	76
63	01	63	78	59	16	95	55	67	19	98	10	50	71	75	12	86	73	58	07	44	39	52	38	79
33	21	12	34	29	78	64	56	07	82	52	42	07	44	38	15	51	00	13	42	99	66	02	79	54
57	60	86	32	44	09	47	27	96	54	49	17	46	09	62	90	52	84	77	27	08	02	73	43	28
18	18	07	92	46	44	17	16	58	09	79	83	86	19	62	06	76	50	03	10	55	23	64	05	05
26	62	38	97	75	84	16	07	44	99	83	11	46	32	24	20	14	85	88	45	10	93	72	88	71
23	42	40	64	74	82	97	77	77	81	07	45	32	14	08	32	98	94	07	72	93	85	79	10	75
52	36	28	19	95	50	92	26	11	97	00	56	76	31	38	80	22	02	53	53	86	60	42	04	53
37	85	94	35	12	83	39	50	08	30	42	34	07	96	88	54	42	06	87	98	35	85	29	48	39
70	29	17	12	13	40	33	20	38	26	13	89	51	03	74	17	76	37	13	04	07	74	21	19	30
56	62	18	37	35	96	83	50	87	75	97	12	25	93	47	70	33	24	03	54	97	77	46	44	80
99	49	57	22	77	88	42	95	45	72	16	64	36	16	00	04	43	18	66	79	94	77	24	21	90
16	08	15	04	72	33	27	14	34	09	45	59	34	68	49	12	72	07	34	45	99	27	72	95	14
31	16	93	32	43	50	27	89	87	19	20	15	37	00	49	52	85	66	60	44	38	68	88	11	80
68	34	30	13	70	55	74	30	77	40	44	22	78	84	26	04	33	46	09	52	68	07	97	06	57
74	57	25	65	76	59	29	97	68	60	71	91	38	67	54	13	58	18	24	76	15	54	55	95	52
27	42	37	86	53	48	55	90	65	72	96	57	69	36	10	96	46	92	42	45	97	60	49	04	91
00	39	68	29	61	66	37	32	20	30	77	84	57	03	29	10	45	65	04	26	11	04	96	67	24
29	94	98	94	24	68	49	69	10	82	53	75	91	93	30	34	25	20	57	27	40	48	73	51	92
16	90	82	66	59	83	62	64	11	12	67	19	00	71	74	60	47	21	29	68	02	02	37	03	31
11	27	94	75	06	06	09	19	74	66	02	94	37	34	02	76	70	90	30	86	38	45	94	30	38
35	24	10	16	20	33	32	51	26	38	79	78	45	04	91	16	92	53	56	16	02	75	50	95	98
38	23	16	86	38	42	38	97	01	50	87	75	66	81	41	40	01	74	91	62	48	51	84	08	32
31	96	25	91	47	96	44	33	49	13	34	86	82	53	91	00	52	43	48	85	27	55	26	89	62

TABLE C.1   *Random Numbers* (continued)

66	67	40	67	14	64	05	71	95	86	11	05	65	09	68	76	83	20	37	90	57	16	00	11	66
14	90	84	45	11	75	73	88	05	90	52	27	41	14	86	22	98	12	22	08	07	52	74	95	80
68	05	51	18	00	33	96	02	75	19	07	60	62	93	55	59	33	82	43	90	49	37	38	44	59
20	46	78	73	90	97	51	40	14	02	04	02	33	31	08	39	54	16	49	36	47	95	93	13	30
64	19	58	97	79	15	06	15	93	20	01	90	10	75	06	40	78	78	89	62	02	67	74	17	33
05	26	93	70	60	22	35	85	15	13	92	03	51	59	77	59	56	78	06	83	52	91	05	70	74
07	97	10	88	23	09	98	42	99	64	61	71	62	99	15	06	51	29	16	93	58	05	77	09	51
68	71	86	85	85	54	87	66	47	54	73	32	08	11	12	44	95	92	63	16	29	56	24	29	48
26	99	61	65	53	58	37	78	80	70	42	10	50	67	42	32	17	55	85	74	94	44	67	16	94
14	65	52	68	75	87	59	36	22	41	26	78	63	06	55	13	08	27	01	50	15	29	39	39	43
05	26	93	70	60	22	35	85	15	13	92	03	51	59	77	59	56	78	06	83	52	91	05	70	74
07	97	10	88	23	09	98	42	99	64	61	71	62	99	15	06	51	29	16	93	58	05	77	09	51
68	71	86	85	85	54	87	66	47	54	73	32	08	11	12	44	95	92	63	16	29	56	24	29	48
26	99	61	65	53	58	37	78	80	70	42	10	50	67	42	32	17	55	85	74	94	44	67	16	94
14	65	52	68	75	87	59	36	22	41	26	78	63	06	55	13	08	27	01	50	15	29	39	39	43
17	53	77	58	71	71	41	61	50	72	12	41	94	96	26	44	95	27	36	99	02	96	74	30	83
90	26	59	21	19	23	52	23	33	12	96	93	02	18	39	07	02	18	36	07	25	99	32	70	23
41	23	52	55	99	31	04	49	69	96	10	47	48	45	88	13	41	43	89	20	97	17	14	49	17
60	20	50	81	69	31	99	73	68	68	35	81	33	03	76	24	30	12	48	60	18	99	10	72	34
91	25	38	05	90	94	58	28	41	36	45	37	59	03	09	90	35	57	29	12	82	62	54	65	60
34	50	57	74	37	98	80	33	00	91	09	77	93	19	82	74	94	80	04	04	45	07	31	66	49
85	22	04	39	43	73	81	53	94	79	33	62	46	86	28	08	31	54	46	31	53	94	13	38	47
09	79	13	77	48	73	82	97	22	21	05	03	27	24	83	72	89	44	05	60	35	80	39	94	88
88	75	80	18	14	22	95	75	42	49	39	32	82	22	49	02	48	07	70	37	16	04	61	67	87
90	96	23	70	00	39	00	03	06	90	55	85	78	38	36	94	37	30	69	32	90	89	00	76	33

Source: Fisher, R. A., & Yates, F. (1963). Statistical tables for biological, agricultural, and medical research (6th ed.). Table XXXIII. Edinburgh: Oliver & Boyd.

TABLE C.2 *Critical Values for Pearson's r*

df	.05	.01	df	.05	.01
	Alpha (α) Level			Alpha (α) Level	
1	.997	1.00	16	.468	.590
2	.950	.990	17	.456	.575
3	.878	.959	18	.444	.561
4	.811	.917	19	.433	.549
5	.755	.875	20	.423	.537
6	.707	.834	25	.381	.487
7	.666	.798	30	.349	.449
8	.634	.767	35	.325	.418
9	.602	.735	40	.304	.393
10	.576	.708	45	.288	.372
11	.553	.694	50	.273	.354
12	.532	.661	60	.250	.325
13	.514	.641	70	.232	.302
14	.497	.623	80	.217	.283
15	.482	.606	90	.205	.267
			100	.195	.254

Source: Fisher, R. A., & Yates, F. (1963). *Statistical tables for biological, agricultural, and medical research* (6th ed.). Table VII. Edinburgh: Oliver & Boyd.

TABLE C.3 *Critical Values for Chi-Square (χ^2)*

df	.05	.01	df	.05	.01
	Alpha (α) Level			Alpha (α) Level	
1	3.84	6.64	16	26.30	32.00
2	5.99	9.21	17	27.59	33.41
3	7.82	11.34	18	28.87	34.80
4	9.49	13.28	19	30.14	36.19
5	11.07	15.09	20	31.41	37.57
6	12.59	16.81	21	32.67	38.93
7	14.07	18.48	22	33.92	40.29
8	15.51	20.09	23	35.17	41.64
9	16.92	21.67	24	36.42	42.98
10	18.31	23.21	25	37.65	44.31
11	19.68	24.72	26	38.88	45.64
12	21.03	26.22	27	40.11	46.96
13	22.36	27.69	28	41.34	48.28
14	23.68	29.14	29	42.56	49.59
15	25.00	30.58	30	43.77	50.89

Source: Fisher, R. A., & Yates, F. (1963). *Statistical tables for biological, agricultural, and medical research* (6th ed.). Table IV. Edinburgh: Oliver & Boyd.

TABLE C.4 *Critical Values for the t Distribution (two-tailed test)*

df	Alpha (α) Level		df	Alpha (α) Level	
	.05	.01		.05	.01
1	12.71	63.66	18	2.10	2.88
2	4.30	9.93	19	2.09	2.86
3	3.18	5.84	20	2.09	2.85
4	2.78	4.60	21	2.08	2.83
5	2.57	4.03	22	2.07	2.82
6	2.45	3.71	23	2.07	2.81
7	2.37	3.50	24	2.06	2.80
8	2.31	3.36	25	2.06	2.79
9	2.26	3.25	26	2.06	2.78
10	2.23	3.17	27	2.05	2.77
11	2.20	3.11	28	2.05	2.76
12	2.18	3.06	29	2.05	2.76
13	2.16	3.01	30	2.04	2.75
14	2.15	2.98	40	2.02	2.70
15	2.13	2.95	60	2.00	2.66
16	2.12	2.92	120	1.98	2.62
17	2.11	2.90	∞	1.96	2.58

Source: Fisher, R. A., & Yates, F. (1963). *Statistical tables for biological, agricultural, and medical research* (6th ed.). Table III. Edinburgh: Oliver & Boyd.

TABLE C.5 *Critical Values for the F Distribution*

				degrees of freedom (numerator)					
	1	*2*	*3*	*4*	*5*	*6*	*7*	*8*	*9*
1	161.4	199.5	215.7	224.6	230.0	234.0	236.8	238.9	240.5
	4052.40	**4999.5**	**5403**	**5625**	**5764**	**5859**	**5928**	**5981**	**6022**
2	18.51	19.00	19.16	19.25	19.30	19.33	19.35	19.37	19.38
	98.50	**99.00**	**99.17**	**99.25**	**99.30**	**99.33**	**99.36**	**99.37**	**99.39**
3	10.31	9.55	9.28	9.12	9.01	8.94	8.89	8.85	8.81
	34.12	**30.82**	**29.46**	**28.71**	**28.24**	**27.91**	**27.67**	**27.49**	**27.35**
4	7.71	6.94	6.59	6.39	6.26	6.16	6.09	6.04	6.00
	21.20	**18.00**	**16.69**	**15.98**	**15.52**	**15.21**	**14.98**	**14.80**	**16.66**
5	6.61	5.79	5.41	5.19	5.05	4.95	4.88	4.82	4.77
	16.26	**13.27**	**12.06**	**11.39**	**10.97**	**10.67**	**10.46**	**10.29**	**10.16**
6	5.99	5.14	4.76	4.53	4.39	4.28	4.21	4.15	4.10
	13.75	**10.92**	**9.78**	**9.15**	**8.75**	**8.47**	**8.26**	**8.10**	**7.98**
7	5.59	4.74	4.35	4.12	3.97	3.87	3.79	3.73	3.68
	12.25	**9.55**	**8.45**	**7.85**	**7.46**	**7.19**	**6.99**	**6.84**	**6.72**
8	5.32	4.46	4.07	3.84	3.69	3.58	3.50	3.44	3.39
	11.26	**8.65**	**7.59**	**7.01**	**6.63**	**6.37**	**6.18**	**6.03**	**5.91**
9	5.12	4.26	3.86	3.63	3.48	3.37	3.29	3.23	3.18
	10.56	**8.02**	**6.99**	**6.42**	**6.06**	**5.80**	**5.61**	**5.47**	**5.35**
10	4.96	4.10	3.29	3.48	3.33	3.22	3.14	3.07	3.02
	10.04	**7.56**	**6.55**	**5.99**	**5.46**	**5.39**	**5.20**	**5.06**	**4.94**
11	4.84	3.98	3.24	3.36	3.20	3.09	3.01	2.95	2.90
	9.65	**7.21**	**6.22**	**5.67**	**5.32**	**5.07**	**4.89**	**4.74**	**4.63**
12	4.75	3.89	3.20	3.26	3.11	3.00	2.91	2.85	2.80
	9.33	**6.93**	**5.95**	**5.41**	**5.06**	**4.82**	**4.64**	**4.50**	**4.39**
13	4.67	3.81	3.16	3.18	3.03	2.92	2.83	2.77	2.71
	9.07	**6.70**	**5.74**	**5.21**	**4.86**	**4.62**	**4.44**	**4.30**	**4.19**
14	4.60	3.74	3.13	3.11	2.96	2.85	2.76	2.70	2.65
	8.86	**6.51**	**5.56**	**5.04**	**4.69**	**4.46**	**4.28**	**4.14**	**4.03**
15	4.54	3.68	3.29	3.06	2.90	2.79	2.71	2.64	2.59
	8.68	**6.36**	**5.42**	**4.89**	**4.56**	**4.32**	**4.14**	**4.00**	**3.89**
16	4.49	3.63	3.24	3.01	2.85	2.74	2.66	2.59	2.54
	8.53	**6.23**	**5.29**	**4.77**	**4.44**	**4.20**	**4.03**	**3.89**	**3.78**
17	4.45	3.59	3.20	2.96	2.81	2.70	2.61	2.55	2.49
	8.40	**6.11**	**5.18**	**4.67**	**4.34**	**4.10**	**3.93**	**3.79**	**3.68**
18	4.41	3.55	3.16	2.93	2.77	2.66	2.58	2.51	2.46
	8.29	**6.01**	**5.09**	**4.58**	**4.25**	**4.01**	**3.84**	**3.71**	**3.60**
19	4.38	3.52	3.13	2.90	2.74	2.63	2.54	2.48	2.42
	8.18	**5.93**	**5.01**	**4.50**	**4.17**	**3.94**	**3.77**	**3.63**	**3.52**

Source: Pearson, E.S., & Hartley, H.O. (1966). *Biometrika tables for Statisticians* (3rd ed). Vol. I. London Cambridge Univ. Press.

N.B. In normal print are critical values for alpha = .05.

In boldface are critical values for alpha = .01.

TABLE C.5 *Critical Values for the F Distribution* (continued)

			degrees of freedom (numerator)						
10	*12*	*15*	*20*	*24*	*30*	*40*	*60*	*120*	*∞*
241.9	243.9	245.9	248.0	249.1	250.1	251.1	252.2	253.3	254.3
6056.90	**6106**	**6157**	**6209**	**6235**	**6261**	**6287**	**6313**	**6339**	**6366**
19.40	19.41	19.43	19.45	19.45	19.46	19.47	19.48	19.49	19.50
99.40	**99.42**	**99.43**	**99.45**	**99.46**	**99.47**	**99.47**	**99.48**	**99.49**	**99.50**
8.79	8.74	8.70	8.66	8.64	8.62	8.59	8.57	8.55	8.53
27.23	**27.05**	**26.87**	**26.69**	**26.60**	**26.50**	**26.41**	**26.32**	**26.22**	**26.13**
5.96	5.91	5.86	5.80	5.77	5.75	5.72	5.69	5.66	5.63
14.55	**14.37**	**14.20**	**14.02**	**13.93**	**13.84**	**13.75**	**13.65**	**13.56**	**13.46**
4.74	4.68	4.62	4.56	4.53	4.50	4.46	4.43	4.40	4.36
10.05	**9.89**	**9.72**	**9.55**	**9.47**	**9.50**	**9.29**	**9.20**	**9.11**	**9.02**
4.06	4.00	3.94	3.87	3.84	3.81	3.77	3.74	3.70	3.67
7.87	**7.72**	**7.56**	**7.40**	**7.31**	**7.23**	**7.14**	**7.06**	**6.97**	**6.88**
3.64	3.57	3.51	3.44	3.41	3.38	3.34	3.30	3.27	3.23
6.62	**6.47**	**6.31**	**6.16**	**6.07**	**5.99**	**5.91**	**5.82**	**5.74**	**5.65**
3.35	3.28	3.22	3.15	3.12	3.08	3.04	3.01	2.97	2.93
5.81	**5.67**	**5.52**	**5.36**	**5.28**	**5.20**	**5.12**	**5.03**	**4.95**	**4.86**
3.14	3.07	3.01	2.94	2.90	2.86	2.83	2.79	2.75	2.71
5.26	**5.11**	**4.96**	**4.81**	**4.73**	**4.65**	**4.57**	**4.48**	**4.40**	**4.31**
2.98	2.91	2.85	2.77	2.74	2.70	2.66	2.62	2.58	2.54
4.85	**4.71**	**4.56**	**4.81**	**4.33**	**4.25**	**4.17**	**4.08**	**4.00**	**3.91**
2.85	2.79	2.72	2.65	2.61	2.57	2.53	2.49	2.45	2.40
4.54	**4.40**	**4.25**	**4.10**	**4.02**	**3.94**	**3.85**	**3.78**	**3.69**	**3.60**
2.75	2.69	2.62	2.54	2.51	2.47	2.43	2.38	2.34	2.30
4.30	**4.16**	**4.01**	**3.86**	**3.78**	**3.70**	**3.62**	**3.54**	**3.45**	**3.36**
2.67	2.60	2.53	2.46	2.42	2.38	2.34	2.30	2.25	2.21
4.10	**3.96**	**3.82**	**3.66**	**3.59**	**3.51**	**3.43**	**3.34**	**3.25**	**3.17**
2.60	2.53	2.46	2.39	2.35	2.31	2.27	2.22	2.18	2.13
3.94	**3.80**	**3.66**	**3.51**	**3.43**	**3.35**	**3.27**	**3.18**	**3.09**	**3.00**
2.54	2.54	2.40	2.33	2.29	2.25	2.20	2.16	2.11	2.07
3.80	**3.67**	**3.52**	**3.37**	**3.29**	**3.21**	**3.13**	**3.05**	**2.96**	**2.87**
2.49	2.42	2.35	2.28	2.24	2.19	2.15	2.11	2.06	2.01
3.69	**3.55**	**3.41**	**3.26**	**3.18**	**3.10**	**3.02**	**2.93**	**2.84**	**2.75**
2.45	2.38	2.31	2.23	2.19	2.15	2.10	2.06	2.01	1.96
3.59	**3.46**	**3.31**	**3.16**	**3.08**	**3.00**	**2.92**	**2.83**	**2.75**	**2.65**
2.41	2.34	2.27	2.19	2.15	2.11	2.06	2.02	1.97	1.92
3.51	**3.37**	**3.23**	**3.08**	**3.00**	**2.92**	**2.84**	**2.75**	**2.66**	**2.57**
2.38	2.31	2.23	2.16	2.11	2.07	2.03	1.98	1.93	1.88
3.43	**3.30**	**3.15**	**3.00**	**2.92**	**2.84**	**2.76**	**2.67**	**2.58**	**2.49**

continued

TABLE C.5 *Critical Values for the F Distribution* (continued)

		degrees of freedom (numerator)							
	1	2	3	4	5	6	7	8	9
20	4.35	3.49	3.10	2.87	2.71	2.60	2.51	2.45	2.39
	8.10	**5.85**	**4.94**	**4.43**	**4.10**	**3.87**	**3.70**	**3.56**	**3.46**
21	4.32	3.47	3.07	2.84	2.68	2.57	2.49	2.42	2.37
	8.02	**5.78**	**4.87**	**4.37**	**4.04**	**3.81**	**3.64**	**3.51**	**3.40**
22	4.30	3.44	3.05	2.82	2.66	2.55	2.46	2.40	2.34
	7.95	**5.72**	**4.82**	**4.31**	**3.99**	**3.76**	**3.59**	**3.45**	**3.35**
23	4.28	3.42	3.03	2.80	2.64	2.53	2.44	2.37	2.32
	7.88	**5.66**	**4.76**	**4.26**	**3.94**	**3.71**	**3.54**	**3.41**	**3.30**
24	4.26	3.40	3.01	2.78	2.62	2.51	2.42	2.36	2.30
	7.82	**5.61**	**4.72**	**4.22**	**3.90**	**3.67**	**3.50**	**3.36**	**3.26**
25	4.24	3.39	2.99	2.76	2.60	2.49	2.40	2.34	2.28
	7.77	**5.57**	**4.99**	**4.18**	**3.85**	**3.63**	**3.46**	**3.32**	**3.22**
26	4.23	3.37	2.98	2.74	2.59	2.47	2.39	2.32	2.27
	7.72	**5.53**	**4.98**	**4.14**	**3.82**	**3.59**	**3.42**	**3.29**	**3.18**
27	4.21	3.35	2.96	2.73	2.57	2.46	2.37	2.31	2.25
	7.68	**5.49**	**4.60**	**4.11**	**3.78**	**3.56**	**3.39**	**3.26**	**3.15**
28	4.20	3.34	2.95	2.71	2.56	2.45	2.36	2.29	2.24
	7.64	**5.45**	**4.57**	**4.07**	**3.75**	**3.53**	**3.36**	**3.23**	**3.12**
29	4.18	3.33	2.93	2.70	2.55	2.43	2.35	2.28	2.22
	7.60	**5.42**	**4.54**	**4.04**	**3.73**	**3.50**	**3.33**	**3.20**	**3.09**
30	4.17	3.32	2.92	2.69	2.53	2.42	2.33	2.27	2.21
	7.56	**5.39**	**4.51**	**4.02**	**3.70**	**3.47**	**3.30**	**3.17**	**3.07**
40	4.08	3.23	2.84	2.61	2.45	2.34	2.25	2.18	2.12
	7.31	**5.18**	**4.31**	**3.83**	**3.51**	**3.29**	**3.12**	**2.99**	**2.89**
60	4.00	3.15	2.76	2.53	2.37	2.25	2.17	2.10	2.04
	7.08	**4.98**	**4.13**	**3.65**	**3.34**	**3.12**	**2.95**	**2.82**	**2.72**
120	3.92	3.07	2.68	2.45	2.29	2.17	2.09	2.02	1.96
	6.85	**4.79**	**3.95**	**3.48**	**3.17**	**2.96**	**2.79**	**2.66**	**2.56**
∞	3.84	3.00	2.60	2.37	2.21	2.10	2.01	1.94	1.88
	6.63	**4.61**	**3.78**	**3.32**	**3.02**	**2.80**	**2.64**	**2.51**	**2.41**

Degrees of freedom (denominator)

TABLE C.5   *Critical Values for the F Distribution* (continued)

			degrees of freedom (numerator)						
10	*12*	*15*	*20*	*24*	*30*	*40*	*60*	*120*	*∞*
2.35	2.28	2.20	2.12	2.08	2.04	1.99	1.95	1.90	1.84
3.37	**3.23**	**3.09**	**2.94**	**2.86**	**2.78**	**2.69**	**2.61**	**2.52**	**2.42**
2.32	2.25	2.18	2.10	2.05	2.01	1.96	1.92	1.87	1.81
3.31	**3.17**	**3.03**	**2.88**	**2.80**	**2.72**	**2.64**	**2.55**	**2.46**	**2.36**
2.30	2.23	2.15	2.07	2.03	1.98	1.94	1.89	1.84	1.78
3.26	**3.12**	**2.98**	**2.83**	**2.75**	**2.67**	**2.58**	**2.50**	**2.40**	**2.31**
2.27	2.20	2.13	2.05	2.01	1.96	1.91	1.86	1.81	1.76
3.21	**3.07**	**2.93**	**2.78**	**2.70**	**2.62**	**2.54**	**2.45**	**2.35**	**2.26**
2.25	2.18	2.11	2.03	1.98	1.94	1.89	1.84	1.79	1.73
3.17	**3.03**	**2.89**	**2.74**	**2.66**	**2.58**	**2.49**	**2.40**	**2.31**	**2.21**
2.24	2.16	2.09	2.01	1.96	1.92	1.87	1.82	1.77	1.71
3.13	**2.99**	**2.85**	**2.70**	**2.62**	**2.54**	**2.45**	**2.36**	**2.27**	**2.17**
2.22	2.15	2.07	1.99	1.95	1.90	1.85	1.80	1.75	1.69
3.09	**2.96**	**2.81**	**2.66**	**2.58**	**2.50**	**2.42**	**2.33**	**2.23**	**2.13**
2.20	2.13	2.06	1.97	1.93	1.88	1.84	1.79	1.73	1.67
3.06	**2.93**	**2.78**	**2.63**	**2.55**	**2.47**	**2.38**	**2.29**	**2.20**	**2.10**
2.19	2.12	2.04	1.96	1.91	1.87	1.82	1.77	1.71	1.65
3.03	**2.90**	**2.75**	**2.60**	**2.52**	**2.44**	**2.35**	**2.26**	**2.17**	**2.06**
2.18	2.10	2.03	1.94	1.90	1.85	1.81	1.75	1.70	1.64
3.00	**2.87**	**2.73**	**2.57**	**2.49**	**2.41**	**2.33**	**2.23**	**2.14**	**2.03**
2.16	2.09	2.01	1.93	1.89	1.84	1.79	1.74	1.68	1.62
2.98	**2.84**	**2.70**	**2.55**	**2.47**	**2.39**	**2.30**	**2.21**	**2.11**	**2.01**
2.08	2.00	1.92	1.84	1.79	1.74	1.69	1.64	1.58	1.51
2.80	**2.66**	**2.52**	**2.37**	**2.29**	**2.20**	**2.11**	**2.02**	**1.92**	**1.80**
1.99	1.92	1.84	1.75	1.70	1.65	1.59	1.53	1.47	1.39
2.63	**2.50**	**2.35**	**2.20**	**2.12**	**2.03**	**1.94**	**1.84**	**1.73**	**1.60**
1.91	1.83	1.75	1.66	1.61	1.55	1.50	1.43	1.35	1.25
2.47	**2.34**	**2.19**	**2.03**	**1.95**	**1.86**	**1.76**	**1.66**	**1.53**	**1.38**
1.83	1.74	1.67	1.57	1.52	1.46	1.39	1.32	1.22	1.00
2.32	**2.18**	**2.04**	**1.88**	**1.79**	**1.70**	**1.59**	**1.47**	**1.32**	**1.00**

名詞解釋

先驗法(a priori method)

　　Peirce 提出的認識(knowing)的一種途徑，人們通過推理並與其他相信推理思辨優點的人得出共識而發展出其信念。

A－A₁－B－A₁－B 設計 (A－A1－B－A1－B design)

　　評估安慰劑效應的一種小樣本設計；A₁是序列中受到安慰劑處理的條件。

A－B 設計(A－B design)

　　一種小樣本設計，基準線期(baseline period)(A)之後是處理期(treatment period)(B)。

A－B－A 設計(A－B－A design)

　　一種小樣本設計，基準線期(A)之後是處理期(B)，然後處理被顛倒或撤消期(第二個 A)。

A－B－A－B 設計 (A－B－A－B design)

　　除了建立第二處理期(第二個 B)以外，與 A－B－A 設計相似。

A－B－C－B 設計(A－B－C－B design)

　　一種比較隨因增強(contingent rein-forcement)(B)與非隨因增強(noncontingent reinforcement)(C)的小樣本設計；使研究者可以分離增強物與伴隨事件的效果。

絕對閾限(absolute threshold)

　　足以讓受試者第一次偵測到刺激呈現的刺激強度。

α 水準(alpha level)

　　犯第一類錯誤的機率；也指顯著水準。

交替處理設計(alternating treatments design)

　　一種小樣本設計，在同一研究中對相同的受試者比較兩種或多種行為改變處理的效果。

對立假設(alternative hypothesis)

　　研究者對於研究結果的假設(H_1)。

軼事證據(anecdotal evidence)

　　以單一事件為證據來說明一種現象；如果完全倚賴它，就會像偽科學一樣很容易得出錯誤的結論。

ANOVA

　　變異數分析(ANalysis Of VAriance)的

簡寫，在依變項以等距量尺表或比率量尺
測量時分析實驗結果的最常用的推論統計
工具。

應用行爲分析(applied behavior analysis)

　　使用各種方法評估制約程序引起某個
行爲反應率變化的有效性的研究。

應用研究(applied research)

　　以直接解決眞實生活中的問題爲目的
的研究。

檔案研究(archival research)

　　一種透過檢驗現有紀錄來考驗某個研
究假設的描述性方法。

不對稱遷移(asymmetric transfer)

　　發生在一個序列產生的遷移效果與另
一個交互平衡序列產生的遷移效果不同的
時候。

流失(attrition)

　　對研究內部效度的一種威脅；不一定
但通常是在縱貫研究中當受試者不能完成
某項研究的時候發生；完成研究的受試者
可能與研究開始時的受試者不等。

權威(authority)

　　Peirce 提出的一種認識的途徑，人們
透過與被認爲是專家的人取得認同而發展
其信念。

基準線(baseline)

　　單一受試者設計的最初階段，監測要
改變的行爲以確定它的正常反應率。

基礎研究(basic research)

　　以描述、預測，和解釋行爲基本原則
爲目的的研究。

行爲檢核表(behavior checklists)

　　是觀察研究中研究者使用的附有事先
定義的操作型定義的行爲列表。

組間設計(Between－subjects design)

　　不同受試者組經歷不同研究條件的實
驗設計。

偏頗樣本(biased sample)

　　不具代表性的樣本。

雙變項(bivariate)

　　研究兩個變項之間關係的分析。

區塊隨機化(block randomization)

　　用來完成隨機分派並保證每種條件中
有同樣數量受試者的程序；它保證了研究
中的每種條件都在被隨機分派了一個受試
者後才進行第二次分派。它也用在組內設
計中作爲一種交互平衡程序，確保當受試
者在每種條件中要被檢驗一次以上時，在
經歷每種條件各一次後才經歷第二次檢
驗。

延續效應(carry－over effect)

　　序列效應的形式，其中表現的系統性
變化是因爲完成某種條件序列(例如熱身效
應、疲勞、厭倦)造成的。

個案研究(case study)

　　對單一個體、罕見的單一事件或者可

典型代表某個現象的事件進行深入分析的一種描述性方法。

上限效應(ceiling effect)

當兩種或多種條件中的分數位於或接近所使用的量表的最大可能值時，所造成的條件間沒有差別存在的印象的現象。

變化標準設計(changing criterion design)

一種小樣本設計，接受增強的標準是從最適當的水準開始，隨著研究的進展而變得越來越嚴格；它被用於塑造行為。

封閉式題目(closed questions)

調查時使用的一類問題，可以用「是」「否」或在量表上記分的方式回答。

群集抽樣(cluster sample)

一種機率抽樣，隨機選擇具有共同特徵(譬如選歷史課的學生)的群體，然後檢驗所有被選擇的群體中的人(例如在現有的10個歷史課班中三個班的學生)。

同輩效應(cohort effect)

同輩就是生於同一時期的一群人，同輩效應會降低橫斷研究的內部效度，因為組間的差異可能是因為成長於不同歷史時期所造成的。

完全交互平衡(complete counterbalancing)

在受試者間設計中使用所有可能的條件序列。

混淆(confound)

與自變項共變的外擾變項，對實驗結果可能提供另一種解釋。

建構(construct)

一種假設的因素(例如饑餓)，不可能被直接觀察，但卻能從某些行為中推論出來(例如進食)，並且可假設會發生在某些條件下(例如24小時不進食)。

建構效度(construct validity)：

當測量是用來正確評估某些假說性的建構時稱之；也指該建構本身是否有效；在研究中，是指獨變項與依變項的操作型定義是否有效而言。

內容分析(content analysis)

在描述性研究中對被記錄的行為內容(通常是言語行為)進行系統性分類的程序。

連續變項(continuous variable)

潛在存在著無限值的變項(例如藥物的劑量)。

控制(control)

科學的目標之一，透過科學方法發現的基本原則應用以解決問題。

控制組(control group)

研究中未受處理的組別；作為一種比較。

方便樣本(convenience sample)

一種非機率抽樣，研究者在滿足研究基本要求的群體中(例如十幾歲的孩子)徵

集自願者。除了必須對總人口的值作明確估計的情況外，在大部分心理學研究中使用此法。

聚斂性操作(converging operations)

雖然幾個研究每個都用略微不同的操作性定義來定義它的術語，但它們的結果還是會聚斂到同一個基本結論上。

相關矩陣(correlation matrix)

總結數個變項間一系列相關的表格。

成本有效性分析(cost effectiveness analysis)

屬於計畫評估，是根據發展、經營和完成項目所需費用的方式來評定計畫的成果。

創造性思考(creative thinking)

在看似無關的想法或事件間建立創新聯結的過程。

效標變項(criterion variable)

在迴歸分析中，它是被預測變項預測的變項(例如，大學成績由 SAT 分數預測)。

嚴重事故(critical incidents)

倫理委員會在對心理學家作調查徵集不道德行為案例時所使用的方法。

跨時期同樣本相關(cross-lagged panel correlation)

指的是以解決方向性問題為目的的相關研究；如果變項 X 和 Y 是在兩個不同的時間測量的，並且 X 先於 Y，則 X 可能造成 Y，而 Y 不可能造成 X。

橫斷研究(cross-sectional study)

在發展心理學中一種以年齡為獨變項，並對不同群體作測量的設計；每一群體都代表著一個不同的年齡。

累積記錄儀(cumulative recorder)

在操作制約研究中記錄受試者累積反應率的設備。

數據驅策(data-driven)

研究心理學家相信，關於行為的結論應該由科學收集的數據所支持。

討論(debriefing)

實驗後的一個階段，實驗者解釋研究的目的，減輕受試者感到的任何不適，並且回答受試者提出的任何問題。

欺騙(deception)

一種研究策略，受試者在實驗開始時並沒有被告知實驗的全部細節；目的是避免要求的特徵。

演繹(deduction)

從一般性朝向特獨特性的推理；在科學中，它被用來從理論得出研究假設。

釋騙(dehoaxing)

討論中將研究的真實目的的解釋給被試的部分。

要求的特徵(demand characteristic)

實驗設計或程序中任何增加了被試覺

察到研究眞實目的的特徵。

依變項(dependent variable)

作爲實驗結果被測量的行爲。

描述(description)

心理學的目標之一，是將行爲正確分類、將環境刺激和行爲事件的序列正確羅列。

描述統計(descriptive statistics)

對從受試樣本收集的一組數據的主要特徵的總結。

減敏感(desensitizing)

討論部分中實驗者力求減少受試者因參與研究而感到的任何痛苦。

決定論(determinism)

科學家們假設所有事件都有原因。

差異閾限(difference threshold)

剛剛能注意到刺激 1 與刺激 2 有區別的時候。

方向性難題(directionality problem)

在相關研究中，指的是當變項 X 和 Y 相關時，可能是 X 引起 Y，但也可能是 Y 引起 X；僅僅是相關本身不能使我們在這兩種可能中作決定。

發現論(discoverability)

科學家們假設，事件的原因可以應用科學的方法發現。

間斷變項(discrete variable)

變項的每一水準代表著一個不同的類

別，且各類別間有本質區別(例如男性與女性)。

雙盲(double blind)

用於減少誤差的一種控制程序；受試者和實驗者都不知道被檢驗的是哪一種條件；常常用在藥物效果評估的研究中。

生態效度(ecological validity)

在日常情境中研究心理學現象(譬如關於鑰匙放在哪裡的記憶)。

實徵性問題(empirical question)

可以通過客觀性觀察得到回答的問題。

等組(equivalent groups)

在組間設計中，受試組除了獨變項的不同水準外，在所有其它方面基本相同。

誤差變異(error variance)

在一組分數中，因爲隨機因素或個體差異造成的非系統性變異。

倫理(ethics)

一套規定了道德正確的行爲的原則。

評定焦慮(evaluation apprehension)

受試者體驗的一種焦慮形式，導致他們爲了受到實驗者的正面評定而行爲。

事件抽樣(event sampling)

觀察研究中的一個程序，只對發生在精確定義條件下的某類行爲抽樣。

實驗(experiment)

變化某個因素維持其他恆定，然後測

量某種結果的研究程序。

實驗組(experiment group)

在一個固定控制組的研究中接受被檢驗處理的組。

實驗現實主義(experimental realism)

指的是受試者多深地參與到實驗中；它被認為比世俗現實主義更重要。

實驗者偏見(experimenter bias)

實驗者對一個研究的期望影響了它的結果。

解釋(explanation)

科學的目標之一是尋找事件的起因。

延伸(extension)

複製一部分前人研究，但另外加入一些特徵(例如，給獨變項添加一些水準)。

外部效度(external validity)

指一項研究的發現，能夠被類化到其他群體、其他情境和其他時間的程度。

外擾變項(extraneous variable)

任何研究者不感興趣但會影響結果的未控制因素。

表面效度(face validity)

當一個測量數在表面上看來是某種特質的合理測量時，便認為它具有表面效度(例如，作為智商的量數，問題解決比帽子大小具有更高的表面效度)。

因素分析(factor analysis)

對大量相關變項進行的一種多變項分析，相互間高度相關的變項構成了「因素」。

多因子設計(factorial design)

任何包括一個以上獨變項的實驗設計。

否證(falsification)

由鮑波提出的研究策略，強調透過設法反駁或否定理論而將理論付諸檢驗。

捏造數據(falsifying data)

操弄或改變數據以帶來一個理想的結果。

實地實驗(field experiment)

在實驗室外進行的實驗；是比實地研究意義更窄的一個詞。

實地研究(field research)

發生在任何科學實驗室地點外的研究。

形成性評估(formative evaluation)

計畫評估的形式之一，在一個計畫的進行過程中監測它的效用，以了解它是否如計畫那樣發揮了作用。

次數分配表(frequency distribution)

描劃了一組數據中每個分數發生次數的分布圖表。

好受試者角色(good subject role)

受試者誤差的一種形式，受試者試圖猜測實驗者的假設，然後按著證明它的方式去行為。

霍桑效應(Hawthorne effect)

　　對一種受試者誤差的命名，乃指僅僅因為知道自己在實驗中因而對實驗者很重要，受試者的行為便會受到影響。

經歷(history)

　　對研究內部效度的一種威脅，是發生在研究開始和研究結束之間的某個會影響受試者的事件。

假設(hypothesis)

　　對變項間關係的一種有根據的推測，這個推測然後被實證性地檢驗。

獨立組設計(independent groups design)

　　組間設計的一種，使用一個操弄獨變項且至少有兩組受試者；受試者被隨機分派到各組中。

獨變項(independent variable)

　　研究者感興趣的因素，它可以被實驗者直接操弄(例如在受試者中製造不同的焦慮水準)或者憑著受試者具備的某種特徵對受試者加以選擇(例如選擇在正常焦慮水準上不同的兩個組)。

歸納(induction)

　　從具體向一般的推理；在科學中當用具體研究的結果支持或反駁一個理論時使用。

推論統計(inferential statistics)

　　根據僅僅是使用了母群體的一個樣本的研究，得出關於更廣泛母群體的結論。

充份告知後同意書(informed consent)

　　人們應該被給予關於研究的足夠訊息，以使受試者決定他們是否了解情況，且自願參加研究。

指導語變項(instructional variable)

　　獨變項的類型之一，是不同受試者受到的關於如何執行作業的不同的指導語(例如，在接到一個刺激表後，不同組可能被告知以不同的方式處理)。

工具(instrumentation)

　　對研究內部效度的威脅之一；指在前測到後測間發生測量工具的改變(例如，由於使用工具的經驗，實驗者可能在前測和後測時對測量工具作不同的使用)。

交互作用(interaction)

　　在一個多因子設計中，當一個獨變項的效果依賴於另一獨變項的水準時發生交互作用。

內部效度(internal validity)

　　研究不受方法學缺陷特別是混淆因素影響的程度。

觀察者間信度(interobserver reliability)

　　同一事件的兩個或多個觀察者之間的一致程度。

中斷時間系列設計(interrupted time series design)

　　評估一種計畫或處理的準實驗設計，在計畫開始前先進行幾次測量，在計畫實

施後再進行幾次測量。

等距量尺(interval scale)

測量量尺上的數字指的是量，並且數字的間距被認為是相等的；一個「零」分數僅僅是量尺上許多點中的一個，並非顯示被測量現象的消失。

訪談調查(interview survey)

研究者面對面訪談受試者的一種調查方法；透過這種方法能夠作更深入地調查(例如，後繼問題和澄清疑問)。

內省(introspection)

在心理科學早年發展時期使用的方法，受試者先完成某個作業，然後描述在進行作業時意識中發生的事件。

實驗室研究(laboratory research)

發生在科學實驗室控制領域中的研究。

拉丁方格(Latin square)

部分交互平衡法的形式之一，指研究的每一種條件都有同等的機會發生在序列中的每一個位置，且每種條件在其它每一種條件前後正好出現一次。

規律(law)

事件間通常的可預測的關係。

縱貫研究(longitudinal study)

在發展心理學中以年齡為獨變項，並且同一組人在不同年齡被重複測量的一種設計。

主要效果(main effect)

指在多因子設計中一個獨變項的各水準間是否有顯著差異。

操弄檢查(manipulation check)

在實驗後討論中的一個程序，確定受試者是否知曉欺騙實驗的真實目的；也指了解系統性操弄是否對受試者達到了預期效果的任何程序。

配對組設計(matched groups design)

一種使用操弄獨變項，並且至少有兩組受試者的組間設計；在隨機分派到各組之前，受試者在某個被認為會影響結果的變項匹配對。

配對(matching)

一種用來建立等組的程序，受試者在某個預計與依變項相關的因素(一個「配對變項」)上受測；然後將配對變項得分在同一水準上的受試者隨機分配到各組中。

成熟(maturation)

對研究內部效度的威脅之一；指受試者從研究開始到研究結束僅僅是自身成熟的結果，而不是某個獨變項的結果。

平均數(mean)

一組數據的算術平均值，是將所有分數相加，然後除以總的分數個數得到的。

測量誤差(measurement error)

由任何引起某個變項的測量不準確的因素造成。

測量量尺(measurement scales)

　　用數字來表示事件的方式；見名義、次序、等距和比率量尺。

中數(median)

　　一組分數的中間分數；大於或小於中數的分數數目相同。

調節法(method of adjustment)

　　心理物理學方法，受試者調節刺激的強度直到刺激剛剛能被偵測到，或者兩個刺激之間的差異剛剛能被偵測到。

恆定刺激法(method of constant stimuli)

　　刺激強度以隨機順序，或者個別呈現(絕對閾限)或者成對呈現(差異閾限)的心理物理學方法。

極限法(method of limits)

　　交替以遞增和遞減序列呈現刺激的心理物理學方法；在遞增序列中，刺激從低於閾限開始，然後強度逐漸增加，直到被覺察到爲止；在遞減序列中，刺激從閾限之上開始，然後強度逐漸減小，直到不能被覺察到爲止。

混合多因子設計(mixed factorial design)

　　至少有一個組間因子一個組內因子的多因子設計。

衆數(mode)

　　在一組數據中出現次數最多的數值。

多重基準線設計(multiple baseline design)

斷開間隔引進處理的一種小樣本設計，它用在(a)改變一個以上個體的行爲，(b)改變同一個體的一種以上的行爲，(c)在一種以上的情境中改變一個個體的行爲。

多元迴歸(multiple regression)

　　包括一個效標變項和兩個或多個預測變項的多元分析；預測項有不同的加權。

多變項(multivariate)

　　任何研究兩個以上變項間關係的分析。

世俗現實主義(mudane realism)

　　指實驗多麼接近地反映了眞實的生活經驗；它的重要性被認爲不如實驗現實主義。

自然觀察(natural observation)

　　在自然發生的環境中研究人或動物行爲的描述性方法。

需求評估(needs assessment)

　　發生在計畫開始前的計畫評估的形式之一，用來確定計畫是否有存在需求。

負相關(negative correlation)

　　變項 X 和變項 Y 之間的一種關係，指 X 的高分數與 Y 的低分數相關，X 的低分數與 Y 的高分數相關。

名義量尺(nominal scale)

　　數字不具數量值但用來對事件進行分類的測量量尺。

不等控制組設計(nonequivalent control

group design)

受試者不可能被隨機分派到實驗組和控制組的準實驗設計。

不等組設計(nonequivalent group design)

至少有兩組受試者、使用一個受試者變項或造成組不等的變項的一種組間設計。

非線性效應(nonlinear effects)

在畫圖時不能構成一條直線的任何結果,僅發生在當獨變項有兩個以上水準時。

常態曲線(normal cruve)

母群體的一種假設性的次數分布;它是一個鐘形曲線。

虛無假設(null hypothesis)

在一個實驗的處理條件間沒有真實的差異存在,或者在一個相關研究中沒有顯著關係存在的假定(H_0)。

客觀性(objectivity)

當觀察可以被一個以上的觀察者證實時,認為客觀性存在。

觀察者偏見(observer bias)

研究者的先入之見影響了觀察的本質。

開放式問題(open–ended question)

一種在調查中遇到不能僅用「是」或「否」來回答的問題。

操作制約(operant conditioning)

行為受結果制約的學習形式,積極的結果增強了緊跟在它之前的行為,消極的結果減弱了緊跟在它之後的行為。

操作性定義(operational definitions)

以精確描述操作、測量或過程的形式定義一個概念或變項。

操作主義(operationism)

由布雷德曼提出的科學方法觀,認為所有科學概念都應用一套可以執行的操作來定義。

次序效應(order effect)

序列效應的形式,指條件的一種次序可以產生一種效果,而不同的次序又會產生另一種不同的效果。

次序量尺(ordinal scale)

數字代表著相對名次或等級的測量量尺。

簡要(parsimonious)

好理論的一個特徵是,充分解釋和預測它所需要的建構和假定的數目最少。

淨相關(partial correlation)

評定已知的第三變項效應的一種多變項統計程序;如果 X 和 Y 之間的相關在某個第三因素 Z 已經被「淨除掉」之後,仍然維持很高,則 Z 可以被作為第三變項剔除。

部分交互平衡(partial counterbalancing)

在受試者間設計中,使用所有可能條

件次序的一個子集(例如，所有可能選擇次序的一個隨機抽樣)。

部分複製(partial replication)

重複某個前人研究的一部分；通常是作為延伸研究的一部分而完成。

參與觀察(participant observation)

指人們的行為按在日常情境中發生的情形被觀察，並且研究者成為被觀察群體中的一部分。

皮爾森相關(Pearson's r)

兩個變項間相關大小的測量數；介於全負相關(-1.00)到全正相關(+1.00)之間；如果 r=0，則無相關存在。

電話調查(phone survey)

研究者透過電話問問題的一種調查方法。

前驅研究(pilot study)

在研究的最初階段，通常要收集一些數據；在預試期間發現的問題，使研究者能夠精確程序並預防正式研究在方法上的缺陷。

安慰劑控制組(placebo control group)

用一部分受試者作控制組，使他們相信自己正在接受實驗處理而實際沒有。

剽竊(plagiarism)

故意採用別人的思想並據為己有。

母群體(population)

一個確定群體中的所有成員。

正相關(positive correlation)

變項 X 和變項 Y 之間的一種關係，X 的高分數與 Y 的高分數相關，X 的低分數與 Y 的低分數相關。

後測(posttest)

在研究結束當受試者經歷了一個處理或控制組後對受試者進行的一次測量；然後與前測分數作比較以確定是否有變化發生。

前測(pretest)

在研究開始受試者受到處理(或在控制組受試者不受處理)之前，對受試者進行的一次測量。

預測(prediction)

心理科學的目標之一是對某個行為事件未來發生的情況作出陳述，通常是以機率的方式。

預測效度(predictive validity)

當一種測量正確預測了某個未來事件時，則它有預測效度(例如如果 IQ 分數預測了誰將在學校成功，則它具有預測效度)。

預測變項(predictor variable)

在迴歸分析中，它指的是被用來預測效標變項的變項(例如，SAT 分數被用來預測學校成績)。

計畫審核(program audit)

對計畫是否按計畫施行的一個檢查；

是一種形成性評估。

計畫評估(program evaluation)

　　應用研究的一種，它包括很多從計畫到完成評估計畫的研究活動。

研究課題(programs of research)

　　一項研究的結果自然地引起了另一項研究的系列相關研究。

偽科學(pseudoscience)

　　試圖與眞正科學建立聯繫的一塊探索領域，它完全依賴有選擇性的軼事證據，並且被有意地模糊而無法充分檢驗。

心理物理學(psychophysics)

　　實驗心理學最初的研究領域之一；研究物理刺激和對刺激知覺之間的關係；研究感覺閾限。

P×E多因子設計(P×E factorial design)

　　至少有一個受試者變項(P ＝ 人)和一個操弄變項(E＝環境)的多因子設計。

準實驗(quasi－experiment)

　　因爲對研究中的變項不能充分控制而無法作出關於獨變項效應的因果結論。

隨機分派(random assignment)

　　在一個組間設計中建立等組的最常用方式；每一個自願參加研究的受試者都有同樣的機會被分派到研究中的任一組。

全距(range)

　　一組分數中最高分數與最低分數之間的差別。

反應率(rate of response)

　　傳統的操作制約研究者最偏愛的依變項；指一個行爲在單位時間中發生的次數。

比率量尺(ratio scale)

　　測量量尺上的數字指的是量，並且數字的間距被認爲是相等的；分數「零」說明缺乏被測量現象。

反應性(reactivity)

　　當受試者意識到自己正受觀察時，行爲受到影響。

迴歸分析(regression analysis)

　　在相關研究中，知道相關的大小和變項 X 的一個值，便可能預測變項 Y 的一個值；這個過程是透過相關分析發生的。

迴歸線(regression line)

　　總結了散點圖上的點，並提供了預測的途徑。

趨均數迴歸(regression to the mean)

　　如果測驗中的一個分數極端高或極端低，則所測的第二個分數就會趨近於平均數，當前測分數是一個極端分數時，後測分數自然地會向著平均數的方向改變，這種現象可能成爲研究內部效度的一種威脅。

信度(reliability)

　　同一現象的測量數保持一致，並可重複的程度；信度高的測量數包含最小的測

量誤差。

重複量數設計(repeated－measures de-
　　sign)

　　對組內設計的另一命名，受試者在每
一種實驗條件中都受到檢驗。

複製(replication)

　　爲了重複一個實驗，精確複製是罕有
的，它主要發生在當某個前人研究的結果
被懷疑有誤的時候。

代表性樣本(representative sample)

　　與母群體中的人口特徵相同的樣本。

研究小組(research team)

　　在同一實驗室工作，或者在不同地點
工作但研究同一個問題的一組研究者(教授
和學生們)。

限制範圍(restricting the range)

　　在相關研究中對一個或兩個變項僅僅
截取範圍有限的分數；限制範圍傾向於降
低相關。

反向交互平衡(reverse counterbalancing)

　　在組內設計中，當受試者在每種條件
中都被檢驗一次以上時使用；受試者先經
歷一個序列，然後以與第一個序列相反的
順序進行第二個序列(例如 ABCCBA)。

樣本(sample)

　　母群體的某個部分或子集。

散點圖(scatterplot)

　　示意相關關係的一幅圖。

科學(science)

　　知悉(knowing)的一種途徑，其特徵是
應用客觀實徵性的方法尋找自然事件的起
因。

自我選擇問題(self－selection problem)

　　在調查中，當樣本僅由那些自願選擇
回答的人時，結果可能是一個有偏差的樣
本。

序列效應(sequence effect)

　　發生在組內設計中，當參加一個研究
條件的經驗影響到隨後條件中的行爲的時
候(見遷移效應和次序效應)。

意外發現(serendipity)

　　意想不到的發現；在尋找 Y 時發現了
X。

簡單效果分析(simple effects analysis)

　　ANOVA 之後的一個分析，在其它自
變項的每一水準上檢驗每一個獨變項的效
果；用於檢查交互作用。

簡單隨機樣本(simple random sample)

　　母群體中的每一成員都有相等機會被
選爲樣本成員的一個機率樣本。

單因子設計(single－factor design)

　　任何有單一獨變項的實驗設計。

單因子多水準設計(single－factor multi-
　　level design)

　　任何有單一獨變項且獨變項有兩個以
上水準的設計。

情境變項(situational variable)

　　獨變項的一種，係指受試者遇到的不同的環境因素(例如，在一項擁擠研究中的大房間與小房間)。

社會期許偏差(social desirability bias)

　　調查研究中的一種反應偏差；當人們回答一個問題的時候，試圖把自己置於一個受讚許的位置。

物種歧視(speciesism)

　　對那些相信動物權利的人來說，那些使用動物作爲研究受試的人對動物存有歧視，因此剝奪了它們的「動物權」。

折半信度(split－half reliability)

　　信度的形式之一，是對測驗中的一半題目(例如偶數項)與餘下的題目計算相關。

標準差(standard deviation)

　　一組分數對平均數平均偏離的測量數；是變異數的平方根。

統計結論效度(statistical conclusion validity)

　　當研究者正確地使用了統計分析，並從分析中得出恰當的結論時，則認爲存在統計結論效度。

統計決定論(statistical determinism)

　　研究心理學家們假設，行爲事件可以以一個比偶然性更大的機率被預測。

分層樣本(stratified sample)

一種機率抽樣，它是隨機的，但重要的子群體特質在樣本中被按比率地代表。

受試者(subject)

　　對參加研究的人或動物的指稱。

受試者偏見(subject bias)

　　受試者的行爲受自己在研究中應該怎樣去行爲的觀念所影響。

受試者選擇效應(subject selection effect)

　　對研究內部效度的一種威脅；當參加一個研究的受試者不可能被隨機分派到各組時，組是不等的。

受試者變項(subject variable)

　　由實驗者選擇的而不是操弄的一種獨變項；它指的是研究所選受試者的一個已經存在的屬性(例如性別、年齡)。

總結性評估(summative evaluation)

　　計畫評估的形式之一，在一個計畫結束時進行評估，以確定它在解決預定問題上的有效性。

調查(survey)

　　一種描述性方法，讓受試者對一系列問題，或者對關於某個題目的一系列陳述作反應。

系統性變異(systematic variance)

　　某個來源可以識別的變異，或者是獨變項的系統性變異，或者是一個混淆變項的未控制變異。

相依組 t 考驗(t test for dependent groups)

推論統計分析之一，用於配對組設計或重複量數設計中對兩個組的比較。

獨立組 t 考驗 (t test for independent groups)

推論統計分析之一，用於獨立組設計或非等組設計中對兩個組的比較。

作業變項 (task variable)

獨變項的類型之一，受試者接受不同種類的作業去執行(例如，難度水準不同的迷津)。

固執 (tenacity)

佩爾斯提出的一種知悉的途徑，指一個人堅持一種有偏見的觀點，並在面對駁斥性資料時拒絕改變。

再測信度 (test–retest reliability)

信度的形式之一，指測驗分別在兩個場合施測，然後計算這兩個分數的相關。

測試 (testing)

對研究的內部效度的威脅之一；指前測的事實本身就會影響後測分數，也許是因為它使受試者對研究的目的更敏感。

理論 (theory)

總結並組織了關於某個現象的現有訊息，為現象提供解釋，並作出基礎提出可以實證的預測。

第三變項問題 (third variable problem)

指在相關研究中得出因果結論的問題；第三變項是可能潛伏於變項 X 和 Y 相

關之下的任何未控制因素。

時間抽樣 (time sampling)

觀察研究中的一個程序，行為僅僅是在預先定義的期間抽樣(例如每 10 分鐘)。

趨向 (trends)

在一段時期發生的事件的可以預測的模式，在時間序列研究中受到評估。

第一類錯誤 (type I error)

當虛無假設為真時拒絕它，當沒有真實效應存在時，發現了一個統計上顯著的效應。

第二類錯誤 (type II error)

當虛無假設為假時未能拒絕它，當真實效應存在時，未能發現一個統計上顯著的效應。

無干擾測量 (unobtrusive measures)

任何可以被記錄而不讓受試者知道自己的行為正被觀察的行為測量。

效度 (validity)

基本上，它是一個測量值真正測量了 X 而不是測量了 Y 的程度(例如，有效測量了智力的數值，應該測量了智力而不是其它什麼東西)。

變異數 (variance)

一組分數偏離平均數的平均方；是標準差的平方。

等候名單控制組 (waiting list control group)

受試者還未受到處理，但最終會受處理的控制組；用來保證實驗組的人和控制組的人相似(例如，所有尋求處理問題 X 的人)

撤消設計(withdrawal design)

處理持續一段時間然後移除，以確定行為是否返回基準線的小樣本設計。

組內設計(within – subject design)

相同的受試者經歷了研究每一種條件的實驗設計；也稱為重複量數設計。

書面調查(written survey)

研究者編製一份書面問卷，然後由受試者填寫的一種調查方法。

共軛控制組(yoked control group)

控制組中的一個成員受到的處理與實驗組中的一個成員受到的處理完全配對時的控制組。

名詞索引

國家圖書館出版品預行編目資料

心理學研究：方法與設計／C.James Goodwin
作；鄭默，鄭日昌譯.
—初版.—臺北市：五南，2001〔民90〕
面；　公分
含索引
譯自：Research in psychology：methods
and design
ISBN 978-957-11-2681-4（平裝）
1.心理學 - 研究方法
170.12　　　　　　　　　　90020338

1B76

心理學研究—方法與設計

Research in Psychology ——Methods and Design

作　　者 — C.James Goodwin
譯　　者 — 鄭　默　鄭日昌
發 行 人 — 楊榮川
總 編 輯 — 龐君豪
主　　編 — 陳念祖
責任編輯 — 林玉卿　蘇美嬌
出 版 者 — 五南圖書出版股份有限公司
地　　址：106台北市大安區和平東路二段339號4樓
電　　話：(02)2705-5066　傳　　真：(02)2706-6100
網　　址：http://www.wunan.com.tw
電子郵件：wunan@wunan.com.tw
劃撥帳號：01068953
戶　　名：五南圖書出版股份有限公司
台中市駐區辦公室/台中市中區中山路6號
電　　話：(04)2223-0891　傳　　真：(04)2223-3549
高雄市駐區辦公室/高雄市新興區中山一路290號
電　　話：(07)2358-702　傳　　真：(07)2350-236
法律顧問　元貞聯合法律事務所　張澤平律師
出版日期　2002年2月初版一刷
　　　　　2011年2月初版四刷
定　　價　新臺幣620元